明清時期臺南出版史

楊永智　著

國立編譯館◎主編

臺灣　學生書局　印行

二〇〇七年十一月出版

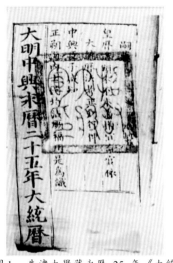

圖1　牛津大學藏永曆 25 年《大統
　　　曆》書皮（賴俊光提供照片）

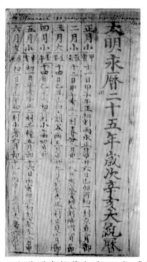

圖2　大英圖書館藏永曆 25 年《大統
　　　曆》首葉（大英圖書館提供）

圖3　鄭經《東壁樓集》卷一首葉
　　　（漢學研究中心提供）

圖4　盧若騰《島居隨錄》封面（廈
　　　門大學圖書館提供）

圖 5　季麒光《蓉洲文稿》鈔本卷一
　　　首葉（廈門市圖書館提供）

圖 6　施琅《靖海紀事》靖海將軍侯襄
　　　壯施公遺像(泉州市圖書館提供)

圖 7　郁永河《採硫日記》上卷首葉
　　　（國立中央圖書館臺灣分館提供）

圖 8　江日昇《臺灣外記》求無不獲齋刊
　　　小字本封面(臺南市立圖書館提供)

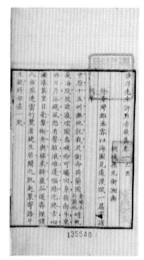

圖9　江日昇《臺灣外記》求無不獲　　圖10　孫元衡《赤嵌集》卷一首葉(國
　　　齋刊大字本封面(龍仕騰提供)　　　　　立中央圖書館臺灣分館提供)

圖11　藍鼎元《鹿洲初集》鹿洲小圖　　圖12　藍鼎元《平臺紀略》首葉
　　　(東海大學圖書館提供)　　　　　　　　(筆者提供)

圖13 黃叔璥《臺海使槎錄》鈔本卷一首
葉（國立中央圖書館臺灣分館提供）

圖14 董天工《臺海見聞錄》卷一首葉
（國立中央圖書館臺灣分館提供）

圖15 朱景英《海東札記》卷一首葉
（國立中央圖書館臺灣分館提供）

圖16 陳倫炯《海國聞見錄》封面
（許朝南提供）

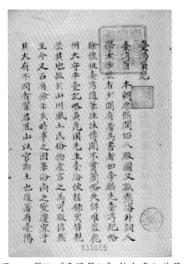

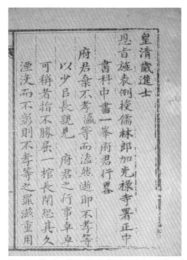

圖17　翟灝《臺陽筆記》鈔本序文首葉
　　　（國立中央圖書館臺灣分館提供）

圖18　林瀛《一峰亭林朝英行略》首
　　　葉（黃天橫提供）

圖19　章甫《半崧集》鈔本卷一首葉
　　　（國立中央圖書館臺灣分館提供）

圖20　姚瑩《東槎紀略》卷三首葉（國
　　　立中央圖書館臺灣分館提供）

圖21　鄭兼才《六亭文集》卷一首葉
（東海大學圖書館提供）

圖22　徐宗幹《測海錄》潮汐指掌圖
（筆者提供）

圖23　徐宗幹《虹玉樓詩選》封面（國
立中央圖書館臺灣分館提供）

圖24　徐宗幹《瀛洲校士錄》封面（國
立中央圖書館臺灣分館提供）

圖25　海東書院《臺人輿論》封面
　　　（筆者提供）

圖26　劉家謀《海音詩》鈔本卷一首葉
　　　（國立中央圖書館臺灣分館提供）

圖27　施瓊芳《石蘭山館遺稿》鈔本
　　　卷二文鈔書影（高志彬提供）

圖28　吳大廷《東瀛訓士錄》鈔本首葉
　　　（國立中央圖書館臺灣分館提供）

圖67　《續信驗方》封面
（陳光偉提供）

圖68　恒存心堂《引痘方書》種痘刀
式圖（筆者提供）

圖69　同善堂《六凡苦樂直說》封面
（筆者提供）

圖70　德化堂《蘇豆記代理開補闕略
諸舉日清簿》內葉（筆者提供）

鄭　序

　　楊永智先生又撰新著《明清時期臺南出版史》，囑我作序，真是我的榮幸。對於這個領域和題目，我真正是外行，只應該說說外圍的話，回報永智君，不過對於讀者，這些外圍的話，可真是我衷心的和誠摯的推薦告白。

　　1995 年 4 月底，由行政院文化建設委員會主導、臺中市立文化中心承辦全國文藝季主題：「文化協會的年代」，開幕之前，當局特別委託永智君利用半年時程，在系務繁忙之餘，不舍晝夜，舟車奔波於全島，進行相關史料及影像的田野徵集，成果彙輯《文化協會的年代》問世；同時，永智君也搭配我所率領的靜宜大學中文系師生團隊，為《臺灣民報》復刊、替「美臺團」電影放映隊協力，默契十足，合作愉快。

　　2002 年夏天，當永智君一拿到碩士學位，我就延聘他到靜宜大學中文系以他拿手的絕學兼課，接連開授「傳統版畫與文化」、「清代臺灣出版史」、「近代臺灣出版史」、「臺灣古籍版本學」等專業課程。上課時不但有完備的講義，他還拿出多年蒐求的故紙殘編、模型標本、發表文宣、紀錄影片來輔助教學。一方面充分活用系上專屬的「書法教室」空間，訓練學生放下課本，捲起袖子，親手撫觸臺灣古書的雕版，將印刷、釘眼、縫線、鈐蓋藏書印的流

程步驟,傾囊相授;一方面配合學院外應景的民間節慶展演,在鹿港鎮,在斗六市,鼓動同學們學以致用,也為社會教育作出貢獻。從操作中印證學理,在活動裏體現古風,當然每回教學評鑑都名列前茅,頗獲佳評。

　　永智君在授課之暇,仍筆耕不輟,這些年來田野訪調所得陸續發表:〈櫟社風華應猶在──從傅錫祺的手稿談起〉、〈從「聽雨山房」的藏書票談起〉、〈海峽重光──記《龍舌蘭》旬刊的發現〉、〈黃榮燦與《星期雜誌》〉、〈清代臺灣傳統戲曲史料鉤沉──泉州通淮關岳廟訪碑記〉、〈金門林樹梅刻書考〉、〈臺灣版印文教神祇圖像初探〉、〈《幼學瓊林》流傳臺灣考〉諸篇什,為臺灣文學與文化略盡棉薄。2004 年年初,臺中市古典音樂臺再邀請永智君主講「發現臺灣之美」廣播節目,娓娓道出清領時期臺灣各地孔廟、書院與科舉考試的掌故;同年 7 月起,永智君先受邀到彰化縣文化局縣史館,提供個人收藏古書圖籍,規畫「風簷展書讀──清代臺灣古書特展」;翌年 3 月,再赴臺北國家圖書館善本書室,為「清代臺南古書紀──見證臺灣雕版印書史」專題策展,隆重呈現珍罕雕版紙本逾半載。

　　成功大學中國文學系施懿琳教授曾經指出:九○年代臺灣文學成為學術研究的顯學後,學院中的研究者以及研究生大幅度地傾向新文學的探索,古典文學的研究則相對地冷清了許多。可能的原因是:一、古典文學的相關資料相當龐大,欲全面蒐集必須有足夠的人力和時間;二、由於時代久遠,許多史料手稿散佚不易尋得,研究者在掌握文獻資料方面,有著一定程度的困難;三、古典文學比較古奧,且多用典故,與當今語境差異較大,容易造成閱讀上的障

礙；四、由於研究人力的欠缺，截至目前為止，古典文學所累積的學術成果相當有限，在可參考的資料嚴重匱缺的情況下，多數研究者視探索古典文學的相關議題為畏途。2006 年 6 月初，政治大學臺灣文學研究所陳芳明所長面對全國臺灣文學的研究生發表〈臺灣文學研究的舊問題與新方法〉專題演講，語重心長地直言：「要多本土才叫本土？要多國際才叫國際？」呼籲學子們建立積極的自信心，開拓視野，畢竟「學術不是靜態而是動態的，不是閉門的而是開門的。」

　　本書卻是異數，永智君在攻讀學位之前，即以臺灣古典文學版本為研究對象，進行斷代以至區域性文學的研究，嘗試開拓出更為寬廣並且多元的視野。「科舉取士」本是我極感興味的學域，拜讀本書得知：臺灣自從陳永華上言建聖廟、立學校以降，清廷賡續科考制度，相關出版品層出，譬如陳璸《臺廈試牘》、夏之芳《海天玉尺編》2 集、張湄《珊枝集》、楊開鼎《梯瀛集》、張珽《海東試牘》、楊廷理《臺陽試牘》3 集、徐宗幹《東瀛試牘》3 集及《瀛洲校士錄》3 集、施士洁《臺澎海東書院課選》、唐贊袞《海東課藝》等等，都是中國科舉文化在臺灣的遺痕，不但呼應了晚近中國學界剛剛成立的「科舉學」，成為科舉學中「臺灣特有亞種」的珍寶，並且這項研究也可視為臺灣古典文學基因庫的基礎工程之一。

　　人生的樂事，有時的確超乎意料之外，我剛返臺南，任職於國立臺灣文學館，決心展開六十歲的重新學習之旅，忽然聽到永智君又有新著，主題正與臺南直接相關，教我欣喜不已；也不禁憶起去年和永智君談到三十多年前我初到臺南任教職，卻意外促成黃典權

教授到成功大學歷史系任教的往事。必定是如此愉快而踏實的回憶，在驅策我匆匆應命，略敘與永智君結緣經過及他在靜宜大學中文系特色課程中的貢獻。從認識到借重到看著永智君十年來的學術成長，我的確想力薦此人此書給關心此道的同好。

國立臺灣文學館館長

鄭邦鎮

2007 年 8 月 25 日

潘　序

　　民國 96 年（2007）8 月 3 日，我將臺灣藏書票協會最高榮譽
「臺灣藏書票協會獎」頒贈給楊君，表揚他對於協會的特殊貢獻；
同時，也為他當選第 3 屆常務理事道賀。此際楊君提出新著《明清
時期臺南出版史》向我求序，拜讀之餘，不禁回想起與他十多年來
私誼的二、三事。

　　我與楊君的結緣可以追溯到民國 81 年（1992）的年底，他從臺
中親自南下到我在臺南市五妃街開辦的兒童畫室，私淑請益中國傳
統木版水印的技法，我非常樂意地傾囊相授之後，他活用此法，即
刻開始朝向兩個專題去實踐：首先是配合東海大學中文系推動藏書
票藝術，接連在該校的學生活動中心、靜宜大學蓋夏圖書館、南投
縣立文化中心、臺南女中圖書館舉行特展。然後再推廣到臺中市文
化局文英館、臺北國家圖書館、東海大學圖書館、朝陽科技大學波
錠圖書館；同時，也在淡江大學文錙藝術中心、臺中縣立文化中
心、臺灣省文化基金會、國立臺中圖書館發表專題講演；並將策展
心得編成《藏書票藝術》，研究成果輯為《臺灣藏書票史話》專書
以及〈清代臺灣藏書考略〉論文，為推廣臺灣藏書票持續貢獻光與
熱。

　　另一方面，楊君著手在全島進行古書與年畫雕版的田野採集，

特別鎖定臺南、鹿港及宜蘭等地,從寺廟道壇、民間藏家探尋,經年累月,樂此不疲。民國 85 年(1996)楊君邀請我參與臺中市文化局文英館新設「臺灣傳統版印特藏室」的規畫,之前楊君已先將館方典藏雕版全數重印,慎重發表《臺灣傳統版印圖錄》,藉以推薦常民美術的菁華。民國 86 年(1997)7 月間,楊君來電告知臺南市第 3 級古蹟德化堂發現珍貴經書雕版 12 箱,我立即以奇美博物館的名義借出,代為薰蒸保養,進行重刷整理,我們一起配合國立傳統藝術中心拍攝〈今世前緣──傳統雕版印刷在臺灣〉記錄片,並且協助國立科學工藝博物館執行「臺灣科技文物及工業技術數位典藏之建置與推廣」計畫,相輔相成,合作無間。

此外,楊君也充分利用教學餘暇,積極撰寫臺南出版史的相關論述,例如在高雄市立美術館發表〈臺南米街王泉盈紙莊滄桑史〉,交代清末泉州年畫引入臺灣的重要通路;在東京日本民藝館宣讀〈臺南王源順紙行滄桑史〉,闡揚即使兩岸阻隔,臺灣人民依舊自印漢籍傳承文化的堅持;在臺北市立美術館提出〈清代臺南松雲軒刻書版畫察考〉,宣揚當時臺南書坊出版的優質品管。近年來,楊君更頻訪原鄉福建各公、私典藏機構及個人,追索傳世可見的標本,還進入福州鼓山湧泉寺印經房,參觀泉州開元寺博物館,以及閩西連城四堡的雕版印刷基地,直接撫觸實物,學習操作工序,深化印證臺、閩兩地出版史的脈絡流變。

「為桑與梓,必恭敬止」《詩經·小雅·小弁》這兩句古詩,曾經被連橫與胡適引用來懷念臺南,所以臺南真是一個繫人縈思的地方。推究臺南之所以會有如此令人懷憶的力量,實由於她那深厚古文化與悠久的歷史所孕育出來的醇厚民風與尚文氣質,因而文化

與歷史遂成為臺南的特色，古都的精魂，凡是從事臺灣文化研究的學者，莫不嚮往馳思，至有文化在茲之歎。前臺南市文獻委員黃典權教授曾經在《臺南文化》寫下他的自白：「歷史是先人的故事，往事如煙，本難捕捉；幸而是遺物偶存，為我們留下可追的線索，即物研求，往往找出了書本上難敲難解的新事象。這不在誰學問之高低，而端視他的肯走、肯看、肯思考。」楊君善於遐蒐博采，為臺南出版史的零金碎玉，提出確實可驗的紙本及印版，擴大並深入對於此一臺灣文化母源的洄溯及研求，用心良苦，躍然紙端。今承楊君之囑，謹為之序。

臺南市文獻委員會委員

潘元石

2007 年 8 月 20 日

吳 序

　　中國傳統雕版印刷出版事業曾經在明、清兩朝，有著飛躍的進步，全國各地出版圖書，遠遠超越宋、元兩代的成績。臺灣先民由福建播遷來臺，經營海島三百年，也將傳統雕版印刷技術移植斯土，從而奠定臺灣文化發展的深厚基礎。對於明鄭、清領時期的臺灣究竟從中國大陸輸入多少典籍？臺灣本島又出版了那些著作？這是從事臺灣研究必須探索清楚的根本問題。這些問題都涉及專業出版學和版本學方面的技術經驗，也旁及目錄學、傳記學、文化史學等多種學科，著手研究不易，再加上紙張雕版飽受蠹蟻啃噬、天災洗禮、戰火摧燬之厄，尤其是子孫後人不知愛惜，以致於出版實物與相關史料亡佚殆盡，僥倖能夠留傳至今者，猶如鳳毛麟角，因此長期以來這塊學術重地乏人問津，任其荒蕪，這種令人遺憾的現象，直到青年學者楊永智講師全力投入，才獲得根本的改善。

　　楊君在東海大學修業期間，就對於臺灣鄉土文化懷抱高度的興趣，有多次很豐富的田野調查經驗。民國 82 年（1993）返回母校擔任夜間部中文系助教後，由於特殊機緣接觸了臺中市文英館典藏的一批臺灣傳統木刻版畫的雕版，從此全力投入臺灣傳統雕版印刷史的學術研究。民國 91 年（2002）完成碩士學位論文《明清臺南刻書研究》，這本論文寫作期間榮獲趙廷箴文教基金會獎助，在近百篇

論文中脫穎,以第八名勝出,筆者忝為指導教授,邀請成功大學施懿琳教授、逢甲大學陳哲三教授蒞系舉行口試,給予楊君很高的評價。

　　楊君在完成碩士論文,取得學位後迄今五年之間,繼續在臺灣傳統雕版印刷史這塊園地努力耕耘,勇猛精進,迭獲佳績,包括:(1)先後參與國內大型學術研究計畫:《全臺詩》、《全臺賦》、《臺灣文學辭典》、《全臺文》、《王少濤全集》等,自編撰過程中,汲取嶄新資訊,學習多元視角,表現優異。(2)研究專題繼續深化,已發表有:〈徐宗幹臺灣關係刻書考述〉、〈清代臺灣藏書考略〉、〈清代臺南坊刻本初探〉、〈臺灣古籍中的醫書〉等重要論文。另外又在《歷史文物》、《臺灣史料研究》、《彰化文獻》等刊物發表數十篇專論。(3)研究範圍繼續擴大,已發表有〈清代臺灣彰化地區出版史初探〉、〈清代鹿港文教史料初探〉、〈版畫南投〉等論著。(4)結集出版研究成果,包括《版畫臺灣》、《清代臺南古書紀——見證臺灣雕版印書史》、《鑑古知今看版畫——臺灣古版畫講座》三書。(5)開創「臺灣雕版印刷史」相關課程,陸續在東海大學、靜宜大學、彰化縣鹿港社區大學、臺中縣明道中學任教。(6)提供個人經年蒐藏的臺灣古書版片,陸續在彰化縣文化局、臺北市國家圖書館舉辦專題個展。

　　本書是楊君以他的碩士論文《明清臺南刻書研究》為基礎,融裁近五年他個人創新的研究成果,反覆多次增補重寫而成的。這部新著,明顯有下列四大特色:(1)勾玄索隱,資料詳贍:作者長年投入閩臺兩地出版品的田野調查,先後走訪 33 個公立藏書機構、27 個私立藏書機構、114 位著名藏書家,儘量網羅書目、史書、日

記、筆記、文集、詩話、序跋、書信、圖錄，以及刊本、雕版實物，實際列出的重要參考專書逾百種，全書引證詳實，採用的罕見文物資料，可謂洋洋大觀，粲然大備。(2)提綱挈領，條理明晰：作者擷取專題研究結論，增補重寫舊作，雖然由於引證浩博，有些地方不免頭緒過於紛紜繁碎，但卻已確實做到釐清原始，條陳流變，提綱挈領，條理明晰的地步，予人較為系統的出版發展史概念。(3)圖表豐富，互相發明：書中擇錄公私收藏 70 種珍籍刊本書影，與考證文字相互補充發明，讓讀者如睹原物，大開眼界。又將繁瑣的出版史考證內容，簡化精鍊成表格 10 種，提供量化與系統化的知識，便利讀者觀覽。(4)呵護文化，飽含熱情：作者長年累月對研究專題窮追不捨，屢以極佳因緣獲得大批臺灣傳統雕版印刷史第一手材料，包括原刻書版、舊刷印本、方志輿圖、報章雜誌、碑匾檔案、日記著錄及學術論著。這些罕見文物，在作者眼中全為金泥玉屑，不免要摒氣凝神，一絲不苟地關照呵護。作者竭力填補、建構臺灣傳統雕版印刷史，處心積慮為發揚先賢孤詣苦心，傳承文化命脈於不墜。作者這種強烈、深厚、持久而穩定的熱情，鬱結貫穿於全書之中，而特於序論及結語中迸發湧現。這種具有持續性與行動性特點的熱情，根植於作者強烈的求知慾與好奇心，對於讀者應是具有相當的召喚作用，鼓舞大家一齊來關愛這塊學術百花園。總之，這是一部充滿開創性，可以彌補臺灣文化史空白，建構後續研究基礎的臺灣文獻學奠基著作，它的行世久遠，普遍引發讀者共鳴，應是可以預卜的。

　　方豪對於臺灣文獻的散佚情況，曾經提醒：「由於清代有不得在原籍作官的限制，所以在本省宦遊的無非外省人，於是在他們調

職時或任期屆滿而被攜往大陸的必不少。」❶「文獻出於他省人之手者為多，或為若輩攜回內地，由於近年在京、滬、津及閩、浙等省發現本省之文獻觀之，則此種猜測，或亦近理。……本省文獻流入內地的必不在少，似乎比在本島的還多。」❷筆者最近接獲北京師範大學歷史系王子今教授饋贈其所編輯《歷代竹枝詞》❸一書，從中發現陳鼐《臺灣竹枝詞》❹、錢琦《臺灣竹枝詞》❺、孫爾準《番社竹枝詞》❻等多種宦遊文人將在臺作品攜回大陸出版發表，又是另一種值得重視的情況。展望未來，除了期盼島內收藏家因為本書的出版而引發注意，繼續窮索相關塵封的文物外，也期盼大家將眼光移向中國大陸，透過通力合作，廣泛蒐尋相關的蛛絲馬跡，以便早日更完善地填補臺灣傳統雕版印刷的信史。

東海大學中國文學系教授

2007 年 8 月 28 日

---

❶　方豪，〈臺灣的文獻〉，《六十他定稿》（臺北：雲天出版社，1970），頁77。

❷　方豪，〈臺灣文獻的散佚與今日的迫切工作〉，《方豪教授臺灣史論文選集》（臺北：捷幼出版社，1999），頁 285－287。

❸　王利器、王慎之、王子今輯，《歷代竹枝詞》（西安：陝西人民出版社，2003）。

❹　原載《國朝全閩詩錄初集》第 11 卷。

❺　原載錢琦《澄碧齋詩鈔》第 8 卷《縱遊草》下。

❻　原載孫爾準《泰雲堂詩集》第 14 卷。

明清時期臺南出版史

目 次

圖　目　錄

表 目 錄

第一章　緒　論

第一節　寫作動機

　　在憲兵義務役退伍之後，筆者重返母系擔任助教，利用行政工作餘暇，繼續追隨良師益友學習。因緣際會參訪臺中市文化局前身的文英館，獲准得以撫觸該館典藏三百餘片臺灣傳統木刻版畫的雕板，引發深入鑽研的好奇心與求知欲。自此，筆者開始遍尋臺灣各地的公私機關及個人，追索中國發明的「雕版印刷術」在臺灣演化的軌跡：在臺灣大學研究生圖書館地下室的專櫃裏，捧讀伊能嘉矩、增田福太郎昔年著書立說的圖書剪報；在中興新村臺灣省文獻委員會的典藏室中，翻揀幾近全套的《淡水廳志》書版；在全臺第一級古蹟鹿港龍山寺正殿的神龕下，清理出用福州杉鑿製的觀音媽聯符版；在香火繚繞的新港水仙宮的廂房內，目睹施琅仿照江西大悲寺的原典，覆刻贈予臺民的《金剛經註講》印版；在宜蘭市碧霞宮的右護龍打開箱匣，摩拓昔日仰山書院收貯《文、武二帝真經》書版；在陳奇祿院士的辦公室裏，品覽他在戰後初期購自臺北牯嶺街的古老年畫；在黃天橫前輩的客廳中，經眼已故臺南藏書家石陽睢館長遺存的紙本；在林漢章先進的百城堂古書店內，首度寓目清代臺郡松雲軒精鐫的善書。

　　民國 87 年（1998）4 月間筆者接受東京日本民藝館的邀約，偕同南京張道一與山東謝昌一兩位老師訪問倫敦，在大英博物館調閱敦煌遺書之際，意外邂逅南明嗣王鄭經藉以反清復明的出版品：《大明中興永曆二十五年大統曆》，逾三百年的通書居然被妥善收存於彼邦的書庫，視若拱璧。筆者瞠目結舌、愧赧汗顏之餘，陳參軍的憾恨、董夫人的昏愚驀然襲上心頭，縱然夢蝶園圮、騎鯨人去，復國大計只剩數紙憑弔。小子何其有幸？飛越半個地球來訪書，楮墨映人，典型不復，風流蕩然，這是多麼深刻沉重的文宣品！然而，卻被安置於異國華麗的殿堂，未能重返海東，現身說法，提醒耽於逸樂的鯨種，臺陽未靖，遑論歌舞昇平？

　　續遊巴黎，觀覽法國國家圖書館版畫部所藏各色紙本，包括「乾隆平定臺灣得勝圖」，筆者在綠蔭蔽天的中庭花園中踱步，恍然憬醒：身處在與自己無甚淵源的文明氛圍裡，異質文化的激盪偶然投影心田，但是畢竟無法鏤心刻骨，與當地學人對話的平台居然建構在異國情調！捫心自問，每一回與鄉邦古籍故紙的喜相逢，認真地觀照這些富蘊臺灣文化養分的珍罕傳媒，不啻印證漢籍先民浮洋橫瀛、開闢荒榛的冒險，也映顯茲爾多士披肝瀝膽、託文興詠的心聲，每每掩卷興歎、徒呼負負，敬惜字紙、過化存神之間究竟蘊藏多少在地文化的深度與能量？對於俯仰其間的「美麗之島」知悉幾何？瞭解多少？

　　南明至清季，中國傳統刻書事業發展有著長足的進步，全國各地出版書籍早已超過宋、元兩代的成績，從中央到地方，自官家與書坊，發行各式經典讀本。傳世以來，成為研究當時文明的最佳採樣，周憲文《欽定福建省外海戰船則例》弁言：「我十分驚訝在木

版印刷的年代，會有這樣科學性質的巨著問世。不用查究，這一定是乾隆年間的東西。由出版物來看時代的治亂，真是絲毫不爽的。不過，時代的治亂固然真切地反映於出版物，但畢竟這是『被動的』，不算得偉大；我們所希望的，是如何在動亂的時代，仍能注意並發揚出版事業，這方是『主動的』，才值得欽佩。亦必如此，始可反亂為治。語云：『入境問俗』；我們伸引開去，入其境，祇要看看它有些什麼出版物，就可知道當地的一切了。」❶臺灣先民由福建播遷臺灣，經營海角三百年，也將傳統刻書一術移植斯土，本書即鎖定此一場域，藉由「搜羅舊槧、或訪紳耆、或購諸坊肆，並參證以別本」的手段，鎖定臺南出版史的淵源演進、發展傳播等諸般面向，進行撰述。

第二節　歷來研究成果

有關於臺南出版史的文獻記載，舉凡乾隆 12 年（1747）《重修臺灣府志》第 19 卷〈雜記・雜著〉、乾隆 17 年（1752）《重修臺灣縣志》第 3 卷〈學志・藏書〉、乾隆 39 年（1774）《續修臺灣府志》第 19 卷〈雜記・雜著〉、嘉慶 12 年（1807）《續修臺灣縣志》第 3 卷〈學志・藏書〉及第 6 卷〈藝文一・著述〉等方志，皆有著錄。然而「嘉慶十二年以後，因為方志未修，後此迄日據之初

---

❶　周憲文，《臺灣文獻叢刊序跋彙錄》（臺北：中華書局，1971），頁 316－317。

的許多史事自然頗感模糊。」❷黃典權曾經如此地慨歎。

至於連橫自撰的《臺灣通史》第 24 卷藝文志的記錄，屢見誤筆，方豪曾經針對其中澎湖通判周于仁著作的訛記，詳加糾正、剖析更替。❸許雪姬也引述楊雲萍的說法：「《臺灣通史》每一頁至少有一個錯誤。」❹連橫僅憑一己之力著述，疏漏在所難免，筆者以為與其指疵追究，不如積極訂謬，後生我輩踵事前賢的同時，尤須謹慎引述，進而導正確認。

民國 35 年（1946）臺灣大學法學院院長周憲文轉職臺灣銀行經濟研究室，致力出版《臺灣文獻叢刊》，被譽為二十世紀最大的一項臺灣史料出版事業，至今仍然影響臺灣史研究，幾十年來貢獻厥偉。❺擇善固執的他「要以年輕的一代為標準——現在的年輕人以及未來的年輕人」，貫徹標點排印臺灣文獻；並且採取「宜於保存」的立場，選擇道林紙出版平裝小冊，理由是：「給一般人研

---

❷ 施瓊芳遺稿、黃典權點校，〈石蘭山館遺稿〉，《臺南文化》6：1（1958.8）：128。

❸ 方豪，〈臺灣通史藝文志訂誤述例〉，《臺灣文化》6：2（1950.5）：57－59。

❹ 許雪姬，〈方杰人教授對臺灣史研究的貢獻〉，載於方豪，《臺灣早期史綱》（臺北：臺灣學生書局，1994），頁 227。

❺ 「但是，這部重要的臺灣歷史資料叢刊卻流通不廣，當時除非大學圖書館或政府機關、學校圖書館，或一部分的公共圖書館可能有所收藏之外，幾乎未在市面流通，即使研究者也是甚難入手，只能在古書店中零星地蒐購。」吳密察、翁佳音、李文良、林欣宜撰，《臺灣史料集成提要》（臺北：遠流出版公司，2004），頁 23－29。

究、參考或閱讀的，並非供少數藏書家賞玩的。」❻

　　這套叢書自民國 46 年（1957）8 月開始，至民國 61 年（1972）12 月告停，耗費 15 年光陰，總共出版 309 種、595 冊、4 千 8 百多萬字的臺灣文獻精華，幾乎網羅了當年可以找到的中文臺灣史料，加上《臺灣文獻叢刊提要》、《臺灣文獻叢刊序跋彙錄》、《臺灣文獻叢刊外編》等姊妹作，成為研究臺歷史文化最重要的紙本。韋慶遠特別嘉許：「《叢刊》公布印行的，其中不乏孤本、珍本。特別是，有些歷史檔案文件、各種民間契書，是一般研究工作者罕能見到的。周先生等能夠毅然予以刊布，並且明確宣告：『資料的公開是學術進步的前提條件』，不論在風格抑或在情操上，都是很可貴的。」❼

　　可惜編輯諸公仍有遺憾，例如吳幅員在編排《金門志》時「為了閱讀方便，今在形式上略加整理，固無損於內容本質也。」❽對於《嘉慶一統志》摘錄關於臺灣府的材料，夏德儀則抱持：「其中職官一項原在宦績之前，茲因本書分裝六冊，同一項目既不能分在二冊，而每冊頁數又須求其勻稱，不得已將職官改列宦績之後。所幸本書係屬參考資料性質，項目稍有移動，想亦無妨。」❾其中相

---

❻　川口長孺，《臺灣割據志》（臺北：臺灣銀行經濟研究室，1957），卷頭語。

❼　韋慶遠，〈試論近代對臺灣省地方性歷史檔案的整理和利用──兼對《臺灣文獻叢刊》和《臺灣公私藏古文書影本》的簡要評介〉，載於《明清檔案與歷史研究》（北京：中華書局，1988），上冊頁 198。

❽　林焜熿，《金門志》（臺北：臺灣銀行經濟研究室，1960），頁 425。

❾　《福建通志臺灣府》（臺北：臺灣銀行經濟研究室，1960），弁言。

關於刻書版本的牌記資料竟然割棄，這些想當然耳的折衷作法，筆者實在無法贊同。甚至周憲文更堅持：「凡是事實，我們祇去其有礙於國家民族的字面，而仍予保留；凡屬議論，要是有害於國家民族的利益，一概剷除。……我們這一做法，除了有人想研究著者的思想以外，對於臺灣文獻的本質，是絲毫無所損傷的。」❿於是剷去《苑裏志》中七千多字的內容！難怪胡秋原很不客氣地直指：「這是不當刪的，保存日本人的話，決不害國家民族利益，這正是日本侵略的證據。」⓫

民國 93 年（2004）12 月彼岸的廈門大學出版《臺灣文獻匯刊》第 1 批，計 7 輯 100 冊，主編陳支平批評：「固然規模宏大，影響廣泛，但是這套叢書是不完備的。由於當時海峽兩岸的社會文化交流處於完全隔絕的狀態，……編者祇能儘量地網羅臺灣島內的文獻資料，而不能顧及臺灣之外特別是大陸收藏的眾多文獻資料。」⓬縱然《臺灣文獻叢刊》實際上存在著嚴重的學術缺陷，未臻完善；甚至在出版將近半世紀的現在，使用者還是「將錯就錯」。⓭筆者仍據以為撰述的重要參考，特別在群書中的弁言與後記，標點者對於版本來源、出處交代、剪裁割捨的因素開誠布公、委曲詳盡，撰述本書時頗收啟發旁通之益。

---

❿ 蔡振豐，《苑裏志》（臺北：臺灣銀行經濟研究室，1959），弁言。

⓫ 胡秋原，〈談周憲文先生的工作及其《稻梁集》〉，載於《周憲文先生著作目錄》（臺北：三民書局，1993），頁 149。

⓬ 《臺灣文獻匯刊》第 1 輯第 1 冊（廈門：廈門大學出版社，2004），編者說明。

⓭ 《臺灣史料集成提要》，頁 54。

　　同時，筆者亦參酌徐坤泉《臺灣省通志稿》第 6 卷〈學藝志·文學篇〉，廖漢臣《臺灣省通志》第 6 卷〈學藝志·藝文篇〉，王國璠《重修臺灣省通志》第 6 卷〈文教志·文獻工作篇〉，黃淵泉《重修臺灣省通志》第 10 卷〈藝文志·著述篇〉，許丙丁《臺南市志稿》第 5 卷〈文教志〉，王國璠《臺灣先賢著作提要》，王國璠、邱勝安《三百年來臺灣作家與作品》，吳福助《臺灣漢語傳統文學書目》，以及尚未付梓的《臺灣漢語傳統文學書目》續編等書。❹

　　至於書影方面的參考資料，筆者亦檢視昭和 6 年（1931）12 月臺南市役所印行《臺灣史料集成》。昭和 12 年（1937）1 月《愛書》第 8 輯，扉頁登載王凱泰《訓番俚言》封面書影。昭和 16 年（1941）5 月《愛書》第 14 輯，扉頁刊登孫元衡《赤嵌集》封面書影。民國 46 年（1957）6 月《鄭成功史料合刊》，收錄阮旻錫《海上見聞錄》等 5 種史料書影。民國 48 年（1959）5 月 30 日臺南市文獻委員會《臺南市志稿》第 5 卷文教志書前附圖 20 頁，刊登藍鼎元《平臺紀略》、黃叔璥《臺海使槎錄》書影。民國 74 年（1985）12 月 24 日由陳奇祿主持，潘元石、呂理政撰述，行政院文化建設委員會發行《臺灣傳統版畫特展》畫冊，登錄《重修臺灣府志》、《續修臺灣府志》、《重修臺灣縣志》輿圖，以及臺郡松雲軒出版書籍 6 種書影。民國 83 年（1994）元月 14－19 日第四屆臺北國際書展主題館——「尋根探源：出版事業在臺灣地區之演進」，由胡

---

❹　行政院國家科學委員會專題研究計畫成果報告（1999/8/1－2000/7/31），由吳福助主持，向麗頻、劉麗卿、王惠鈴 3 位女史與筆者擔任助理。

自強推動、行政院新聞局主導，黃天橫、林漢章及筆者提供藏品，臺北光復書局編輯《追尋文化臺灣》，精印乾隆 12 年（1747）《重修臺灣府志》、乾隆 17 年（1752）《重修臺灣縣志》、嘉慶 21 年（1816）林瀅《一峰亭林朝英行略》、光緒 19 年（1893）唐景崧《請纓日記》，以及臺郡松雲軒出版書籍 12 種書影，並在臺北世界貿易中心隆重展出。民國 84 年（1995）11 月由黃才郎策畫，潘元石及筆者撰述，高雄市立美術館出版《臺灣傳統版畫特展》，在〈版印圖書〉一章中，精印臺郡松雲軒出版書籍 35 種書影；又在〈方志輿圖〉一章中，呈現首度公開自火窟搶救，碩果僅存的乾隆 39 年（1774）《續修臺灣府志》的 2 片刻書版片，還有《續修臺灣府志》、《重修臺灣縣志》等 5 部方志的輿圖。❶民國 92 年（2003）8 月由國立歷史博物館出版《美麗之島──臺灣古地圖與生活風貌展》，收錄林于昉提供夏獻綸《臺灣輿圖》精印地圖書影。

第三節　撰述方法

一、本書第二章及第三章撰述以出版時間先後為次第，所據底本及參校本依照明鄭時期（1661－1683）、清領時期（1683－1895）編排，乃至今日通行相關版本也補敘於後，所以交待沿革，釐清脈絡，分析流變。第四章撰述另以官刻、坊印、私修三項分題探討，鎖定清領時期臺南官方修志、臺郡松雲軒出版史、臺南民間出版品

---

❶　潘元石、楊永智等，《臺灣傳統版畫特展》（高雄：高雄市立美術館，1995），頁 53－109。

三種面向分別追索闡敘。

二、論述範圍鎖定在明鄭時期的鄭成功「東都承天府」與鄭經「東寧府」，清領時期的「臺灣府」（亦稱「臺郡」❻）、「臺灣縣」，以及臺灣改建行省之後的「臺南府」、「安平縣」，涵蓋今日臺南縣市的行政區域。

三、本書所謂「出版」的定義，筆者援引中國學者李新祥對於「出版傳播」的說法：「人類創作、編輯作品，經過複製公之於眾，並被接收或接受的社會傳播現象（活動）。」❼因此：舉凡臺南本籍者著作、非臺南本籍者相關臺南著作、非臺南本籍者著作經由臺南紳民人等集資重出，透過雕版印刷、活字印刷、石版印刷、現代化印刷、手工傳鈔、校勘標點複製平面紙本，憑藉典籍載錄或輾轉保存行世者，皆視為撰述對象。倘若散佚失傳或未及寓目者，仍存目，以待來日追蹤索考。

四、為求知人論書，著錄作者生卒年、字號里籍、交游行誼，若非臺南在籍人士，則僅量扣住與臺南有關者書寫。並且點明撰寫動機、出版緣故、內容特色及月旦評價。

五、為求網羅珍貴圖籍史徵，筆者親訪公立機關如：臺北國家圖書館、中央研究院傅斯年圖書館、國立臺灣博物館、國立中央圖書館臺灣分館、國立臺灣大學圖書館及研究生圖書館、國立臺中圖

---

❻ 吳守禮：「郡為古代地方區域之名，後或稱府曰郡，臺郡即臺灣府，郡城即府城。」，《海音詩全卷》（臺北：臺灣省文獻委員會，1953），註釋葉1。

❼ 李新祥，〈出版傳播學的基本概念及其理論體系的提出〉，《浙江傳媒學院學報》2006：2（2006.2）。

書館及黎明分館、國史館臺灣文獻館、國立臺灣文學館、國立文化
資產保存研究中心籌備處、國立臺灣歷史博物館、臺北市文獻委員
會、臺中市文化局臺灣傳統版印特藏室、彰化縣史館、南投縣史
館、宜蘭縣史館、臺南市立圖書館、臺南市立民族文物館等；中國
如福建省圖書館、福州大學西觀藏書樓、福建師範大學圖書館、泉
州市圖書館、閩臺關係史博物館、漳州市圖書館、廈門圖書館、廈
門大學圖書館、臺灣研究院、南洋研究所、鼓浪嶼鄭成功紀念館、
四堡雕版印刷基地等；海外如英國倫敦大學亞非學院圖書館、大英
博物館、法國國家圖書館、巴黎法蘭西學院漢學圖書館等。

　　六、為求網羅珍貴圖籍史徵，筆者親訪私立機構如：百城堂書
店、吳三連臺灣史料中心、世界宗教博物館、北投文物館、文訊雜
誌社、淡江大學圖書館、東海大學圖書館、靜宜大學蓋夏圖書館、
彰化市朝天堂、賴和紀念館、鹿港文教基金會、鹿港民俗文物館、
北港朝天宮、新港水仙宮、真理大學臺灣文學資料館、臺南市長榮
中學校史館、臺南市天壇、德化堂、西華堂、永漢民藝館、頭城喚
醒堂、宜蘭碧霞宮等；中國如福州鼓山湧泉寺、泉州開元寺、泉州
天后宮等；海外如東京日本民藝館及吾八書房等。

　　七、為求網羅珍貴圖籍史徵，筆者親訪藏書家如：臺北王國
璠、陳奇祿、黃天橫、蔡胡夢麟、張木養、許詩斌、林漢章、莊永
明、高賢次、王行恭、李豐楙、王見川、林耀堂、張傳財、吳興
文、吳瑞豐、李躬恆、陳羿錫、羅斌、蔡建塗、王尚義；新竹黃祖
蔭；臺中洪敏麟、鄭喜夫、李立信、趙天儀、鄭邦鎮、薛順雄、許
建崑、林景淵、陳兆南、陳光偉、唐一安、謝峰生、許朝南、洪秀
傑、鐘金水、龍仕騰、傅以華、白煌隆；霧峰郭双富、林昭隆；彰

化林普心、劉峰松、陳慶芳；和美林文龍；鹿港葉大沛、張敏生、施錦川、詹坤華、王康壽、黃志農、黃雨亭、周凌漢、李奕興、施雨良、黃一舟、施惠熹；南投吳仁勇、梁志忠；北港李國隆、紀雅博、紀仁智、黃水水、林永村、林志浩；嘉義黃哲永、張萬坤、高振興；麻豆張良澤；臺南潘元石、吳樹、石允忠、戴顏承、賴俊光、謝碧連、張厚基、張明容、吳昭明、鄧秋彥、林柏維、王長春；高雄胡巨川、陳仁郎、陳茂田；頭城林旺根、宜蘭李肇基、高志彬、莊建緒等；中國如福州汪毅夫、施舟人（Kristofer Schipper）、游小波、謝水順、方允璋、劉大治、林永祥；廈門李秉乾、洪卜仁、鄧孔昭、李祖基；泉州吳幼雄、黃炳元、吳喬生、許兆愷；漳州顏文華、張大偉；四堡鄒日昇、吳德祥、鄒群；香港許晴野、梅創基等；海外如俄羅斯李福清（Boris L. Riftin）、日本今村喬、王順隆等。

第二章　明鄭時期臺南出版史

第一節　明鄭時期臺南出版的淵源

　　進入南明時代的鄭成功，由於金門、廈門兩基地遭遇清廷武力嚴重威脅，加以軍事行動的屢次失利，他決定將傾力對於復國投入的人力資源，舉凡宗室遺老、故鄉縉紳、軍眷難民全數轉進臺島東都。在遷徙過程當中，也牽動傳統印刷術隨之移轉的因緣，成為漢民族技術引進臺南的發軔。鄭氏相關出版的作為計有 4 項：

一、成立「戶官」刻版

　　南明永曆 9 年（順治 12 年，1655）初夏琳《閩海紀要》：「賜姓以永曆行在遙隔，軍前所委任文武職銜一時不及奏聞，永曆許其便宜委用。」❶永曆帝允許鄭氏設置六部主事，從 2 月開始在廈門的軍伍中設立「戶官」，執行刻版的事務。因為鄭成功考慮到「東征西討，事務繁多，議設六官並司務及察言、承宣、審理等官，分隸庶事，令各官會舉而行。遂以⋯⋯忠振伯洪諱旭管戶官事，貢生林

---

❶　夏琳，《海紀輯要》（臺北：臺灣銀行經濟研究室，1958），頁 13。

調鼎為戶官左司務，參將吳慎為右司務。」❷筆者在楊英手輯《從征實錄》中整理「戶官」刻版有以下 5 筆記錄：

表 1　楊英《從征實錄》戶官刻版記事一覽表❸

時間	戶官刻版記事
永曆 9 年 (1655) 3 月	藩駕駐中左……命馮工官就澳仔操場築「演武亭」樓臺……一日，藩在樓觀各兵陣操有未微妙者，於是再變五梅花操法，日親臨督操，步伐整齊，逐隊指示，計半月，官兵方操習如法，始集各鎮合操法，並設水師操法，俱有刻版通行。
永曆 12 年 (1658) 5 月 7 日	重布出軍嚴禁條令傳示：照得恢復伊始，信義為先，故逆者勦之，順者撫之，勦撫分明，所以示大信、伸大義於天下，此誠今日之要著。如嚴禁姦淫、焚燬、虜掠、宰殺耕牛等項，本藩已刻板頒行，諄諄不啻再三。
永曆 13 年 (1659) 5 月 4 日	藩駕至舟山烈港……再申諭曰：進入京都之時，凡江中船隻貨物，准其插坐，但要和衷，不准爭競。其岸上地方百姓，嚴禁秋毫無犯。已有頒刻禁條，炳若日星。
永曆 13 年 (1659) 5 月 23 日	藩督師至永勝洲會集，仍紮營數日操練，並重申約法。諭曰：……本藩頒刻禁條，不許擅騷百姓，又申之文諭，可謂詳且盡矣。
永曆 15 年 (1661) 5 月 18 日	本藩令諭云：東都明京，開國立家，可為萬世不拔基業。本藩已手闢草昧，與爾文武各官及各鎮大小將領官兵家眷□來胥宇，總必創建田宅等項，以遺子孫。計但一勞永逸，當以己力經營，不准混侵土民及百姓現耕物業。茲將條款開列於後，咸使遵依，如有違越，法在必究，著戶官刻板頒行。

---

❷　楊英，《從征實錄》（臺北：臺灣銀行經濟研究室，1958），頁 85。

❸　同前註，頁 86、126、140−141、143、189。

鄭氏利用「戶官」機構的運作，訓練部隊中嫻於鐫書的兵士，實行雕印文告、刊刻軍令的事務，如此能夠應付作戰要求的機動性，爭取時效；並且不假外求，毋需仰賴坊肆刻工的支援，完全自製，因此黃典權推論：「鄭成功的告示、禁令辦法，常是「刻板」行之，在廈門可不用說，—到臺灣竟也照樣是『刻板』通行的，鄭成功的隨征人員一定有一批刻版刷印的人士。可知成功防衛下的金、廈抗清基地，文風印刷是相當發達的。」❹

二、頒行《永曆大統曆》

全祖望《鮚埼亭集外編》：「鄭氏之不奉魯王也，以隆武頒詔之隙也。故當時自丁亥至辛卯，海上原有二朔。成功在金門，援天復、天祐例，仍稱隆武三年，而奉淮王監國，其所頒曰：《東武四先曆》。」❺徐鼐《小腆紀年》：「明朱成功頒《隆武四年戊子大統曆》於海上，時道阻未通粵也。從大學士路振飛、曾櫻議，仍稱隆武四年，頒曆用文淵閣印鈐之。考曰：《顧炎武集》有〈路舍人家見《東武四先曆》〉詩，舍人，振飛長子澤溥也。《東武四先曆》，蓋隆武四年之隱語也。」❻毛一波雖然寓目著錄，可惜亦未見傳本。❼永曆 3 年（順治 6 年，1649）鄭成功遙奉永曆帝為正朔，永曆 15 年（順治 18 年，1661）收復臺灣，翌年病故，鄭經嗣位，繼

❹ 黃典權，《鄭成功史事研究》（臺北：臺灣商務印書館，1996），頁 26。

❺ 全祖望，《鮚埼亭選集》（臺北：臺灣銀行經濟研究室，1965），頁 274。

❻ 徐鼐，《小腆紀年》（臺北：臺灣銀行經濟研究室，1962），頁 704－705。

❼ 毛一波，〈《東武四先曆》之謎〉，《南明史談》（臺北：臺灣商務印書館，1967），頁 80－82。

續頒行《永曆大統曆》。許丙丁認為：「此亦東寧一堪稱述之要政也，而鳳胎實主其事。」❽吳鳳胎是在永曆 18 年（康熙 3 年，1664）2 月追隨朱術桂抵臺，鄭經授予「占地官太史」，負責造曆占天象。❾

　　《永曆大統曆》存世的刊本極為罕見，如永曆 21 年（康熙 6 年，1667）本，鄭喜自東寧攜至朝鮮，獻給韓肅宗。與永曆 37 年（康熙 22 年，1683）本皆由日本神田家珍藏。永曆 25 年（康熙 10 年，1671）本亦不多，英國劍橋大學麥格達倫學院柏貝斯圖書館藏 1 部、牛津大學圖書館藏 2 部、大英博物館藏 1 部。❿劍橋大學藏本原來是康熙年間擔任英國海軍部次長柏貝斯（Samuel Pepys，1633－1703）的藏書，取黃綾製作書皮，其上刊印：

> 嗣藩　頒製。皇曆遙頒未至，本藩權宜命官依大統曆法考正
> 刊行。俾　中興臣子咸知正朔，海內士民均沾厥福，用是為
> 識。

並且加鈐「招討大將軍」朱印 1 方（9.2×9.2 公分）；內文以藍色墨

---

❽　許丙丁，《臺南市志稿卷五文教志》（臺北：成文出版社，1983），頁 3952
　　－3953。
❾　吳鳳胎（1605－1680），字仲禎，號幹甫，福建漳州府龍溪縣二十九都新岱
　　人。祖旋銳嘗於嘉靖年間渡臺。鳳胎少而讀書，長遭國變，棄家居金廈，與
　　寧靖王朱術桂交善。黃典權，《鄭成功史事研究》，頁 118。
❿　毛一波，《南明史談》，頁 80－82。

水刷印，印工草率。❶民國 47 年（1958）7 月臺灣省文獻會透行政院新聞局駐英人員協助，影照牛津大學藏本，陳漢光憑照片登錄：封面刊「大明中興永曆二十五年大統曆」，連封面 18 頁，版框縱約 24.5 公分，橫約 26.5 公分，版心無魚尾，白口，單欄，橫數字數不一；刻刷技術甚差，文字多用簡體或古體。❷民國 87 年（1998）4 月間筆者訪問大英博物館親見該館藏書，缺書皮，首葉首行刊「大明永曆二十五年歲次辛亥大統曆」。黃典權推測：「時英人設商館於東寧，此曆書殆為當日所得者。」❸

鄭達曾經考證：受永曆帝延平王之封，藏其印不用，稱「招討大將軍」終其身。❹朱希祖則詳加剖析：「隆武二年（順治 3 年，1646）八月辛丑，帝遇害於汀州，十二月癸丑朔，成功起兵，移文仍稱隆武二年，自稱罪臣，鈐『招討大將軍』印。隆武四年（順治 5 年，1648）十月，永曆帝在肇慶，使晉成功威遠侯，招討大將軍如故。自是之後，招討大將軍一職蓋訖；鄭經、鄭克塽皆仍其故稱，至降清時，『延平王』等印，先由施琅奏繳，惟『招討大將軍』印仍留造冊籍，蓋至克塽至京乃奏繳。」❺《永曆大統曆》應是漢人

❶　黃建中，〈明嗣藩頒製永曆二十五年大統曆考證〉，《大陸雜誌》15：10（1957.11）：1−4。

❷　陳漢光，〈明鄭在臺刊行之永曆大統曆〉，《臺灣風物》9：1（1959.7）：18−20。

❸　黃典權，《鄭成功復臺三百年史畫》（臺北：中華文化出版事業社，1961），頁 38。

❹　鄭達，《野史無文》（臺北：臺灣銀行經濟研究室，1965），頁 166。

❺　朱希祖，《朱希祖先生文集》（臺北：九思出版有限公司，1979），頁 3028−3029。又康熙 22 年（1683）7 月 29 日施琅〈督臣差官撫臺及鄭克塽齎繳

在臺南最早出版的書籍,正是鄭經堅持遵奉朱明為正朔,在海角孤島上藉以生聚教訓、勵精圖治的藍本,所以陳漢光推定:可證明鄭刻書技術雖粗略,而尚有刻書能力。❶毛一波認為:分散到內地去,到民間去,期使一般的遺民們知有故國的存在。❶

三、開設「儲賢館」

黃宗羲《賜姓始末》:「賜鄭森（芝龍子）姓朱,改名成功。總督禁旅,以駙馬體統行事。開『儲賢館』,定十二科取士法,以蘇觀生領之。既而,招徠者多狹邪之士,上亦厭而罷之。」❶永曆8年（順治11年,1654）10月楊英《從征實錄》:「考諸生優行者入『儲賢館』,洪初闢、楊京、陳昌言等在焉。」❶翌年2月以後夏琳《閩海紀要》:「設『儲賢館』、『育胄館』,以前所試洪初闢、楊芳、呂鼎、林復明、阮旻錫等充之。先是,明主開科粵西,諸生願赴科舉者,成功給花紅、路費遣之。島上衣冠濟濟,猶有昇平氣象。」❶江日昇《臺灣外記》:「又設『儲賢』、『育材』二

冊印）檔案:「本月二十七日,偽藩鄭克塽復差馮錫珪、陳夢煒同吳啟爵、常在齎具降本一道,及繳延平王冊一副、印一顆,……鄭克塽尚有『招討大將軍』印一顆,據稱有戶口兵馬各項冊籍俱未攢造,因暫留用候繳。」張翔編,《清代臺灣檔案史料全編》（北京:學苑出版社,1999）,頁706－707。

❶ 陳漢光,〈明鄭在臺刊行之永曆大統曆〉,頁18－20。
❶ 毛一波,《南明史談》,頁80－82。
❶ 黃宗羲,《賜姓始末》（臺北:臺灣銀行經濟研究室,1958）,頁51。
❶ 楊英,《從征實錄》,頁71。
❶ 夏琳,《海紀輯要》,頁13－14。

館。令思明州知州鄧會勸學取士，得黃帶臣、洪初闢等四十人，次第轉六官之內辦事；或外為監紀，或為推官、通判不等。」❹從引證中可知「儲賢館」是鄭氏政權下各級官吏培養的搖籃，造就出許多優秀人才，例如阮旻錫就寫作出《海上見聞錄》等與臺灣關係至深的重要著作。

四、建聖廟、立學校

陳永華（1634-1680），字復甫，福建同安人。父鼎原籍龍溪，天啟舉人，宋理學家陳淳族裔。鄭成功克同安，鼎任教諭。永曆 2 年（順治 5 年，1648）城陷，自縊明倫堂。陳永華時年舞象，試冠軍，已補龍溪博士弟子員。聞父殉國難，即僧服葬父，遂籍同安。郁永河〈陳參軍傳〉：「成功為『儲賢館』，延四方之士，公與焉，未嘗受成功職也。其為人淵沖靜穆，語訥訥如不能出諸口。遇事果斷有識力，定計決疑，瞭如指掌，不為群議所動。與人交，務盡忠款。平居燕處無惰容，布衣蔬食，泊如也。」❷福建晉江文士蘇鏡潭在民國初年數度來臺，寓居臺北，曾作《東寧百詠》：「魚水君臣重託孤，三分龍臥起龍圖。艱難手創偏安局，直把東都作帝都。」詩注云：「時成功開思明府，延攬天下士，兵部侍郎王忠孝薦之，與語竟日，大喜曰：『復甫，今之臥龍也。』授參軍，待以賓禮。永曆十二年（順治 15 年，1658）成功北征，命輔世子，留思明，語經曰：『陳先生當世名士，吾以佐汝，汝其師事

---

❹　江日昇，《臺灣外記》（臺北：臺灣銀行經濟研究室，1958），頁 17。

❷　郁永河，《裨海紀遊》（臺北：臺灣銀行經濟研究室，1959），頁 51。

之。』」❷連橫更讚譽他「治臺功績，推為第一。」❷

　　永曆 19 年（康熙 4 年，1665）8 月鄭經任命陳永華為勇衛，軍國大事悉以委託。連橫《臺灣通史》：「永華既治國，歲又大熟，請建聖廟、立學校。……（經）從之，擇地寧南坊，面魁斗山，旁建明倫堂。二十年（康熙 5 年，1666）春正月，聖廟成。經率文武行釋菜之禮，環泮宮而觀者數千人，雍雍穆穆，皆有禮讓之風焉。命各社設學校，延中土通儒以教子弟。凡民八歲入小學，課以經史文章。天興、萬年二州，三年一試。州試有名者移府，府試有名者移院，各試策論，取進者入太學。月課一次，給廩膳。三年大試，拔其尤者補六科內都事。三月，以永華為學院，葉亨為國子助教，教之、育之，臺人自是始奮學。」❷鄭經聽取陳永華的建議興築孔廟，又指派他與葉亨主持，成為東寧子弟接受漢文化洗禮的最高學府。改朝易幟之後，清廷依舊保留聖廟，栽培出自撰《臺灣志稿》的王喜。臺南斯文之不墜，陳永華實居首功。

第二節　明鄭時期臺南出版的發展

　　明末溫陵人鄭孟周曾經編輯過《經國學略》，鄭芝龍名列此書的「鑒定」人，而且鄭芝豹也負責「校閱」。但是，當鄭芝龍降清之後，就將印書的書版燒燬滅跡，所以傳世刊本相當希罕，方豪撰

---

❷　蘇鏡潭，《東寧百詠》（泉州：梅村詩社，1935），葉 15。

❷　連橫，《臺灣詩乘》（臺北：臺灣銀行經濟研究室，1960），頁 12。

❷　連橫，《臺灣通史》（臺北：臺灣銀行經濟研究室，1962），頁 268－269。

文提起僅有中國南明史專家朱希祖和日本東洋史學研究者內藤湖南
收藏，㉖後者藏書今已轉入日本關西大學圖書館典藏。

　　鄭成功長媳的祖父唐顯悅，字子安，號枚臣，福建仙遊人。天
啟 2 年（1622）進士，累官嶺南巡道，丁艱歸。唐王起為右通政，
以兵部右侍郎進尚書致仕。永曆 9 年（順治 12 年，1655）舉家遷居廈
門，隱居雲頂巖，自號「雲衲子」，與南明文人每多交遊。如徐孚
遠〈與黃臣以論次人物懷唐枚臣先生〉：「俱客島嶼間，杖履日周
旋。吟詠時有作，壺觴亦聯綿。」㉗永曆 16 年（康熙元年，1662）張
煌言〈答唐枚臣書〉提到：「大刻諸體並臻鐘呂，而樂府直追漢、
魏以上。奉教之下，真足移情佩服。」㉘因此黃典權認為：既有
「大刻」，可見集子早在廈門出版了。㉙也是同年，張煌言為監軍
曹從龍自撰《曹雲霖詩集》寫序：「雲霖將削稿以付剞劂氏，貽書
問序於余。」㉚所以黃典權判斷：「曹從龍在壬寅前後隨征入臺
灣，當他貽書煌言時，人應在廈，可知當時廈門刻版印書沒有什麼

㉖　方豪，〈臺灣文獻的散佚與今日的迫切工作〉，《方豪教授臺灣史論文選
　　集》（臺北：捷幼出版社，1999），頁 290。內藤湖南（1866－1934），本
　　名內藤虎次郎，日本秋田縣人。秋田縣立師範學校畢業，先後擔任明治時期
　　衝要報刊記者和評論員，成為日新聞與論界有名的「中國通」評論家。明治
　　40 年（1907）專任京都大學東洋史學科第一主講，成為該校「支那學」領
　　導，與狩野直喜合創日本中國學「京都學派」。內藤湖南、長澤規矩也等
　　著，《日本學人中國訪書記》（北京：中華書局，2006），頁 1。
㉗　彭國棟，《廣臺灣詩乘》（臺北：臺灣省文獻委員會，1956），頁 19。
㉘　張煌言，《張蒼水詩文集》（臺北：臺灣銀行經濟研究室，1962），頁 59。
㉙　黃典權，《鄭成功史事研究》，頁 26。
㉚　張煌言，《張蒼水詩文集》，頁 37。

困難。」❸

一、鄭經《東壁樓集》

鄭經（1642－1681），諱錦，字式天，號賢之、元之，福建省泉州府南安縣安海人。鄭成功長子，九歲時隨母董夫人移居中左所（今廈門市）。永曆 15 年（順治 18 年，1661）奉父命監守思明。次年鄭成功過世，鄭經嗣位，命陳永華為諮議參軍，馮錫範為侍衛。10月入東都，抵定內部紛爭，對寧靖王以下之宗室、遺老頗為禮敬，但亦大幅改變其父之政制與舊臣。其後，鄭經仍駐守思明，然因屢屢遇挫，遂於永曆 18 年（康熙 3 年，1664）率眾東渡，改東都為東寧，升天興、萬年二縣為州，大小政事皆委於陳永華，自度曲徵歌，以示休養生息，暫無西征之意。永曆 20 年（康熙 5 年，1666）依陳永華之請，於承天府籌建聖廟，普設學校，文物之盛，極於一時。清廷曾多次派使者來勸降，皆遭鄭經力拒。永曆 28 年（康熙 13年，1674）以三藩為主的反清勢力蜂起，鄭經藉機反攻，命勇衛陳永華為總制，留守東寧，自率大軍渡海而西，傳檄四方。跨海之初，屢獲勝績，厥後遭清軍逐一擊退，閩粵八郡全失，思明、金門兩島皆棄，永曆 34 年（康熙 19 年，1680）3 月撤返東寧。不聞政事，益怠於事，擇地洲仔尾造園庭，日於其中飲酒賦詩，圍棋射獵，縱情為長夜之歡。翌年病逝承天府。著有《東壁樓集》8 卷。

民國 83 年（1994）朱鴻林發表〈鄭經的詩集和詩歌〉，引介他

---

❸　黃典權，《鄭成功史事研究》，頁 26。

在日本內閣文庫發現的《東壁樓集》。他依據序文及鈐印判斷這是鄭經在永曆 28 年（康熙 13 年，1674）西征初捷時，在泉州的刊行的版本。內閣文庫本鈐入「內閣圖書之章」朱印 1 方，缺封面，序文 3 葉，落款「永曆甲寅歲夏六月潛苑主人自識」，並鈐「式天氏」、「潛苑主人」印文 2 方；內文每半葉版框高 19 公分，寬 13 公分，9 行，行 18 字，小字雙行，字數同，左右雙邊，版心上刊「東壁樓集」，單魚尾，中刊卷次篇目，下刊葉次及「東集」2 字，每卷首葉次行刊「潛苑主人東集」，計 8 卷，分訂 3 冊。朱鴻林再推測：無刻工姓字，然刀工整麗，刷印明晰，似原刻初印本無疑。❸❷漢學研究中心、中央研究院傅斯年圖書館、日本京都大學人文科學研究所、美國普林斯頓大學葛斯德圖書館皆藏複印本。民國 93 年（2004）2 月行政院文化建設委員會委由施懿琳與筆者據漢學研究中心複印本編校排印，收入《全臺詩》（第 1 冊）。

　　永曆 28 年（康熙 13 年，1674）6 月鄭經為是書撰序：「及先王賓天，始出臨戎。嗣守東寧，以圖大業。但公事之餘，無以自遣，或發於感忱之時，或寄於山水之前，或托於風月之下，隨成吟咏，無非西方美人之思，日者虜運將終，四方並起。余爰整大師，直抵閩疆，思恢復有期，毋負居東吟哦之意。乃命官鐫刻，而名曰：《東集》，以明己志云。」❸❸朱鴻林認為鄭經此時在泉州進行軍事活動，所以推斷此書的出版：鄭經能在經歷了明鄭城破棄守和清廷沿

❸❷　朱鴻林，〈鄭經的詩集和詩歌〉，《明史研究》第 4 集（合肥：黃山書社，1994），頁 212－230。

❸❸　鄭經，《東壁樓集》，漢學研究中心複印永曆 28 年刊本，自序葉 1－2。

海遷界的十年蕭條之後的廈門,「命官鑴刻」和刷印像《東壁樓集》這般十分精美的書籍,可能性太小,故此書極可能是刻印於當時商業較盛而有書刊業務存在的泉州。❸他又以為此書鮮為學界利用的原因:「此書是不易賜人和不售於世的王者之作」與「三藩之亂時期閩粵地方的戰火頻繁」❸然而,筆者對於朱氏的推論有待商榷。

鄭經自陳的「命官鑴刻」,其實就是筆者上節行文所云的「戶官」刻版,鄭氏軍伍中早有隨征的優秀刻工,足以堪任,嗣王之作當然不必鑴入梓人名姓,務求「刀工整麗,刷印明晰」,也是情理所在。但是,即便思明州不如黃典權舉證般地繁華,文風淪落凋蔽,而列為戰區的泉州,風雨飄搖,書坊業主自顧尚且不暇,尋常刻工避難惟恐不及,有何閒情災梨禍棗?《東壁樓集》焉能付之手民?再者,總計 186 葉的書版,兵馬倥傯,非數月可竟全功,刻書的兵士應該毋需行軍,投入作戰,甚至移防後方,審慎行事,比諸泉、廈,朱氏為何獨漏更安定的東寧?筆者認為此書在臺南上梓的合理性更甚於泉州。至於刻工里籍,或許出身泉州,因為晚至道光末年,臺灣道徐宗幹出版臺郡書院學生課藝時,還提及:「泉郡兵丁多以刻字為業者,資其生計,究竟為違禁之事,以餬口者少去數人耳。」❸

---

❸ 同註❸。

❸ 同註❸。

❸ 徐宗幹,《斯未信齋文編》(臺北:臺灣銀行經濟研究室,1960),頁 78－80。

二、明鄭遺民的著述

　　鄭成功屯兵廈門，早於永曆 11 年（順治 14 年，1657）即改稱「思明州」，固守此島，藉以「遙奉桂王，承制封拜；月上魯王豚、米，並厚廩瀘溪、寧靖諸王，禮待諸遺臣王忠孝、沈佺期、郭貞一、盧若騰、辜朝薦、徐孚遠等。」[37]夏琳《海紀輯要》亦載鄭成功「給避難縉紳盧若騰、王忠孝、辜朝薦、徐孚遠等銀幣。時縉紳避難入島者甚眾，賜姓皆優贍之；歲有常給，待以客禮，軍國大事時輒咨之，皆稱為老先生而不名。若盧、王、辜、徐及沈佺期、郭貞一、紀許國諸公，尤所尊敬者。」[38]黃典權曾經撰文列舉沈光文、盧若騰寓居廈門的作品，表現明末廈門地區和詩酬唱的風氣。進而又援引阮旻錫刊行《夢庵長短句》等 25 種著作、盧若騰出版《留庵文集》等 6 種著述，反映當時文士勤於著述，推論出鄭成功在「戰火局面之文風鼎盛。」[39]

　　鄭成功抵臺之後，皇親國戚、高官達儒或有跟隨、或有支持。連橫《臺灣通史》指出：「當是時，太僕寺卿沈光文居羅漢門，亦以漢文教授番黎。而避難搢紳，多屬鴻博之士，懷挾圖書，奔集幕府，橫經講學，誦法先王。洋洋乎，濟濟乎，盛於一時矣！」[40]譬如福建龍溪舉人李茂春，著述富，永曆 18 年（康熙 3 年，1664）「同盧若騰、郭貞一諸鄉紳扁舟渡臺，居永康里；題其茅亭，曰：『夢

---

[37]　趙爾巽等，《清史稿》（北京：中華書局，1998），頁 2364。

[38]　夏琳，《海紀輯要》，頁 14。

[39]　黃典權，《鄭成功史事研究》，頁 26。

[40]　連橫，《臺灣通史》，頁 268－269。

蝶處』，日誦佛經自娛，人稱李菩薩云。」❹此外，蔣毓英《臺灣府志》也言及南安進士沈佺期，明亡後絕意進取，抵臺以醫術濟人，平生著作，其子孫輯而藏之。❷

著作豐富，實屬難得，然而並不等於刻書事業的蓬勃發展，筆墨心血轉化成刻版文字，甚至流芳百世，在明鄭飄搖覆滅的頹勢中，其實絕非易事。筆者鎖定與鄭氏相關的南明遺老 9 位，探究他們的著作（包括即時出版、未及付梓與清領時期之後問世者），反映臺南地區在改朝換代、顛沛流離之際刻書的窘況，驗證當年刻書之大不易。

㈠ 沈光文《福臺新詠》、《沈文開集》

沈光文（1612－1688），字文開，號斯庵，浙江鄞縣人。明故相文恭世孫，少以明經貢太學。永曆召其出任太僕寺少卿。鄭成功據守金廈時，由潮陽航海抵金門，欲乘船赴泉，遇風來臺，鄭成功視同田島，志效扶餘，以客禮見之。後因作賦刺鄭經，遭人中傷，乃改服為僧，逃隱目加溜灣社（今臺南縣善化鎮）、大崗山（今高雄縣阿蓮鄉）、羅漢門（今高雄縣內門鄉）等地，入山不出，教授生徒兼以醫藥濟人，享年 77 歲。輯有《福臺新詠》1 卷；著有《臺灣輿圖考》1 卷、《草木雜記》1 卷、《流寓考》1 卷、《臺灣賦》1 卷、《文開文集》1 卷、《文開詩集》1 卷。❸

---

❹ 周凱，《廈門志》（臺北：臺灣銀行經濟研究室，1960），頁 555。

❷ 《臺灣府志三種》（北京：中華書局，1985），頁 222。

❸ 連橫，《臺灣通史》，頁 620。《重修臺灣府志》與《續修臺灣府志》著錄作 2 卷本。

　　康熙 23 年（1684）冬天季麒光剛到臺灣，準備接掌諸羅知縣之前，「僦居僧舍，即晤斯庵先生，見其修髯古貌，骨勁神越，雖野服僧冠，自非風塵物色。」兩人暢敘之餘，各出所著詩文相指示，季麒光評價：「斯庵之詩以致運，實以辭寫志，抒發至理，不怒不流，蓋其托體在樂天、放翁之間；而其寄忌則又如彭澤老人，悠然而自遠，淡然而自適也。」❹「從來臺灣無人也，斯庵來而始有矣；臺灣無文也，斯庵來而又始有文矣。斯庵學富情深，雄於詞賦，浮沉寂寞蠻煙瘴雨中者二十餘年，凡登涉所至，耳目所及，無鉅細，皆有記載。」「當斯庵在臺以一賦寓譏刺，幾蹈不測，故著述亦晦而不彰。及余來尹是邦，盡出其所藏以相示。」❺

　　《福臺新詠》成書的時間應該在康熙 24 年（1685）的年底，❻當年 4 月間 74 歲的沈光文先寫〈東吟社序〉：「余自壬寅，將應李部臺之召，舟至圍頭洋，遇颶風，飄流至斯。海山阻隔，慮長為異域之人，今二十有四年矣。雖流覽怡情、詠歌寄意，而同志乏儔、才人罕遇，徒寂處荒埜窮鄉之中，混跡於雕題黑齒之社。何期癸甲之年，頓通聲氣。至止者人盡蕭騷，落紙者文皆佳妙。使余四十餘年拂抑未舒之氣、鬱結欲發之胸，勃勃焉不能自己。爰訂同心，聯為詩社。人喜多而不嫌少長，月有會而不辭風雨。分題拈韻，擇勝尋幽。金陵趙蒼直乃欲地以人傳，名之曰：《福臺新詠》，合省郡而為言也。……鴻溪季蓉洲任諸羅令，公餘亦取社題

---

❹　季麒光，〈沈斯庵詩敘〉，《蓉洲文稿》，廈門市圖書館藏鈔本，第 1 卷第 12 篇。目錄標題又作〈沈斯庵詩文集序〉。

❺　季麒光，〈跋沈斯庵集紀詩〉，同前註，第 2 卷。

❻　《重修臺灣府志》、《續修臺灣府志》著錄作《福臺閒詠》。

相率倡和，扶掖後進，乃更名曰：《東吟社》。……會中並無絲
竹，亦省儀文，飲不卜夜。詩成次晨，各擴性靈，不拘體格。今已
閱第四會矣！人俱如數，詩亦無缺，雖已遍傳展閱，尚當彙付殺
青，使傳聞之。隔江薦紳先生，亦必羨此蠻方得此詩社，幾幾乎漸
振風雅矣。」❹

　　同年 12 月季麒光後作〈東吟詩敍〉：「《東吟》者，何就
《福臺新詠》而名之也？《福臺新詠》何昉乎始於斯庵老僧、及渡
海諸君子倡和之作也？『福臺』者，何在臺言臺？兼誌省會也。然
則，曷為以『東吟』名也？曰：『紀異也。』『異為何？』曰：
『方輿之廣也，會遇之奇也，風雅之所自作也。』臺灣地盡東南，
遠接扶桑，不入職方，我國家廓清張瀚，設官分邑，肇造洪荒，記
載所未有也。自有此集，而山川之淵府，節候之勾股，內外之疆
索，蛟龍之窟宅，飛走之伏藏，草木之菀枯，皆可譜形繪像，以備
採風問俗之選。……是集也，賓主無苛儀，少長有定序，拈題分
韻，酒行以節，雖非金谷之遊，竊比西園之敍。」❹於是原先由趙
龍旋命名的《福臺新詠》，匯集了四明沈斯庵光文、梁溪季蓉洲麒
光、宛陵韓震西又琦、關中趙素庵行可、會稽陳易佩元圖、山陰陶
寄庵禎錫、錫山華蒼崖袞、鄭紫山廷桂、榕城林御輕奕、丹霞吳衣
芙蕖、輪山楊載南宗城、莆陽王鴻致際慧聯袂結社的作品，再經過

---

❹　范咸，《重修臺灣府志》（臺北：臺灣銀行經濟研究室，1961），頁 661－
　　663。

❹　季麒光，《蓉洲文稿》，第 1 卷第 16 篇。目錄標題又作〈東吟詩社序〉。

季麒光易名作《東吟社》（亦名《東吟詩》、《東吟詩社》）。❹可惜此
書稿本未及災梨，連橫《臺灣詩乘》著錄：「《福臺新詠》亦久失
傳，余於志中，僅得陳易佩〈輓寧靖王〉一首，吉光片羽，誠足矜
貴。」❺

康熙 25 年（1686）季麒光撰寫〈沈光文傳〉提及：「所著《臺
灣賦》、《東海賦》、《檨賦》、《桐花賦》、《芳草賦》及《花
草果木雜記》古近體詩，俱係存稿，未及梓行。」❺沈光文卒後，
葬於善化里東保，《重修福建臺灣府志》記載：「其子孫猶能守詩
書。」❺《重修臺灣府志》再錄：「惟《沈文開集》，向時寓臺諸
公所艷稱而未得見者，亦輾轉覓諸其後人。凡得詩文雜作鈔本九
卷，半皆蠹爛，但字跡猶可辨識，既不忍沒前人之苦心，故所徵引
較前志尤多。」❺不過，朱景英卻有不同的看法：「郡人譚藝者必
推沈斯庵。往歲范九池侍御修郡志，採其詩文入志者甚多。頹唐之
作，連篇累牘，殊費持擇也。」❺

沈光文詩文作品排印本則有連橫《臺灣詩薈》連載《沈斯庵詩
集》，分 4 期刊登，並作跋：「斯庵以明室遺臣，為東都逸老，零
丁海上，著作等身。自荷蘭以至鄭氏盛衰，皆目擊其事。臺灣文

---

❹　黃叔璥《赤嵌筆談》：「《東吟詩》，一名《福臺新詠》。」《臺海使槎
　　錄》（臺北：臺灣銀行經濟研究室，1957），頁 74。
❺　連橫，《臺灣詩乘》，頁 18。
❺　季麒光，《蓉洲文稿》，第 3 卷第 12 篇。
❺　劉良璧，《重修福建臺灣府志》（臺北：臺灣銀行經濟研究室，1961），頁
　　450。
❺　范咸，《重修臺灣府志》，頁 16。
❺　朱景英，《海東札記》（臺北：臺灣銀行經濟研究室，1958），頁 50。

獻，推為初祖。著有《詩文集》、《臺灣賦》、《流寓考》、《文
開雜記》。聞全謝山先生曾採入《甬上耆英集》，求之未得。唯
《續選甬上耆舊詩集》有詩六首，合余所搜者計六十有九首，編於
《臺灣詩存》。謝山既為斯庵作傳，後論之曰：「……公之後人遂
居諸羅，今繁衍成族。會鄞人有游臺者，余令訪公集，竟得之以
歸，凡十卷。」❺另有民國 60 年（1971）陳漢光《臺灣詩錄》、民
國 66 年（1977）侯中一《沈光文斯庵先生專集》、民國 69 年
（1980）陳香《臺灣十二家詩鈔》、民國 87 年（1998）龔顯宗《沈光
文全集及其研究資料彙編》、民國 93 年（2004）2 月行政院文化建
設委員會委由江寶釵據以上諸本收錄詩作編校，收入《全臺詩》
（第 1 冊）。

㈡ 徐孚遠《釣璜堂存稿》

　　徐孚遠（1599－1665），字闇公，晚號復齋，江蘇華亭人。明世
宗時相國階之從曾孫。崇禎 2 年（1629）與陳子龍、夏允彝、杜麐
徵、周立勳、彭賓成立「幾社」。❻崇禎 15 年（1642）中舉。永曆

---

❺　連橫，《雅堂文集》（臺北：臺灣銀行經濟研究室，1964），頁 49－50。連
　　橫又題〈《東寧三子詩錄》序〉：「瀏覽舊誌，旁及遺書，乃得沈斯庵太僕
　　之詩六十有九首。越數年，又得張蒼水尚書之《奇零草》。又數年，復得徐
　　闇公中丞之《釣璜堂詩集》。刺其在臺及繫鄭氏軍事者四、五十首，合而刻
　　之，名曰：《東寧三子詩錄》。」同前書，頁 41。惜《東寧三子詩錄》今
　　佚。

❻　徐孚遠與「幾社」菁英陳子龍（1608－1647）合撰《史記測義》與《皇明經
　　世文編》，後者日本內閣文庫收藏 1 部，封面刊書名及「方禹脩、陳眉公兩
　　先生鑒定，陳臥子先生評選，雲間平露堂梓行」。並且加鈐「本衙藏板，翻

5 年（順治 8 年，1651）舟山破，從監國浮海至鷺門。鄭成功待以客禮，每以忠義激厲，大事皆諮而後行；因與葉后詔、鄭郊輩結為『方外七友』，浮沉島上十四年。❺❼連橫著錄：「闇公寓居海上，曾與張尚書煌言、盧尚書若騰、沈都御史佺期、曹都御史從龍、陳光祿士京為詩社，互相唱和，時稱：海外幾社六子，而闇公為之領袖。」❺❽來臺不久即返廈門，永曆 17 年（康熙 2 年，1663）清師攻陷金廈，徐孚遠擬攜眷歸鄉而不果，遂滯留廣東饒平，兩年後病故。❺❾著有《釣璜堂存稿》20 卷。

　　大正 14 年（1925）9 月出版的《臺灣詩薈》第 21 號，連橫透過〈尺牘〉專欄披露當年 6 月 21 日姚光的來函：「茲有請者：光自幼篤志網羅明季文獻，近方校刻鄉先哲徐孚遠之《釣璜臺存稿》，並擬撰輯《闇公年譜》。惟闇公佐延平郡王幕府，久居貴地，而其事跡，以代遠路遙，頗多模糊影響之談。並知闇公在臺，有海外幾社之結，且有社集刊行，乃亦求之不得。今何幸而遇閣下，閣下既生長其地，又以表彰節義為事，尚祈力為搜訪。凡關於闇公以及其交遊之事跡、著述，盡以見示。其所欣感，寧有極乎！」❻⓿同年

刻千里必究」及「平露堂」印文 2 方。民國 51 年（1962）北京中華書局出版《明經世文編》6 冊；臺灣國家圖書館亦藏 1 部，惟缺葉甚多，依照內閣文庫本影印補全，民國 53 年（1964）臺北市國風出版社重刊。民國 60 年（1971）3 月《臺灣文獻叢刊》篩選其中與閩臺相關文章，易題《明經世文編選錄》行世。

❺❼　《臺灣府志三種》，頁 551。
❺❽　連橫，《臺灣詩乘》，頁 11。
❺❾　施懿琳等編撰，《全臺詩》（臺北：遠流出版公司，2004），第 1 冊頁 22。
❻⓿　連橫，《臺灣詩薈(下冊)》（臺北：臺北市文獻委員會，1977），頁 620。

12 月江浦陳洙為年譜題跋：「金山姚君石子得先生《釣璜堂集》遺稿，而有刊行之盛舉。內從兄上海王君培孫偕之考訂。遵姚君意，就所藏書冊，檢查先生遺聞軼事，而海寧陳君乃乾為任纂輯年譜。陳君以事乏暇，余乃樂與參校之役。就陳君所纂輯者，參稽互證，凡三月而竣事。」❻

　　於是大正 15 年（1926）夏天，恰逢徐孚遠逝世 261 週年，《釣璜堂存稿》就由金山姚氏懷舊樓出版，計 20 卷，收古今體詩 2,700 多首。連橫獲得此書後另在《臺灣詩乘》發表其中徐氏在臺作品 10 首，並作評語：「存於《臺灣叢書》，亦保存文獻之責也。……闇公之詩，大都眷懷家國、獨抱忠貞，雖在流離顛沛之時，仍寓溫柔敦厚之意。人格之高、詩品之正，足立典型，固非藻繪之士所能媲也。余讀《釣璜堂集》，既錄其詩，復采其關繫鄭氏軍事者而載之，亦可以為詩史也。」❻其後，《臺灣文獻叢刊》委由夏德儀輯《徐闇公先生年譜》時附錄《交行摘稿》1 卷；吳幅員編《臺灣詩鈔》時摘選詩作 51 首，分別行世。陳漢光《臺灣詩錄》收錄 29 首，廖振富擇取其中 24 首編校，收錄在《全臺詩》（第 1 冊）。

㈢ 盧若騰《島居隨錄》、《島噫詩》

　　盧若騰（1598－1664），字閑之、海運，號牧州、牧舟、留庵，福建金門聚賢村人。崇禎 13 年（1640）進士，授兵部主事，擢郎中。隆武元年（順治 2 年，1645）唐王授浙東巡撫，加兵部尚書。及

---

❻　《徐闇公先生年譜》（臺北：臺灣銀行經濟研究室，1961），頁 1。

❻　連橫，《臺灣詩乘》，頁 11－12。

海上之局，一時同袍澤者並極莫逆。諸人淪喪殆盡，獨與張煌言同事最久，竟依鄭氏以終。遁跡金廈，杜門著書。永曆 17 年（康熙 2 年，1663）舉家渡澎，隔年病逝，遺命題墓：「有明自許先生之墓」。平生所著詩文甚富，其子孫或有藏之者。❻迤遲至在道光 6 年（1826）10 月金門文士林樹梅親赴澎湖，還從盧氏遺族手中訪得手稿數冊。於是他在寫作〈自許先生傳〉時介紹盧氏著述：《留庵文集》15 卷、《島噫詩》1 卷、《與耕堂值筆》7 卷、《方輿互考》36 卷、《島居隨錄》2 卷。❻

《島居隨錄》是盧若騰絕筆之作，道光 7 年（1827）林樹梅自同鄉吳體士手中，獲贈該書稿本 2 冊，然而蠹粉剝落，局部佚失。道光 11 年（1831）冬天他再囑託傳醇儒拜訪盧氏姪孫盧逢時，乃將全書湊齊，從 12 月到隔年 9 月，正訛補闕之後，開雕成書。❻歸化人羅聯棠書序：「林子瘦雲，倜儻而嗜古，得先生《島居隨錄》，寶同拱璧，顧不欲私為枕秘，將以壽諸梨棗。」❻

《島居隨錄》道光 12 年（1832）初刊本，日本內閣文庫、廈門大學圖書館皆藏 1 部，後者封面刊書名及「道光壬辰菊秋，雲龕藏

---

❻　連橫，《臺灣通史》，頁 620。

❻　林樹梅，〈自許先生傳〉，《歊雲文鈔》，國立中央圖書館臺灣分館藏道光 24 年（1844）刊本，卷 6 葉 12—13。又李怡來：「惜遭時邅徙，遺稿大部散佚。惟聞《留庵文集》十八卷、《留庵詩集》二卷、《島噫詩》一卷等，迄民國四十六年尚存其賢聚後裔處；後為編纂《新金門志》者攜去，今不知流落何處。」《留庵詩文集》（金門：金門縣文獻委員會，1970），弁言。

❻　參見林樹梅在《島居隨錄》目次後的題識，載於《筆記小說大觀》（臺北：新興書局，1973），正編六，頁 3858。

❻　《馬巷廳志》（臺北：臺北市福建省同安縣同鄉會，1986），頁 276。

板」。內葉鐫刻「將門儒子」、「解香讀畫研墨看茶之軒」、「林樹梅瘦雲印」印文3方，鈐入「蒹秋藏書」、「閩中郭蒹秋藝文金石記」、「閩郭白易藏書」、「陳克綏修竹臥雲軒藏書」「福建省研究院社會科學研究所資料室」、「廈門大學圖書館藏書印」朱印6方，書前並附訂〈自許先生傳〉7葉，版心刊「靜遠齋文鈔」。內文版框高18公分，寬12.8公分，每半葉10行，行20字，上下單邊，左右雙欄，版心上下黑口，雙魚尾，中刊書名、卷次、篇目及葉次，分2卷，上卷計47葉，下卷計70葉。每卷首葉次行皆刊「同安盧若騰著，後學林樹梅校刊」。此書另有《清代筆記叢刊》本及上海進步書局《筆記小說大觀》本（第21編）。

　　至於《島噫詩》，林霍《滄湄詩話》的評價：「身世感遇，其悲愁憤懣之什，皆根於血性，注灑毫端，非無病而呻吟也，可與蔡忠毅公相伯仲云。」❻林樹梅亦言：「《島噫詩》一百四首，蓋〈天問〉、〈哀郢〉嗣音焉。童君宗瑩錄寄三復之，如見先生也。爰校錄之，以公同好。」❻連橫則遺憾：「著作頗多，而《島噫詩》尤為一生心血。曩於《同安縣志》僅得其〈烈婦行〉一首，全集未見。」❻陳漢光評語：「得知所詠頗足反映明鄭時代戎馬倥傯中之社會狀況，可作史料讀，亦可作文學作品讀。」❼

　　《島噫詩》道光12年（1832）銅活字刊本，東北師範大學圖書館藏1部，書名作《留庵島噫詩集》，卷端題：「明通議大夫同安

<hr>

❻　《同安縣志》（臺北：臺北市福建省同安縣同鄉會，1986），頁1325。
❻　同註❻。
❻　連橫，《臺灣詩薈（下冊）》，頁381。
❼　盧若騰，《島噫詩》（臺北：臺灣銀行經濟研究室，1968），頁1-2。

盧若騰閑之著，同里後學林樹梅瘦雲校刊」，又附載「道光壬辰首夏林樹梅瘦雲書」的校勘識語。目錄後鈐入「古閩丁芸」及「耕鄰經眼」朱印 2 方，內文每半葉 10 行，行 23 字，小字雙行，字數同，四周雙邊，版心黑口，雙魚尾。此書原是光緒 14 年（1888）中舉的閩縣人丁芸的舊藏，他在當年寫下一則題識：「此集僅一卷，道光十二年，林瘦雲先生從林君文儀借活字銅板排印，❶僅刷五十部，傳本漸少。余從舊書肆覓得之。」❷民國 28 年（1939）郭柏蒼後人郭白陽《竹間續話》繼續著錄：「《島噫詩一百首》、《島居隨錄》二卷，同邑林樹梅為之校鋟焉。」❸民國 48 年（1959）冬天陳漢光偕廖漢臣考查金門魯王墓，從金門縣立圖書館館長吳騰雲及許如中處還獲見《島噫詩》的舊鈔本 1 卷，封面書寫：「明自許先生島噫集」，書內署：「《島噫詩》：同安盧若騰閑之著，八世胞姪孫德資重錄」，20 行，行 23 字，計 37 葉，共鈔錄 98 題、104首詩作。❹

---

❶　林文儀，字祖瑜，侯官人，生平不詳。道光 16 年（1836）他還用這套銅活字排印謝金鑾的《二勿齋文集》，版式、字體均與此書完全一致。謝水順、李珽，《福建古代刻書》（福州：福建人民出版社，1997），頁 505。

❷　劉奉文，〈新發現的一部清代銅活字本——《留庵島噫詩集》〉，《古籍整理研究學刊》1992：6（1992.11）：48－49。

❸　郭白陽，《竹間續話》（福州：海風出版社，2001），卷 2 頁 36。

❹　盧若騰原著、吳島校釋，《島噫詩校釋》（臺北：臺灣古籍出版有限公司，2003），前言頁 6。又林鶴年〈題盧留庵中丞遺集〉：「我從海上訪留庵，一卷殘詩秘石函。」載於《福雅堂詩鈔》，福建師範大學圖書館藏民國 5 年（1916）再版本，第 3 冊《鼓浪集》葉 8。又劉敬〈金門縣志文徵序〉：「牧洲之書，考舊志，刊行者亦甚少，詢諸後人，《留庵集》且不全，遑問其餘。茲編所得，或旁搜鄰邑之志書，或拾取盡殘之寫本，寥寥僅有此

民國 57 年（1968）5 月陳漢光據舊鈔本排印，收入《臺灣文獻叢刊》（第 245 種）。民國 58 年（1969）9 月金門縣文獻委員會委託李怡來裒聚盧氏詩作 147 首，**⑦**題名《留庵詩文集》，收入《金門叢書》。民國 76 年（1987）臺灣大通書局複印文叢本，收入《臺灣文獻史料叢刊》（第 8 輯）。民國 85 年（1996）3 月臺灣省文獻委員會複印文叢本，收入《臺灣歷史文獻叢刊》。民國 92 年（2003）3 月臺北臺灣古籍出版有限公司委託吳島據文叢本為底本，《金門叢書》本為輔，重新標點注釋，更名《島噫詩校釋》，收入《臺灣古籍大觀》。民國 93 年（2004）2 月行政院文化建設委員會委由許俊雅及黃美娥據文叢本、《金門叢書》本等編校，收入《全臺詩》（第 1 冊）。

四 王忠孝《惠安王忠孝公全集》

王忠孝（1593－1666），字長孺，號愧兩，福建惠安沙格村人。崇禎元年（1628）進士，以戶部主事椎關，後因劾太監忤旨，廷杖下獄，復戍邊。甲申聞變，哭嘔血，舉義興化。福王監國金陵，史可法特疏首舉，以疾辭。永明王自肇慶拜兵部右侍郎兼太常寺卿，

　　數。」載於《金門縣志》，民國 10 年（1921）刊本。筆者推測林鶴年、劉敬在清末民初之際猶見得此鈔本。

⑦ 李怡來：「（民國）五十四年（1965）編修縣志時，獲旅菲鄉僑林策勳先生抄寄留庵詩二十餘首，已予編載。茲值編印金門文獻叢書，爰掇錄散見於縣志及他書之若騰詩文，計詩一百四十七首，文四十六篇，裒成一集，付梓刊行。第此僅得其大海之一勺耳。」《留庵詩文集》，弁言。可惜無法得知林策勳所據版本為何？

疏辭，不許，忠孝感泣。居廈門曾厝垵 13 年，尋徙金門賢聚村，復徙後豐港，日與盧若騰、徐孚遠、沈佺期等文友揚榷古今，校訂書史。永曆 18 年（康熙 3 年，1664）入臺，與寧靖王朱術桂、辜朝薦日相過往，賦詩著書，居四年卒，享年 74 歲。著有《四書語錄》、《易經測略》、《詩經語略》、《孝經解》、《四居錄》及奏議、詩文等若干卷，俱未梓行世。王忠孝自撰遺囑：「可詳讀，學究平實，語示□人，諸孫能成立，刊刻傳家，亦可教子弟。」**⓰**蔣毓英《臺灣府志》：「平生喜著作，有《四居錄》及表章上諸王札並詞賦，當蒐羅編緝，以傳後世。」**⓱**

　　《惠安王忠孝公全集》的傳抄本，福建師範大學圖書館藏本在民國 89 年（2000）11 月由江蘇古籍出版社影印縮版，題名《王忠孝公集》，在〈說例〉首條云：「本集係清光緒初年，忠孝公族裔王楚書重行手鈔，經南安石井孝廉鄭超英圈批，近為王添裕同志珍藏，特加鈔錄，經王珪璋同志甫校，響應百家爭鳴、百花齊放，來迎接祖國文化建設，為社會主義社會。」第 3 條云：「本集各類可供明亡後福建抗清遺闕史料，像唐王的擁立、鄭成功的戰蹟、曾二雲的死難、諸葛遴庵閣家的忠貞、以及王忠孝在惠安的義旅、其他募兵籌餉，都可作現代採輯的材料。」**⓲**館長方寶川再詳錄：「在建國之初尚藏在王添裕家中，『文革』動亂之後，該藏本不知去向，其與『惠安政協抄本』的關係如何？或就是同一抄本？『廈大

⓰　《惠安王忠孝公全集》，《臺灣文獻匯刊》第 1 輯第 5 冊（廈門：廈門大學出版社，2004），頁 115。

⓱　《臺灣府志三種》，頁 220。

⓲　《王忠孝公集》（南京：江蘇古籍出版社，2000），頁 5－6。

本』是否傳抄於王珪璋的校本？均未可知。」「由於受根深蒂固的
封建倫理綱常的局限，他在鄭成功逝世後，依然把臺灣的鄭氏政權
看作是明祚的延續。」⑲民國 93 年（2004）12 月廈門大學又複印
「福師大」本，編入《臺灣文獻匯刊》本（第 1 輯第 5 冊），內容析
分《文類》2 卷、《疏奏類》2 卷（繫獄與救疏 1 卷、上唐王疏奏與附魯
王啟書 1 卷）、《書翰類》4 卷、《詩類》3 卷（由部漕至繫獄、貶戍和
巡關等 20 首計 1 卷，遁跡金廈時 56 首計 1 卷，自銅陵入臺 33 首計 1 卷）、《傳
志類》1 卷。⑳

　　《惠安王忠孝公全集》的排印本，民國 82 年（1993）12 月臺灣
省文獻委員會委請夏斯點校，收入《臺灣文獻叢書》。他在書前說
明：「此書原由王忠孝後裔捐獻給惠安縣政協，福建師範大學圖書
館和廈門大學歷史系據惠安政協藏本轉抄。後經『文革』動亂，惠
安政協本已散失大半，不成全本，且已移交惠安縣檔案館收藏。此
次點校，以惠安檔案館原本為底本，以福建師範大學圖書館和廈大
歷史系抄本對校，所缺部分由福建師範大學圖書館和廈大歷史系抄
本補正。」㉑民國 93 年（2004）2 月行政院文化建設委員會委由廖
振富據《王忠孝公集》為底本，並且參考《臺灣文獻叢書》編校，
收入《全臺詩》（第 1 冊）。

---

⑲　方寶川，〈王忠孝與《王忠孝公集》〉，同前註，書前頁 1－17。

⑳　《惠安王忠孝公全集》，頁 1。

㉑　王忠孝著、夏斯點校，《惠安王忠孝公全集》（南投：臺灣省文獻委員會，
　　1993），點校說明。

㈤ 葉后詔《鶼草》、《五經講章》

　　葉后詔，廈門人。為諸生，屢試冠軍。崇禎 17 年（順治元年，1644）應歲貢，京師陷，未廷試而歸。以詩酒自娛，與徐闇公、鄭牧仲輩為方外七友，縱情詩酒。通漢儒之學，工詩文。美鬚髯，魁梧可觀。後卒於臺灣。著有《鶼草》[82]、《五經講章》[83]，佚失不傳。

㈥ 華佑《臺灣遊記》、《泉州清源圖》

　　華佑，一名淮右，又名華右。本為遼將，因毛文龍敗，失機寓居登萊山，得異授，遂精堪輿。住錫過江蘇茅山與浙江普陀山，曾經浮帆到贛州，後居泉州，歷覽安溪、永春、惠安、南安及同安。鄭芝龍據臺時，偕友人蕭克游歷臺灣，從蛤仔難入山，歷經番社，年餘，乃出諸羅，所至圖其山川，志其脈絡。內渡後再為安溪理學家李光地族人看風水，李光地乞刊其書，未久圓寂。遺著多以鈔本行世。[84]

　　連橫《臺灣漫錄》：「李光地好堪輿，愛其書，秘以為寶。閱數世而為某所得，攜至鹿港，某死遂散佚。彰化關帝廳莊蕭氏存六十餘葉，北斗街人某亦有三十餘葉，書雖不全，而其所言多屬奇

---

[82]　《廈門志》卷九《藝文略·書目》著錄作《鶼筆》，是否同書異名？姑存目。周凱，《廈門志》，頁 282。

[83]　《泉州府志選錄》（臺北：臺灣銀行經濟研究室，1967），頁 72。《廈門志》著錄作《五經講義》，同前註。

[84]　陳進國，〈墳墓行制與風水信仰──福建與琉求（沖繩）的事例〉，《新世紀宗教研究》4：1（2005.9）：8－9。

異。」❽彰化二林詩人洪以倫也告知連橫「曾見其書」，可惜書未完帙，未見行世。後來，新竹林孔昭攜《臺灣遊記》1 卷予連橫，連橫敘錄：「有〈臺灣內山總序〉一篇、雜記一則、圖十三幅，各有說語，似繇辭，是為青鳥家言。顧以總序觀之，尚有前山一篇。圖中地名皆譯番語，至今尚有襲用。而內山一圖，南自瑯嶠，北至雞籠，山川脈絡，記載尤詳。凡可建邑屯田之地、陸防水戰之區，莫不指示其要，是又經世家言。」❽於是從大正 14 年（1925）1 月 15 日發行的《臺灣詩薈》第 13 號刊登，包括〈臺灣內山總序〉、〈雜記〉、〈內山圖說〉、〈大武壠山圖說〉、〈山朝山圖說〉、〈茄籐圖說〉、〈塔樓圖說〉、〈傀儡大山圖說〉、〈觀音山圖說〉、〈半線山圖說〉、〈半線內山圖說〉、〈吞霄圖說〉、〈珍珠女簡圖說〉、〈內北投圖說〉、〈礁凹藐圖說〉計 15 篇堪輿文字。

　　泉州市天后宮後殿的閩臺關係史博物館藏有泉州市文管會移交的道光年間鈔本 9 種，其中《泉州清源圖》1 冊，民國 93 年（2004）12 月再以《臺灣文獻匯刊》公諸於世，封面楷書題寫：「清源圖：水源坑、柳洋附，淮右師著」，內容包含〈臺灣內山總序〉、〈澎湖總論〉兩篇及附圖兩幅，「因輯諸楮記，合為壯圖，附諸前山之末，使後人志認至斯者，得有稽焉。」可能是華佑晚年

---

❽　連橫，《雅堂文集》，頁 143－144。
❽　連橫，《雅堂文集》，頁 52。

在泉州編繪，再由後人賡續鈔傳。**⑰**〈臺灣內山總序〉：泉州市圖書館也藏有鈔本複印件 5 種，題名皆作「明淮右禪師識」，內容則與臺灣無關。

㈦ 諸葛璐《淮上詩集》

諸葛璐，福建晉江人。明光祿卿諸葛倬之子。崇禎 17 年（順治元年，1644）以後諸葛倬避難海島，依鄭氏，居東寧，後卒於臺。**⑱** 諸葛璐長而明朔亡，抱璞守貞，不應科試，遨遊大江南北。性孝友，工詞章，著有《淮上詩集》，**⑲** 亦名《淮上集》。**⑳** 弟諸葛晃亦能詩，有集行世。可見諸葛氏家學淵源、書香傳家，惟書皆未傳。

㈧ 金基《重修寧洋縣志》

金基，號南生，漳州人，東寧籍，育胄館貢生出身。永曆 28

---

⑰ 《臺灣文獻匯刊》第 5 輯第 14 冊（廈門：廈門大學出版社，2004），頁 339－434。按：與《臺灣詩薈》本相比對，文字略有出入，應是不同來源的鈔本使然。

⑱ 《泉州府志》據《雪泥集文抄》為諸葛倬立傳：「既乃奉母回郡城，菽水承歡。母歿，哀毀如禮。既裏葬，仍□海展拜父墓。日取左氏《春秋》及漢、晉諸史，蠅頭小楷，手自抄錄，綴以論斷。博通經典，旁及諸子、百家，靡不淹貫。……為詩伐毛洗髓、去陳取新，特闢堂奧，不落蹊徑，自成一家言。有集二十卷，藏於家。」《泉州府志選錄》，頁71。

⑲ 《鯉城區志·卷 29·著述》（泉州：泉州市鯉城區地方志編纂委員會，1996），頁 110。

⑳ 連橫，《臺灣詩乘》，頁 14。

年（康熙 13 年，1674）接任漳州府寧洋知縣，隔年纂修《重修寧洋縣志》9 卷，並以啟進呈鄭經。❾金基在序言自陳：「適從眢井拾得舊志，蓋前令蕭亮所作也，其版帙遺失十有二、三矣。……刪其夷虜之頹風，復我明朝之舊典。」同年 2 月他再交託給剛到任的寧洋縣教諭、泉州舉人楊菁獻潤色，最後「命諸梓人，使千秋萬世之下，知中興盛舉、文獻足徵云。」鄭喜夫歸納他纂修的作法：一是剗改書中以明鄭立場檢視屬違礙字樣或應避諱字句，譬如重現「大明中興永曆」、「中興永曆」的年號；其次是補刊康熙元年（1662）蕭亮修《三修寧洋縣志》的佚失版片；再增加序文題跋以及〈進呈藩主啟〉文 3 篇。

《中國地方志聯合目錄》著錄作 9 卷本。❾日本國會圖書館藏本登錄：「清蕭亮修、張豐玉纂，南明金基增修，清康熙元年（1662）刻，南明永曆二十九年（康熙 14 年，1675）增修本。九行，二十字，白口，四周雙邊。版心書名同大題，版心標卷次，正文自卷二起。目錄前題『藩前文林郎知寧洋縣事金基纂，署儒學教諭事舉人楊菁獻校』。此志乃就舊版略事剗補，號為重修。舊版皆仿宋體字，補版為寫體，剗改處明顯。」❾李秉乾敘錄：「《寧洋縣志》九卷：（清）金臺纂修，康熙十四年（1675）刊本，日本上野圖書

---

❾　鄭喜夫，〈關於永曆《重修寧洋縣志》——今知首部明鄭「纂修」之大陸方志〉，《臺灣文獻》52：4（2001.12）：291－323。

❾　中國科學院北京天文臺編，《中國地方志聯合目錄》（北京：中華書局，1985），頁 54。

❾　崔建英，《日本見藏稀見中國地方志書錄》（北京：書目文獻出版社，1986），頁 130－132。

館、中國科學院圖書館存膠卷。」❹未標「重修」兩字，將金基誤作「金臺」。膠卷則與香港大學馮平山圖書館一樣，都是昭和 34 年（1959）攝製的微卷。❺日本京都大學人文科學研究所還藏有昭和 39 年（1964）翻攝微卷。❻民國 81 年（1992）12 月北京中國書店據以縮影，收入《稀見中國地方志彙刊》（第 33 冊）。

㈨ 阮旻錫《海上見聞錄》、《夕陽寮詩集》

阮旻錫，字疇生，號夢庵、輪山、鷺島道人。父親阮伯宗，字一峰，世襲千戶裔，夙居海上。闖賊陷京師，旻錫方弱冠，慨然謝舉子業。與鎮海衛諸生陳泰入「儲賢館」，師事曾櫻，傳性理學，患難與共。又得友曹石倉之友楊能元、池直夫，聞其緒論。講習風雅，旁及道藏、釋典、諸子、百家、兵法戰陣、醫卜方技之書，無不淹貫。出覽名山大川，北抵東華。託處十數載後，乃逃於釋氏，名超全；以教生徒自給，年八十餘卒。其詩沖微澹遠，一以正始為宗。著有《海上見聞錄》2 卷、《夕陽寮詩集》12 卷、《詩論》、《詩韻》行世。❼

朱希祖稱讚阮旻錫《海上見聞錄》與夏琳《閩海紀要》：「二

---

❹　李秉乾，《福建文獻書目（增訂本）》（廈門：匯豐印刷，2003），頁 60。
　　按：日本上野圖書館今已併入國會圖書館。
❺　崔建英，〈永曆《寧洋縣志》版本識辨〉，《文物》331（1983.12）：90。
　　《中國地方志目錄——香港大學馮平山圖書館藏》（香港：香港大學圖書館，1990），頁 89。
❻　《京都大學人文社會科學研究所漢籍目錄》（日本：京都大學人文社會科學研究所，1981），頁 194。
❼　《臺灣府志三種》，頁 543－544。

人皆為閩產，阮為延平故吏，夏亦疑多目覩，此二書者，為臺灣鄭
氏史之最簡要而明確者。」❾《嘉業堂藏書志》著錄：「《海上見
聞錄定本》：舊鈔本」。繆荃孫撰寫提要：「崇記鄭成功事，頗為
詳贍。」❾❾民國 46 年（1957）6 月間由黃典權圈點校補、賴建銘經
營的「海東山房」出版《鄭成功史料合刊》，限印 300 部，內容收
錄《海上見聞錄》等 5 種史料並附書影，同時發表黃清淵❿收藏的
《痛史》本：該書為上海商務印書館在宣統 3 年以鉛字排印，內文
每半葉版框高 15.3 公分，寬 10.7 公分，12 行，行 32 字，小字雙
行，字數同，四周雙邊，版心上刊「海上見聞錄」，單魚尾，中刊
卷次及葉次，計 2 卷，卷一首葉次行刊「鷺島道人夢荓輯」；卷二
書後刊：「是書為金山錢鱸薌先生熙泰所藏，向無刊本。先生後裔
選之茂才慨假錄副，俾付印刷，藉以流傳。全書行款悉仍原式，間
有疑義，亦不敢竄易，所以存舊也，校者跋。」黃典權補敘：「今
所見刊本僅商務印書館《痛史》第十四本一種，本會委員顏興、賴
建銘二先生俱有傳抄本。」民國 57 年（1968）7 月臺北廣文書局再
影印《痛史》本，編入 7 冊中的第 4 冊。可惜《痛史》本的缺點是
「脫誤訛奪之處很多，有些地方簡直難以卒讀，⋯⋯有些記載很簡

---

❾ 朱希祖，〈延平王戶官楊英從征實錄序〉，《朱希祖先生文集》，頁 3140－
3141。

❾❾ 繆荃孫、吳昌綬、董康，《嘉業堂藏書志》（上海：復旦大學出版社，
1997），頁 270。

❿ 吳新榮在民國 41 年（1952）12 月 27 日採訪：「到達漚汪，在這裡拜訪本會
的顧問黃清淵先生。黃顧問有三大傑作，⋯⋯三為自己擁有數千部的藏
書。」《南臺灣風土志》（彰化：秀山閣，1978），頁 12。

略……有些史實缺乏記載……錯字極多……文字顛倒錯亂，張冠李戴，以致上下文不相聯貫。」⑩

　　民國 47 年（1958）8 月《臺灣文獻叢刊》本的弁言：「本書雖撰於清初，然稱成功曰『賜姓』，稱其子經曰『世藩』，稱南明諸王及臺灣鄭氏曰『海上』，稱鄭氏抗清之師曰『海兵』，絕不用『偽』、『逆』諸字樣，宜此書之在清代，終無刊本以行世也。」⑩廈門鄭成功紀念館則在民國 71 年（1982）2 月公開《海上見聞錄定本》，由張宗洽點校、陳碧笙復校、傅衣凌審閱，在〈前言〉交待：「十多年前，我館在同安縣發現一部名為《海上見聞錄定本》的鈔本，作者署名『鷺島遺衲夢庵』，共二卷，分裝兩冊，每半葉十行，每行二十六至二十七字，前有作者〈序〉一篇，⑩序言葉鈐有『古香樓』、『休寧汪季青家藏書籍』朱文印記兩方，卷一首葉有『叢桂堂』朱文印記一方。……是作者晚年的定稿，在文字內容上有很大的修改與補充，字數也增加不少，《痛史》本中的許多謬誤，也可據此得到糾正，實為一部難得的珍本。」⑩此書同時也參酌福建圖書館所藏的鈔本，⑩旁及《先王實錄》、《閩海紀要》、《靖海志》、《臺灣外記》諸書，是目前校勘最精的本子。

⑩　阮旻錫原著、廈門鄭成功紀念館校，《海上見聞錄定本》（福州：福建人民
　　出版社，1982），頁 1-6。
⑩　阮旻錫，《海上見聞錄》（臺北：臺灣銀行經濟研究室，1958），頁 1。
⑩　序文題署：「歲丙戌六月朔日，八十叟輪山夢庵書」，乃康熙 45 年（1706）
　　所作，為存世諸版本中僅見者。
⑩　《海上見聞錄定本》，頁 1-6。
⑩　《臺灣文獻匯刊》第 1 輯第 4 冊（廈門：廈門大學出版社，2004），頁 1-
　　183。

　　至於阮旻錫《夕陽寮詩集》，陳俞侯序云：「阮子將應靖海將
軍施公鄉山之請，文方授梓，予亟分清俸以速其成。」可知這部書
的出版還與施琅有關係。《清代禁書總述》題解：「此書因『其詩
多作於國初，詞氣有狂悖之處』，於乾隆年間，為軍機處奏准列入
全毀書目。」⑩筆者再翻檢中國第一歷史檔案館所典藏的清代檔案
史料，從纂修《四庫全書》的相關檔案當中，勾稽出四筆珍貴資
料，前後呼應，適足以交代刊刷本書書板的一段史實。

　　乾隆 39 年（1774）8 月初五，軍機處上諭檔〈寄諭各督撫查辦
違礙書籍即行具奏〉，由大學士于敏中奉旨發布：「前曾諭令督撫
採訪遺書，彙登冊府，下詔數月，應者寥寥。……朕辦事光明正
大，各督撫皆所深知，豈尚不能見信于天下？該督撫等接奉前旨，
自應將可備採擇之書，開單送館。其或字義觸礙者，亦當分別查出
奏明，或封固進呈，請旨銷燬；或在外焚棄，將書名奏明，方為實
力辦理。……況明季末造野史者甚多，其間毀譽任意，傳聞異詞，
必有詆觸本朝之語，正當及此一番查辦，盡行銷燬，杜遏邪言，以
正人心而厚風俗，斷不宜置之不辦。此等筆墨妄議之事，大率江浙
兩省居多，其江西、閩粵、湖廣，亦或不免，豈可不細加查核？」
並且行文中特別點名閩浙總督鐘音等滿籍大臣：「若見有詆毀本朝
之書，或係稗官私載，或係詩文專集，應無不共知切齒，豈有尚聽
其潛匿流傳，貽惑後世？不知各該督撫等查繳遺書，于此等作何辦
理者，著即行據實具奏！」最後更警告重申：「朕凡事開誠布公，
既經明白宣諭，豈肯復事吹求？若此次傳諭之後，復有隱諱存留，

---

⑩　王彬主編，《清代禁書總述》（北京：中國書店，1999），頁 468。

則是有心藏匿偽妄之書，日後別經發覺，其罪轉不能逭，承辦之督撫等亦難辭咎！」❿

　　字理行間透露龍顏不悅及不耐，使得接旨的閩浙總督鐘音、福建巡撫余文儀大為緊張，催趕績效，不滿周年，就在次年 9 月 22 日的宮中硃批奏摺中，聯名上奏〈復行查繳不應存留書集摺〉：「茲據各屬陸續呈繳書集共二十八種，臣等逐加繙閱，均有違礙字句，不應存留。內《夕陽寮集》、《蘭臺遺集》二種，已經起有板片，另行委員解送銷燬。……資復起有書板，應俟委員一并解送燬，仍移咨各省，有無翻板及另有詩文別刻流傳之處，一體查辦外，臣等謹將違礙語句黏簽封固，另開清單，敬呈御覽。」❿後附清單：「《夕陽寮集》一部，八本。黏簽三十三條。阮旻錫著，同安人。」結果乾隆皇帝僅僅批示：「覽」，就輕率地判決了這部書的宿命。

　　乾隆 41 年（1776）7 月 18 日的軍機處上諭檔〈福建解到書板情形並交武英殿照例辦理摺〉，大學士舒赫德、阿桂一起奏報：「據福建巡撫余文儀委員解送《夕陽寮集》、《蘭臺遺集》等書板片，共九百六十九塊到京，當即逐細檢閱，內有二十四塊一面刻字，質地粗薄，且已損裂，其餘皆兩面刻字，更覺糟朽。除交與武英殿照例辦理外，理合奏聞。」乾隆硃筆御批：「知道了。欽此。」❿而奉命執行，押送書板者，竟然就是乾隆 39 年（1774）在臺灣知府任

---

❿　張書才主編，《纂修四庫全書檔案》（上海：上海古籍出版社，1997），頁239－241。

❿　張書才主編，《纂修四全書檔案》，頁 434－438。

❿　張書才主編，《纂修四全書檔案》，頁 529。

內主持《續修臺灣府志》的余文儀。

　　乾隆 46 年（1781）10 月 16 日的軍機處上諭檔，軍機大臣上奏〈節年各省解到銷燬書板難以剷用俱作燒柴片〉：「臣等遵旨將節年各省解到應行銷燬書板，分別剷改應用及作為燒柴兩項，共有若干數目，並節省銀兩若干之處，交查武英殿。茲據覆稱：乾隆三十八年十二月起至四十五年十月，共收到應銷板片五萬二千四百八十塊，俱係雙面刊刻，僅厚四、五分不等，難以鏟用。節經奏明交造辦處琉璃廠作為硬木燒柴，共三萬六千五百三十斤，每斤價銀二兩七錢，計共節省銀九十八兩六錢。」⑩可以得知《夕陽寮詩集》書板的最後歸宿就是交予北京琉璃廠作為薪柴。

　　雖然自乾隆 37 年（1772）降旨諭令全國徵書開始，到乾隆 46（1781）年首份《四庫全書》繕竣，貯置在文淵閣為止，累積十年之功告成的《四庫全書》「是我國古代規模最大、卷帙最多的一部綜合性叢書，……保存了清代乾隆朝以前的很多重要典籍。」⑪可是負面的傷害卻也是罄竹難書，尤其是藉機大興文字獄，「深文周納，羅織罪狀，以消弭人民心中的反清思想。……寓禁於徵，以採訪遺籍、開館修書為名，對全國書籍進行一次徹底清查，把所謂悖逆、違礙書籍，或全部銷燬，或部分刪改抽撤。」⑫《夕陽寮詩集》竟然淪為箝制心靈、摧毀異議的外來政權蠻橫摧殘的祭品。

　　幸賴民國 93 年（2004）12 月《臺灣文獻匯刊》收錄《夕陽寮詩

⑩　張書才主編，《纂修四庫全書檔案》，頁 1417。

⑪　張書才主編，《纂修四庫全書檔案》，頁 1。

⑫　張書才主編，《纂修四庫全書檔案》，頁 3－4。

稿》及《夕陽寮存稿》問世（應是《夕陽寮詩集》出版的底稿），書前評
價：「這部新近發現的《夕陽寮詩稿》共十二卷，分訂為三冊，現
第一冊（卷一、卷二）已佚。每卷卷前都有『同安阮旻錫疇生著，溫
陵丁煒澹汝閱』兩行，共存各體詩 517 首，是阮旻錫自康熙二年
（1663）到康熙癸酉（1693）年三十年間所寫紀事感懷、詠物抒情的
詩作合集。其中不少內容涉及作者個人家世、朋輩交往以及與鄭氏
族人、南明遺臣唱和的情況，是研究明末清初頗有價值的新史
料。」⑬卷末還附錄康熙 32 年（1693）4 月阮旻錫以「超全」之名
撰寫〈後記〉1 篇，補述康熙 27 年（1688）10 月間他在鄂渚（今武昌
黃鶴樓畔），將作品面呈雁水丁先生與林公蘊翻閱，兩人通宵達旦
「依唐人命題書官爵例，用蠅頭細字添注，至五鼓始罷。次日，即
為全序而刻之。……寄到金陵授梓，梓成。」⑭證明《夕陽寮詩
集》的初刊本是康熙 27 年（1688）以後在金陵（今南京市）出版。

---

⑬　《臺灣文獻匯刊》第 1 輯第 9 冊（廈門：廈門大學出版社，2004），頁
　　210。

⑭　同前註，頁 394。

第三章　清領時期臺南出版史

　　連橫《臺灣詩乘》：「臺灣三百年間，能詩之士後先蔚起，而稿多失傳。則以僻處重洋，剞劂未便，采詩者復多遺佚。」❶「余閱邑志，所載臺人著作，……大都有目無書，……蓋以臺灣剞劂尚少，印書頗難。而前人著作，又未敢輕率付梓，藏之家中，以俟後人。子孫而賢，則知寶貴，傳之藝苑；否則徒供蠹食，甚者，付之一炬。以吾所見，固不繫其家之貧富也。……然後知著書非難，而能傳之為難。」❷他又作〈臺灣詩社記〉：「臺人士之能詩者，若黃佺之《草廬詩草》，陳輝之《旭初詩集》，章甫之《半崧集》，……或存或不存，或傳或不傳，非其詩有巧拙，而後人之賢不肖也。」❸不僅如此，連橫還在其名山之作《臺灣通史》中，特闢〈藝文志〉一節，詳加整飭。可惜，正如鄧孔昭批評：由於歷史條件的限制，有許多史料，連橫當時未能發現，無法加以利用；又因為他以業餘時間修史，對於某些史實，也未能像一些專業史家那

---

❶　連橫，《臺灣詩乘》（臺北：臺灣銀行經濟研究室，1960），頁 88。

❷　同前註，頁 142。

❸　連橫，《雅堂文集》（臺北：臺灣銀行經濟研究室，1964），頁 98－105。

樣一一經過考證；加上印刷上的原因，以致書中存在不少錯誤。❹
筆者深有同感，所以本章撰述即針對連氏對於臺南出版史相關著錄
著眼，旁及諸家看法筆記，將筆者現今寓目所及，訪求所得的文徵
刊本，從清領時期八朝，區隔四節，分別舉證探討，盼能釐清訛
誤，增述補敘，就教方家之外，亦為後來者參考。

第一節　康熙、雍正年間的臺南出版

一、季麒光《臺灣郡志稿》、《臺灣雜記》、
　　《蓉洲詩文稿》、《東寧政事集》

　　季麒光，榜姓鄭，一作姓趙，字聖昭、蓉川，號蓉洲，江蘇
無錫人。順治 17 年（1660）順天榜舉人。康熙 15 年（1676）進士，
康熙 23 年（1684）冬月自福州閩清調任來臺，接掌首任諸羅知縣，
時縣治初設，人未向學；麒光至，首課儒童，拔尤者而禮之，親
為辨難。士被其容光者，如坐春風。博涉群書，為詩文清麗整
贍。工臨池，「東吟社」社員。翌年以憂去。❺著有《臺灣郡志
稿》6 卷、《臺灣雜記》1 卷、《蓉洲詩稿》7 卷、《蓉洲文稿》4

---

❹　鄧孔昭，《臺灣通史辨誤（增訂本）》（臺北：自立晚報社文化出版部，
　　1991），前言。
❺　許雪姬等，《臺灣歷史辭典》（臺北：行政院文化建設委員會，2004），頁
　　439。周鍾瑄，《諸羅縣志》（臺北：臺灣銀行經濟研究室，1962），頁
　　51。

卷❻、《東寧政事集》1 卷、《三國史論》1 卷、《山川考略》1 卷、《海外集》1 卷。❼

　　康熙 24 年（1685）季麒光完成《臺灣郡志稿》原是蔣毓英修志的稿本，實際未刊，在《蓉洲文稿》第 1 卷中收錄兩篇重要旁證，一是季氏替臺廈道周昌捉刀，代擬〈臺灣誌書前序〉：「臺灣草昧初開，無文獻之徵，郡守暨陽蔣君經始其事，鳳山楊令芳聲、諸羅季令麒光廣為搜討。閱三月而蔣君董其成，分條析目，一如他郡之例。」❽一是自撰〈臺灣誌書後序〉：「（康熙 23 年，1684）皇上簡命史臣，弘開館局，修一統之誌，所以誌無外之盛也。臺灣既入版圖，例得附載，但洪荒初闢，文獻無徵。太守暨陽蔣公召耆老、集儒生，自沿革分野以及草木飛潛，分條析目，就所見聞，詳加蒐輯。余小子亦得珥筆於其後。書成，上之太守，從而旁參博考，訂異較訛，歷兩月而竣事。……余小子敬拜書之，而附名於編末，且以紀創造之難焉。」❾因此《諸羅縣志》僉之輿論，筆載季氏的事功：「在任踰年，首創《臺灣郡志》，綜其山川、風物、戶口、土

---

❻　孫殿起：「《蓉洲詩稿》七卷、《蓉洲文稿》四卷、《三國史論》一卷：梁溪季麒光撰，康熙三十三年刊，載臺灣事居多」。《販書偶記》（臺北：漢京文化事業有限公司，1984），頁 356。《重修臺灣府志》、《續修臺灣府志》、《重修臺灣縣志》、《續修臺灣縣志》皆誤錄《蓉洲文稿》為 1 卷。

❼　鄭喜夫：「其卷數《重修臺灣縣志》與《臺灣通史》亦俱云一卷，而《噶瑪蘭廳志》〈引用書目〉列有此書，卷數作二卷；頗可疑也。此書亦經《臺海使槎錄》〈雜著〉提及，而謂惜未見。」〈季麒光在臺事蹟及遺作彙輯〉，《臺灣文獻》28：3（1977.9）：22。

❽　季麒光，《蓉洲文稿》，廈門市圖書館藏鈔本，第 1 卷第 1 篇。

❾　正文標題又作〈臺灣誌序〉，同前註，第 1 卷第 2 篇。

田、阨塞。未及終編，以憂去。三十五年（1696），副使高拱乾因
其稿纂而成之。人知《臺郡志》自拱乾始，而不知始於麒光也。」❿
《臺灣通史》將《臺灣郡志稿》記作 6 卷，光緒 7 年（1881）無錫
《金匱縣志》第 39 卷〈藝文·著述〉卻作《臺灣紀略》2 卷，卷
帙不同，是否同書？抑或手民之誤？姑存目。

　　康熙 24 年（1685）《臺灣雜記》的單行本今未見，馬國翰《玉
函山房藏書簿錄》作 1 卷本，可能當時未及刊行。康熙 33 年
（1694）收入《蓉洲文稿》第 3 卷第 9 篇，廈門市圖書館藏鈔本。
此外，《四庫全書總目》據大學士英廉家藏本竟誤寫作者為「李麟
光」，書名為《臺灣紀略》，1 卷本，在史部地理類存目中著錄：
「是編雜記臺灣山川，附以《暹羅別記》一篇。篇帙寥寥，疑為刪
削不完之本也。」⓫其他的刊本如《龍威秘書》（第 54 冊）、《說
鈴》（前集第 14 冊，計 3 葉，附〈暹羅別記〉2 葉）、《叢書集成》（初編
史地類）、《小方壺齋輿地叢鈔》（第 46 冊）；最後者內文每半葉版
框高 14 公分，寬 10 公分，18 行，行 40 字，四周雙邊，版心上刊
「小方壺齋輿地叢鈔」，單魚尾，中刊「第九帙：《臺灣雜
記》」，下刊葉次及「南清河王氏鑄版，上海著易堂印行」，計 1
葉。民國 54 年（1965）9 月《臺灣文獻叢刊》（第 216 種《臺灣輿地彙
鈔》之一）就是依據王錫祺的本子，再參酌大正 13 年（1924）4 月

---

❿　周鍾瑄，《諸羅縣志》，頁 51－52、64。陳夢林、伊能嘉矩、陳漢光皆作如
　　是觀，但是謝浩卻撰文反對，他認為李氏擁有「手抄本的郡志」，應該是明
　　鄭的故物，李氏並非《郡志稿》的創修者。《南明暨清領臺灣史考辨》（臺
　　北：自印本，1976），頁 236－243。

⓫　《四庫全書總目》（臺北：藝文印書館，1989），頁 1589。

《臺灣詩薈》第 3 號刊載的文字。❷民國 72 年（1983）3 月臺北成文出版社複印《龍威秘書》，收入《中國方志叢書》（臺灣地區第 57號）。民國 76 年（1987）臺灣大通書局複印文叢本，收入《臺灣文獻史料叢刊》（第 2 輯）。民國 85（1996）年 9 月臺灣省文獻委員會複印文叢本，收入《臺灣歷史文獻叢刊》。民國 96 年（2007）8 月臺中文听閣圖書有限公司複印《說鈴》並且重排，收入《全臺文》（第 54 冊）。

　　近年，李祖基自上海圖書館古籍部發現《蓉洲詩文稿》康熙 33 年（1694）刊本 1 部，內文每半葉 9 行，行 22 字，版心白口，無魚尾。內容收錄《蓉鄉詩稿》7 卷、《蓉洲文稿》4 卷、《三國史論》文 32 篇與《東寧政事集》文 49 篇。民國 95 年（2006）李祖基從中輯錄有關臺灣詩作 155 首、文 30 篇，加上《東寧政事集》一同點校，由香港人民出版社排印行世。

　　《蓉洲文稿》康熙 33 年（1694）刊 4 卷本，《販書偶記》曾經著錄。廈門市圖書館藏鈔本 1 部，鈐入「廈門市圖書館圖書」朱印 1 方，11 行，24 字，書前有侯官高兆、治年蔡□□、長樂陳範具、三山林涵春、蕙江邵欽衡撰序 5 篇，康熙 27 年（1688）浙西臧眉錫題詞 1 首，第 1 卷首葉次行寫「梁溪季麒光聖昭著，男椒森衡來習課」，續寫「膠城徐乾學□庵、琴川翁叔元鐵、穎水寧世簪觀齋、同里秦松齡對岩鑒定」，第 3 卷首葉另寫「京江張玉書素存、海曲李應薦柱三、北海田慶曾介眉、同里吳世焜鶴亭鑒定」。內容

❷　連橫，《臺灣詩薈（上冊）》（臺北：臺北市文獻委員會，1977），頁 191－192。

囊括〈臺灣府堂碑文〉、〈客問〉、〈北園記〉、〈番俗記略〉、〈寧靖王傳〉、〈募修天妃宮戲臺小引〉、〈臺灣郡守蔣公壽文〉、〈沈斯庵雙壽文〉等與臺南相關的文章,足供研究南明與鄭氏史事者重要的參考。

《東寧政事集》傳世鈔本在民國 93 年(2004)12 月《臺灣文獻匯刊》披露。❸封面有「周又文先生鑒定,世綵堂藏稿」題署,書前列〈東寧政事跋〉1 篇,由「受業內姪紫山鄭廷桂」書寫,將季氏在臺政績中「有關國計民生者先付之梓」,錄文 49 篇,❹收羅季麒光在任內往來公牘,「既保留了當時臺灣土地人民、田賦地丁鹽課、各種雜稅的具體資料,也對鄭氏時期的官佃之制、通洋興販,高山族的贌社之制、鹿皮生產,以及拐賣、賭博、結拜、蔭佃等社會風氣,有所涉及。」❺

二、沈朝聘《省軒郊行集》、《東吟唱和詩》

沈朝聘,號省軒,盛京鐵嶺人。漢軍鑲藍旗筆帖式。為人方平廉介,不可干以私。初知晉江縣,報遷四川茂州知州,行有日矣;會臺灣初平,亟需能員,移宰臺邑,康熙 23 年(1684)渡海,接掌臺灣縣首任知縣。凡署內一切器用,毫不濫費,民間催科、撫字,咸稱平焉。至吏之舞文者、民之稂莠者,悉置之法,不貸也。旋以

---

❸ 《臺灣文獻匯刊》第 4 輯第 2 冊(廈門:廈門大學出版社,2004),頁 201－407。

❹ 目錄羅列 48 篇公文,卻漏鈔第 49 篇〈陳明賠累文〉的篇名。

❺ 同註❸,頁 202。

丁憂去官,清風兩袖,民投櫃以資其行,仍為立碑思之。後陞任直隸霸州知州。❻著有《省軒郊行集》1 卷,與季麒光合著《東吟唱和詩》1 卷。

　　《省軒郊行集》有幾種異稱,如《續修臺灣縣志》作《交行集》、《郊行集》,《臺灣通史》名《郊外集》,而《雅言》及《雅堂文集》題《郊行集》,應是誤刻訛鈔所致。沈朝聘與季麒光早在順治 14 年(1657)因考試而結識,順治 18 年(1661)同赴禮闈,然後各自發展,直到康熙 26 年(1687)冬天才復聚首。季麒光談及本書:「及渡海而來,省軒不鄙夷其人民,休養之、保衂之,整飭而教誨之,戒其車驕,巡歷原野,與父老課耕問耜,蝗不為災。《郊行》一集,寫艱難疾苦於筆墨之中,固省軒監門圖繪乎?」❼黃叔璥《赤嵌筆談》也評價:「多寫民間疾苦。」❽

　　《省軒郊行集》問世之後,季麒光追記:「一時監司鎮府嘉與慰勞,各有和章,省軒郵書致余,命較閱付梓。……今省軒視事甫一載,實心實政,信及草野,而一詠一吟,復邀上憲之寵嘉。」❾於是沈朝聘與季氏再合著《東吟倡和詩》,連橫《臺灣通史》亦作《東寧唱和詩》,然而《續修臺灣縣志》敍錄:「諸羅令季麒光、

---

❻　陳元圖,〈沈縣令傳〉,《臺灣府志》(臺北:臺灣銀行經濟研究室,1960),頁 260－261。

❼　季麒光,〈東吟唱和詩序〉,《蓉洲文稿》,第 1 卷第 17 篇。正文標題另作〈東寧倡和集敍〉。

❽　黃叔璥,《臺海使槎錄》(臺北:臺灣銀行經濟研究室,1957),頁 74。

❾　同註❼。

臺令沈朝聘《海外》、《郊行》等集，今皆湮滅，不可復見。」**⑳**

三、林謙光《臺灣紀略》

林謙光，字芝嵋、道牧，號凍亭，福建長樂人。康熙 11 年（1672）副榜貢生，康熙 26 年（1687）自福建延平府教授移調首任臺灣府儒學教授，任內篤行勵學，誨人不倦。康熙 30 年（1691）晉陞浙江桐鄉知縣。著有《臺灣紀略》1 卷。**㉑**《皇朝文獻通考》著錄：「因初經開闢，草創未就，故名為《紀略》，而不稱《志》焉。」**㉒**《四庫全書總目》史部地理類存目中亦載：「開闢之初，規模草創，故其文皆略存梗概，不及新志之詳明，然固新志之椎輪也。」**㉓**鄭達〈朱術桂傳〉曾云：「予覽林芝嵋所次。」**㉔**可知他看過此書。吳錫麒則批評：「傳聞不實，簡略失詳。」**㉕**

《臺灣紀略》康熙 29 年（1690）的原刊本，一名《臺灣府紀略》，書前林氏撰寫〈小引〉，題署「康熙庚午歲仲秋初吉，臺灣府儒學教授林謙光識」，計 1 卷，上海圖書館藏 1 部。乾隆年間刊

---

⑳ 謝金鑾，《續修臺灣縣志》（臺北：臺灣銀行經濟研究室，1962），頁445。

㉑ 趙爾巽等，《清史稿》（北京：中華書局，1998），頁 1139。馬國翰，《玉函山房藏書簿錄》（北京：北京圖書館出版社，2001），卷 10 葉 41。

㉒ 《景印文淵閣四庫全書》（臺北：臺灣商務印書館，1983），第 637 冊頁252。

㉓ 《四庫全書總目》，頁 1530－1531。

㉔ 鄭達，《野史無文》（臺北：臺灣銀行經濟研究室，1965），頁 172。

㉕ 翟灝，《臺陽筆記》（臺北：臺灣銀行經濟研究室，1958），頁 1。

本,北京清華大學圖書館藏 1 部。其他本子尚有《說鈴》（前集第
14 冊）、《龍威秘書》（第 7 集第 7 冊）、《小方壺齋輿地叢鈔》（第
9 帙，計 4 葉）、《叢書集成》（初編史地類）、《臺灣文獻叢刊》（第
104 種）、《學海類編》（第 10 冊）、《叢書集成簡編》（第 689
冊）、《百部叢書集成》（第 300 冊）、《筆記小說大觀》（第 3 編第
10 冊）、《續修四庫全書》（第 734 冊）。福建省圖書館、臺灣大學
圖書館伊能文庫皆有鈔本。民國 72（1983）年 3 月臺北成文出版社
影印《龍威秘書》，收入《中國方志叢書》（臺灣地區第 45 號）。民
國 96 年（2007）8 月臺中文听閣圖書有限公司據《說鈴》複印並且
重排，收入《全臺文》（第 62 冊）。

四、王喜《臺灣府志稿》

　　王喜，臺灣府寧南坊人。康熙 27 年（1688）臺灣府貢生。著有
《臺灣府志稿》，卷帙不詳，今亦不傳。《重修福建臺灣府志》：
「手輯《臺志》，舊志創始，多採其原本。」❷❻《重修臺灣縣
志》：「多著作，嘗自撰《臺灣志》，勤于蒐羅，舊邑志因據以為
藍本云。」❷❼伊能嘉矩則批評：「可知其體例必較為周備。」❷❽

---

❷❻　劉良璧，《重修福建臺灣府志》（臺北：臺灣銀行經濟研究室，1961），頁
　　435。

❷❼　王必昌，《重修臺灣縣志》（臺北：臺灣銀行經濟研究室，1961），頁
　　378。

❷❽　伊能嘉矩，《臺灣文化志（中譯本）》（臺中：臺灣省文獻委員會，
　　1991），中卷，頁 263。

五、施琅《靖海紀事》

施琅（1621－1696），字尊侯，號琢公，福建晉江衙口人。初為明總兵鄭芝龍部下左衝鋒，後降清，官拜福建水師提督，康熙 22 年（1683）6 月率領清軍由福建銅山出兵。以水師精兵二萬、戰船三百克臺灣，乃置臺灣府，設廳、縣各官，鑄錢幣、開學校、築城垣、逐生番，戍兵萬有四千，遂為海外重鎮。並以軍功陞靖海將軍、封靖海侯，世襲罔替，諡「襄壯」。❷著有《靖海紀事》2卷、《平南實錄》4 卷、《平南事實》1 卷。

《靖海紀事》又作《靖海紀》、《平南紀詠》、《靖海侯文序》、《施壯襄疏略》，內容即如施琅次子施世綸跋文：「謹恭輯御製詩章、褒賜祭葬各鴻文、及叔祖孝廉聞于公所撰傳、吾閩賢士大夫所評述、前後奏疏文告、並頌揚詩賦。合為《靖海紀》。」❸康熙 22 年（1683）施琅倡修《潯海施氏族譜》時，就已經收錄《靖海紀事》，亦題《靖海侯文序》，分上、下兩集，6 冊本，存世僅有 2 部，1991 年晉江市施琅紀念館董事會重印 13 部，2004 年 12月廈門大學出版社據以複印第 1－4 冊，收入《臺灣文獻匯刊》（第 2 輯第 10－11 冊）。❸康熙 24 年（1685）的初刻單行本，封面刊「靖海紀」，內文每半葉版框高 22.3 公分，寬 14.6 公分，8 行，行 18 字，四周雙欄，版心上刊「靖海紀」，單魚尾，下刊葉次；附刊〈靖海將軍侯襄壯施公遺像〉，計 2 卷。國立中央圖書館臺灣

---

❷　趙爾巽等，《清史稿》，頁 1092、2541。

❸　施琅，《靖海紀事》（臺北：臺灣銀行經濟研究室，1958），頁 82－83。

❸　《臺灣文獻匯刊》第 2 輯第 10 冊（廈門：廈門大學出版社，2004），頁 2。

分館藏 1 部，這是該館在昭和 13 年（1938）6 月 15 日購求，分訂 6 冊。黃叔璥在《赤嵌筆談》〈偽鄭附略〉中曾經引述《施壯襄疏略》的內容，林慶元以為《施壯襄疏略》就是《靖海紀事》的異名，黃氏寓目的版本就初刻本。㉜此外，尚有康熙年間木活字 1 卷本，無刻書年月，有施世綸跋，計 123 頁，孫殿起經眼，日本京都大學人文科學研究所藏 1 部。北京人文科學研究所藏清刊本 1 部，附有鈔摘康熙活字本。

　　嘉慶 2 年（1797）衣德堂重刊《靖海紀事》時也作 2 卷本，北京師範大學藏 1 部。孫殿起還寓目嘉慶年間另 1 個本子，無刻書年月，由其曾孫施弈學輯，附錄《小倉山房文集證譌》1 卷。光緒元年（1875）南潯施氏刻本，北京人文科學研究所、廈門圖書館、泉州市圖書館、臺北國家圖書館、臺灣大學圖書館各藏 1 部。廈門圖書館藏本的扉頁題名《襄壯公靖海紀》，內文附寫眉批。泉州市圖書館藏本的內文每半葉版框高 21.8 公分，寬 14.4 公分，8 行，行 22 字，四周雙欄，版心上刊「靖海紀事」，單魚尾，中刊卷次，下刊葉次，上卷 84 葉，下卷 70 葉；書前有序 6 篇，刊〈靖海將軍侯襄壯施公遺像〉，書後附錄〈平南賦〉7 葉、〈平南行〉3 葉、跋文 3 葉、〈施襄壯受降辯〉2 葉以及光緒元年（1875）施葆修〈重刊靖海紀事序〉3 葉，施葆修談到出版因緣：「歲甲戌（同治 13 年，1874），余以公車入都。榜發獲雋後，公事勾留，日不暇給。越數日，得家書，日本駕樓船到臺灣，聲言尋生番宿怨，實欲窺伺臺地。……是歲日本之役，余在都，蒙總理各國事務衙門諸公延問

㉜　林慶元，《黃叔璥傳》（南投：臺灣省文獻委員會，1998），頁 80。

臺灣情形，並及先侯事蹟，余以《靖海紀事》對，始歸而謀重鎸付梓，公諸同好。」❸臺北國家圖書館藏本的書皮還保留「襄壯公靖海紀事‧卷上‧葆修題籤」的完整書簽。另外，臺灣大學圖書館還收藏伊能嘉矩傳鈔本 1 部。

本書排印本尚見民國 47 年（1958）2 月《臺灣文獻叢刊》（第 13 種），據依能嘉矩鈔本重排。民國 68（1979）年 3 月臺北眾文圖書公司複印文叢本，收入《臺灣文獻叢刊第 1 輯》。民國 72 年（1983）王鐸全校注，福州福建人民出版社排印 2 卷本。民國 76 年（1987）10 月臺灣大通書局複印文叢本，收入《臺灣文獻史料叢刊》（第 6 輯）。民國 85 年（1996）3 月臺灣省文獻委員會複印文叢本，收入《臺灣歷史文獻叢刊》。民國 96 年（2007）8 月臺中文听閣圖書有限公司據文叢本重排，收入《全臺文》（第 49 冊）。

再檢視《靖海紀事》的序文，康熙 24 年（1685）程甲化正在「候命都門，得閱公《平南實錄》。閩先生人士復寄公《平南表章》，徵序于余，欲以壽之梨棗，傳之後世。」❸同年春天富鴻基也應邀為《平南事實》撰序、閩人又郵寄《平南實績》向林麟焻求序，可見當時這些書已經或者即將出版。江日昇撰述《臺灣外記》時就參考過《平南實錄》。❸《晉江縣志》載錄作 4 卷本。❸《重

❸　施琅，《靖海紀事》，頁 14－15。

❸　施琅，《靖海紀事》，頁 10－11。

❸　江日昇，《臺灣外記》（臺北：河洛圖書出版社，1980），頁 403。

❸　周學曾，《晉江縣志‧典籍志》（福州：福建人民出版社，1990），頁 1712。

修臺灣縣志》登記《平南事實》為 1 卷本。**❸❼**而《平南實績》、《平南表章》則未見他書述及。以上 4 書是否與《靖海紀事》實為同書異名？還是另行增補？抑或刪節抽印？由於刊本不傳，無法比對推判，姑存目。

六、徐懷祖《臺灣隨筆》

　　徐懷祖，字燕公，松江人，徐孚遠姪孫。他在康熙 34 年（1695）年初至福建漳州，嗣有臺灣之行，在臺一載，始回內地。著有《臺灣隨筆》1 卷。《四庫全書總目》史部地理類存目敍錄：「其記臺灣風土，及自閩赴海水程，俱不甚詳備，但就其所身歷者言之耳。」**❸❽**連橫以為：「遊客著書，以此為古。」**❸❾**吳錫麒批評：「傳聞不實，簡略失詳。」**❹⓿**此書的版本有《小方壺齋輿地叢鈔》，內文每半葉版框高 14 公分，寬 10 公分，18 行，行 40 字，四周雙邊，版心上刊「小方壺齋輿地叢鈔」，單魚尾，中刊「第九帙：《臺灣隨筆》」，下刊葉次及「南清河王氏鑄版，上海著易堂印行」，計 2 葉。大正 14 年（1925）2 月連橫在《臺灣詩薈》第 14 號刊登，民國 54 年（1965）9 月重排編入《臺灣文獻叢刊》（第 216 種《臺灣輿地彙鈔》之二）；尚有《學海類編》（第 117 冊）、《叢書集成》（初編史地類）、《昭代叢書》（第 24 冊）、《筆記小說大觀》

---

❸❼　王必昌，《重修臺灣縣志》，頁 443。

❸❽　《四庫全書總目》，頁 1590。

❸❾　連橫，《雅堂文集》，頁 54－55。

❹⓿　翟灝，《臺陽筆記》，頁 1。

（第6編第7冊）。民國 72 年（1983）3 月臺北成文出版社影印《昭代
叢書》及文叢本，收入《中國方志叢書》（臺灣地區第57號）。民國
85 年（1996）9 月臺灣省文獻委員會複印文叢本，收入《臺灣歷史
文獻叢刊》。民國 96 年（2007）8 月臺中文听閣圖書有限公司複印
《昭代叢書》並且重排，收入《全臺文》（第54冊）。

七、郁永河《裨海紀遊》

郁永河，字滄浪，浙江仁和人，附學生員出身。好遠遊，意興
甚豪，遍歷閩幕。康熙 36 年（1697）2 月自閩來臺採硫，足跡遍歷
臺島西岸，經府城，歷新港、目加溜灣等地，旋渡淡水，並赴北投
築屋煮硫，歷盡艱險，於十月初才離開臺灣。居臺九月餘，著有
《裨海紀遊》1 卷。此書又有《稗海紀遊》、《採硫日記》等異
名，《渡海輿記》為節錄本，《番境補遺》、《海上紀略》、《宇
內形勢》、《偽鄭逸事》（連橫更名《鄭氏逸事》）則為附篇。

歷來對於《裨海紀遊》的評價，如《續修臺灣縣志》：「多摭
拾臺中逸事，所賦詩，亦有可傳者。」**❹**《晚晴簃詩匯》：「滄浪
嘗以佐采硫游臺灣，採番社風俗為竹枝詞，頗多前人記載所未及
者。風謠所播，光景如新，亦足以資感慨矣。」**❷**不過，李慈銘卻
批評：「敘次不免蕪陋，間附絕句亦俚拙。」**❸**胡玉縉則抱持：

---

❹ 謝金鑾，《續修臺灣縣志》，頁864。

❷ 徐世昌編、聞石點校，《晚晴簃詩匯》（北京：中華書局，1990），頁
2085。

❸ 李慈銘，《桃花聖解盦日記》（臺北：臺灣商務印館，1973），頁351。

「實則本屬遊記，不必繩以史法；初非別集，不必苛以格調。況敘述尚明爽，其間紀游詩頗有秀句，《竹枝詞》可備采風哉。」**㊹**連橫又嘉許：「自省來臺，躬歷南北，遂至北投煮礦。臺北初啟，草莽瘴濃，居者多病，而滄浪冒危難，嘗困苦，以竟其事；亦可謂之奇男子也。」**㊺**大正 13 年（1924）5 月《臺灣詩薈》第 4 號開始登載 8 回，連橫書跋：「永河字滄浪，快男子也。……觀其百折不撓之精神，誠足使人起敬。書中所載山川險阻、瘴毒披猖，以今視之，何啻霄壤。……滄浪所著尚有《番境補遺》、《海上紀略》，惜版久失傳，知者較少，爰登《詩薈》，以廣見聞。」**㊻**民國 39 年（1950）11 月方豪將經眼過的各種版本合校，由臺灣省文獻委員會列入《臺灣叢書》第 1 種，以線裝 1 冊行世。筆者進一步歸納增補方豪比對所得書目，將《裨海紀遊》相關版本 11 種臚列於後。

㊹　胡玉縉，《許廎經籍題跋》，載於胡玉縉撰、吳格整理，《續四庫提要三種》（上海：上海書店，2002），頁 574－575。

㊺　連橫，《臺灣詩乘》，頁 24。

㊻　連橫，《臺灣詩薈（下冊）》（臺北：臺北市文獻委員會，1977），頁741。

表2　郁永河《裨海紀遊》版本一覽表

序號	書名	版式	收藏處
1	渡海輿記	雍正 10 年（1732）以前傳鈔本	周于仁幕友袁戲皇
		雍正 10 年（1732）據袁戲皇鈔本在福建將樂刊刻，周于仁序於凝香堂	
		雍正 10 年（1732）鏽州刊木刻本❹	孫殿起著錄❹
		乾隆 53 年（1788）木刻本，晚宜堂跋	
		據乾隆 53 年（1788）木刻本傳鈔	臺北帝國大學文政部移川子之藏教授
		昭和 7 年（1932）3 月日人市村榮據移川本傳鈔，昭和 10 年（1935）贈臺灣總督府圖書館	國立中央圖書館臺灣分館
		民國 96 年（2007）8 月臺中文听閣圖書有限公司收入《全臺文》	
2	裨海紀遊	道光 13 年（1833）張潮木刻本，沈楙悳跋、男人杰蓋臣校字，收入《昭代叢書》	國立中央圖書館臺灣分館
		民國 74 年（1985）臺北新文豐出版公司收入《叢書集成續編》	
		民國 96 年（2007）8 月臺中文听閣圖書有限公司收入《全臺文》	

---

❹　方豪：「我懷疑這是後人偽託雍正十年的翻刻本，其價值也許還不及上面（按：臺灣大學及國立中央圖書館臺灣分館）講到的兩鈔本。」《合校足本裨海紀遊》（臺北：臺灣省文獻委員會，1950），序言葉 2。孫殿起經眼之書，方豪實未得見，轉引為外紀之屬、備州刊，應是誤記。

❹　孫殿起，《販書偶記》，頁 182。

3	裨海紀遊	道光年間達綸木刻本，較《粵雅堂叢書》早	達綸
		光緒 5 年（1879）上海申報館據達綸本倣聚珍版排印，蔡爾康跋，收入《屑玉叢譚》	
		伊能嘉矩校《屑玉叢譚》稿本	臺灣大學圖書館
4	稗❹海紀遊	道光 15 年（1835）棗花軒刊巾箱本，1卷	北京人文科學研究所、孫殿起著錄
		大正 13 年（1924）5－12 月《臺灣詩薈》第 4－11 號排印本	
5	裨海記遊	節鈔本，1 部 492 字，列入採礦資料	臺北州大屯郡北投庄役場❺
6	採硫日記	吳翌鳳《秘籍叢函》傳鈔本	吳翌鳳
		道光 23 年（1843）秋鄭光祖木刻本，節錄武陵郁滄浪原本，可能以《秘籍叢函》為底本，收入《舟車所至叢書》	
		民國 51 年（1962）臺北正中書局重刊《舟車所至叢書》	
		民國 63 年（1974）臺北文海出版社收入《近代中國史料叢刊》	
		民國 96 年（2007）8 月臺中文听閣圖書有限公司收入《全臺文》	

---

❹　方豪：「棗花軒把書名中的『裨』字誤為『稗』（除非是《販書偶記》之誤）。」同註❼，序言葉 4。連橫《臺灣詩薈》排印本亦沿用。

❺　臺南市役所，《臺灣史料集成》（臺南：臺灣文化三百年記念會，1931），頁 18。

7	採硫日記	咸豐 3 年（1853）伍崇曜木刻本，據《秘籍叢函》為底本，收入《粵雅堂叢書》	國立中央圖書館臺灣分館；李慈銘寓目
		民國 24 年（1935）上海商務印書館收入《叢書集成初編》	
		民國 54 年（1965）臺北藝文印書館收入《百部叢書集成》	
		民國 54 年（1965）臺北華文書局重刊《粵雅堂叢書》	
		民國 55 年（1966）臺北商務印書館收入《叢書集成簡編》	
		民國 74 年（1985）北京中華書局重刊《叢書集成初編》	
		民國 96 年（2007）8 月臺中文听閣圖書有限公司收入《全臺文》	
8	裨海紀遊	光緒 10－20 年（1884－1894）上海著易堂排印本，王錫祺輯，收入《小方壺齋輿地叢鈔》	國立中央圖書館臺灣分館（原臺灣總督府民政部學務課藏書）
9	採硫日記	光緒 27 年（1901）杭州胡繩祖傳鈔本	
		據胡繩祖本為底本傳鈔本	臺灣總督府民政部殖產局石川人小西氏
		伊能嘉矩《臺灣叢書》遺稿傳鈔本，據胡繩祖鈔本	臺灣大學圖書館

10	裨海紀遊	明治 42 年（1909）諸田維光日文譯註本，據明治 41 年（1908）9 月向石川借覽藏書為底本，收入《二百歲前之臺灣》（古槐書院叢書：《南瀛遺珠》）	國立中央圖書館臺灣分館、楊永智
11	裨海紀遊	民國 39 年（1950）方豪據以上各本合校，收入《臺灣叢書》	
		民國 48 年（1959）臺灣銀行經濟研究室收入《臺灣文獻叢刊》	
		民國 68 年（1979）臺北眾文圖書公司收入《臺灣文獻叢刊第一輯》	
		民國 72 年（1983）臺北成文出版社將方豪合校本、市村榮傳抄本、《昭代叢書》、《舟車所至叢書》、《粵雅堂叢書》、《小方壺齋輿地叢鈔》、《臺灣詩薈》複印收入《中國方志叢書》	

　　在表列 11 種版本系統當中，方豪判斷最早的刻本應為雍正 10 年（1732）《渡海輿記》周于仁的本子。至於《採硫日記》咸豐 3 年（1853）伍崇曜刊本，國立中央圖書館臺灣分館典藏 1 部：缺封面，鈐入「昭和七年（1932）七月二九日黃春成寄贈」⑤、「臺灣總督府圖書館藏」、「臺灣省立臺北圖書館藏書章」朱印 3 方。每半葉版框高 13.2 公分，寬 10 公分，9 行，行 21 字，左右雙邊，版心上下黑口，中刊「採硫日記」及卷次、葉次，下刊「粵雅堂叢

⑤　黃春成，臺北市人。昭和 2 年（1927）與連橫開設「雅堂書局」，昭和 7 年（1932）元旦再創辦《南音》雜誌。

書」；分上卷 20 葉，中卷 15 葉，下卷 22 葉；每卷最末葉最末行刊「譚瑩玉生覆校」木記 1 行；附〈跋〉1 葉，落款「咸豐癸丑春盡日南海伍崇躍跋」。**❺❷**

八、江日昇《臺灣外記》

江日昇，字東旭，福建漳州海澄縣珠浦人。**❺❸**父美鰲，與鄭芝龍同時，從永勝伯鄭彩翊弘光，督師江上，繼而福州共事，署龍驤將軍印。康熙 16 年（1677）改職歸誠，往粵東連平州。康熙 23 年（1684）冬欲觀新闢之地，桴海過臺灣，舟次澎湖，登其地。性嗜古文詞，不拘章句學。幼從其先人遊宦嶺表，悉鄭氏行事，因編次其所見聞，備他日史官採取，其用心良苦。而因事直書，不置褒貶，積歲月以成，然命與時違，歷落牢騷，所如不偶，行多坎壈。緣與友人計畫，無如數何！欲為鶯鳴義俠，反成雀角謗疑，構訟歲

---

❺❷ 附提一筆：根據《臺灣日日新報》的報導，在明治 38 年（1905）12 月 6 日晚上 8 時左右，臺灣總督府技師室附近傳出火警，烈焰四處竄燒，火勢延燒到土木課及學務課的倉庫。由於這兩棟倉庫是木構造建築，而且佔地面積甚廣，加上倉庫內的堆積著很多易燃的書籍，頓時陷入一片火海，許多珍貴書籍及史料竟付之一炬。起火原因眾說紛紜，傳言是抽煙的煙帶或翻倒的燈油所致，雖然當局從 9 時 15 分開始滅火，糾合軍民的力量，至凌晨二點左右才將火勢完全撲滅。而學務課倉庫中的余文儀《續修臺灣府誌》的印刷書板、臺灣各地採訪冊以及《裨海紀遊》等珍貴典藏全數化為烏有。

❺❸ 陳支平，〈《臺灣外記》作者辨正〉，載於《古籍論叢（第二輯）》（福州：福建人民出版社，1985），頁 332－335。

月，徙倚縣庭。❺著有《臺灣外記》10 卷。

《石遺室書錄》簡介是書內容：「敘南安鄭氏據閩始末，自天啟元年鄭芝龍起於海盜，迄於康熙二十二年（永曆 37 年，1683）鄭克塽納款前清事。」❺江日昇綜合乃父（始末靡不周知，口傳耳授，不敢一字影捏，故表而出之）、親友同僚聽聞，加上自身親歷，旁涉史徵考辨，「就其始末，廣搜輯成，誠閩人說閩事，以應纂修國史者採擇焉。」❺彭一楷評價：「紀我朝新闢臺灣，海外從來未有之土地也，識明季海上鄭氏事最詳。筆力古勁，雅有龍門班掾風。」❺連橫亦贊曰：「明清遞嬗之際，荷蘭侵略之圖，延平光復之志，收羅殆盡，可謂宏博而肆矣。」❺《萬卷精華樓藏書記》論云：「坊肆傳《臺灣外紀》一書，書體甚俗而事則不偽，所記鄭芝龍始末甚詳，亦可觀也。」❺

不過，黃人卻認為：「作者見聞較近，當有所根據，惟敘次散漫，多近乎斷爛朝報，不甚合章回小說體裁焉。」❻謝國楨作提要：「每卷標題用章回體，而其敘鄭經其四弟乳母私通，其言猥

---

❺　江日昇，《臺灣外記》，頁 394、396。

❺　《中國文言小說書目》（北京：北京大學出版社，1981），頁 379。

❺　康熙 43 年（1704）江日昇自序，《臺灣外記》，頁 391。

❺　同註❺。

❺　連橫，《雅言》（臺北：臺灣銀行經濟研究室，1963），頁 19－20。

❺　耿文光，《萬卷精華樓藏書記》（哈爾濱：黑龍江人民出版社，1992），頁 1338。

❻　黃人，〈小說小話〉，載於《明清小說資料選編》（天津：南開大學出版社，2006），頁 213。

藝，尤落小說窠臼。」❻朱希祖猶存疑：「時地皆與鄭氏相接，雖親切而多可信，然為小說體，終不免有鋪張之慮。」❻黃典權再回應；「因文字通俗，有些地方描寫過於生動，而被認為是多出杜撰的『說部』，……我們認為這種看法是件非常錯誤的觀念，非加糾正不可。糾誤最好的辦法，是用精勤的工夫、負責的態度，樸樸實實地把它整理研究，重新刊世。」❻方豪也提出：「這是記載鄭成功一生事蹟最詳明的書，但因採用小說體裁，所以少數學者難免有所鄙視，心存懷疑。可是如和正史查證，並沒有重大出入，看不出有偽而不實的痕跡。所以對於研究臺灣鄭氏而言，《臺灣外記》或類似的書，是一部很重要的參考書。」❻陳慶元則評語：「作為一部歷史小說，《臺灣外記》在史料真實性、史實的選擇和處理等方面，沒有什麼可挑剔的，但在人物刻畫、場面描寫、語言的生動活潑方面，並不那麼成功，……是難於躋身於中國優秀小說之林的，但在福建文學發展史上，它的出現，卻是一次有益的嘗試。」❻

　　《臺灣外記》另有《臺灣外紀》、《臺灣外誌》、《臺灣外志》、《臺灣歷史演義》、《三王造反》、《五虎鬧南京》、《五

❻　江日昇，《臺灣外記》，提要頁 2。

❻　朱希祖，〈延平王戶官楊英從征實錄序〉，《朱希祖先生文集》（臺北：九思出版有限公司，1979），頁 3140。

❻　黃典權，〈臺灣外記考辨〉，《臺灣外記研究》（臺南：海東山房，1956），頁 2。

❻　方豪，〈新出現的《臺灣外志》刊本和抄本〉，《中國時報》1980 年 9 月 9 日。

❻　陳慶元，《福建文學發展史》（福州：福建教育出版社，1996），頁 487－489。

虎將掃平海氛記》、《賜國姓鄭成功全傳》等異名，作者亦非僅有
江氏 1 人。歷來研究者以方豪用力最深，可與楊雲萍⑥、房兆楹、
賴建銘、黃典誠⑥、黃典權昆仲的成果媲美輝映，加上謝國禎、許
丙丁、賴翔雲、呂訴上、廖漢臣、陳支平、陳昭瑛、柯榮三的轉引
論述，讓世人更瞭解其內蘊。筆者謹爬梳前人敘錄知見與晚近蒐得
文徵，嘗試整理相關此書的 52 種版本，大抵依照時間先後，將傳
鈔本、木刻本、排印本、石印本、複印本及點校本條陳如下：

表3　《臺灣外記》相關版本一覽表⑥

序號	書名	出版單位	版式特徵	收藏處
1	臺灣外志		康熙年間鈔本，標目曰：臺灣外志	康熙 47 年（1708）春正月彭一楷寓芝山，見山陰余元聞手一書
2	臺灣外志		江日昇手鈔本	余世謙於鵝城向江氏索閱，吳存忠在梧州閱其所輯；康熙 48 年（1709）

---

⑥　楊雲萍，〈臺灣研究必讀十部（八）——臺灣外記〉，載於《公論報》〈臺灣風土〉第 69 期，民國 38（1949）10 月 4 日。另外，楊氏早於日治時期為本書進行日譯，僅載於《臺灣公論》8：4（1943.4）及 8：5（1943.5）兩回，並且由立石鐵臣製作插圖。

⑥　黃典誠，《臺灣外記與臺灣外誌考》（廈門：廈門大學，1936）。

⑥　臺灣文化三百年記念會出版《臺灣史料集成》登錄：臺南人陳明沛藏 10 冊、臺南州曾文郡麻豆人黃恭甫藏 30 卷、新竹州中壢人黃芳春藏大字本 6 冊參展。可惜敘述過簡，筆者亦未得拜覽，無法判斷版式特徵，今暫不列表。《臺灣史料集成》，頁 14－15。

				春江氏與陳祈永訂交，嗣出 10 卷本求序
3	臺灣外志		乾隆以後鈔本，87 回 8 冊，全記劉進忠事，非江氏著作	香港私人；方豪、饒選堂著錄
4	臺灣外志		嘉慶 6 年（1801）鈔本，50 卷 100 回，9 行，行 25 字，例言尾署：時嘉慶辛酉六年仲夏六月朔日謝氏修輯	旅大市圖書館（今大連圖書館）
5	臺灣外志		清藪楂書室藍格鈔本，50 卷 100 回，落款同大連圖書館鈔本	天一閣
6	臺灣外志		嘉慶 6 年（1801）鈔本，50 卷 100 回 10 冊 2 函，落款同大連圖書館鈔本	美國加利福尼亞大學東亞圖書館，方豪著錄作「乙本」
7	臺灣外志		綠格鈔本，4 部 10 卷 10 冊 2 函，以「榮華齋南紙書局」、「世界圖書局」綠格紙繕寫	美國加利福尼亞大學東亞圖書館，方豪著錄作「甲本」
8	臺灣外志		道光 13 年（1833）南海江恆光（垂荠）鈔自泉州舊本，10 卷，每卷首葉鈐入「大學堂藏書樓之章」	林萬傳；方豪著錄
9	臺灣外誌		霞漳西隅總鎮街靜遠軒張雋堂鈔訂本，30 卷 126 回 28 本	漳州余文藏（張雋堂之壻）；黃典誠著錄
10	臺灣外志		據廈門會文堂石印本傳鈔，民國 12 年（1923）黃典權在廈門海濱舊書攤購得	方豪著錄
11	臺灣外誌		據廈門會文堂石印本傳鈔，封面：臺灣外誌前傳，繡像五虎鬧南京傳	廈門大學圖書館

12	臺灣外志		童書業、黃永年舊藏鈔本，30卷	
13	臺灣外記	求無不獲齋	道光13年（1833）木刻小字本，10卷，封面：賜國姓鄭成功全傳，詳加校對，圈點無訛，求無不獲齋刊；黃典權推測還有所根據的原本	北京人文科學研究所、上海圖書館、鼓浪嶼鄭成功紀念館❻❾、日本內閣文庫、國立臺灣文學館、國立中央圖書館臺灣分館、臺南市立圖書館❼⓿、吳三連臺灣史料中心❼❶、臺灣大學圖書館楊雲萍文庫、賴建銘、黃天橫、鐘金水、龍仕騰
14	臺灣外記	求無不獲齋	道光13年（1833）木刻大字本，30卷，封面：癸巳❼❷	南京大學圖書館、福建省圖書館、廈

❻❾　書皮鈐入「鄭成功紀念館藏書」朱印1方，封面印紅色紙。

❼⓿　原是石暘睢舊藏，10冊本。《臺灣史料集成》，頁14。臺南市立圖書館藏本書皮行草題寫「臺灣外誌，卷一，共十本」，鈐入「臺南石陽睢文庫所藏」、「臺南圖書館藏」朱印2方，封面加蓋「臺南圖書館昭和16.6.12受入」藍色圓章1枚。

❼❶　缺封面，鈐入「吳三連臺灣史料中心藏書」藍章1方，書後鈐入典藏章1枚，註明：「81.4.25購入」。

❼❷　上海古籍出版社《古本小說集成》有周明初考證：「此書內封題『癸巳仲夏』，自康熙起癸巳有四，即康熙五十二年、乾隆三十八年、道光十三年和光緒十九年。而此書避乾隆諱，『弘』、『泓』皆缺末筆，故又可推知此書為乾隆三十八年刻本。」黃典誠則判定：「乾隆的名字是『弘曆』，要是乾隆三十八年那個癸巳所刻的書，則書中遇『弘曆』兩字必得避諱，現而我們檢翻全書，卻不曾發現裏面有過這樣。如曰『弘光』，如曰『永曆』，均一筆不缺，足證其書非乾隆癸巳所刻的。」《臺灣外記研究》，頁6。

			仲夏，求無不獲齋刊；黃典權推測晚於小字本	門大學圖書館❼❸、天津師範大學圖書館、廣州中山大學圖書館❼❹、日本內閣文庫、中央研究院傅斯年圖書館、國立中央圖書館臺灣分館、臺灣大學圖書館伊能文庫、江安傅氏雙鑑樓、顏興、黃天橫、龍仕騰
15	臺灣外記	求無不獲齋	道光 13 年（1833）木活字本，30 卷，封面：癸巳仲夏，求無不獲齋刊；扉頁及序仍是木刻，內文字體歪斜，有倒字，木刻本版心略寬，而木活字本略高，方豪推測早於小字本，房兆楹卻持相反看法	上海圖書館、廈門大學圖書館、天津圖書館、日本大阪府立圖書館、美國普林斯敦大學葛斯德東方圖書館、臺灣大學圖書館、李玄伯；孫殿起及方豪著錄
16	臺灣外記	上海申報館	光緒 4 年（1878）鉛印本，30 卷 6 冊，封面：臺灣外記，光緒戊寅孟春，贅翁康署，申報館倣聚珍板印	北京大學圖書館、廈門大學圖書館、臺灣大學圖書館❼❺

---

❼❸　鈐入「嵩江李香華□父金石記」、「閩郭白陽藏書」朱印 2 方。郭白陽（約
　　　1885－1940），福建侯官人，郭柏蒼之子。好聚書，尤好抄書。

❼❹　黃仲琴，《嵩園文史論叢》（漳州：彰州市圖書館，2002），頁 292。

❼❺　附藍布函套一只，其內黏貼日治時期臺北帝國大學專用藏書票 1 枚；鈐入
　　　「國立臺灣大學藏書」、「國立臺灣大學圖書」朱印 2 方，卷一首葉鈐入
　　　「龍華謪人收藏書畫印」朱印 1 方。

17	臺灣外記	上海均益圖書公司	光緒 33 年（1907）7 月鉛印本，2 卷 2 冊，重校者：均益圖書公司，印刷者：國學叢書社，收入《國學叢書》第 6 種上	鼓浪嶼鄭成功紀念館、國立中央圖書館臺灣分館❼、臺灣大學圖書館楊雲萍文庫
18	臺灣外誌後傳（繡像五虎將掃平海氛記）	廈門文德堂	宣統元年（1909）仲冬石印本，8 卷 63 回 2 冊，書簽：繪圖五虎將掃平海氛記；封面：宣統元年仲冬印刷，最新臺灣外誌後傳，每部定價大洋柒角五分，繡像五虎將掃平海氛記，內附大破磁州城，廈門文德堂石印發兌，板權所有	臺南市立圖書館❼
19	臺灣外誌前傳（繡像明季孤忠五虎鬧	廈門會文堂	石印本，15 卷 63 回 4 冊，書皮：五虎鬧南京，廈門會文堂書局印行；封面：最新臺灣外誌前傳，每部四冊定	廈門大學圖書館、杉田恕平❼、呂訴上❼、楊永智

---

❼ 賴翔雲為臺灣分館藏本撰寫解題，指出本書亦有《臺灣紀事本末》、《臺灣野記》、《海濱紀略》、《臺海外史》等同書異名的問題，對於現存《臺灣外記》是否保持江氏原著真面目提出疑惑：似乎經過他人的刪改，潤色，重編，是誰做了這些工作？是作序的陳祈永？或是「求無不獲齋」的主人？《鄭成功第三百廿六週年誕辰紀念展覽會圖集》（臺北：臺灣省文獻委員會，1951），頁 8－9。

❼ 鈐入「臺南石陽睢文庫所藏」、「臺南圖書館藏」朱印 2 方，以及「臺南圖書館昭和 19.10.4 受入」藍色圓章 1 枚。

❼ 臺南日人杉田恕平提供 15 冊參展，筆者認為是 15 卷之誤記。《臺灣史料集成》，頁 14。

❼ 據呂訴上之子呂憲光保存乃父藏書之彩色書影。邱坤良，《呂訴上》（臺北：行政院文化建設委員會，2004），頁 158。

			價六角五分，繡像明季孤忠五虎鬧南京，廈門會文堂書局再版	
20	臺灣外誌後傳（繡像五虎將掃平海氛記）	廈門會文堂	石印本，4 卷 63 回 4 冊，書籤：繡像五虎將掃平海氛記；封面：最新臺灣外誌後傳，繡像五虎將掃平海氛記	廈門大學圖書館、廈門圖書館、杉田恕平、楊永智
21	臺灣外誌後傳（繡像五虎將掃平海氛記）	廈門會文堂	石印本，缺書籤；封面：最新臺灣外誌後傳，每部定價大洋□角，繡像五虎將掃平海氛記，內附大破磁州城，廈門會文堂書局印行	呂訴上⑧
22	臺灣外誌前傳（繡像明季孤忠五虎鬧南京）	廈門會文堂書局、新民書社	石印本，15 卷 63 回 4 冊，書皮：五虎鬧南京，廈門會文堂書局印行；封面：最新臺灣外誌前傳，每部四冊定價六角五分，繡像明季孤忠五虎鬧南京，廈門新民書社再版	臺南市立圖書館⑧、臺灣大學圖書館楊雲萍文庫、楊永智
23	臺灣外誌後傳（繡像五虎將掃平海氛記）	廈門新民書社	民國 18 年（1929）秋石印本，4 卷 63 回 4 冊，書皮：繡像五虎掃平海氛記；封面：最新臺灣外誌後傳，每部大定洋價八角，繡像五虎將掃平海氛記，內附大破磁州城，廈門新民書社印行，	臺灣大學圖書館楊雲萍文庫、楊永智

---

⑧ 筆者推測本書即是呂氏著作《臺電影戲劇史》所據之底本。同前註。

⑧ 鈐入「臺南石陽睢文庫所藏」、「臺南圖書館藏」朱印 2 方，以及「臺南圖書館昭和 19.10.4 受入」藍色圓章 1 枚。

			民國己巳年秋廈門新民書社石印	
24	臺灣外誌（五虎鬧南京）	上海中華圖書館	石印本，20 卷 63 回 2 冊，封面：五虎鬧南京，目錄首行：臺灣外誌繡像五虎鬧南京傳	楊永智
25	臺灣外誌（五虎鬧南京）	上海開文書局、漢文書局	石印本，15 卷 63 回 2 冊，書簽：臺灣外誌，五虎鬧南京，上海開文書局發行；封面：增像全圖三王造反，明末清初臺灣外誌，五虎鬧南京，上海漢文書局印行	中國社會科學院文學研究所、國立中央圖書館臺灣分館⑧②、臺灣大學圖書館楊雲萍文庫、楊永智
26	臺灣外紀	上海進步書局	石印本，30 卷 2 冊，書簽：臺灣外紀，清江日昇識，進步書局校印；封面：臺灣外紀，清江日昇識，上海進步書局印行。⑧③收入《筆記小說大觀》第 4 輯	廈門大學圖書館、臺北國家圖書館、中央研究院近史所圖書館及傅斯年圖書館、臺灣大學圖書館、楊永智
27	臺灣外記	上海文明書局	石印本，方豪疑與上海進步書局為同一版本，僅封面不同	余宗信、黃典權、方豪著錄
28	臺灣外誌	上海大一統書局	石印本	方豪著錄

---

⑧② 封面鈐入「國立中央圖書館臺灣分館藏書章」朱印 1 方，封底鈐入「中華民國柒拾玖年（1990）捌月廿日採購」藍色戳記 1 方，並以及鉛筆簽署「3,500」，應是當年購入時的新臺幣書價。

⑧③ 封底附刊〈提要〉：「是書為清九閩江日昇所識。純用章回小說體裁，共三十卷。敘述鄭芝龍歷史，始於明天啟元年（1621），終於康熙癸亥（康熙 22 年，1683）克埌歸誠。於明永曆偏安事及三藩軼事，並能言之詳盡。作者其寓悲觀之微意乎！」

29	臺灣外誌	上海六一書局	石印本，8 卷，封面：秘本臺灣外誌，內詳五虎鬧南京傳，上海六一書局石印	謝國楨著錄，臺灣大學圖書館楊雲萍文庫
30	五虎鬧南京（上）	上海文新書局	民國 24 年（1935）3 月鉛印本，25 回 1 冊，封面：五虎鬧南京上，上海文新書局印行，版權頁出版者：文新書局，印刷者：榮華印社，新加坡分發行所：正興公司，代售處：新加坡牛車水戲院橫街永成書局，總發印所：上海閘北蒙古路北公益里協成書局，定價一元四角	黃茂盛
31	五虎鬧南京（下）	上海文新書局	民國 25 年（1936）3 月鉛印本，63 回 1 冊，封面：五虎鬧南京下，上海文新書局印行，版權頁標點者：引翔老人，校訂者：申江居士，出版者：標準印書館，印刷者：標準印刷所，總經售處：上海蒙古路公益里香港書局，定價一元四角	黃茂盛[84]
32	臺灣外誌（上）	上海文新書局	民國 25 年（1936）4 月鉛印本，37 回 1 冊，封面：臺灣外誌上，上海文新書局印行，版權頁標點者：引翔老	黃茂盛

---

[84] 昭和 11 年（1936）10 月 7 日上海「鴻文新記書局」寄予臺灣嘉義「蘭記書局」的發貨單，以工整小楷書寫：「《臺灣外誌》上：廿；《臺灣外誌》下：卅；《鬧南京》上、下：廿。」〈黃茂盛書信手札〉，臺北市文訊雜誌社典藏。

			人，校訂者：申江居士，出版者：標準印書館，印刷者：標準印刷所，總經售處：上海蒙古路公益里香港書局，定價一元四角	
33	臺灣外記（賜國姓鄭成功全傳）	臺南文化出版社	民國 45 年（1956）2、4、6 月出版，10 卷 3 冊，黃典權據顏興、賴建銘、臺南市立圖書館藏本合校排版，海東山房藏版，與文齋書局經售	
34	臺灣外紀	臺北世界書局	民國 48 年（1959）7 月據上海進步書局本縮版複印，30 卷❽	
35	臺灣外記	臺灣銀行經濟研究室	民國 49 年（1960）5 月方豪合校本，10 卷，收入《臺灣文獻叢刊》第 60 種	
36	臺灣外記	臺北眾文圖書股份有限公司	民國 68 年（1979）3 月據《臺灣文獻叢刊》複印，收入《臺灣文獻叢刊》第 1 輯	
37	臺灣外志	上海古籍書店	1979 年上海古籍書店據童書業、黃永年舊藏鈔本複印，商務印書館香港分館發行，序文首葉鈐「黃永年藏善本書印」，30 卷 8 冊	廈門大學圖書館、鼓浪嶼鄭成功紀念館、中央研究院傅斯年圖書館

---

❽　臺北世界書局由於「原擬就『求無不獲齋』原刊本影印，惟久求不獲。茲姑先取《筆記小說大觀》本重印之。」《臺灣外紀》（臺北：世界書局，1959），扉頁。

38	臺灣外記⑧⑥	臺北河洛圖書出版社	民國 69 年（1980）7 月出版，30 卷，收入《白話中國古典小說大系》第 16 冊	
39	臺灣歷史演義	臺北河洛圖書出版社	民國 70 年（1981）5 月據前一版式複印，30 卷，版權頁撰著者誤植作吳承恩	
40	臺灣外記	福建人民出版社	1982 年陳碧笙點校本，10 卷	
41	臺灣外紀	臺北新興書局	民國 76 年（1987）7 月據上海進步書局本放大複印，30 卷，收入《筆記小說大觀》第 27 編	
42	臺灣外記	臺北大通書局	民國 76 年（1987）10 月據《臺灣文獻叢刊》複印，收入《臺灣文獻史料叢刊》第 6 輯	
43	臺灣外志	臺北藝文印書館	民國 77 年（1988）3 月據黃永年舊藏鈔本複印，30 卷 2 冊	
44	臺灣外紀	臺北新文豐出版公司	民國 86 年（1997）據上海進步書局本複印，30 卷，收入《叢書集成三編》第 99 冊	
45	臺灣外志	上海古籍出版社	1986 年 4 月吳德鐸據上海古籍出版社複印本排版標校，30 卷	
46	臺灣外記	上海古籍出版社	1993 年據吳曉鈴藏求無不獲齋木刻大字本縮小複印，30	江安傅氏雙鑑樓舊藏

---

⑧⑥ 精裝本封面及書背皆以燙金印刷臺灣外「紀」，內文及版權頁則作臺灣外「記」。

			卷，收入《古本小說集成》第 416－417 冊	
47	臺灣外紀	江蘇廣陵古籍刻印社	1995 年據上海進步書局本校訂重印，30 卷	
48	臺灣外志	南投臺灣省文獻委員會	民國 84（1995）8 月據林萬傳藏道光 13 年江恆光精校抄本複印，收入《臺灣歷史文獻叢刊》	
49	臺灣外記	南投臺灣省文獻委員會	民國 84 年（1995）8 月據《臺灣文獻叢刊》複印，收入《臺灣歷史文獻叢刊》	
50	臺灣外誌	齊魯書社	2004 年 5 月劉文泰等據上海古籍出版社複印本排版點校，30 卷	
51	臺灣外記	全國圖書館文獻縮微複製中心	2004 年 9 月據求無不獲齋木活字本放大複印，30 卷，收入《臺灣史料匯編》第 13－14 冊	
52	臺灣外志	廈門大學出版社	2004 年 12 月據廈門大學圖書館藏廈門會文堂石印本複印，收入《臺灣文獻匯刊》第 1 輯第 1－2 冊❽❼	

---

❽❼　提要說明：「《臺灣外志》與江日昇所撰《臺灣外記》僅一字之差，所演繹之內容亦同為明末清初鄭成功事蹟，但二者對於鄭成功事蹟的評判多有不同。其次，《臺灣外志》總字數約比江日昇撰《臺灣外記》多出一倍，許多故事情節更為詳盡，出場的人物也更多，但是虛構的成分也更加濃厚。二書相互參照，將有助於加深對於南明史的全面瞭解。《臺灣文獻匯刊》第 1 輯第 1 冊（廈門：廈門大學出版社，2004），頁 418。

　　道光 13 年（1833）《臺灣外記》求無不獲齋木刻小字本，國立
中央圖書館臺灣分館藏 1 部：一是缺書函及封面，鈐「昭和·十
七·三·二十·購入」藍色圓章 1 枚及「臺灣總督府外事部藏」、
「臺灣省立臺北圖書館藏書章」朱印 2 方；〈序〉2 葉，落款：
「康熙甲申冬岷源陳祈永」；〈鄭氏世次〉1 葉，〈目錄〉3 葉；
內文每半葉版框高 13.6 公分，寬 10.6 公分，10 行，行大字 23
字，注文雙行，字數同，四周雙欄，版心上刊「臺灣外記」，單魚
尾，中刊卷次，下刊葉次，卷 1 首葉次行刊「九閩珠浦東旭氏江日
昇識」；計 10 卷，分訂 8 冊；第 14 卷首葉、第 17 卷第 16 葉、第
22 卷第 1-3 葉均補鈔入。吳三連臺灣史料中心藏本是在民國 81
年（1992）4 月 25 日購入，缺封面，鈐入「黃淵源印」圓形朱印及
「吳三連臺灣史料中心藏書」藍印各 1 方。此外，龍仕騰收藏配補
本 1 部，封面印橙色紙。還有 1 種特別的本子，黃天橫的藏書原是
石暘睢舊藏，書皮墨書「《臺灣外記》卷一」，鈐入「石陽錐
氏」、「平生珍玩」、「臺南石陽睢文庫所藏」、「黃天橫」朱印
4 方；封面採用石印，印在桃色紙上，刊「《臺灣外記》：賜國姓
鄭成功全傳；圈點無訛，詳加校對；求無不獲齋刊。」內文計 10
卷，分訂 10 冊。國立臺灣文學館的藏書曾為許丙丁舊藏，首冊書
皮書簽題寫「《臺灣外記》一、二」，扉頁題跋：「民國肆拾柒年
（1958）仲秋邵禹銘出國日本，由山本書店購置，書以誌邵氏厚
意。許丙丁藏書」，鈐入「許丙丁印」朱印 1 方。封面亦用石印刊
於紫色紙，10 卷分訂 5 冊。兩書內容版式與木刻本俱同，惟封面
印製相異，應是該書坊將刊刷頻繁的封面木刻雕版淘汰，更換石版
所致。

　　求無不獲齋木刻大字本，國立中央圖書館臺灣分館收藏 2 部：一部是附藍布書函，函套內鉛筆書寫「道光十三年刊」；封面印黃色紙，刊「《臺灣外記》：癸巳仲夏，求無不獲齋刊」；鈐入「汲古書屋」、「叢人所藏」、「臺員林氏定靜堂所藏書畫」、「定靜堂藏書印」、「林文庫印」、「林維源紀念文化財團」、「國立中央圖書館臺灣分館藏書章」朱印 7 方；〈序〉3 葉，落款：「康熙甲申冬岷源陳祈永」；〈鄭氏世次〉1 葉，〈目錄〉4 葉，內文每半葉版框高 18 公分，寬 11.5 公分，10 行，行大字 23 字，注文雙行，字數同，四周雙欄，版心上刊「臺灣外記」，雙魚尾，中刊卷次及葉次，下刊「求無不獲齋」，卷 1 首葉次行刊「九閩珠浦東旭氏江日昇識」，計 30 卷，分訂 12 冊；書後扉葉：「贈送：中華民國柒拾年陸月廿參日，全套 12 冊，定價 30,000。」本書是由林家後裔林衡道移藏該館。另一部則鈐有「臺灣文庫圖書」、「大正三年（1914）十二月二十六日東洋協會臺灣支部寄贈」、「臺灣總督府圖書館藏」、「臺灣省立臺北圖書館藏書章」朱印 4 方。依據臺灣總督府檔案乙種永久保存文件第 6 卷第 4 門文書第 47 號，在明治 28 年（1895）7 月 18 日民政局致官房記錄課的通牒中可以知道此書的來源：「在臺北縣大稻埕共伸社主河村隆實之租屋所發現者，似為原彰化縣之官屬物，現暫由本局代為保管，並擬繼續保存」，並附書目，其中登錄：「《臺灣外記》：九冊，端本（按：有缺本的、剩餘是九本之意）。」❽❽

---

❽❽　　《臺灣總督府檔案（中譯本）》（南投：臺灣省文獻委員會，1994），第 3 輯，頁 592－593。

　　臺灣大學圖書館藏本，書皮楷筆墨書「臺灣外記」及硬筆字「江日章編」，封面印紅色紙，其上黏貼日治時期臺北帝國大學專用藏書票 1 枚，鈐入「故伊能嘉矩氏蒐集」、「臺灣帝國大學圖書印」朱印 2 方，分訂 5 冊 1 函。黃天橫也藏殘本，存卷 3－25 及卷 29－30，缺葉者再複印臺灣分館的本子補入，封面鈐入「黃天橫」朱印 1 方。龍仕騰亦藏殘本，缺卷 8－10，封面印黃色紙。

　　求無不獲齋木活字本，孫殿起曾經眼，臺灣大學圖書館藏 1 部，書皮內鈐入「昭和 8・3・6」戳記 1 枚，封面印橙色紙，鈐入「臺北帝國大學圖書印」、「臺北帝國大學圖書」朱印 2 方，分訂 10 冊 1 函。方豪敘錄：「一樣的有『求無不獲齋刊』『癸巳仲夏』等字，最初，我一直以為就是一般人所稱的大字本，但後來發現有很多字歪歪斜斜，最後，甚至發現幾個倒字；再加審視和比較，才發現行款雖同，但木刻版心略寬，而活字本略高；我確定它是過去沒有人知道的另一種板本——木活字本。」❽⑨廈門大學圖書

---

❽⑨　方豪，〈《臺灣外志》兩抄本和《臺灣外記》若干版本的研究〉，《方豪教授臺灣史論文選集》（臺北：捷幼出版社，1999），頁 347。房兆楹卻認為：「道光年間禁書的法律的執行開始鬆懈，但刻木板的匠人起初還是不敢刻禁書，因為刻工姓名是查得出來的。但是刻了木活字再由別的人去擺印就與刻字匠無關了。後來活字印的禁書政府不去管而銷路又好，於是木板翻板便出來了。」「銷的數目太小的書用木板不如用活字合算。活字本不過印幾百本。銷路大的書纔用木板去印。《臺灣外記》在道光十三年用活字本印時，書名葉和序用的是木板，故此題『癸巳仲夏刊』。後來銷路好，有人偷印了小字本，於是求無不獲齋就用木板去翻刻活字本而成所謂大字本了。」〈關於江日昇和《臺灣外記》的板本〉，《大陸雜誌》20：11（1960.6）：1－2。

館亦藏 1 部，鈐入「福建省研究院社會科學研究所資料室」、「廈門大學圖書館藏書」等藏書章 4 枚，內文每半葉版框高 18 公分，寬 11.7 公分，10 行，行大字 23 字，小字雙行，字數同，四周雙邊，版心上刊「臺灣外記」，雙魚尾，中刊卷次及葉次，下刊「求無不獲齋」，計 30 卷 8 冊 2 函，第 30 卷第 4、7、8、9、10 葉補鈔，李秉乾判定：「其最早刊本或活字本均不早於道光元年（1821）。」⑩美國普林斯敦大學葛斯德東方圖書館所藏殘本，屈萬里著錄：清道光間求無不獲齋木活字本，6 冊 1 函，10 行 23 字，板框高 17.9 公分，寬 11.6 公分，佚陳序，原書 30 卷，存卷 1 至 12。⑪

九、孫元衡《赤嵌集》

孫元衡，字湘南，安徽桐城人。拔貢。康熙 44 年（1705）由四川成都府漢州知州事調任臺灣府海防捕盜同知。康熙 47 年（1708）任滿，陞任山東東昌知府。工詩。著有《赤嵌集》4 卷、《片石園稿》。⑫

蔣陳錫為《赤嵌集》寫序：「為文三百有六十篇，多官臺灣時所作，標新領異，得未曾有。」張實居亦云：「歲己丑（康熙 48

---

⑩ 李秉乾，《福建文獻書目（增訂本）》（廈門：匯萃印刷，2003），頁 62。

⑪ 屈萬里，《普林斯敦大學葛思德東方圖書館中文善本書目》（臺北：藝文印書館，1975），頁 137－138。

⑫ 《晚晴簃詩匯》：「《片石園稿》未見，《四庫存目》亦僅收《赤嵌集》一種，恐餘已散佚矣。」頁 2537。

年，1709），使君來守東郡，出是集，命實校閱。……今讀茲集，字字天風吹來，無跡可尋，不知是何境界也。且其詩詠山川則指示要害，詠風俗則意在移易，詠民物則志弘胞與，詩歌而通於政事矣，此又作者之旨也。」❽沈壎在書末則謂：「呼吸風雷，震盪心目。」❽沈德潛《清詩別裁集》還特別收錄〈渡海〉1 首。❽《四庫全書總目》集部別集類存目著錄：「多紀海外風土物產，頗逞才氣，而未能盡軌於詩律。王士禎為之點定，謂其追蹤建安，躡跡長公，似乎太過也。」❽《晚晴簃詩匯》評價：「奇情壯采，頗足稱其山川。有〈裸人叢笑篇〉十五首，紀番俗詭異，不失古意。七言如〈春興〉、〈述懷〉，……寫景言情，達所難達，不同浮響。」❽連橫《臺灣詩乘》：「臺灣宦游之士，頗多能詩，而孫湘南司馬之《赤嵌集》為最著。……有〈颶風歌〉、〈海吼吟〉、〈日入行〉諸作，健筆凌空，蜚聲海上，足為臺灣生色。」「〈裸人叢笑篇〉為孫湘南得意之作，王漁洋見而稱之；蓋以人奇事奇，故詩亦奇也。」「湘南有〈秋日雜詩〉十二首，亦集中之佳構也。」「湘南之詩，既載之矣，而集中尚多游覽之作，可備一方文獻。」「清代宦游之士，頗知吟詠，其著者如孫湘南之《赤嵌集》……長篇妙制，隨時選入。」❽彭國棟《廣臺灣詩乘》：「所謂『裸人叢笑』

---

❽　孫元衡，《赤嵌集》（臺北：臺灣銀行經濟研究室，1958），頁1－3。

❽　同前註，頁 83。

❽　沈德潛，《清詩別裁集》（香港：中華書局，1977），頁 370。

❽　《四庫全書總目》，頁 3820。

❽　同註❽。

❽　連橫，《臺灣詩乘》，頁 26、30－33、117。

者，實本宋輔溪〈蠻叢笑〉，不過詩文有別耳。」❾❾

《赤嵌集》康熙 49 年（1710）刊本，孫殿起評作：「精刊」。❿⓿
國立中央圖書館臺灣分館藏本鈐入「平津館藏書」、「□□館藏
書」、「願□□齋藏本」、「臺灣總督府圖書館藏」、「臺灣省立
臺北圖書館藏書」、「臺灣省立臺北圖書館藏書章」朱印 6 方，以
及「昭和·六·七·六·購求」藍色圓章 1 枚；封面刊書名，內文
每半葉 10 行，行大字 19 字，小字雙行，29 字，左右雙邊，版心
上下黑口，單魚尾，中刊「赤嵌集」及卷次葉次，計 4 卷，分 2
冊；卷 1 首葉首行刊「漁洋先生評點赤嵌集卷一」，次行刊「桐城
孫元衡湘南」，第 4 卷最末刊「發干蘇恆錄」木記 1 行；並附沈壎
〈書《赤嵌集》後〉1 葉。

《赤嵌集》的排印本則有大正 13 年（1924）《臺灣詩薈》本，
同年 2 月連橫先在《臺灣詩薈》第 1 號發表〈遺集待刊豫告〉：
「桐城孫湘南司馬元衡之《赤嵌集》，膾炙騷壇，而版已失，無處
可覓。曩遊北京，得之廠肆。凡二卷，為詩近百首，足為臺灣文
獻，俟刊詩存，以頒同好。」❿❶雖為殘卷，連橫仍在《臺灣詩薈》
第 12、14、16、18、20、22 號，分 6 回刊登。其他版本尚見《臺
灣十二家詩鈔》、《臺灣文獻叢刊》（第 10 種）、《臺灣文獻史料
叢刊》（第 6 輯）、《臺灣先賢集》（第 1 冊）、《雅堂叢刊詩
稿》、《臺灣歷史文獻叢刊》。

---

❾❾ 彭國棟，《廣臺灣詩乘》（臺北：臺灣省文獻委員會，1956），頁 33。

❿⓿ 孫殿起，《販書偶記續編》（臺北：漢京文化事業有限公司，1984），頁
369。

❿❶ 連橫，《臺灣詩薈（上冊）》，頁 50。

十、陳璸《御製訓飭士子文》、《臺廈試牘》

陳璸（1656－1718），字文煥，號眉川，廣東海康人。少貧，穎異好學，康熙 33 年（1694）進士，康熙 38 年（1699）授福建古田縣知縣。康熙 40 年（1701）調臺灣知縣；康熙 44 年（1705）授刑部主事，次年遷本部員外郎；康熙 46 年（1707）遷兵部郎中，康熙 48 年（1709）出任四川提學道；康熙 49 年（1710）7 月因福建巡撫張伯行薦，奉特旨調任臺灣廈門道。康熙 53 年（1714）擢湖廣偏沅巡撫，旋調撫福建。康熙 56 年（1717）冬兼攝閩浙總督。康熙 57 年（1718）11 月卒於福建巡撫官署，享年 63 歲。治臺期間刊有《御製訓飭士子文》、《臺廈試牘》。

自從康熙 41 年（1702）開始，「《聖祖御製》頒行於直省儒學，諭禮部，訓飭士子並令各府、州、縣學宮一體勒石，恐有不產石州、縣地方欲借端擾派，應候國子監勒石後，以搨本彙頒，分省轉發所屬學宮一體遵行。」⓿康熙 52 年（1713）5 月 19 日陳璸因為歷俸已滿 3 年，乃自陳履歷：「本道蒞任以來，每逢朔望率所屬官員，會臺灣鎮營，傳集師生、里老於公所，宣講《上諭十六條》，務使明晰，民番盡曉，以興教化。……仍將《御製訓飭士子文》刻板刷印，分給四學生員，人各一張，並令教官面加講解，俾得通曉，以敦德行。」隔年《廣東通志》還褒揚他一筆：「恭刊聖祖仁皇帝《訓飭士子文》，勤宣《聖諭》，海外蒸蒸向化矣。」⓿

⓿　鄭喜夫，〈清代臺灣善書初探〉，《臺灣文獻》33：3（1982.9）：9－10。

⓿　丁宗洛，《陳清端公年譜》（臺北：臺灣銀行經濟研究室，1964），頁 70、74。

康熙 50 年（1711）春天陳璸諭令：「各縣設立義學，招集生徒，延師誨課。」他又作〈各坊學師生示略〉：「每月三、八課期，爾社師自出題目，必須兩道；細心批改。月終，將閱過原卷及講讀何書、習寫字法，彙冊登記，送署呈覽。果能盡心啟迪，俾諸童日進月益，本道自當優禮相待，為望較切於諸童之父兄也。」翌年春天他就將「特舉文行兼優之士，以分教坊學。……凡有子弟讀書、無力從師者，不論已未入泮，俱許送入四坊社學；慎毋觀望不前，致誤學業。」❿同年夏天集刻《臺廈試牘》，並書序：「臺自置郡建學，生聚而教訓之，近三紀矣。……予備兵茲土，兼有校士責。庚寅、辛卯歲科試，見佳文美不勝收，……爰梓其尤雅者若干篇，示諸生，題曰：《海外人文》。」❺所以康熙 54 年（1715）〈去思碑〉鐫曰：「親詣黌宮，講明絕學；環諸生童於旁，示以作文關鈕。」❻道光 3 年（1823）林聯桂為《陳清端公年譜》跋云：「生童課後，著述傳觀。」❼惜兩書皆佚不傳。

十一、藍鼎元《東征集》、《平臺紀略》

藍鼎元（1680−1733），字玉霖、任庵，號鹿洲，福建漳浦人。雍正元年（1723）拔貢。十歲而孤，力學，通達治體。嘗泛海，考求閩、浙形勢。康熙 46 年（1707）福建巡撫張伯行建鼇峰書院，延

---

❿　同前註，頁 64−66。
❺　陳璸，《陳清端公文選》（臺北：臺灣銀行經濟研究室，1961），頁 27。
❻　丁宗洛，《陳清端公年譜》，頁 75。
❼　丁宗洛，《陳清端公年譜》，頁 108。

有學行者纂訂儒先諸書，評曰：藍生確然有守，毅然有為，經世之良材、吾道之羽翼也。⑩康熙 60 年（1721）臺灣朱一貴倡亂，鼎元從兄南澳鎮總兵廷珍率師進討，多出贊畫；7 日而臺灣平。復從廷珍招降人、殄遺孽、撫流民、綏番社。歲餘始返，著論言治臺之策，後之治臺者，多以為法。⑩謝金鑾將他與陳夢林並稱：「可謂籌臺之宗匠矣。」⑩雍正元年（1723）貢太學。雍正 3 年（1725）校書內廷，分修《大清一統志》，巨公宗匠共推有良史才。雍正 6 年（1728）大學士朱軾薦之於朝，鼎元乃條列經理臺灣等六事以奏，特授廣東普寧知縣，旋攝潮陽縣篆。人以其治獄嚴而不峻，翕然悅服，咸以為包孝肅復生。然性伉直，因平反諸獄，與上官忤，致受譴革職，總督郝玉麟知其冤，貽書巡撫昭雪，鼎元例得回籍。適臺灣諸番亂，玉麟調督福建，知鼎元習臺事，約同入臺以備諮詢；而鄂彌達代督兩廣，諗鼎元才，羅致幕下，並為具摺申明被誣始末，簡授廣州知府，乃抵任，甫一月而卒。⑩著有《鹿洲全集》20 卷（包含《東征集》6 卷、《平臺紀略》1 卷）行世。

康熙 61 年（1722）10 月藍廷珍為《東征集》撰序：「辛丑（康熙 60 年，1721）夏四月，小醜朱一貴等倡亂，傷害官兵，竊踞全郡，浙閩總制覺羅滿公檄予總統水陸大軍八千人，偕水師提督施公

---

⑩　藍鼎元，《平臺紀略》（臺北：臺灣銀行經濟研究室，1958），頁 6。

⑩　周凱，《廈門志》（臺北：臺灣銀行經濟研究室，1960），頁 908－910。

⑩　謝金鑾，〈蛤仔難紀略〉，《噶瑪蘭廳志》（臺北：臺灣銀行經濟研究室，1963），頁 360－365。

⑪　鄭貞文，《閩賢事略初稿》（福州：福建省政府教育廳，1938），頁 152－156。

勒之。……予焦心勞思，與幕友陳君少林及予弟玉霖日夜籌謀，安撫整頓，至忘寢食，不敢憚煩。蓋破賊僅在七日，而殄孽綿延兩載，定亂保疆，若斯之難也。前此陳君修志諸羅，憂深慮遠，於臺事若預見其未然者。厥後滿公羅之幕府，旋命參予戎務。陳君深沉多智略，略為予計，擒數巨魁；南北路稍平，倦遊歸里。自是軍中謀畫，獨予弟玉霖一人。今餘孽絕根，地方寧靜，玉霖亦鼓棹西歸。予寂寞無聊，偶檢出軍以來，諸凡筆墨、公檄、書稟、條陳、雜著，皆予與玉霖兩載精神心血所在，不忍棄置，擇其可存者百篇，付之剞劂。」⑫

　　乾隆 12 年（1747）《重修臺灣府志》評價：「至蕩平鄭氏，施靖海之功為烈；其後辛丑恢復，則藍總戎之功不讓於施。今二家紀載之書，一則有《靖海紀事》、一則有《東征記》，雖不必皆成於己手，然其功足傳，則其文亦多可錄。」⑬「康熙辛丑，參廷珍統戎務，指揮並中要害。決勝擒賊，百不失一。當羽檄交馳，裁決如流，倚馬立辦；廷珍視若左右手。所著《平臺紀略》、《東征集》，並傳於時。」⑭

　　乾隆 52 年（1787）5 月 30 日的上諭：「朕批閱藍鼎元所著《東征集》，……書內所列各條尚多有可采取者。藍鼎元籍隸漳浦，所著《東征集》，閩省通行者必多。著傳諭常青、李侍堯即行購取詳閱，於辦理善後時，將該處情形細加察核。如其書內所論各條，有

---

⑫　藍鼎元，《東征集》（臺北：臺灣銀行經濟研究室，1958），頁 3－5。
⑬　范咸，《重修臺灣府志》（臺北：臺灣銀行經濟研究室，1961），頁 16。
⑭　同前註，頁 395－396。

與現在事宜確中利弊籍要者，不妨參酌采擇。俾經理海疆，事事悉歸盡善，以為一勞永逸之計。」⑮並且收入《四庫全書》（史部紀事本末類）。道光 6 年（1826）10 月鄧傳安〈新建鹿仔港文開書院記〉：「所著《平臺紀略》及《東征集》，仁義之言藹如，不但堪備掌故，以勞定國，祀典宜然。」⑯光緒 18 年（1892）閏 5 月 11 日蔣師轍《臺游日記》有感：「藍鹿洲《東征集》，淵謀石畫，百世不刊。……蒙最服鹿洲之才，其論治民、治番，如神醫洞癥結，如巧匠設矩矱。使生今時，且有事半功倍之樂。斯人可作，吾為國家慶，吾尤為民番幸矣！」⑰

　　《東征集》康熙 61 年（1722）刊本筆者未見，中國人民大學圖書館、山東省圖書館、南京國學圖書館都藏有 6 卷本的鈔本。雍正 10 年（1732）的刊本，當年 7 月王者輔序云：「風行海內，已歷歲年。余惜其板字漫漶，且詢知前刻倉皇，未及竣備，為檢軍中舊稿，更加選評。又得賢居停為鳩工匠，不兩月而新雕復成。」⑱杭州大學圖書館、臺灣大學圖書館伊能文庫各藏 1 部，後者有脫葉，經伊能嘉矩手鈔補入，並有紅筆點讀批註。

　　《東征集》同治 11 年（1872）刊本，臺北市文獻委員會、郭双富與筆者各藏 1 部，⑲屬於《鹿洲全集》第 3 集；全集的封面印黃

---

⑮　張翔編，《清代臺灣檔案史料全編》（北京：學苑出版社，1999），頁 1152
　　－1153。

⑯　《臺灣中部碑文集成》（臺北：臺灣銀行經濟研究室，1962），頁 32－35。

⑰　蔣師轍，《臺游日記》（臺北：臺灣銀行經濟研究室，1957），頁 91。

⑱　藍鼎元，《東征集》，頁 1。

⑲　臺北市文獻委員會藏本鈐入「吉埜氏圖書」、「延陵居吉墅圖書」朱印 2

色紙，刊「《鹿洲全集》：玉霖藍子著，右文堂發兌；同治壬申仲夏重鐫，同文堂藏板」。《東征集》封面為印書紙，刊「東征集」，內文每半葉版框高 12.8 公分，寬 10 公分，10 行，行 22 字，左右雙邊，版心單魚尾，中刊「東征集」及卷次卷名、下刊葉次及刻工名字，計有羅文、馮士、馮和、馮秉、馮會、麥嵩、麥興、雲龍計 8 位；分 6 卷，卷 1 首葉次行刊「漳浦藍鼎元玉霖稿，天長王者輔近顏評」。筆者尚見坊刻本 1 種，刊刻年代不詳，郭双富藏 1 部，封面印紅色紙，刊「《鹿洲全集》：玉霖藍子著，初集文集、一集公案、三集東征集、四集平臺紀略、五集修史試筆、六集棉陽學準、七集女學」；其中《東征集》版式與前書相似。❷

　　《東征集》光緒 6 年（1880）刊本，收入《鹿洲全集》，書前刊由「福建漳州素位堂主人啟」的廣告 1 葉，❷說明：「《東征

　　方：郭双富藏本的書皮上有「憚園主人」親題書名、篇目及署名，原是臺南縣下營鄉文人黃清淵（1881－1953）的舊藏。

❷　據吳德祥整理《中國四堡雕版印刷展覽館藏書簡目》鈔本，著錄該館亦藏殘本 1 冊，10×13.3cm，10 行，行 22 字。筆者兩度造訪比對，與郭氏藏本相同，惜僅存首冊。

❷　福建四堡書坊後人鄒洪鎮回憶：「汀州四堡（現屬連城縣）龍足鄉的『素位堂』在清代咸豐、同治年間脫穎而出，成為四堡雕版印刷業的佼佼者，並於十九世紀末由行商進而坐賈漳州，登上全盛時期。『素位堂』的創始人鄒翼順，字允哲，號致中，出身於農耕兼販書行商世家，少年時期家境清貧，除農耕外，長期販書奔波四方以補生計，待六個兒子逐漸成長，紛紛參與父業，並逐步改推銷行商為雕、印坐賈，『素位堂』應運為生，約於 1880 年前後掛牌。……鄒允哲的三兒作就、五兒作信和六兒作禮分家後又重新合作販運通籍。約於 1892 年前後，據可靠信息，組織一批適銷對路的書籍擬運往臺

集》：凡六卷。清康熙間臺灣朱一貴之役從軍平亂時所作也。決機
料敵，往往如神，即閒情紀事，亦皆寓有深末□□作者。」又附
〈重修《鹿洲集》跋〉1 葉：「七世祖玉霖公著有《鹿洲全集》，
行世已久，士林得之者頗珍拱璧。自道光年間板被白蟻穿滅，而原
板散佚大半，慕者咸皆歎惜。雖粵省前有依樣刻本，但卷數減少，
字多舛錯。佐因覓購原版，再補刊其不全者，力猶未逮。茲得族伯
有容助力傾貲，共費釀金，而板卻成完帙。佐竊念公一生學問經濟
與吐屬詞藻，但載詩文者不同，今幸得流傳海內，蓋敬揚先烈也。
於余心差慰耳。雕刻工竣，爰述俚語以誌其略。歲光緒庚辰桂月中
浣，七世孫佐謹跋。」

　　國立中央圖書館臺灣分館收藏 1 部，書皮鈐入店章 1 方，刊
「□□□藏在漳東門外蒼園甘棠宮藍厝，凡四方君子有採□細認老
板為記……」文字；封面印黃色紙，鈐入「臺灣文庫圖書」、「大
正三年十二月二十六日東洋協會臺灣支部寄贈」、「臺灣總督府圖
書館藏」、「臺灣省立臺北圖書館藏書」、「臺灣省立臺北圖書館
藏書章」朱印 5 方；內文每半葉版框高 13 公分，寬 10.2 公分，10
行，行大字 22 字，左右雙邊，版心單魚尾，中刊「東征集」及卷

灣，以圖厚利。因所籌書籍多是科舉應試的參考範文，途經漳州時適逢科
舉，應試者特多，所挑選的書籍竟被搶購一空，臺灣沒有去成。三年之後，
兄弟們認為大比之後亟需應試書籍，又再組織一批書籍欲去臺灣銷售，可是
到了漳州才知臺灣已被日寇掠去，科舉也取消了，原定的臺灣之行又告落
空。於是，兄弟們商定在街上擺攤售書，進而租屋坐賈。不久，『素位堂』
在漳州正式落戶。」鄺洪鎮，〈素位堂和素位山房書局〉，2001 年 1 月初
稿，據吳德祥提供複印本。

次、葉次，下刊刻工名字，計有羅文、馮士、馮和、馮秉、馮會、麥嵩、麥興、雲龍計 8 位；分 6 卷，卷 1 首葉次行刊「漳浦藍鼎元玉霖稿，天長王者輔近顏評。」鈐入「臺灣文庫圖書」、「臺灣總督府圖書館藏」朱印 2 方；卷 3 第 21 葉鈐入「御慶事紀念圖書，寄贈者：內田英治」朱印 1 方。民國 96 年（2007）8 月臺中文听閣圖書有限公司據以複印並且重排，收入《全臺文》（第 50 冊）。此外，廈門圖書館藏殘本（存卷 3–6，計 2 冊）、中央研究院傅斯年圖書館也藏 1 部，皆著錄作光緒 5 年刊本。東海大學圖書館在民國 46–49 年間購置 1 部，著錄：清光緒六年漳浦藍氏修補本，鈐入「東海大學藏書」朱印 2 方。臺中市文化局臺灣傳統版印特藏室也在民國 90 年（2001）向許朝南購藏相同版本 1 部。

　　《東征集》光緒 14 年（1888）刊本，可見昭和 6 年（1931）3 月 26 日趙雲石撰寫《史遺》專欄的補記：「而《鹿洲集》一書，風行天下，不脛而走。戊子之歲，其族人重梓出版，經顧某校訂，精確無訛，版存漳浦藍氏祠堂。阿里港藍重三先生曾承祠堂之託引受百部，不知尚有餘存否？」⑫「戊子之歲」應是光緒 14 年（1888），這是筆者僅知唯一的著錄，惜未及經眼。林漢章曾經眼黃春成舊藏 1 部，封面印紅色紙，刊「漳浦藍鹿洲全集」，現轉由林于昉收藏，可能就是這個本子。

　　《東征集》還有光緒 4 年（1878）上海申報館鉛印本（廈門圖書館收藏 6 卷本）。民國 47 年（1958）2 月收入《臺灣文獻叢刊》（第 12

---

⑫　畸雲，〈藍鹿洲公〉，《三六九小報》第 59 號，昭和 6 年（1931）3 月 26 日。

種）。民國 66 年（1977）4 月臺北文海出版社收入《近代中國史料
叢刊續編》（第 41 輯，第 406 冊）。民國 86 年（1997）6 月臺灣省文獻
委員會複印文叢本，收入《臺灣歷史文獻叢刊》。也是同年臺北新
文豐出版公司收入《叢書集成三編》（第 99 冊，據東海大學圖書館藏本
景印）。本書另有縮節本《東征雜記》，這是從《東征集》第 6 卷
抽出〈紀十八重溪士諸將弁〉、〈紀虎尾溪〉、〈紀水沙連〉、
〈紀竹塹埔〉、〈紀火山〉、〈紀荷包嶼〉合為 1 卷。收入《小蓬
壺齋輿地叢鈔》，內文每半葉版框高 14 公分，寬 10 公分，18
行，行 40 字，四周雙邊，版心上刊「小方壺齋輿地叢鈔」，單魚
尾，中刊「第九帙：《東征雜記》」，下刊葉次及「南清河王氏鑄
版，上海著易堂印行」，計 2 葉。

　　雍正元年（1723）5 月藍鼎元為《平臺紀略》自序：「藍子自東
寧歸，見有市《靖臺實錄》者，⑬惜未經身歷目睹，徒得之道路之
傳聞者，其地、其人、其時、其事，多謬誤舛錯，將天下後世以為
實然，而史氏據以徵信，為害可勝言哉！裨官野史雖小道，必有可
觀，求其實焉耳。今以閩人言閩事，以今日之人言今日事，而舛錯
謬誤且至於此，然則史氏之是非，其迷亂於裨官野史之紀載者不乏
矣。……鄙人愚昧，文不足傳，平臺大役，事在必傳，直道平心無
為市井訛談所昏惑，亦庶乎其可矣。」⑭

　　關於《平臺紀略》的評價，則有《四庫全書》：「亦可為有用

⑬　《靖臺實錄》有康熙 61 年（1722）2 月銀同黃耀烱序刊本，日本公文書館藏
　　1 部，計 16 葉，封面另題「靖臺紀略，緬賢堂藏板」。據林漢章贈予筆者複
　　印本。
⑭　藍鼎元，《平臺紀略》（臺北：臺灣銀行經濟研究室，1958），頁 3－4。

之書，非紙上談兵者矣。」❿吳錫麒：「實皆親歷其地，故於山川、風土、民俗、物產，言之為可徵信。」❿鄧傳安《蠡測彙鈔》：「仁義之言藹如，不但堪備拿故，以勞定國，祀典宜然。」❿陳康祺《郎潛紀聞》：「藍太守鼎元臺灣論，條畫井然，鯤身鹿耳之區，形勢瞭如聚米。其所云臺灣山高水肥，最利墾闢，利之所在，人所必趨，不歸之民，則歸之番，歸之賊。即使內賊不生，野番不作，又恐寇自外來，將有日本荷蘭之患，諸語尤為切至。乾嘉以來，奸民屢畔，本年復有東師壓境之事，其言不幸中矣。《鹿洲集》及《平臺紀略》諸書，世有傳本，任邊寄者，盍瀏覽及之。」❿謝汝銓〈府議員藍高川世誼〉：「不渝交誼繼先人，更結顏家一段親。大著《鹿洲全集》在，平臺令祖有經綸。」❿

　　《平臺紀略》雍正元年（1723）刊本，王者輔序云：「《紀略》成於雍正元年，風行海內者十載。舊板漫漶，余為加評點而新之。」❿北京故宮博物院圖書館藏 1 部。雍正 10 年（1732）刊本，

---

❿　《景印文淵閣四庫全書》（臺北：臺灣商務印書館，1983），第 369 冊頁 558。

❿　翟灝，《臺陽筆記》，頁 1。

❿　鄧傳安，《蠡測彙鈔》（臺北：臺灣銀行經濟研究室，1958），頁 42。

❿　《筆記小說大觀》正編（臺北：新興書局，1973），頁 5657。引文中的「本年」，胡巨川云：「應為同治十三年（1874）日本派兵佔恆春事，距藍君囑未雨綢繆，已一百五十餘年矣！先知先覺，藍君當之無愧也！」《臺灣逸史附言》（高雄：春暉出版社，2001），頁 71。

❿　謝汝銓，《奎府樓詩草》，《雪漁詩集》（臺北：龍文出版社，1992），頁 64。

❿　藍鼎元，《平臺紀略》，頁 2。

臺灣大學圖書館伊能文庫、廈門圖書館、泉州市圖書館各藏 1 部，泉圖藏本共計 47 葉，書後附 3 葉藍鼎元長男藍雲錦的識文；南京國學圖書館則收藏鈔本 1 冊。同治 11 年（1872）刊本，臺北市文獻委員會、郭双富與筆者皆藏 1 部，屬於《鹿洲全集》第 4 集；封面為印書紙，刊「平臺紀略」，內文每半葉版框高 12.8 公分，寬 10 公分，10 行，行 22 字，左右雙邊，版心單魚尾，中刊「平臺紀略」，下刊葉次及刻工名字，計 1 卷，36 葉，首葉次行刊「漳浦藍鼎元玉霖稿，天長王者輔近顏評」。筆者尚見坊刻本 1 種，刊刻年代不詳，郭双富藏 1 部，版式與前者近似。**⑬**

　　《平臺紀略》光緒 6 年（1880）修補本，收入《鹿洲全集》，書前刊由「福建漳州素位堂主人啟」的廣告 1 葉，說明：「《平臺紀略》：凡一卷。紀臺亂起滅安定事蹟，本末詳明，足以補《東征集》之未及。」國立中央圖書館臺灣分館藏 1 部，鈐入「臺灣文庫圖書」、「大正三年十二月二十六日東洋協會臺灣支部寄贈」、「臺灣總督府圖書館藏」、「臺灣省立臺北圖書館藏書」、「臺灣省立臺北圖書館藏書章」朱印 5 方；內文每半葉版框高 18.5 公分，寬 14 公分，9 行，行 19 字，左右雙邊，版心單魚尾，中刊「平臺紀略」及葉次，下刊刻工名字；計 1 卷，首葉次行刊「漳浦藍鼎元玉霖稿，天長王者輔近顏評」。民國 96 年（2007）8 月臺中文听閣圖書有限公司據以複印並且重排，收入《全臺文》（第 50 冊）。東海大學圖書館在民國 46－49 年之間購入 1 部，著錄：清光緒六年漳浦藍氏修補本，鈐入「東海大學藏書」朱印 2 方。劉峰

---

⑬　同註**⑲**。

松也藏 1 部。

　　馬國翰著錄本書還有石門吳氏刊本。❶❷此外，尚見《龍威秘書》本（第 2 集第 7 冊），鄭津梁的藏本鈐入「梅里書屋」朱印 2 方，「梅里」是從鄭氏日文姓名「梅里淳」而來，書影刊載在《臺南市志稿·文教志》卷首。《平臺紀略》尚見光緒年間廣州登雲閣刊本（臺灣省文獻委員會藏本）、《昭代叢書》（第 102 冊）、《荊駝逸史》（第 36 冊）、《四庫全書》（史部紀事本末類）、《筆記小說大觀叢刊》（第 4 編）、《臺灣文獻叢刊》（第 14 種）、《近代中國史料叢刊續編》（第 41 輯，第 405 冊）、《臺灣文獻史料叢刊》（第 7 輯）、《臺灣歷史文獻叢刊》。還有縮節本《平臺灣生番論》，這個本子是從《平臺紀略》中抽出〈上郝制府論臺灣事宜書〉，獨立更名為 1 卷，計 1 葉。收入《小方壺齋輿地叢鈔》，內文每半葉版框高 14 公分，寬 10 公分，18 行，行 40 字，四周雙邊，版心上刊「小方壺齋輿地叢鈔」，單魚尾，中刊「第九帙：《平臺灣生番論》」，下刊葉次及「南清河王氏鑄版，上海著易堂印行」。

十二、夏之芳《海天玉尺編》、
《臺陽紀游百韻》

　　夏之芳（1690－1747），字筠莊，號荔園，江蘇高郵州人。雍正元年（1723）進士，改庶吉士，授編修，官監察御史。雍正 6 年（1728）2 月抵臺，擔任巡臺御史兼掌學政第一人。同年 11 月奉旨

---

❶❷　馬國翰，《玉函山房藏書簿錄》，卷 8 葉 15－16。

再留臺 1 年。任內積極整頓政務，澄清吏治，振興文教，以培養士類為己任。任滿改仕四川道監察御史；雍正 8 年（1730）巡太平倉，雍正 13 年（1735）巡視山西。乾隆初年補浙江道御史，掌河南道事。歸里，不復出，享年 58 歲。❸在臺期間輯有《海天玉尺編》初集、《海天玉尺編》二集，著有《東寧雜詠》1 卷、《臺陽紀游百韻》1 卷；在山西時撰《西游小草》1 卷；尚有《禹貢彙覽》4 卷、《漢名臣言行錄》12 卷等。

雍正 6 年（1728）夏之芳為《海天玉尺編》初集撰序：「稽臺郡初闢時，歲科掄才，多借資於漳、泉內郡。近已詔下釐剔，非生長臺地者，不得隸於臺學。」有鑒於科舉政策已經在臺島落實，他為了達成「讀書積學、修身立品，使文章積為有用，而又以其詩書絃誦，訓其子弟，化導鄉人，俾淳厖之世，和氣遍於蠻天菁嶺間，則上以鼓吹休明，下以轉移風俗。」❹於是就在當年歲試告竣之後，「擇其文之尤雅訓者付之梓；而因以發之，益使臺之人知錄其文者之非徒以文示也。」「擇其文之拔前茅者，錄付剞劂，亦為海隅人士作其氣，而導之先路也。」❺首開先例，出版臺灣第一部課藝《海天玉尺編》初集。後來臺灣兵備道徐宗幹也撰文提起此書：

❸　袁行雲，《清人詩集敘錄》（北京：文化藝術出版社，1994），卷 24 頁 824
　　－826。郭秋顯，〈夏之芳《紀巡百韻》輯佚考錄〉，《古今藝文》31.2
　　（2005.2）：25－43。
❹　《福建通志臺灣府》（臺北：臺灣銀行經濟研究室，1960），頁 218－219。
❺　劉良璧，《重修福建臺灣府志》，頁 534。

「始於雍正戊申（雍正6年，1728）歲試。」❿

雍正 7 年（1729）春 3 月夏之芳再度舉行科試，這時候應考的生童「慫恿雀躍，應試者幾倍歲試之半。」於是他秉持「秉公涖事，慎終如始」、「隨材甄別，曲示鼓勵」、「多取醇正昌博者」的標準，不滿周月便匯集了歲、科兩次考試的 80 篇佳作，刊成《海天玉尺編》二集，並作總評：「歲試所錄，強半靈秀之篇，科試則多取醇正昌博者，為臺人更進一格，亦俾知盛朝文教之隆，設科取士之法，以明白正大為宗，而不得囿於方隅聞見間也。」❿首開風氣之先的用意，結果還造成120年以後，徐宗幹承繼夏氏，繼續出版《瀛洲校士錄》的遺緒。

袁行雲《清人詩集敘錄》：「在臺撰《東寧雜詠》一卷、《紀巡百韻》一卷，巡晉時撰《西游小草》一卷，雍正間即有合刻本。乾隆五十九年夏長源複刻之。嘉慶十年修版。今所見者為光緒元年玄孫夏銘孫第三次刻本，傳本亦稀。……三卷中以《紀巡百韻》最可取。」❿其中《東寧雜詠》今未見，仍存目；《西游小草》不在本書撰述範圍，姑且不談。關於《臺陽紀游百韻》，亦見《臺陽雜詠》、《臺灣紀巡》、《紀巡百韻》、《臺灣紀巡詩》、《臺灣巡行詩》、《臺灣雜詠百詠》等異名。晉江陳雲程《閩中摭聞》：「詳記臺灣番俗，撮錄以備考。」❿楊希閔也說：「傳播藝林，東

---

❿ 徐宗幹，〈《瀛洲校士錄》序〉，《斯未信齋文編》（臺北：臺灣銀行經濟研究室，1960），頁122。

❿ 同註❿。

❿ 同註❿。

❿ 《臺灣輿地彙鈔》（臺北：臺灣銀行經濟研究室，1965），頁31。

瀛風土，臚寫略備。」⑭龔顯曾亦云：「《臺灣紀巡》百首爭
傳。」⑭

　　在清領時期臺地纂修方志當中，以乾隆 6 年（1741）《重修福
建臺灣府志》收錄 39 首最多，可能就是依據雍正年間的初刊本。
嘉慶 3 年（1798）阮元輯編《淮海英靈集》，依據乾隆 59 年（1794）
複刻本，錄詩 22 首；民國 45 年（1956）彭國棟輯《廣臺灣詩
乘》，再參酌《淮海英靈集》，補錄 21 首；民國 60 年（1971）陳
漢光編《臺灣詩錄》，取《重修福建臺灣府志》與《廣臺灣詩乘》
合輯，錄詩 57 首；民國 83 年（1994）袁行雲《清人詩集敘錄》問
世，依據光緒元年（1875）刊本，錄詩 15 首；民國 93 年（2004）廖
振富編校《全臺詩》（第 2 冊），取《臺灣詩錄》作祖本。民國 94
年（2005）郭秋顯擇《清人詩集敘錄》與《臺灣詩錄》輯佚，錄詩
65 首。

　　民國 93 年（2004）12 月由《臺灣文獻匯刊》景印《臺陽紀游百
韻》刊本行世，世人始窺全貌。內文每半葉版框高 19.5 公分，寬
12 公分，8 行，行 22 字，版心白口，無魚尾，計 16 葉。收錄夏氏
巡臺視學時與他人唱和作品 100 首，最末首云：「三旬南北已週
遭，有事王程豈憚勞。珥筆續成風土記，車氌曾是漫遊遨。」，署
名「海東使者珠湖夏之芳筠莊」。卷末附鍥另一位巡臺御史赫碩色
的幕府王聯曾書跋：「公以皇華使節，不可無紀。抑他日片帆西
歸，好事者問訊，海天風景，以此示之，既省口說，亦令閱者當臥

---

⑭　《臺灣雜詠合刻》（臺北：臺灣銀行經濟研究室，1958），頁 35。
⑭　同前註，頁 37。

遊也。乃出其稿，付之梓人。」⑭然而，此書未見封面或牌記，無法判斷出版年代。

⑭ 《臺灣文獻匯刊》第 4 輯第 18 冊（廈門：廈門大學出版社，2004），頁528。

第二節　乾隆年間的臺南出版

一、張嗣昌《巡臺錄》

　　張嗣昌，山西平陽府浮山縣人。貢生。歷任廈門海防同知、興化及漳州知府。雍正 10 年（1732）秋調任分巡臺灣道。時值南匪初平、北番初靖，乃親赴諸羅、彰化一帶招徠賑恤，規畫區處，民番得以安業。雍正 13 年（1735）任滿調任四川鹽驛道。在臺期間著有《巡臺錄》2 卷。

　　雍正 13 年（1735）小春張嗣昌該自序：「因於三年所行，摭其大概，輯成一編，曰：《巡臺錄》，亦非敢以自炫，亦祇以誌其所奉章程持詢罔失云爾。」❶乾隆 7 年（1742）春正月 15 日他為《重修福建臺灣府志》書序再提：「巡歷鄉社，穿荊度莽，勞來而安集之；請項捐資，復其里社、寧其室家。親為規畫區處，不遑寢食。歷九旬，而二邑之氓得安作息。又條列興除諸要務，以次舉行。事竣，旋署手著一編，曰：《巡臺錄》，以備見聞之所未及；而於郡乘之荒略，竊有志未逮也。劉君吏於臺，率屬供職，政通人和，治行稱最；而以餘力續輯是志，不與余前日視臺之苦心相得益彰乎？」❷《南方民族古史書錄》則著錄：「內容為公函、政令、多

---

❶　李祖基點校，《巡臺錄・臺灣志略》（香港：香港人民出版社，2005），頁 3。

❷　劉良璧，《重修福建臺灣府志》（臺北：臺灣銀行經濟研究室，1961），頁 13-14。

涉少數民族。書中〈生番歸化〉、〈生番貿易〉等節，言事較
詳。」❸

　　本書卷前刊有乾隆元年（1736）四川巡撫楊秘書敍 1 篇、雍正
13 年（1735）張氏自序 1 篇。內文分上卷 25 篇，下卷 35 篇，計 60
篇。北京大學圖書館、中國科學院文獻情報中心都有收藏，民國
84 年（1995）《續修四庫全書》據後者藏本影印問世。李祖基認為
本書保存大量雍正時期臺灣的歷史文獻，可以填補官修方志的空
缺。所以在民國 94 年（2005）6 月與尹士俍《臺灣志略》一併點校
附梓，嘉惠士林。

二、黃叔璥《臺海使槎錄》、《南征紀程》

　　黃叔璥（1666－1742），字玉圃，號篤齋，順天大興人。康熙 48
年（1709）進士。歷任湖廣道御史、浙江道御史。康熙 60 年（1721）
臺灣朱一貴亂事甫定，翌年 6 月黃叔璥偕吳達禮執掌首任巡臺御
史，進駐府城。至則翦餘孽、釋脅從，反側遂安。暇考其地攻守險
隘、控制機宜。雍正元年（1723）秩滿，特旨留任 1 年，曾列〈海
疆十要〉。內渡後遭流言中傷，遂落職。乾隆元年起河南開歸道，
又調督糧道，補江南常鎮揚道，以老致仕家居，享年 77 歲。學宗
朱子，以誠敬篤實著稱。並與方苞、蔡世遠、藍鼎元論交。著有
《國朝御史題名錄》5 卷、《南臺舊聞》16 卷、《廣字義》2 卷、

---

❸　呂名中，《南方民族古史書錄》（成都：四川民族出版社，1989），頁
　　228。

《中州金石考》8 卷、《近思錄集朱》14 卷、《慎終約編》、《既倦錄》，以及與臺南相關著作《臺海使槎錄》8 卷、《南征紀程》1 卷。❹

　　黃叔璥對於臺灣最重要的著作，首推《臺海使槎錄》，收錄《赤嵌筆談》4 卷、《番俗六考》3 卷、《番俗雜記》1 卷，計 122 目。黃叔璥在自序中說明著書的緣起：「臺灣自康熙癸亥（康熙 22 年，1683）始入版圖，重洋絕島，職方不紀，初無文獻足以考信。余休沐之暇，凡古今人著述有散見於地理、海防、島夷諸傳記者，遐蒐博採，悉為擷拾。并就郡縣牒牘所狀，歲時巡歷所及，輒寓筆書之。」❺乾隆元年（1736）魯煜為本書撰序：「自漢以後，使者遂例有纂述。……然未有海外潢潦之壤、人物俶詭之鄉，元元本本、堂堂正正，視之如指螺掌堅，當下可信，則《臺海使槎錄》洵為第一等書矣！煜聞先生之言曰：『余之訂是編也，凡禽魚草木之細，必驗其形焉，別其色焉，辨其族焉，察其性焉；詢之耆老，詰之醫師，毫釐之疑，靡所不耀，而後即安。』」❻

　　《重修臺灣府志》凡例指出：「范侍御奉命巡方，自京師攜黃玉圃先生《使槎錄》以行。……及閱《使槎錄》，載羅漢門山甚詳；且云：『峻嶺深谷，叢奸最易；此守土者所不可不知也』。因採其語入〈形勝·附考〉中；且詳識其山之遠近道里，補入〈山川

❹　施懿琳等編撰，《全臺詩》（臺北：遠流出版公司，2004），第 1 冊頁 399。林淑慧，《臺灣文化采風──黃叔璥及其《臺海使槎錄》研究》（臺北：萬卷樓圖書股份有限公司，2004），頁 17－33。

❺　黃叔璥，《臺海使槎錄》（臺北：成文出版社，1983），頁 7－8。

❻　黃叔璥，《臺海使槎錄》（臺北：臺灣銀行經濟研究室，1957），頁 1。

志〉焉。」❼本書也收錄在《四庫全書》史部地理類雜紀之屬，並且給予佳評：「叔璥蒐輯舊籍，參以目見，以成此編，於山川、風土、民俗、物產言之頗詳，而於山川險隘、控制機宜及海道風信，亦皆一一究悉，於諸番形勢，尤為賅備。雖所記止於一隅，而亙古以來輿記之所不詳者，蒐羅編綴，源委燦然，固非無資於考證者矣。」❽鍾廷瑛也提及：「其於臺之城邑建置、山川形勢、物產番俗，詳哉其言之矣。」❾吳錫麒亦云：「實皆親歷其地，故於山川、風土、民俗、物產，言之為可徵信。」❿彭國棟則說：「於臺灣風土民物紀載特詳。」⓫

　　《臺海使槎錄》乾隆元年（1736）初刊本，國立中央圖書館臺灣分館藏 1 部，扉頁黏貼「前民政長官內田嘉吉氏」小像 1 幀，鈐入「內田文庫」⓬、「大正十二年四月賜皇太子殿下臺覽」、「臺灣總督府圖書館藏」、「臺灣省立臺北圖書館藏書」、「臺灣省立臺北圖書館藏書章」朱印 5 方，內文每半葉版框高 18.7 公分，寬14.5 公分，10 行，行 20 字，小字雙行，字數同，四周單邊，版心上刊書名，單魚尾，中刊卷次篇名，下刊葉次，每卷首葉次行刊

❼　范咸，《重修臺灣府志》（臺北：臺灣銀行經濟研究室，1961），頁 15－16。

❽　《景印文淵閣四庫全書》（臺北：臺灣商務印書館，1983），第 592 冊頁861。

❾　翟灝，《臺陽筆記》（臺北：臺灣銀行經濟研究室，1958），頁 9。

❿　同前註，頁 1。

⓫　彭國棟，《廣臺灣詩乘》（臺北：臺灣省文獻委員會，1956），頁 40。

⓬　內田嘉吉（1866－1933），明治 43 年（1910）擔任臺灣總督府民政長官，大正 12 年（1923）接掌第 9 任臺灣總督。

「北平黃叔璥玉圃」,卷末刊「男守謙校字」,計 208 葉、8 卷,分訂 8 冊。民國 72 年(1983)3 月臺北成文出版社借攝,編入《中國方志叢書》(臺灣地區第 47 號)。民國 96 年(2007)8 月臺中文听閣圖書有限公司據以複印並且重排,收入《全臺文》(第 52 冊)。臺北國家圖書館還收藏南海孔廣陶嶽雪樓在乾隆 8 年(1743)以後傳鈔本 1 部;臺北故宮博物院則典藏文淵閣《四庫全書》在乾隆 43 年(1778)9 月謄錄本。臺灣商務印書館據後者影印縮版,收入《景印文淵閣四庫全書》(史部地理類雜記第 592 冊)。

　　《臺海使槎錄》同治年間刊本,林文龍藏 1 部,分訂 4 冊,「據云為人類學者陳紹馨博士舊藏而散出者,每冊鈐有『柳川藏書』、『根蒸』等印。……惜首冊扉頁蛀失,刊刻年月闕如,以書中『淳』字避穆宗諱推之,當為同治間刻本。因持與《畿輔叢書》本互校,兩者板式悉同,即字劃亦無不吻合,足證此本實叢書本之抽印單行本,惟兩者之間,微有異同耳。」❸

　　光緒 5 年(1879)《畿輔叢書》本,中央研究院傅斯年圖書館藏 1 部,鈐入「陳杭印」朱印 1 方。臺北國家圖書館藏 2 部,其一原是中國國際圖書館的舊藏,書前猶黏貼專用藏書票 1 枚以及橢圓形館章 1 方。斗六鄭津梁也有 1 部,封面刊「《臺海使槎錄》:傳刻本」,鈐入「聽雨山房」朱印 1 方,每半葉 10 行,行 22 字,四周單邊,版心上下黑口,中刊「臺海使槎錄」及卷次葉次,計 4 卷,分訂 2 冊,書影曾經刊載在《臺南市志稿・文教志》卷首。民國 55 年(1966)臺北藝文印書曾景印,收入《百部叢書集成》(第

---

❸　林文龍,《掃籜山房詩集》(彰化:自印本,1998),頁 245-247。

94 冊）；民國 75 年（1986）河北人民出版社再景印，收入《畿輔叢書》（第 486–490 冊）。國立中央圖書館臺灣分館亦藏鈔本 1 部，封面一用楷筆墨書：「《臺海使槎錄》：卷一、二、三、四」，封面二續書：「《臺海使槎錄》：傳刻本」，鈐入「臺灣總督府圖書館藏」、「臺灣省立臺北圖書館藏書章」朱印 2 方，以及「大正·七·四·廿五·謄寫」藍色圓章；採用臺灣總督府圖書館紅格公文紙繕寫，首葉首行書「畿輔叢書二編」，次行寫「大興黃叔璥撰」。缺黃叔璥自序 1 篇。臺灣大學圖書館伊能文庫的鈔本可見伊能嘉矩朱筆校正的字跡。

　　本書尚有《小方壺齋輿地叢鈔》本，國立中央圖書館臺灣分館藏本內文每半葉版框高 14 公分，寬 10 公分，18 行，行 40 字，四周雙邊，版心上刊「小方壺齋輿地叢鈔」，單魚尾，中刊「第九帙：《臺灣使槎錄》」，下刊葉次及「南清河王氏鑄版，上海著易堂印行」，計 2 葉。連橫也有《雅堂叢刊》鈔本 1 部，以鋼筆繕寫於民初時期的稿紙上，單面，每頁 8 行，行 20 字，內文 15 頁，跋文 2 頁（另用毛筆撰寫），計 17 頁。連橫跋曰：「書已失傳，久訪未得；此書為《小蓬壺齋叢書》所收，慮非全集，然書中所載地理，足為今日考證。」鍾華操認為應是王錫祺《小方壺齋輿地叢鈔》之誤寫。⓮

　　其他版本還有《舟車所至叢書》（節本）、《臺灣文獻叢刊》（第 4 種）、《臺灣文獻史料叢刊》（第 2 輯）、《臺灣歷史文獻叢

⓮　鍾華操校訂，《臺海使槎錄等九篇》（臺中：臺灣省文獻委員會，1975），頁 8。

刊》（第 2 輯）、《雅堂叢刊》（第 2 集）、《叢書集成初編》（第
476 冊）、《叢書集成簡編》（第 797 冊）、《叢書集成新編》（史地
類第 97 冊）、《近代中國史料叢刊續編》（第 51 輯，第 501 冊）。民國
93 年（2004）2 月行政院文化建設委員會委由施懿琳據文叢本為底
本、並參考別本編校黃氏詩作，收入《全臺詩》（第 1 冊）。

關於《南征紀程》的內容則是黃叔璥奉旨巡臺，自京師至閩所
記經過。始於康熙王寅（康熙 61 年，1722）正月，迄於是年六月，分
日紀載。❶不僅印證王繩曾序文：「自京師歷燕、趙、齊、魯、吳
越以達閩海」❶的赴任路徑，與《欽定大清會典事例》相較之下還
要詳實具體。❶尤其最末葉刊：「（六月）初二日，晴，午進鹿耳
門，沙線暗伏，左右縈紆，中可行舟，兩旁插標，名曰：盪纓。兼
有小舟前導，進口淺處，易杉板哨船。近岸，乘牛車至海口，已黃
昏矣。總鎮道府文武員弁來迎，館於鄉飲賓陳安國家，恭設香案，
望闕謝恩。」❶忠實記錄當時府城港灣狀況與官場接駕儀節，彌足
珍貴。惟《四庫全書》僅存書目，未收全文。北京清華大學圖書館
藏乾隆年間刊本 1 部，缺封面，內文每半葉版框高 19.2 公分，寬
12.5 公分，8 行，行 17 字，小字雙行，字數同，左右雙欄。卷前
刊王繩曾序文 1 篇，首葉首行刊書名，次行刊「北平黃叔璥玉
圃」，卷末刊「男守謙校字」，計 208 葉、8 卷，分訂 8 冊。民國

---

❶　《臺灣文獻匯刊》第 6 輯第 1 冊（廈門：廈門大學出版社，2004），頁 56。

❶　鍾華操校訂，《臺海使槎錄等九篇》，頁 4－6。

❶　林慶元，〈《南征記程》、《臺海使槎錄》及其他──關於首任巡臺御史黃叔
　　璥的幾個問題〉，《亞洲研究》23（1997.7）：67－68。

❶　同註❶，頁 55。

93 年（2004）12 月《臺灣文獻匯刊》（第 6 輯第 1 冊）據以影印行世。

三、俞荔《復性篇》

俞荔，興化莆田人。雍正 2 年（1724）解元，聯捷成進士，擔任廣東長寧知縣。乾隆 3 年（1738）主講臺南海東書院，著有《復性篇》，以訓誡諸生。本書僅見《重修福建臺灣府志》、《重修臺灣縣志》載錄，未見刊本流傳。

四、尹士俍《臺灣志略》

尹士俍，字東泉，山東濟寧州人。監生。雍正 7 年（1729）冬蒞臺，擔任臺灣府海防同知，雍正 10 年（1732）仲春署理淡水海防同知，因辦理軍糈，著有勞績，翌年仲秋陞任臺灣知府。雍正 13 年（1735）冬接掌臺灣道。乾隆 4 年（1739）任滿，補湖北鄖襄道。在臺期間著有《臺灣志略》3 卷。尹士俍自序：「臺灣民番錯處，地大物眾，島嶼之呈奇，風物之標異，光怪陸離，莫可名狀。而欲於前人紀載之外，為之備遺而補缺，俾後之問俗考風者，有所取衷，蓋亦難矣。……，謹就余所見聞，聊綴數言，刊就一帙，非敢謂於前人所紀載者，能為之備遺而補缺。」⑩他將任內 10 年的治臺經歷彙刻完帙，李祖基評價：提供研究清代臺灣移民史、人口

---

⑩ 尹士俍纂修、洪燕梅點校，《臺灣志略》（臺北：遠流出版公司，2005），頁 243－244。

史、開發史、平埔族漢化、移民信仰等資料，極為珍貴，甚有價值。❷鄭喜夫指陳：關於澎湖之記載、〈民番田園〉、〈錢糧科則〉〈民風土俗〉三目中保存的史料價值頗高。❷

　　《臺灣志略》乾隆 3 年（1738）原刊本，《重修臺灣府志》曾經「按藉搜索，並得全書。」❷然而 7 年之後《重修臺灣縣志》纂成，卻有「邑無藏版，亦少懸籤，年代未遙，散佚過半」❷的遺憾，即使後來《續修臺灣縣志》、《噶瑪蘭廳志》都有採入，實際上未見原書。北京圖書館珍藏海內孤本 1 部，著錄作 3 卷 3 冊，8 行，行 20 字，白口，四周雙邊。❷李祖基再補敘：單魚尾，半頁 8 行，每行 18 字，宋體，分上、中、下 3 卷，每卷分裝 1 冊，保存比較完好。上卷 42 頁，中卷 86 頁，下卷 49 頁，全書共 177 頁，約 6 萬字。卷首有作者自序 1 篇，落款：「時乾隆三年歲次戊午黃鍾月濟水尹士俍東泉甫書于臺陽觀察署之斐亭」。❷民國 71 年（1982）3 月鄭喜夫率先輯佚是書，撰文探究。❷之後透過李祖

---

❷　尹士俍著、李祖基點校，《臺灣志略》（北京：九州出版社，2003），前言頁 1－10。

❷　鄭喜夫，〈尹士俍《臺灣志略》之體例與史料價值舉隅〉，《臺灣文獻》54：4（2003.12）：53－86。

❷　范咸，《重修臺灣府志》，頁 15－16。

❷　王必昌，《重修臺灣縣志》（臺北：臺灣銀行經濟研究室，1961），頁 445。

❷　《北京圖書館古籍善本書目》（北京：書目文獻出版社，1987），頁 742。

❷　同註❷。

❷　鄭喜夫，〈關於清代兩種《臺灣志略》〉《臺灣文獻》33：1（1982.3）：105－119。

基、許毓良的考證訪求，原刊本的所在及內容終於公諸於世，民國
92 年（2003）3 月李祖基先將原刊本點校付梓，民國 94 年（2005）6
月再與張嗣昌《巡臺錄》一併重排出版。同時間洪燕梅又依據許毓
良鈔傳本與李氏點校本合校，編入《臺灣史料集成·清代臺灣方志
彙刊》（第 5 冊）。

五、劉良璧《臺灣風土記》

　　劉良璧，字省齋，湖南衡陽人。康熙 47 年（1708）中舉，雍正
2 年（1724）成進士。雍正 5 年（1727）自連江縣轉知諸羅縣。雍正 7
年（1729）秩滿。雍正 9 年（1731）調補龍溪縣。有才幹，為政勤敏
愛民。雍正 13 年（1735）陞漳州海防同知，駐南勝，立義學，政聲
大著，權知漳州府事。乾隆 2 年（1737）轉陞臺灣知府，乾隆 5 年
（1740）再陞分巡臺灣道。任內捐俸倡修海東書院，訂立學規。
《湖南通志》：「良璧狀威猛，而清慎強明，能以恩信馭眾，在官
數載，令行禁止，臺人畏而敬之。」丁艱服闋，乾隆 12 年（1747）
補興泉永道，以老乞歸，卒於家，享年 80 餘歲。㉗劉氏治臺歷 11
年，究心地方風土，乾隆 6 年（1741）纂輯《重修福建臺灣府志》
20 卷，另著有《臺灣風土記》1 卷。後書見載《重修臺灣府志》及
光緒年間《湖南通志》，但未及傳世，僅存〈惠獻貝子功德詩〉及

㉗　謝浩，〈湘籍「分巡臺灣道」劉良璧事功述略〉《湖南文獻》3：1
　　（1975.1）：37－40、57。後來本文經過補充，另題〈劉良璧與臺灣府
　　志〉，收入謝浩，《南明暨清領臺灣史考辨》（臺北：作者自印本，
　　1976），頁 228－253。

〈沙轆行〉詩兩首行世。

六、張從政《剛齋詩文稿》

張從政，字達夫，臺灣府治東安坊人。少失怙，事母曲盡孝道。雍正元年（1723）臺縣恩貢生，揀選州判。乾隆 5 年（1740）與舉人陳邦傑、陳輝分輯《重修福建臺灣府志》。著有《剛齋詩文稿》2 卷。王國璠敘錄：「從政詩文，遣詞工麗，運意清新，惜累經兵燹，書已不存。」❷⑧傳世作品僅見〈臺山賦〉1 篇與〈春郊即事〉、〈秋登城樓〉詩兩首。

七、張湄《珊枝集》、《瀛壖百詠》

張湄，字鷺洲，號南漪、柳漁，浙江錢塘人。雍正 11 年（1733）進士。乾隆 6 年（1741）4 月擔任巡臺御史。夏 5 月為《重修福建臺灣府志》寫序：「曩余備員詞曹，承乏《大清一統志》館纂修。」❷⑨留任 1 年，主歲、科兩試，清釐冒籍，嚴稽頂替代考，校士公明，每逢海東書院月課，親加校閱。在臺期間輯有《珊枝集》1 卷、著有《瀛壖百詠》1 卷；另著《柳漁詩鈔》12 卷、❸⓪

❷⑧ 王國璠，《臺灣先賢著作提要》（新竹：臺灣省立新竹社會教育館，1974），頁 51－52。

❷⑨ 劉良璧，《重修福建臺灣府志》，頁 11。

❸⓪ 是書 12 卷分 10 集，第 6 集《海槎》收詩五十餘首，如〈泊澎湖〉、〈臺灣雜感〉、〈沙連〉、〈劍潭〉、〈澄臺〉、〈五妃基〉、〈游海會寺〉，多

《蜨花樓詞鈔》1 卷。

　　劉良璧曾云：「其校士也，冰壺朗鑑，釐頂冒、拔真才，得課藝數十篇，付之開雕，顏曰：《珊枝集》，固已膾炙人口、紙貴臺陽矣。」❸張湄為《珊枝集》自序：「《珊枝集》者何？集海東校士之文而名之也。珊枝者何？珊瑚之枝也。」他再援引杜甫〈奉同郭給事湯東靈湫作〉：「飄飄青瑣郎，文采珊瑚鉤」的句子，認為珊瑚乃碧海之精華：「文若珊瑚，誠貴之也，亦難之也。何難乎爾？難乎其枝也。其枝奈何？曰：枝生海底，一歲黃、三歲赤，漁人以鐵網取之，未及時不得取；失時不取，則腐也。故曰：難也。臺灣者，萬川環流、一島中屹，與世殊絕；六十年來，沐浴聖教，暗汐躍乎光明。海邦人士，璘璘然、紛紛然質有其文矣。前乎此者未可取，珊瑚未有枝也；今不取，吾懼其失時也。然則及今無取者乎？曰：有；雍正戊申，高郵夏篔莊侍御嘗取之矣，顏其文曰：《海天玉尺》。玉尺云者，蓋言善量才也。余踵其後，無能為役，顧亦奮力取之。雖不敢稱量才之尺，而竊自許為羅才之網。願獻其琛，以與海內共寶之。則斯集之成也，夫亦猶行篔莊之志也。」❸其中「今不取，吾懼其失時也」的觀念，也影響了 110 年之後，臺

以臺灣史地、名蹟風土入詩，有「三年狎海苦，百怪入吟課」語，多可補臺灣郡志之遺。袁行雲，《清人詩集敍錄》（北京：文化藝術出版社，1994），卷 25 頁 867－868。民國 93 年（2004）2 月行政院文化建設委員會委由施懿琳據為底本，旁證他本，重新編校張氏詩作，收入《全臺詩》（第 2 冊）。

❸　王必昌，《重修臺灣縣志》，頁 453－454。

❸　劉良璧，《重修福建臺灣府志》，頁 535。

灣兵備道徐宗幹在道光 29 年（1849）又編輯了《瀛洲校士錄》，原因在於「茲編亦猶行前人之志」。❸惟《珊枝集》今佚不傳。

　至於《瀛壖百詠》，張湄自陳：「居臺二稔，彙所作詩，顏曰：《瀛壖百詠》。」❸劉良璧也替該書寫跋：「檢點奚囊，得絕句百首，加以詁釋；皆其自廈而澎，而臺，而南、北兩路所賦也。溯版圖入我中國上下六十餘年，山川景物歷歷如繪，令觀者如閱《山海經》，如讀《水經注》，光焰陸離，千態萬狀，皆於斯集見之。……顧海外山川景物，得藉公詩而益著，則《瀛壖》一編，即為坡老海外之文也可。」❸字裡行間十分推崇張湄承繼蘇東坡的風格。劉家謀《海音詩》：「鷺洲草罷《瀛壖詠》，已恨無人繼《福臺》。」❸更將本書與《福臺新詠》相提並論。光緒 18 年（1892）5 月 24 日蔣師轍從余文儀《續修臺灣府志》第 19 卷〈雜記・園亭〉一節中，輾轉讀到這本詩集中對於夢蝶園、李氏園的歌謳，不禁引動「幽靜之致，殊令人神往也。」❸連橫也有「蜚聲藝苑，傳播東寧」的贊詞。❸孫殿起特別使用「精刊」兩字著錄，頗為稱許，❸然而該書刊本仍有待日後追訪。

---

❸　徐宗幹，《斯未信齋文編》（臺北：臺灣銀行經濟研究室，1960），頁122。

❸　董天工，《臺海見聞錄》（臺北：臺灣銀行經濟研究室，1961），頁1。

❸　王必昌，《重修臺灣縣志》，頁454。

❸　《臺灣雜詠合刻》（臺北：臺灣銀行經濟研究室，1958），頁6。

❸　蔣師轍，《臺游日記》（臺北：臺灣銀行經濟研究室，1957），頁79。

❸　連橫，《臺灣詩乘》（臺北：臺灣銀行經濟研究室，1960），頁58。

❸　孫殿起，《販書偶記》（臺北：漢京文化事業有限公司，1984），頁386。

八、陳鵬南《陳淑齋詩文集》

　　陳鵬南，字雲垂，福建同安人，後移居臺灣府鎮北坊。篤志行善，與兄定國、安國、柱國四世同室，家百餘口，毫無閒言。雍正10 年（1732）歲貢生，司訓連江。除陋規、勤考課；與諸生論文，尤以實踐為諄諄，學生敬愛之，為立生祠。乾隆 2 年（1737）連城風災，文廟倒塌殆盡，傾囊捐資，竭力修建。又買穀平糶貧士及開河，輸銀六百兩，督、撫兩院上其事，奉旨優敘。著有《陳淑齋詩文集》4 卷，有目無書，詩文未見。❹

九、莊年《澄臺集》

　　莊年，字榕亭，江蘇長洲人。由監生保舉。乾隆 6 年（1741）來臺擔任淡水廳同知，翌年陞福建建寧知府，乾隆 8 年（1743）調陞分巡臺灣道按察史司副使。任內協輯范咸《重修臺灣府志》，著有《澄臺集》1 卷。連橫《臺灣詩乘》：「與六居魯、范九池兩御史頗有唱酬之作。」❹「清代宦游之士，頗知吟詠，其著者如……莊榕亭之《澄臺集》，長篇妙制，隨時選入。」❹惜書今佚。民國93 年（2004）2 月行政院文化建設委員會委由施懿琳佚輯群書，編校莊氏詩作，收入《全臺詩》（第 2 冊）。

---

❹　王必昌，《重修臺灣縣志》，頁 375。

❹　連橫，《臺灣詩乘》，頁 117。

❹　連橫，《臺灣詩乘》，頁 70。

十、六十七《使署閒情》、《臺海采風圖考》、《番社采風圖考》

　　六十七，字居魯，滿洲鑲紅旗人。世儒家世，父關舒泰、叔關寶惟善，皆能詩，居魯尤敏贍。❸少時已好讀書，熟於史傳。口誦古人詩，若決江河，而於風雅偽體，別擇更精。官戶部給事中。乾隆 9 年（1744）3 月蒞臺擔任巡臺御史，留任 2 年。乾隆 12 年（1747）4 月因「積習相沿，因循滋弊」而遭革職。著有《遊外詩草》、《西域聞見錄》，治臺期間纂修《重修臺灣府志》，編輯《使署閒情》4 卷（亦名《臺陽雜詠》）、《臺海采風圖考》1 卷、《番社采風圖考》1 卷。

　　乾隆 12 年（1747）2 月范咸為《使署閒情》題序：「《使署閒情》者，巡臺給事六公輯臺江詩文成集而名之也。公本於使署之餘，作詩歌以適閒情，因有是集一卷。余與公修志時，已採入〈雜著〉中矣。既而志事已竣，公又搜得近時臺灣詩文若干首，不暇補入。公既珍惜此邦之文獻，且不忍沒人之長，因即移己之集之名以名之，而附己所作於後。……公之搜剔臺江遺文，用心最苦，故所得為多。」莊年亦序：「巡使六公與侍御范公寅恭協好，嘗同修《臺郡志》，廣徵詩文。或束筍，或編韋，拉沓麕至，屬屬竣，有未及纂者。公嗜才若渴，不及銓次其爵秩、篇目之序，隨所入，錄付梓人，名之曰：《使署閒情》。」張若霳跋曰：「蓋與范公同一

---

❸　徐世昌編、閻石點校，《晚晴簃詩匯》（北京：中華書局，1990），頁 2840－2841。

汲汲振勵文教意也。」⓬

　　方豪據范咸序文及《重修臺灣府志》、《續修府志》著錄《使署閒情》最初寫定為 1 卷本，余文儀諸人或尚見及；當《重修臺灣府志》修畢，六十七又續收詩文，既不能補入府志，惟有將原定為渠本人之詩文集名，作為臺灣文獻集之總名。而今本所見者，六十七本人作品之後又有他人作品，可見其當時乃續收續刻，至離任時止，全書完成今日所見的 4 卷本。1 卷本或寫定而未刻，或刻而流傳極稀。⓭

　　《使署閒情》乾隆 12 年（1747）刊 4 卷本，傳世亦罕見。民國 45 年（1956）10 月陳漢光著錄：「今僅知日本某舊書肆所印舊書目錄內列一部；另臺灣大學楊雲萍教授亦藏一部；此外，又有一部傳鈔本，藏於『臺灣省教育廳編審委員會』，據該本所記，係自『楊氏習靜樓』鈔來，『楊氏習靜樓』，即係楊教授之書齋也。」⓮他曾經數次向楊氏洽商借印，久無結果，只得依據廖瑞英以「臺灣省教育處中等國民學校教材編輯委員會」稿紙鈔寫的本子排版，經過楊肅標點校閱，翌年 5 月交付《臺灣風物》雜誌社重刊，限印 230 部。

　　民國 50 年（1961）10 月《臺灣文獻叢刊》獲得楊雲萍藏刊本重

⓬　六十七，《使署閒情》（臺北：臺灣銀行經濟研究室，1961），頁 1－3、133。

⓭　方豪，〈六十七著《使署閒情》卷數問題〉，《中國圖書館學會會報》23（1971.12）：7。

⓮　六十七輯、陳漢光校訂，《使署閒情》（臺北：臺灣風物雜誌社，1957），頁 3。

新排印，原刊本內文每半葉 9 行，行 22 字；計 4 卷，**❹**分訂 4
冊。楊雲萍後記：「《使署閒情》是一部比較（或可說很）稀見的文
獻。日人山中樵，是以前臺灣總督府圖書館長。他收蒐有關臺灣的
文獻甚勤，看到有關臺灣的文獻亦甚多。可是他曾說：六十七的
《使署閒情》已散佚不可復見。」**❹**本書尚見《臺灣先賢集》（第
2 冊）、《臺灣歷史文獻叢刊》；民國 93 年（2004）2 月行政院文化
建設委員會委由廖振富取文叢本詩作編校，收入《全臺詩》（第 2
冊）。民國 96 年（2007）8 月臺中文听閣圖書有限公司據文叢本
《雜著》部分重排，收入《全臺文》（第 2 冊）。

　　范咸還為《臺海采風圖考》寫跋，介紹六十七「其奉天子命復
留巡方也，閱宛平黃玉圃《使槎錄》，即其所繪臺海物產，重訂為
《采風圖考》而損益之。」**❹**本書乾隆 11 年（1746）原刊本，北京
人文科學研究所收藏 1 部，北京圖書館藏 2 部。靜宜大學蓋夏圖書
館藏有影鈔（謄寫油印）本 1 部，鈐入「安徽大學圖書館藏書」朱文
長印 1 方，原是安徽大學圖書館在民國 82 年（1993）3 月 31 日贈予
該館。缺封面，書前刊序 1 篇 2 葉，落款：「乾隆十一年仲春白麓
六十七書于使署之佩蘭亭」，內文每半葉版框高 20 公分，寬 12.5
公分，8 行，20 字，小字雙行，字數同，四周雙邊，版心白口，上
刊「臺海采風圖考」，單魚尾，下刊葉次，上卷 21 葉收錄 32 則，
下卷 27 葉收錄 57 則，跋文 1 篇 2 葉，落款：「乾隆十一年六月既

---

❹　北京人文科學研究所藏本為 3 卷本，《北京人文科學研究所藏書目錄》（臺
　　北：進學書局，1970），頁 798。楊雲萍據己本判斷並非足本。

❹　六十七，《使署閒情》，頁 137。

❹　王必昌，《重修臺灣縣志》，頁 455－456。

望錢唐弟范咸跋」，范咸再推崇：「公之《圖考》，類皆稽核其實，旨遠而詞文，一名一物確有依據，非同臆斷其有無者。夫登高舒嘯，觸物興懷，大都皆羈臣遷客藉以寫其無聊之狀。而公則受寵榮而若懼、坦物我以偕忘，其極目滄溟，而增註蟲魚草木，蓋依然楊柳雨雪之思，豈徒以留連景物，謂欲與古人競美云爾哉！」(50)民國 93 年（2004）9 月北京全國圖書館文獻縮微複製中心複印乾隆 11 年（1746）刊本，收入《臺灣史料匯編》（第 8 冊），惟缺六十七序文 1 篇。

連橫也替《番社采風圖考》補跋：「此書所言番俗，饒有太古之風。因念今人號稱文明，而物質相炫，才智相爭，詐偽相欺，強弱相噬，搶攘昏墊，日夜不休，反不若睢盱渾噩之徒，猶有純樸之初也。讀竟為之太息！」(51)《番社采風圖考》有乾隆 11 年（1746）精刊本、(52)道光年間刊本。(53)前者北京圖書館藏 1 部，卷前刊范咸序文 1 篇 2 葉，內文每半葉版框高 20.8 公分，寬 12 公分，8 行，20 字，小字雙行，字數同，四周雙邊，版心白口，上刊「番社采風圖考」，單魚尾，下刊葉次，計 22 葉 1 卷，附莊年跋文 2 葉。民國 93 年（2004）9 月北京全國圖書館文獻縮微複製中心複印乾隆 11 年（1746）刊本，收入《臺灣史料匯編》（第 8 冊）。

---

(50) 同前註。

(51) 連橫，《雅堂文集》（臺北：臺灣銀行經濟研究室，1964），頁 51。

(52) 孫殿起，《販書偶記》，頁 182。

(53) 《西諦書目》：「《番社采風圖考摘略》一卷：清六十七撰，清道光刊本，與《海島逸誌摘略》合一冊。」《書目類編》第 43 冊（臺北：成文出版社，1978），頁 18997。

《番社采風圖考》光緒 10 年（1884）王錫祺再收入《小方壺輿地叢鈔》本，內文每半葉版框高 14 公分，寬 10 公分，18 行，行 40 字，四周雙邊，版心上刊「小方壺齋輿地叢鈔」，單魚尾，中刊「第九帙：《番社采風圖考》」，下刊葉次及「南清河王氏鑄版，上海著易堂印行」，計 4 葉。連橫批評：「余求其書，久而未得。《小方壺齋輿地叢書》雖有收入而有考無圖，則編者之失也。」❺此外，尚有《藝海珠塵》本、《昭代叢書》本，大正 14 年（1925）9、10 月《臺灣詩薈》第 21、22 號的連載本。民國 50 年（1961）元月夏德儀據《昭代叢書》、《藝海珠塵》本合校，附錄國立中央書館臺灣分館藏《六十七兩采風圖合卷》及《黃叔璥臺灣番社圖》、中央研究院歷史語言研究所藏《臺番圖說》、臺北故宮博物院文獻館藏《臺灣內山番地風俗圖》，一并收入《臺灣文獻叢刊》（第 90 種）。民國 85 年（1996）9 月臺灣省文獻委員會複印文叢本，收入《臺灣歷史文獻叢刊》。

以上兩書，范咸猶不忘居功：「《臺海》則有跋、《番社》則有序。公不謂余之不文也，復乞余言以弁是集之首。蓋余與公二年聚首，相知最深。而於是集之所以名也，亦惟余知之深。」❺其實，兩書幕後還有一位真正的作者：陳繩，字驪季，一字禮園，閩縣侯官人。廩生，當過長汀縣學訓導。乾隆 9 年（1744）調諸羅縣學訓導，在任內「修《臺灣郡志》，並《臺海、番社二采風圖

---

❺　連橫，《雅言》（臺北：臺灣銀行經濟研究室，1963），頁 57-58。

❺　六十七，《使署閒情》，頁 1。

考》。」❺❻

十一、范咸《婆娑洋集》

范咸，字貞吉，號九池，浣浦、玉堂，浙江仁和人。雍正元年
（1723）進士，入翰林院，以諸生躋侍從，散館後，曾任左庶子，
督學山西。乾隆 10 年（1745）4 月擔任巡臺御史兼理學政。乾隆 12
年（1747）與六十七同遭革職。著有《周易原始》、《讀經小
識》、《碧山樓古今文稿》、《玉堂蠹餘》、《柱下奏議》、《海
外奏議》、《浣浦詩鈔》等，在臺期間纂修《重修臺灣府志》，並
著《婆娑洋集》2 卷。

　　六十七為《婆娑洋集》寫序：「今集中所詠，語語悉該體要；
則勿謂其風雅也，而實政事也。……其曰『婆娑洋』者，蓋取《名
山藏》所云：『乾坤東港華嚴婆娑洋世界』也。」❺❼閩縣進士陳壽
祺亦敘：「公天才高邁，凡島嶼之形勢、犵獠之情狀、閭閻之習
尚、組練之鋪敦、貨殖之珍怪、風波之險夷，恢詭絕特，震盪心
魄，一於詩乎發之；使覽者考其政俗，開卷若燭照符合焉。裒之得
若干首，命曰：《婆娑洋集》。」❺❽莊年再跋：「自燕都抵閩，凡
農田水利之所關、山川阨塞之所重，皆賦其大者；至若臺土之風
俗、氣候以及草木、禽魚，悉繪形傳響，苞薈於尺幅之中。其怪譎

---

❺❻　《福建通志臺灣府》（臺北：臺灣銀行經濟研究室，1960），頁 820－821。
❺❼　六十七，《使署閒情》，頁 110－111。
❺❽　《臺灣詩鈔》（臺北：臺灣銀行經濟研究室，1970），頁 444。

瑰異、典麗清新如《山經》、《水注》，絡繹奔赴，淵然以深、復
窅然以遠，殆成子所謂『先生將移我情』乎？」❺連橫評語：「巡
臺御史之能詩者，若范九池之《婆娑洋集》，……蜚聲藝苑，傳播
東寧。」❻此書刊本未見流行，排印本則見民國 76 年（1987）6 月
臺灣省文獻委員會出版《雅堂叢刊詩稿》，景印連橫私藏鈔本 1 卷
行世。民國 93 年（2004）2 月行政院文化建設委員會委由施懿琳裒
輯臺地方志所錄，旁參連橫《臺灣詩乘》、彭國棟《廣臺灣詩乘》
及陳漢光《臺灣詩錄》編校范氏詩作，收入《全臺詩》（第 2
冊）。

十二、吳應造《海錄碎事》

　　吳應造，字鈞大，福建閩縣福清人。雍正 8 年（1730）進士。
乾隆 9 年（1744）2 月到 12 年（1747）7 月之間擔任臺灣府儒學教
授，並且參與《重修臺灣府志》的「校對」工作。著有《海錄碎
事》1 卷，惜今佚，僅見〈有感〉詩 1 首行世。咸豐 2 年（1852）
《噶瑪蘭廳志》將此書列在引用書目。長樂進士謝章鋌自鈔《賭棋
山莊藏書目》亦著錄是書。❻日人八木冬嶺編《臺灣書目年表》作
乾隆 5 年（1740）刊本，不知所據為何？❻

---

❺　六十七，《使署閒情》，頁 117。

❻　連橫，《臺灣詩乘》，頁 58。

❻　謝章鋌，《賭棋山莊雜著》（南京：江蘇古籍出版社，2000），頁 68。

❻　八木冬嶺，《臺灣書目年表》（臺北：臺灣總督府圖書館，1904），謄寫本
　　第 4 葉。

十三、楊開鼎《梯瀛集》

楊開鼎，字峙踢，號玉坡，江蘇甘泉人。乾隆 4 年（1739）進士，乾隆 14 年（1749）由河南道監察御史轉任巡臺御史，主科試，隔年 8 月以憂去。輯有《梯瀛集》。楊氏自序：「曩者，夏前輩筠莊名其所刊文曰：《海天玉尺》，所以量瀛之才也；張前輩鷺洲名其所刊文曰：《珊枝》，所以羅瀛之珍也。余欲量瀛之材而無玉尺、欲羅瀛之珍而無珊網，然則何所持以與都人士勗乎？曰：以是集而為瀛之登也則未，以是集而為瀛之梯也則可。」❻❸可見他也是踵事前賢的作法，錄文刊書，承繼廣流布而惠士林的德政。不過至今仍未見刊本出土。

十四、董天工《臺海見聞錄》

董天工（？－1808），字材六，號典齋，福建建寧崇安縣（今武夷山）曹墩人。雍正元年（1723）拔貢生。乾隆 11 年（1746）6 月赴任彰化縣學教諭；官至安徽池州同知，晚年寓居武夷山六曲留雲書屋。著有《臺海見聞錄》4 卷，以及《澄心小草》、《春秋繁露箋注》17 卷、《武夷山志》24 卷。

乾隆 18 年（1753）3 月張湄為《臺海見聞錄》撰敘：「公餘，更徧臚臺郡山川、風土、民俗、物產、賢良、節烈以及前人題詠之類，都為一集，名：《臺海見聞錄》。紀中有史，詩中有畫。」毛

---

❻❸　王必昌，《重修臺灣縣志》，頁467。

大周亦序：「董君宦遊斯土，實有得於見所未見、聞所未聞者，乃退而編輯成書。凡臺地疆輿、官守、土俗、民風、山珍、水利之類以及詩詞歌曲，靡有不備，彙為四卷，顏曰：《臺海見聞錄》；較之臺灣郡誌暨圖考、筆談諸書，尤為詳核。」董天工則自陳：「庚午（乾隆 15 年，1750）春，秩滿憂居梓里，一二良朋，每詢島嶼風土、海國文章，輒出以相視。然而卷帖繁蕪，又恐散失，讀《禮》之暇，漫為編次，首山川、建置以及官爵、武備、田賦、輸將、備考、條例，次風俗、物產、名賢、烈婦，至於詞賦詩歌，擇詠臺風土者錄之，名曰：《見聞錄》，分卷為四，以為筆談。」❻❹

《臺海見聞錄》乾隆 18 年（1753）刊本，❻❺北京圖書館藏刊本 1 部、鈔本 2 部。封面刊「臺海見聞錄：乾隆辛未，琢玉軒藏□」，鈐入「長樂鄭氏藏書之印」、「北京圖書館藏」朱印 2 方，原是鄭振鐸收藏；書前刊張湄序 4 葉、毛大周序 5 葉、董天工引 4 葉，無目錄，內文每半葉版框高 19.3 公分，寬 12 公分，9 行，22 字，小字雙行，左右雙邊，版心白口，上刊「見聞錄」，單魚尾，中刊卷次及篇目，下刊葉次，每卷首葉次行刊「崇安董天工典齋」，第 1 卷 32 葉，第 2 卷 36 葉，第 3 卷 29 葉，第 4 卷 42 葉。民國 93 年（2004）9 月北京全國圖書館文獻縮微複製中心複印北京圖書館刊本，收入《臺灣史料匯編》（第 8 冊）。鈔本亦見《嘉業堂藏書志》著錄，董康提要：「考臺灣自清康熙癸亥（康熙 22 年，

---

❻❹　黃天工，《臺海見聞錄》，頁 3－6。
❻❺　《西諦書目》著錄作乾隆 16 年（1751）刊本。同註❺❸。孫殿起著錄作乾隆 18 年（1753）精刊本。《販書偶記》，頁 178。

1683）內屬，光緒甲午（光緒 20 年，1894）因高麗之役割畀日本。循覽一過，頗觸夢梁之感也。」⑯傅增湘也在民國元年（1912）看過 2 卷舊寫本，記臺灣事。⑰

　　國立中央圖書館臺灣分館也藏刊本殘卷，缺封面，鈐入「臺灣總督府圖書館藏」、「臺灣省立臺北圖書館藏書」、「臺灣省立臺北圖書館藏書章」朱印 3 方，闕第 3－4 卷。民國 50 年（1961）10 月周憲文據以重排，收入《臺灣文獻叢刊》（第129種）。⑱民國 72 年（1983）3 月臺北成文出版社據臺灣分館殘卷再影印，附錄文叢本，編入《中國方志叢書》（臺灣地區第 48 號）。民國 76 年（1987）臺灣大通書局複印文叢本，收入《臺灣文獻史料叢刊》（第 7 輯）。民國 85 年（1996）9 月臺灣省文獻委員會複印文叢本，收入《臺灣歷史文獻叢刊》。民國 96 年（2007）8 月臺中文听閣圖書有限公司複印臺灣分館殘卷並且重排，收入《全臺文》（第56冊）。

---

⑯　繆荃孫、吳昌綬、董康，《嘉業堂藏書志》（上海：復旦大學出版社，1997），頁 338－339。

⑰　傅增湘，《藏園群書經眼錄》（北京：中華書局，1983），頁 433。

⑱　周憲文〈後記〉：「省立臺北圖書館（按：即今國立中央圖書館臺灣分館）藏有『《臺海見聞錄》二卷，清董天工撰，乾隆十八年刊』（見《臺灣文獻資料目錄》）；由於原書沒有目錄（本書的目錄，是我們新加的），所以該館一向作為全書處理。我們在三年以前就把本書整理好了，乃始發覺缺三、四兩卷；因此，遲未發排。三年以來，我們盡力搜求，希望把本書的三、四兩卷找到，使成『完璧』，終於沒有達到目的。現在，《文獻叢刊》的出版，已過『頂峰』，快近結束；雖是『殘書』，聊勝於無，所以把它印行。我們見聞有限，搜求未週，海內外藏有本書三、四兩卷的，如承抄給我們，當為設法補刊；毋任企盼。」董天工，《臺海見聞錄》，頁 67。

十五、曾曰唯《半石居詩》

曾曰唯，名明訓，字泗濱，號曰唯，臺灣縣東安坊人。天分高朗，得異傳，精占驗，為人擇地選課每奇中，寧靖王朱術桂雅器重之。清人領臺後，成邑庠生。著有《半石居詩集》1卷。臺灣縣人嚴炳勳序云：「卷頁雖少，已畢收古人之美而萃於其中也已。」⑥⑨惜今已佚，所以連橫「求之不得，而事跡亦無可考。」⑦⑩王國璠敘錄：「曰唯既受知於寧靖王，嚴亦當為鄭氏時之人物或遺老無疑。至於是書已否刊行？雖不能考，但序文之能以傳抄，是書定已問世，惜不獲見耳。」⑦①

十六、陳斗南《東寧自娛集》

陳斗南，臺邑人，居府治。著有《東寧自娛集》1卷。連橫《臺灣詩乘》：「余閱邑志所載臺人著作，……陳斗南《東寧自娛集》一卷，……大都有目無書。唯《府志》有陳斗南之詩數首，餘皆不見。」⑦②目前《東寧自娛集》的詩作僅見於臺灣諸方志中，計有〈白鷗塘雜詠〉4首、〈登安平鎮城〉、〈走珠莊〉、〈登龜山絕頂〉、〈溪上〉、〈檳榔〉、〈遊大奎壁淨度庵〉各1首，以及《使署閒情》收錄的〈水簾〉1首。

---

⑥⑨　六十七，《使署閒情》，頁 103－104。

⑦⑩　連橫，《臺灣詩乘》，頁 97。

⑦①　王國璠，《臺灣先賢著作提要》，頁 50－51。

⑦②　連橫，《臺灣詩乘》，頁 142。

十七、黃佺《草廬詩草》、《東寧游草》

　　黃佺，字半偓，臺灣縣人。雍正 12 年（1734）拔貢，乾隆元年
（1736）揀選引見養心殿，奉旨以州判用。乾隆 5 年（1740）分輯
《重修福建臺灣府志》。喜談詩，著有《草廬詩草》2 卷、《東寧
游草》1 卷，書前刊有臺灣縣人洪登瀛序文。❼❸連橫評價：「臺人
士之能詩者，若黃佺之《草廬詩草》，……或存或不存，或傳或不
傳，非其詩有巧拙，而後人之賢不肖也。」❼❹兩書有乾隆 24 年
（1759）黃氏慎行堂刻本，連橫認為「已佚，唯存數首。」❼❺民國
54 年（1765）11 月 10 日王國璠卻在臺北舊書肆中經眼，卷首刊洪
登瀛序文 1 篇，計 3 卷、243 首詩作，然而他考量書品「蟲傷水
濕，極其殘破。且索價奇昂，遂不能得。」❼❻民國 93 年（2004）2
月行政院文化建設委員會委由廖振富佚輯群書，編校黃氏詩作，收
入《全臺詩》（第 2 冊）。

---

❼❸　王國璠，《臺灣先賢著作提要》，頁 55。王國璠並引洪登瀛序云：「雅近
　　　元、白，性情獨厚，詞筆獨醇，真氣灌於胸中，而以自然出之，迥殊逵澤，
　　　以為華擘，續以為富者，宜乎同罩之罕及也。」恰與《臺灣先賢著作提要》
　　　著錄陳思敬《鶴山遺集》中轉引洪天賜《雙魚齋詩話》內容雷同，或許是傳
　　　鈔誤植，筆者未見《雙魚齋詩話》，無法比對，姑存疑。
❼❹　連橫，《雅言》，頁 39。
❼❺　連橫，《臺灣詩乘》，頁 94。
❼❻　同註❼❸。

十八、張珽《海東試牘》

張珽，號鶴山，陝西涇陽人。乾隆 3 年（1738）中舉。乾隆 31 年（1766）10 月由福建漳州知府擢陞臺澎兵備道兼提督學政。居官潔清，自矢釐奸勤民。乃盡革舊弊，繩奸猾胥役以法，不少恕，政以清。歲科所取多知名士。乾隆 33 年（1768）黃教亂，以「因循觀望，不即立時勦捕，以致賊勢蔓延，尚稽顯戮。」**⑦**被議革職，去臺之日，民爭歎惋焉。在臺期間編輯《海東試牘》（亦名《臺陽試牘》）行於時，今不存。

十九、蔣允焄《聲律啓蒙撮要》、《東瀛祀典》

蔣允焄，字為光，號金竹，貴州貴陽府貴筑人。乾隆 2 年（1737）進士。乾隆 25 年（1760）任福建漳州府知府，乾隆 28 年（1763）8 月任臺灣府知府，翌年 12 月護理臺灣道。乾隆 33 年（1768）陞臺灣道，乾隆 36 年（1771）元月卸任。在臺期間關係著作有《聲律啟蒙撮要》2 卷、《東瀛祀典》1 卷。

《聲律啟蒙撮要》原是邵陵車萬育著作，經過蔣允焄鑒定，再由湘潭夏大觀（次臨）刪補、王之幹（忠送）箋釋。書前刊有乾隆 33 年（1768）3 月蔣允焄在郡署存樸齋書序：「邵陵車萬育先生嘗教對偶，自一二字以至十餘字，叶以上下平三十韻，所用故實，多取習見，且細為評註，分為二卷，名曰：《聲律啟蒙撮要》。余偶得寫

---

⑦ 《高宗純皇帝實錄》卷 826，收入《清實錄》（北京：中華書局，1986），第 19 冊頁 14。

本，見其切近，易於記誦，思付剞劂，徧授童蒙。且今功令凡小、大試以及考課館閣，莫不以聲律為殿，最是書也。匪僅為幼學切要之功，且可俾操觚之士就是書所習見故實，進而求之，因以窮討《四庫》，備極宏博，用諧聲律，以鳴當代之盛，豈不休哉？」袁慶述分析此書從元代祝明《聲律發蒙》擷取出平聲 30 個韻部（絕大部分格律詩所用的韻部），進行刪改修訂，目的在於習作對聯之餘，也為日後進階學詩的基礎。❼❽

《聲律啟蒙撮要》乾隆 33 年（1768）初刻本（可能也是臺南坊刻本）迄今未見。亦有《聲律啟蒙》乾隆 35 年（1770）刊本的著錄，蔣寅統計有宣統元年（1909）寶慶張氏刊本、民國元年（1912）寶慶祥隆局刊本。❼❾筆者僅寓目廈門多文齋（嘉慶 6 年，1801）、泉州綺文居（咸豐元年，1851）、泉州藝林堂（同治 3 年，1864）、泉州郁文堂（光緒 3 年，1877）、泉州集成堂（光緒 13 年，1887）、泉州綺文居（光緒 34 年，1908）6 種木刻本，以及上海鴻文書局在民國 4 年（1915）7 月、廣益書局在同年 8 月出版的石印本兩種。

關於《東瀛祀典》的出版因緣，從姚瑩〈臺灣府學聖廟祭品碑〉談到：「乾隆間，前守蔣允焄能盡心於牲牷之豐碩、籩豆物產之精微，病其時物價與國初定制大殊，有司不能供也。建言道、府以下春秋捐廉助首邑將事，行之且六十年。」❽⓿可知蔣允焄在任內

---

❼❽　袁慶述，《聲律啟蒙與詩詞格律詳解》（海口：海南出版社，2005），前言。

❼❾　蔣寅，《清詩話考》（北京：中華書局，2005），頁 74。

❽⓿　姚瑩，《東溟文後集》，收入《續修四庫全書》（上海：上海古籍出版社，2002），第 1512 冊頁 598－600。

對於府城聖廟祀典的費心維持，筆者推想他因而撰述《東瀛祀典》，以為臺地紳民奉行，惜書不傳。

廿、朱景英《海東札記》

朱景英，字幼芝、梅治，號研北，湖南武陵人。乾隆 15 年（1750）解元，乾隆 18 年（1753）知福建寧德縣。乾隆 34 年（1769）4 月 12 日擢臺灣海防同知，乾隆 39 年（1774）8 月遷北路理番同知。朱氏天懷爽朗，氣度雍容，弱冠即致力古詩文，學詩於黃任，而善於體察山川形勢風土民物之變。以文學飭吏治，書工漢隸，善八分書，蒼勁入古。其敷政寧人，皆行所無事，無一毫矯強態。生平雅愛文學士，士有通《十三經》者，既親加獎賞，復先容於學道憲而拔之，不引嫌自避。人亦不以越俎相疑。公餘之暇，圖籍紛披，以博雅自喜。後署汀州、邵武。旋引籍歸里，圖書數千卷以外，無餘蓄。纂修《沅州府志》，精覈為時所稱。著有《畬經堂詩集》6 卷、《畬經堂文集》8 卷、《畬經堂詩續集》4 卷、《畬經堂詩三集》4 卷、《畬經堂詩餘》1 卷、經說數種，與臺灣相關著作有《海東札記》4 卷。⑧

朱景英為何著述《海東札記》？乾隆 37 年（1772）10 月初一，他在書前自識：「余貳守海東，逾三歲，南北路遍焉。凡所聽睹，

---

⑧ 盛清沂，〈朱景英與海東札記〉，《海東札記》（臺北：眾文圖書股份有限公司，1979），頁 1－36。袁行雲，《清人詩集敘錄》，卷 33 頁 1148－1149。

拾紙雜然記之，日積以多，遂析為八類，鈔存四卷。隨筆件繫，藉備遺忘，要無當於郡邑志體，故掛漏不免，覽者諒之。」翌年 11 月 28 日劉亨地序云：「吾友朱君研北為臺灣司馬三年，秩滿來京，出《海東札記》一編見示。……而其作是編也，統之以八門，釐之為四卷，萬類洪纖，靚縷備載，體物之工，不啻僬師化人之戲。至於御民有道，立政有方，則經濟之老成，尤足為後之守土法。寧第斯文之必待君而成哉？」鄭際唐也敘：「武陵朱研北司馬，深思篤古，釀於平時。乃以佐守是邦，行部所經，得遍其境。至輒延覽形勝，諏詢名物，暇日記所見聞，釐為四卷，名之曰：《海東札記》。歲癸巳（乾隆 38 年，1773），秩滿來京師，手以示余，予受而卒業。」❷可知兩人所寓目者應該是尚未出版的稿本，至於開雕成書當在乾隆 39 年（1774）以後。

　　《海東札記》乾隆 39 年（1774）刊本，光緒年間《湖南通志》登錄作《海東日札》。《賭棋山莊藏書目》也著錄過。《晚晴簃詩匯》評價：「風土人情，言之甚詳，時在林爽文亂前，謂：『南、北路兵單汛薄，未雨之憂在海港、山社之間。』其論尤有先見。」❸此書由朱景英幕僚謝曦親手寫刻，謝氏字發川，閩縣人，以書法聞名宇內，寫雕皆善。因此孫殿起以「精刊」視之。❹臺灣大學圖書館與國立中央圖書館臺灣分館各藏 1 部，後者鈐入「守屋善兵衛氏在臺紀念寄附」、「大正五年十二月一日東洋協會臺灣支部寄

---

❷　朱景英，《海東札記》（臺北：臺灣銀行經濟研究室，1958），頁 1—4。

❸　徐世昌編、聞石點校，《晚晴簃詩匯》，頁 3336。

❹　孫殿起，《販書偶記》，頁 178。

贈」、「大正十二年四月賜皇太子殿下臺覽」、「臺灣總督府圖書館藏」、「臺灣省立臺北圖書館藏書章」、「臺灣省立臺北圖書館藏書」朱印 6 方，以及私家藏書章 3 方，內文每半葉版框高 18.6 公分，寬 13.2 公分，10 行，行 19 字，左右雙邊，版心雙魚尾，中刊「海東札記」。書前刊劉亨地〈序〉2 葉、鄭際唐〈序〉2 葉、〈目次〉2 葉，並刊「男和殿、和塚、姪孫怡錕校字」；第 1 卷 12 葉、第 2 卷 16 葉、第 3 卷 25 葉、第 4 卷 16 葉，每卷文末皆刊「侯官門人謝曦錄」牌記 1 行。民國 96 年（2007）8 月臺中文听閣圖書有限公司據以複印並且重排，收入《全臺文》（第 60 冊）。

　　北京圖書館、北京人文科學研究所、中國科學院圖書館各藏 1 部。50 年代初期，廈門洪卜仁在福州市南後街舊書肆中購得 1 部，民國 71 年（1982）4 月福州古舊書店再據以毛邊紙靜電複印，分訂上、下二冊，書皮黏貼「《海東札記》，潘玉蘭簽」題簽，內葉鈐入「晉江陳氏所藏」等 3 方藏書印記。民國 72 年（1983）3 月臺北成文出版社景印，編入《中國方志叢書》（臺灣地區第 50 號）。

　　《海東札記》尚有連橫傳鈔本，單頁，每頁 1 面，面為 8 行，行 20 字，共 174 頁，前 20 頁有校訂的痕跡。民國 63 年（1974）8 月臺灣省文獻委員會據連震東提供，委交盛清沂校勘，收入《雅堂叢刊》（第 1 集）。盛清沂著錄：「本書成於乾隆三十八、九年間，較《續修臺灣府志》晚出約十載上下，所採掌政，間與舊志不同，可補史實之闕。及朱氏宦臺達九年之久，遍歷南、北二路，『隨筆件繫』，皆為身歷目賭，彌足珍貴。藉資稽古，實有足多

者。」⑧

　　本書的排印本有民國 47 年（1958）5 月臺灣銀行經濟研究室據
刊本重排，收入《臺灣文獻叢刊》（第 18 種）。民國 68 年（1979）3
月臺北眾文圖書公司複印文叢本，收入《臺灣文獻叢刊第 1 輯》。
民國 76 年（1987）臺灣大通書局複印文叢本，收入《臺灣文獻史料
叢刊》（第 7 輯）。民國 85 年（1996）臺灣省文獻委員會複印文叢
本，收入《臺灣歷史文獻叢刊》。民國 93 年（2004）2 月行政院文
化建設委員會委由廖振富編校，收入《全臺詩》（第 3 冊）。

廿一、李如員《遊臺雜錄》

　　李如員，字友胥，廣東陸安人。乾隆初年肄業海東書院；乾隆
30 年（1765）參與重修郡城關帝廟（今臺南市祀典武廟）、龍神廟（今
圮）；乾隆 44 年（1779）府學歲貢生。著有《遊臺雜錄》。連橫
《臺灣詩乘》收錄其中〈臺城竹枝詞〉4 首，並評語：「詩不甚
佳，為選數首，以存梗概。」⑧

廿二、羅前蔭《平臺紀略》

　　羅前蔭，福建侯官人。乾隆 24 年（1759）舉人。乾隆 48 年

---

⑧　朱景英著、盛清沂校訂，《海東札記》（臺中：臺灣省文獻委員會，
　　1974），頁 58－61。
⑧　連橫，《臺灣詩乘》，頁 87。

（1783）8 月由泉州府教授調任臺灣府儒學教授。乾隆 51 年（1786）俸滿之後，因為林爽文攻陷諸羅，郡城震動，軍情告急，次年接受臺灣道永福、同知楊廷理指派，與海東書院掌教曾中立一起親赴鳳山粵莊招募義民，頗著勞績；乾隆 53 年（1788）3 月清廷論功行賞，授予同知職銜。在臺著有《平臺紀略》1 卷，僅見《續修臺灣縣志》登錄，書今已佚。

廿三、楊廷理《臺陽試牘》、《重刻柳河東先生集》、《東瀛紀事》、《議開臺灣後山噶瑪蘭節略》

　　楊廷理（1747－1813.9.29），字清和、半緣，號雙梧、甦齋，晚號更生，廣西柳川府馬平縣（今柳州市）人。乾隆 42 年（1777）拔貢生。乾隆 51 年（1786）8 月擔任臺灣府南路理番同知，因林爽文事件守城有功，隔年 10 月陞任臺灣知府，乾隆 53 年（1788）3 月護理臺灣道，10 月回任知府，乾隆 55 年（1790）掌臺灣兵備道，乾隆 60 年（1795）以清查案謫戍伊犂。嘉慶 11 年（1806）12 月復任臺灣知府，嘉慶 15 年（1810）4 月委辦開蘭事宜，嘉慶 16 年（1811）12 月回任臺灣知府，翌年 9 月署噶瑪蘭通判，12 月去職養病，嘉慶 18 年（1813）在臺灣病逝。楊氏在臺編輯課藝有《臺陽試牘》初集、二集、三集，並且重刻《柳河東先生集》45 卷，著有《東瀛紀事》1 卷、《議開臺灣後山噶瑪蘭節略》1 卷及《敘刊年譜》。生前詩作有《西來草》、《東歸草》、《南還草》、《北上草》、

《東游草》、**87**《雙梧軒詩鈔》、**88**《再來草》及《候蟲吟》（未刊本），楊氏歿後，第 5 子楊立亮匯刻《知還書屋詩鈔》10 卷行世。**89**

　　乾隆 52 年（1787）10 月楊廷理陞任臺灣知府，隨即主持歲試，曾賦〈試院感懷示生童〉：「才脫兜牟卸短兵，忽教持筆秉文衡（時大兵凱旋，予護道篆。福公相令即舉行歲試）。……亂後士風宜振作，海濱文體望裁成。」**90**同時委由海東書院掌教曾中立編輯優秀課藝，然後親自校訂，鐫版開雕《臺陽試牘》初集、二集、三集。**91**

　　康熙 50 年（1711）春天臺廈道陳璸對臺南生童講析古文：「唐、宋以來，惟韓奧衍、柳高古、歐陽紆折、東坡疏暢，四家最有益於舉業。」**92**乾隆 53 年（1788）10 月楊廷理在臺南海東書院為重刻《柳河東先生集》撰序：「但集板漫漶不可讀，兼多錯誤，無從考訂。及筮仕閩中，每過書肆輒問先生集，皆以板失對。乙巳

87　自序落款：「柳州楊廷理書於臺灣新開噶瑪蘭之仰山書院」，此書曾收入《續修四庫全書》，但非臺南刻書，今暫不討論。

88　亦名《雙梧軒詩草》。戴義開，《柳宗元‧柳州》（南寧：廣西教育出版社，1989），頁 223、291。

89　書後刊「金陵楊梁金局鋟」牌記；書前刻道光 16 年（1836）10 月許喬林敘：「少時讀先生所著《東瀛紀事》，心識之久。」廣西柳州劉漢忠藏 1 部。

90　楊廷理著、劉漢忠點校，《知還書屋詩鈔》（南投：臺灣省文獻委員會，1996），頁 292。

91　謝金鑾，《續修臺灣縣志》（臺北：臺灣銀行經濟研究室，1962），頁 396。

92　丁宗洛，《陳清端公年譜》（臺北：臺灣銀行經濟研究室，1964），頁 64－65。

（乾隆 50 年，1785）秋入京，購得一部，復從浙中得一部，合三部而校正之，以付剞劂。……今重刊此集，可以廣播流傳，並足以慰余景仰之私矣。」嘉慶 13 年（1808）11 月 16 日楊廷理長子楊立先在廣州補刊該書時又序：「乾隆乙卯（乾隆 60 年，1795），家大人宦海遭抑揄，遂懸車，命立先攜集板眷來東僑寓。計棗栗頗夥，以播遷周折，故散佚居半，距茲十餘稔，每檢視，急謀修緝，憾有志未逮。嘉慶戊辰（嘉慶 13 年，1808），家大人重守閩中，予往省侍。老人詢悉顛末，為之不怡，即諄諄命東旋補刊，俾昭完璧。立先遵嚴命，竭支綿力，於全板中匯加點閱，綜其闕若干，悉依原本繕鐫，綴輯成帙，庶旋復魯靈光舊觀，而家大人採集授梓之初心藉以獲慰。」❽可見楊廷理的合校本是在乾隆 53 年（1788）10 月回任臺灣知府之後，用海東書院的名義開雕成書。乾隆 60 年（1795）8 月以後，因為虧空官款案離職，他將解赴福州繫獄，於是交代長子楊立先將書板帶去廣東，直到嘉慶 13 年（1808）再補版重刷。

　　任莉莉著錄這個版本：「清乾隆戊申五十三年，柳州楊廷理就蔣之翹❾本重刊柳河東集註四十五卷外集五卷附錄一卷，所謂雙梧居本是也。楊氏因蔣注校刊，附錄祭文、集序、初記、碑文共二十首。《龍城錄》係宋王銍偽託，不復刊入，編排甚佳。嘉慶戊辰，楊立先又行翻雕是本。」❿然而，她卻未說明其寓目刊本的收藏

❽　同註❾，頁 385－387。

❾　蔣之翹，字楚穉，浙江秀水人。布衣。壯歲游三湘七澤間。明亡，息影著書，鬻絲自給。晚無子，歿後葬柿林。所刊《楚辭》及《韓柳文》，為明季善本。袁行雲，《清人詩集敘錄》，卷 5 頁 143。

❿　任莉莉，〈柳宗元文集版本考〉，《故宮學術季刊》5.4（1988 夏）：96。

處；目前國立故宮博物院圖書館及國家圖書館善本室皆藏有明崇禎
6 年（1633）蔣之翹原刊本 1 部，楊廷理、楊立先的版本則未見庋
藏；不過，政治大學圖書館得密集書庫裏卻典藏 1 部 45 卷的《柳
河東集》，並附 5 卷《外集》計 20 冊，著錄為光緒 25 年（1899）
柳州楊氏刊，不知是否為後人續刷？

　　楊廷理還編輯《東瀛紀事》，此書由幕客嘉興人吳文溥助
撰。**⑯**內容記載乾隆 50 年（1785）11 月至 53 年（1788）5 月 10 日之
間，清廷派兵敉平林爽文事件的始末，楊廷理〈勞生節略〉：「予
首先集義，料辦軍需，隨機策應，固守府城，詳載《東瀛紀事》
中，予由是疊沐舒恩。」並且在自序落款：「乾隆五十五年孟夏，
柳州楊廷理書於臺灣郡署之榕堂。」

　　乾隆 55 年（1790）的初刊本未見著錄，〈野史過目偶錄〉記作
稿本 1 冊，年代不詳。**⑰**道光 17 年（1837）2 月的本子，由楊立亮
重刊、擁書樓藏板，**⑱**北京人文科學研究所藏 1 部，首葉次行刊
「柳州楊廷理清和氏採輯」，書後刊「第五男立亮謹校重刊」木記
1 行。民國 13 年（1924）6 月羅振玉將《東瀛紀事》編入《史料叢
刊初編》最末卷，內文每半葉 12 行，行 23 字，版心上下黑口，單
魚尾，中刊「瀛記」，下刊葉次，楊〈序〉2 葉，內文 24 葉，首
葉次行刊「柳州楊廷理輯」，書後無楊立亮木記，不知是否根據原

---

⑯　吳文溥：「僕在海外，又為雙梧太守撰《東瀛紀事》一編。」《南野堂筆
　　記》卷二，嘉慶元年（1796）刊本。同註**⑳**，頁 13。

⑰　老外：〈野史過目偶錄〉，《文物》總 124（1961.4）：11－17。

⑱　「擁書樓」為楊廷理故宅書房，楊廷理〈登擁書樓〉：「書餘萬卷供兒讀，
　　屋剩三間待我回。」同註**⑳**，頁 215。

刊本景印，待考。民國 53 年（1964）3 月臺北文海出版社重新影
印。次年 6 月周憲文收入《臺灣文獻叢刊》（第213種《海濱大事記》
之三）。民國 76 年（1987）臺灣大通書局複印文叢本，收入《臺灣
文獻史料叢刊》（第7輯）。民國 86 年（1997）6 月臺灣省文獻委員
會複印文叢本，收入《臺灣歷史文獻叢刊》。

　　嘉慶 18 年（1813）夏秋之際，楊廷理在臨終前完成《議開臺灣
後山噶瑪蘭節略》，❾❾書中記述他一生開發宜蘭的心路歷程。鄭兼
才〈噶瑪蘭原始〉：「噶瑪蘭僻在荒裔，草昧初開，紀載闕略。臺
人所傳，惟謝教諭金鑾之《蛤仔難紀略》、楊太守廷理之《議開噶
瑪蘭紀略》二書，乃權輿也。楊書僅紀開拓之功，謝書稍詳形勢，
並其原起。然楊不及見十七年以後之事；而謝僅得諸傳聞，未嘗親
履其地，所言或有未確。」❿可知楊廷理在此書僅纂輯嘉慶 17 年
（1812）以前材料成書，八木冬嶺《臺灣書目年表》即著錄為嘉慶
18 年（1813）刊本，書名題作《開臺灣後山噶瑪蘭說略》。⓫咸豐
2 年（1852）《噶瑪蘭廳志》亦收入第 7 卷〈雜識·紀文·紀略〉條
下。

---

❾❾　陳淑均，《噶瑪蘭廳志》〈引用書目〉：「《議開噶瑪蘭節略》、《東游草
　　詩》各一卷：楊廷理雙梧撰。」（臺北：臺灣銀行經濟研究室，1963），頁
　　17。

❿　陳淑均，《噶瑪蘭廳志》，頁 938－939。

⓫　八木冬嶺，《臺灣書目年表》，謄寫本第 5 葉。

廿四、陳倫炯《海國聞見錄》

　　陳倫炯（1688-1751），字次安，號資齋；福建同安人，廩生。
少從其父陳昂熟聞海道形勢，尤留心海外諸國風土民俗，熟識海上
針盤更辰、海道港灣。雍正元年（1723）以署臺灣南路營參將陞
署，後陞任澎湖水師副將，雍正 4 年（1726）陞任臺灣總兵，次年
調任廣東高雷廉總兵，乾隆 7 年（1742）受命提督兩浙軍務，乾隆
16 年（1751）卒於家，享年 64 歲。著有《海國聞見錄》2 卷、《沿
海形勢錄》。

　　雍正 8 年（1730）11 月 15 日陳倫炯在《海國聞見錄》自序中，
詳述著述的因果：「康熙壬戌（康熙 21 年，1682），聖祖仁皇帝命征
澎、臺，遣靖海侯施公琅提督諸軍；旁求習於海道者。先公進見，
聚米為山，指畫形勢，定計候南風以入澎湖；遂藉神策廟算，應時
戡定。又奉施將軍令，出入東、西洋，招訪鄭氏有無遁匿遺人；凡
五載。敘功授職，再遷至碣石總兵，擢廣東副都統，皆濱海地也。
倫炯蒙先帝殊恩，得充侍衛；親加教育，示以沿海外國全圖。康熙
六十年，特授臺灣南路參將。皇上嗣位，蒙恩遷澎湖副將、移臺灣
水師副將，即擢授臺灣總兵，移鎮高、雷、廉，又皆濱海地
也。……倫炯自為童子時，先公於島沙隩阻盜賊出沒之地，輒諄諄
然告之。少長，從先公宦浙，聞日本風景佳勝，且欲周諮明季擾亂
閩、浙、江南情實；庚寅夏，親遊其地。及移鎮高、雷、廉，壤接
交阯；日見西洋諸部估客，詢其國俗、考其圖籍，合諸先帝所圖示
指畫，毫髮不爽。乃按中國沿海形勢、外洋諸國疆域相錯、人風、

物產、商賈貿遷之所,備為圖誌。」⑩

《四庫全書》將本書收錄在史部地理類外紀之屬,並且評價:「雖卷帙無多,然積父子兩世之閱歷,參稽考驗,言必有徵,視勦傳聞而述新奇,據故籍而談形勢者,其事固區以別矣。」⑩道光13年(1833)沈楙惥將此書與《裨海紀遊》視作「雅相伯仲」。⑩柴德賡《史籍舉要》:「光緒34年(1908)日本商人西澤占沙島,島在粵東惠來、海豐之間,有人於此書找出島屬我國的確證,日人無言以對,遂將此島歸還我國。」⑩傅金星述評:「它是武人航海的記錄,更側重於海域形勢、氣候變幻和海防的密切關係。更值得注意的是繪製了六幅地圖,在當時測繪技術還很落後的情況下,實在是難能可貴的。」⑩

關於《海國聞見錄》的版本,姚瑩認為:「書坊猶多舊刻,而字多漫漶矣。」⑩筆者知見木刻刊本至少有 3 種:一是乾隆 58 年(1793)廣東大文堂刊本,臺灣大學圖書館伊能文庫藏 1 部,原題:「海國聞見錄」,著錄編撰者為「陳倫炯著,馬俊良訂」,計64 葉 2 卷。此外,北京圖書館、廈門大學南研所、日本內閣文

⑩　陳倫炯,《海國聞見錄》(臺北:臺灣銀行經濟研究室,1958),頁 1。

⑩　《景印文淵閣四庫全書》(臺北:臺灣商務印書館,1983),第 594 冊頁848。

⑩　《合校足本裨海紀遊》(臺北:臺灣省文獻委員會,1950),頁 49。

⑩　傅金星,《泉賢著作述評》(廈門:鷺江出版社,1994),頁 64。

⑩　同前註,頁 65。

⑩　姚瑩著,施培毅、徐壽凱點校,《康輶紀行、東槎紀略》(合肥:黃山書社,1990),頁 285。又見民國石印本《康輶紀行》,《筆記小說大觀》續編(臺北:新興書局,1973),頁 4807。

庫、中央研究院傅斯年圖書館各藏 1 部，北京人文科學研究所藏鈔本 1 部。

　　二是道光 20 年（1840）易理齋重刊本，鄭津梁舊藏 1 部，書皮簽頭刊「《海國聞見錄》：卷上」；封面印黃色紙，刊「《海國聞見錄》：道光癸未重梓，易理齋藏板」；〈原序〉2 葉：「乾隆九年歲次甲子夏月，閩浙制使洪科弟那蘇圖拜譔」，鈐入「聽雨」朱印 1 方；又〈序〉2 葉，落款：「乾隆九年歲次甲子仲冬月，長洲弟彭啟豐拜題。」又〈序〉2 葉，落款：「乾隆八年歲在癸亥嘉平月，納蘭弟常安拜題」；又〈序〉2 葉，落款：「雍正八年歲次庚戌仲冬望日，同安陳倫炯謹誌。」又〈重刊《海國聞見錄》序〉3 葉，落款：「道光癸未孟冬，長洲張久照謹譔。」目次 1 葉，次行刊「同安陳倫炯資齋著，長洲張久照易齋重輯」，鈐入「梅里書屋」朱印 1 方；內文每半葉版框高 24 公分，寬 16 公分，9 行，行 24 字，四周雙邊，版心上刊「海國聞見錄目錄」及「海國聞見錄上卷」，單魚尾，下刊葉次；上卷計 31 葉，下卷刊輿圖 6 幅，無版心，計 25 葉，卷前刊「同安陳倫炯資齋氏圖識」木記 1 行，鈐「梅里書屋」朱印 1 方；此書書影曾經刊載於《臺南市志稿‧文教志》卷前作為附圖，惟鄭津梁當時尚未加鈐「聽雨」朱印。南京大學圖書館、京都大學人文科學研究所各藏 1 部。

　　三是吳省蘭《藝海珠塵》本（石集乙集），臺北國家圖書館藏本原是中國國際圖書館舊藏，扉葉黏貼專用藏書票 1 枚。內文每半葉版框高 15.5 公分，寬 12 公分，10 行，行 21 字，左右雙邊，版心上刊「藝海珠塵」，黑魚尾，中刊「海國聞見錄」，下刊葉次，計 2 卷。國立中央圖書館臺灣分館藏本書簽誤作「海國見聞錄」，上

卷 31 葉，首葉鈔補；下卷 25 葉，皆圖，首葉刊「海國聞見錄附圖，華亭夏璇淵繪并校」；鈐入「臺灣總督府圖書館藏」、「臺灣省立臺北圖書館藏書章」朱印 2 方以及「昭和·六·四·十七·購求」藍色圓戳 1 方。民國 47 年（1958）9 月《臺灣文獻叢刊》據後者排印本，周憲文說明：「本書係據南匯吳省蘭泉之輯《藝海珠塵》版分段標點；雖然其中所述，並非盡屬臺灣範圍，但以全書自成系統，而且字數不多，附圖可貴，故予全部刊出，以利參考而免割裂。」⑩民國 72 年（1983）3 月臺北成文出版社景印臺灣分館刊本，又據道光 20 年（1840）刊本補入馬俊良等序文 4 篇，以及《四庫提要補正》胡玉縉撰文 1 篇，附錄文叢本，收入《中國方志叢書》（臺灣地區第 61 號）。民國 76 年（1987）臺灣大通書局複印文叢本，收入《臺灣文獻史料叢刊》（第 7 輯）。民國 85 年（1996）9 月臺灣省文獻委員會複印文叢本，收入《臺灣歷史文獻叢刊》。民國 96 年（2007）8 月臺中文听閣圖書有限公司據臺灣分館刊本複印並且重排，收入《全臺文》（第 49 冊）。

　　其他版本尚見《四庫全書》、《說海》、《昭代叢書》（戊集續編）、《舟車所至叢書》（節本）、民國 71 年（1982）1 月沈雲龍景印《舟車所至叢書》，編入《近代中國史料叢刊》（續輯第 511號）。

第三節　嘉慶、道光年間的臺南出版

一、武隆阿《聖諭廣訓註》

　　武隆阿（？－1831），姓瓜勒佳氏，號駿亭，滿洲正黃旗人，提督七十五之子，由監生從戎，出征川陝楚案有功，累陞乾清門侍衛。嘉慶 10 年（1805）授廣東潮州鎮總兵。時海盜充斥，仁宗以其勇敢，故使治之。翌年偕王得祿等擊蔡牽於鹿耳門，敗之。嘉慶 12 年（1807）遷頭等侍衛，授臺灣鎮總兵。嘉慶 23 年（1818）奉准病假卸職。他曾為海東書院題寫「吾道東矣」木匾 1 方，惜遭戰火炸失。❶著有《營武約編》、《聖諭廣訓註》。❷後者與臺南出版史尚見一則軼聞。

---

❶　趙爾巽等，《清史稿》（北京：中華書局，1998），頁 2946。石暘睢、朱鋒（莊松林）、黃天橫，〈臺南歷史人物印存〉，《文史薈刊》1（1959.6）：127。

❷　雍正 2 年（1724）以降治臺文武官員為配合宣講，莫不屢鐫御製《聖諭廣訓》，此一系列書籍應該是出版最多的官方出版品。例如嘉慶 25 年（1820）臺灣道葉世倬刊《聖諭廣訓直解》，版藏臺灣府學；道光 28 年（1848）臺灣道徐宗幹獲前書，即率僚屬復加校訂，廣為流布；同治 8 年（1869）臺灣道黎兆棠再刊，於郡城設學舍，以授熟番子弟；光緒 3 年（1877）臺灣道夏獻綸在附近番社市鎮廣興義學，持誦宣講；光緒 15 年（1889）福建臺灣巡撫劉銘傳責成義塾學師，按期宣講。史乘不勝枚舉，印量無法估算。鄭喜夫，〈清代臺灣善書初探〉《臺灣文獻》33：3（1982.9）：11－12。

　　光緒 4 年（1878）龔顯曾《亦園脞牘》言及：「臺灣鎮武隆阿刻有銅活字，嘗見其《聖諭廣訓註》印本，字畫精緻。」❸姚瑩也在寫給友人怡庄的信中談到：「此間有武鎮軍家，亦鑄聚珍銅板，字亦宋體，而每板只八行，不愜鄙意。」❹《聖諭廣訓》在清領以降有很多版本，張秀民認為武隆阿的本子並未見官私藏家著錄。❺李珽也表示：「其造銅字當在嘉慶、道光年間。」「龔、姚二人，一說『刻有銅活字』，一說『鑄聚珍銅板』，究竟是『刻』還是『鑄』，因無實物流傳下來，也難以稽考了。」❻

　　林漢章推論：「不論武隆阿的銅活字是刻或鑄，對臺灣印刷史卻都是一項空前絕後的巨構，可惜此書未見於國內外公私著錄。而武隆阿以在旗武將身份，於嘉慶 12 年（1807）來任臺灣鎮總兵官，以一介武將刊本就少見，而又如此講究用銅活字則更為難得。然而值得省思的是：以當時臺灣百工之粗陋，鑄刻銅活字似乎無此手藝，更何況『字畫精緻』者，而此書之份量也不足以由泉募工來刻，由此斷言，此書之鑄印或許由內地傳來。」❼辛廣偉卻續貂：

---

❸　龔顯曾，《亦園脞牘》，廈門大學圖書館藏光緒 7 年（1881）明州重刻本，卷 1。張秀民、韓琦，《中國活字印刷史》（北京：中國書籍出版社，1998），頁 92。

❹　原信今日典藏在上海圖書館。沈文倬，〈清代學者的書簡〉，《文物》132（1961.10），頁 64。

❺　張秀民、韓琦，《中國活字印刷史》，頁 92。

❻　謝水順、李珽，《福建古代刻書》（福州：福建人民出版社，1997），頁 506。

❼　林漢章，〈清代臺灣出版概況〉，《臺灣傳統版畫特展》（高雄：高雄市立美術館，1995），頁 14－15。

「該書未注明此印刷活動是否在臺灣進行,如在臺灣印刷,這應是臺灣最早的出版記錄。」❽嘉慶朝以前的臺南出版品,誠如筆者在前文臚列諸書,早已百花齊放、成果豐碩,「臺灣最早的出版記錄」怎樣也冠不上這本《聖諭廣訓》,辛氏所言當屬臆測!

關於活字印書,道光年間還有一個例子:武攀鳳,江蘇上元人,嘉慶 16 年(1811)武進士。道光 25 年(1845)正月 12 日由山東登州總兵調任臺灣鎮總兵。道光 28 年(1848)2 月 17 日因病開缺,同年 11 月 25 日以「營務廢弛」遭到革職。光緒 16 年(1890)甘熙《白下瑣言》:「攀鳳官至臺灣總兵,家頗豐饒,嘗得銅鑄活字板一副,甚精;某制軍聞之,欲假之印書,不允,固求之,索重值三千金,遂被劾而歸。文人韻事,本非武夫所宜親,況挾以要利乎?」❾引文中的「某制軍」,就是道光 27 年(1847)4 月抵臺巡視的閩浙總督劉韻珂,覬覦武攀鳳的銅活字,軟硬兼施,終究未遂,於是懷恨陰謀,羅織入罪。武攀鳳擁有的銅活字應該是在中原某地鑄成之後,跟隨軍伍涉海攜來郡城,臺南當時的出版技術仍以整治木版為主流,應該未達熔鑄金屬活字的水平。

遲至清末,金屬活字印刷術才透過西方傳教士引入,目前號稱全臺最早的新式印刷機,尚且存放在臺南市長榮中學校史館。光緒 10 年(1884)5 月由湯瑪斯·巴克禮牧師(Rev. Thomas Barclay)從英國運抵臺南,以「聚珍堂」名義,俗稱「新樓書房」,開始正式發行

---

❽ 辛廣偉,《臺灣出版史》(石家庄市:河北教育出版社,2000),頁 1-2。
❾ 甘熙,《白下瑣言》,《筆記小說大觀》第 15 編第 10 冊(臺北:新興書局,1978),頁 6406-6407。

《臺灣府城教會報》月刊與羅馬音訓《三字經》，才衝擊到臺南傳統雕版印書的生態與市場。

二、謝金鑾《蛤仔難紀略》

謝金鑾（1757－1820），字巨廷、退谷，晚年改名灝。福建侯官人。乾隆 53 年（1788）舉人。嘉慶 2 年（1797）大挑二等，任福建邵武教諭，復調安溪。嘉慶 9 年（1804）改調嘉義縣教諭，未及期而蔡牽倡亂，陷鳳山，南北戒嚴，謝氏向嘉義知縣陳防禦之策，部署以定。及總兵武隆阿率師援嘉義，而蔡牽與其黨遁去，武隆阿知其賢，一見如平生。蔡牽欲得蛤仔難以為基地，謝氏乃撰《蛤仔難紀略》6 篇，詳其利害。書既上，咸以險遠為難，乃走使京師，上其書於同鄉少詹事梁上國。奏聞。嘉慶 14 年（1809）正月詔命派員經理，乃設噶瑪蘭廳，至今利賴。謝氏秩滿內渡，補南平教諭，尋移彰化，復調安溪。享年 64 歲，道光 5 年（1825）入祀福建鄉賢祠。謝氏喜讀宋儒書，畢力性命之說。其說經，不事章句訓詁，善用經傳之說，主忠信、篤敬，身體力學，文章經濟有名於時。官安溪時作《泉漳治法論》1 卷；調任嘉義時作《蛤仔難紀略》，並與鄭兼才合纂《續修臺灣縣志》8 卷，另著有《二勿齋文集》6 卷、《論語續注補義》4 卷、《教諭語》4 卷、《大學古本說》等，俱行於世。❿

---

❿ 劉德城、周羨穎，《福建名人詞典》（福州：福建人民出版社，1995），頁156。

　　嘉慶 12 年（1807）12 月鄭兼才上書閩浙總督張師誠，力薦謝金
鑾：「閩中教官，不少博學能文而能通曉事體；某所知，惟嘉義縣
學教諭謝金鑾，臺灣情勢尤為熟悉。近將俸滿內渡，故敢薦達，以
備採訪。其所著作，多關經濟，某不能及也。」⓫楊廷理為《蛤仔
難紀略》題序：「侯官謝退谷教諭嘉義學，身經蔡牽、朱濆擾臺
事，作《蛤仔難紀略》六篇：首原由，次宣撫，次形勢，次道里，
次圖說，最後論證。……教諭無地方責，眷眷作此，則先幾之照，
而用其不忍焉耳。」⓬謝金鑾亦後序：「賊朱濆侵蛤仔難，伐木治
道，直入於東勢。賽將軍檄太守往。太守入於蛤仔難，民情大驩，
卒合舟師逐朱濆，悉圖其地理形勢而歸。賽將軍以言於朝，於是金
鑾復得觀於太守與其道理。以墾闢之議未果行也，乃書其事作《紀
略》，復暢論之而徵諸文獻。」⓭

　　嘉慶 13 年（1808）5 月 26 日鄭兼才回信給謝金鑾：「尊作《蛤
仔難紀略》一本，具見深心。楊守賢勞，茲為不負。」他又向恩師
汪廷珍稟告：「謝君官嘉義教諭，去歲詳修《臺邑志》，當道檄延
主纂；既竣，復著《蛤仔難紀略》一卷……謹呈鑒並乞序言。」翌
年 9 月 9 日鄭兼才就將這本書寄呈汪氏，並云：「《蛤仔難紀略》
已梓於前臺郡守楊公廷理。內備四圍，弁以謝博士金鑾原序。楊太
守未知兼才求序於夫子，而謝博士則深喜是書得因就正，以未得快

⓫　鄭兼才，《六亭文選》（臺北：臺灣銀行經濟研究室，1962），頁 63－65。

⓬　柯培元，《噶瑪蘭志略》（臺北：臺灣銀行經濟研究室，1961），頁 179－
　　180。

⓭　柯培元，《噶瑪蘭志略》，頁 206－207。

覿師序為憾。……錄本《紀略》附呈。」⓮

　　《蛤仔難紀略》嘉慶 13 年（1808）的初刻本，北京圖書館藏 1 部：8 行，行 22 字，白口，四周雙邊。⓯莊松林（筆名朱鋒）也藏 1 部，民國 43 年（1954）11 月 25－27 日在臺南市議會大禮堂展出。⓰ 道光 14 年（1834）的重刊本，高澍然曾云：「其板已亡矣。邵武張進士繁露以舊藏本貽余，余得讀之。……蓋經世務書也。……吾懼異時史氏紀噶瑪蘭本末，或遺先生也，屬其子宗本將謀重刻備考。」⓱林樹梅增補圖繪並且補識：「道光四年（1824）先君子護理臺灣水師副將，曾作〈全臺輿圖〉記其要害。迨署閩安副將，又命樹梅蒐羅籌海之書，得鄉賢謝退谷先生所著《蛤仔難紀略》，謂西渡五虎閩安為甚捷，益見海疆門戶之宜防，與先君子之論合，亟纂入《閩安記略》，資考鑑焉。先生令嗣宗本茂才為言，原板已亡，去冬重梓，而圖注闕如，茲訪得何氏所藏先生藏本，因屬樹梅補繪之。夫圖書自昔竝稱，而按山川之險夷，審島汛之遠近，則圖之所關甚鉅，豈可忽哉？謹出先君子舊圖，互相校勘，摹畫既成，敬識其後。」⓲可見他對於重刊本的敬慎用心。北京師範大學圖書館藏有 1 部。

⓮　鄭兼才，《六亭文選》，頁 68－71、77－78。

⓯　北京圖書館編，《北京圖書館古籍善本書目》（北京：書目文獻出版社，1987），頁 778。

⓰　南嘉雲縣市文獻委員會，《南嘉雲地區歷史文物展覽會目錄》，1954.11.24。

⓱　柯培元，《噶瑪蘭志略》，頁 207－209。

⓲　林樹梅，〈書謝退谷先生《蛤仔難圖》後〉，載於《靜遠齋文鈔》，《臺灣文獻匯刊》第 4 輯第 1 冊（廈門：廈門大學出版社，2004），頁 538－539。

　　道光 20 年（1840）年底陳淑均在鹿港訪得此書，認為「謝氏
《紀略》一篇，自原由、宣撫、形勢、道里至圖說五門，以今校
之，皆未若目驗者之為確。惟未辨證一門二則，力言蘭宜收撫，為
當日梁宮詹據以入奏之稿。茲從其甲午（道光 14 年，1834）重刊本備
錄之，以為後師。」❶所以他將《蛤仔難紀略》的〈論證〉2 則，
收入《噶瑪蘭廳志》第 7 卷〈雜識・紀文・紀略〉條；後來丁曰健
再收錄 1 則到《治臺必告錄》第 2 卷。

　　《蛤仔難紀略》先後收錄在道光 15 年（1835）以後柯培元《噶
瑪蘭志略》鈔本、咸豐 2 年（1852）《噶瑪蘭廳志》刊本、同治 6
年（1867）丁曰健《治臺必告錄》刊本。王國璠誤錄：「今書已
佚，亦未聞鈔本。」❷其實還有連橫《雅堂叢刊》鈔本，民國 64
年（1975）4 月臺灣省文獻委員會委託鍾華操據與《噶瑪蘭廳志》、
《臺灣文獻叢刊》一同考訂，收入《雅堂叢刊》（第 2 集）。❸

三、陳思敬《鶴山遺集》

　　陳思敬，字泰初、太初，郡城鎮北坊人。及長歸祖籍，補同安

<hr>

❶　陳淑均，《噶瑪蘭廳志》（臺北：臺灣銀行經濟研究室，1962），頁 360。
❷　王國璠，《重修臺灣省通志卷六文教志文獻工作篇》（南投：臺灣省文獻委
　　員會，1998），頁 33。
❸　鍾華操校訂，《臺海使槎錄等九篇》（臺中：臺灣省文獻委員會，1975），
　　頁 27−30。附提一筆：謝金鑾之女謝采繁，少穎悟，喜讀書。乾隆年間隨父
　　來臺，年廿適連江貢生鄭光裕，未卅卒。蛻庵老人《大屯山房譚薈》著錄她
　　著有《冰壺集》4 卷，惜僅〈梳頭〉詩作 1 首傳世。

學弟子員。陳鵬南之子，承父志，樂善好施。尤敦內行，事繼母楊氏孝謹。乾隆 18 年（1753）副貢生，捐三千金重修福州貢院，又建寨仔山義塾、倡修同安文公書院、並修族譜，遠近咸稱高義。著有《鶴山遺集》6 卷。嘉慶 18 年（1813）8 月由其子鳴佩、鳴鑾校刊，安溪官獻瑤為之序，然書不傳。㉒存世僅見〈兔絲花〉、〈泮水荷香〉、〈茉莉花〉詩 3 首。

四、翟灝《臺陽筆記》

　　翟灝，字大川、晴江、笠山，號蒲笠山人，山東淄川人。增貢生。乾隆 58 年（1793）春天奉檄調臺，嘉慶 5 年（1800）4 月署臺灣府經歷，嘉慶 8 年（1803）秋，丁父憂，由海路歸。著有《臺陽筆記》1 卷。嘉慶 13 年（1808）鍾廷瑛為該書撰序：「今笠山翟君，以恢恢游刃之才，蘊康濟吾民之略，在臺陽十餘年，耳熟目悉，洞見癥結。復值蔡逆之擾，以文弱書生，而櫜鞬袴褶，拒賊鋒於鯨波鼉碕之間。其鬱勃於中，有不能已於言者，隨筆剳記，以十三篇括之。」並且推崇該書可與黃叔璥《臺海使槎錄》相提並論。次年，翟灝的莫逆之交王元鶚評語：「與《聊齋》並傳也。」嘉慶 16 年

㉒　王國璠，《臺灣先賢著作提要》（新竹：臺灣省立新竹社會教育館，1974），頁 56－57。王國璠並且轉引龍溪洪天賜《雙魚齋詩話》：「陳泰初《鶴山集》，性情獨厚，詞筆獨醇，真氣灌於胸中，而以自然出之，迥殊途澤，以為華學，續以為富者，宜乎同輩之罕及也。」恰與《臺灣先賢著作提要》著錄黃佺《草廬詩草》、《東寧遊草》評語雷同，或許是傳鈔誤植，姑存疑。

（1811）夏天翟灝僑寓京江（今江蘇鎮江），向許鯉躍求序、韓秉鈞求跋。同時，胡泉宦遊瀨水（今江蘇溧陽），他與翟灝「把臂談詩，成匝月歡。蒙示《臺陽筆記》，皆經世婆心，不特吟風弄月而已。然紬繹篇章，全臺在目，離奇兀突，令我消魂。」嘉慶 18 年（1813）冬天楊祖淳從翟灝之弟翟芳南手中看到這本書，又補序 1 篇。㉓

《臺陽筆記》嘉慶 18 年（1813）停雲館刊本，筆者未覩。北京圖書館、國立中央圖書館臺灣分館各藏鈔本 1 部，後者封面墨書「《臺陽筆記》：蒲笠山人著，停雲館藏板」，內文每半葉 8 行，行 20 字，不分卷，錄文 14 篇、五言絕句 8 首，另附〈閩海聞見錄〉14 則，鈐入「臺灣總督府圖書館藏」、「臺灣省立臺北圖書館藏書印」朱印 2 方，以及「大正·十五·八·六·謄寫」藍色圓章 1 方；最末葉落款「大正十五年七月廿八日依原刊本謄寫，市村榮」。民國 47 年（1958）5 月《臺灣文獻叢刊》據以為底本重排問世。民國 72 年（1983）3 月臺北成文出版社再景印市村榮鈔本，收入《中國方志叢書》（臺灣地區第 57 號）。民國 76 年（1987）臺灣大通書局複印文叢本，收入《臺灣文獻史料叢刊》（第 8 輯）。民國 93 年（2004）12 月臺北臺灣古籍出版有限公司再據市村榮鈔本標點校正，易名《臺陽筆記校釋》，收入《臺灣古籍大觀》。民國 96 年（2007）8 月臺中文听閣圖書有限公司據市村榮鈔本複印並且重排，收入《全臺文》（第 53 冊）。

㉓ 翟灝，《臺陽筆記》（臺北：臺灣銀行經濟研究室，1958），頁 3、9、11、14。

五、林瀯《一峰亭林朝英行略》

　　林朝英（1739-1816），字伯彥，別署一峰亭，又號梅峰、鯨湖英，原籍福建漳州海澄縣。乾隆 43 年（1778）在臺南三界壇前興建宅第，將「蓬臺書室」題額「一峰亭」。乾隆 54 年（1789）由秀才拔薦為明經貢士。嘉慶 9 年（1804）響應薛志亮、鄭兼才倡議，自費萬金修建孔廟，義舉被謝金鑾寫入《續修臺灣縣志》。嘉慶 20 年（1815）奉旨表揚，在龍王廟前樹立「重道崇文」石坊。翌年 10 月 16 日逝世，享年 78 歲。清廷諡封「謙尊」，留予後人「海外才子」的典範。林朝英去世後，第 3 子林瀯編輯《一峰亭林朝英行略》1 卷。

　　本書由「欽命提督福建全省水師等處地方軍務統轄臺澎水陸官兵二等子爵世襲軍功加五級尋常加一級姻愚姪王得祿頓首拜填」、「賜進士出身勅授文林郎截取縣知縣特調臺灣府儒學教授年家教弟陳廷元頓首拜諱」、「乾隆戊午科鄉進士即用教諭愚弟陳捷鰲頓首拜書。」文中透露林朝英生前收藏的刻版計有：「《秋興法帖》一、《鵝群法帖》一、《真草篆隸》四、《草書》八、《鵝群書》八、《四時花鳥》四、《竹》四，皆經脫稿，後再加點校，而付之梓。」昭和 9 年（1934）9 月 10 日林朝英派下第五房的五世孫林麒麟再重刷雕版，在附加鉛活字排版的〈附錄〉葉中加註：「蓋我等祖先一峰亭林朝英，對於前朝有微功，地方有微德，種種功德行略，先代曾記載成書，刻版保存可考。」

　　嘉慶 21 年（1816）的原刊本，筆者未見。昭和 9 年（1934）的重刷本黃天橫藏 1 部，原為石暘睢舊藏，封面刊書名，加鈐「臺南石

陽睢文庫所藏」、「黃天橫印」朱印 2 方；內文每半葉版框高 20
公分，寬 14 公分，7 行，行 16 字，四周雙邊，版心單魚尾，下刊
葉次，計 15 葉，皆以朱墨刷印。又〈附錄〉1 葉，每半葉版框高
19.6 公分，寬 13.5 公分，11 行，行 20 字，四周雙邊，版心單魚
尾，活字排版，黑色油墨印製。此外，國立中央圖書館臺灣分館、
鄧秋彥、陳仁郎皆藏 1 部。戰後林朝英後人再將珍藏木刻雕版 15
葉贈與臺南市政府，現由臺南市立民族文物館典藏。

六、章甫《半崧集》

　　章甫（1760－1816），字申友、文明，號半崧，臺灣縣人。嘉慶
4 年（1799）歲貢生，三次渡海赴試，皆不中，遂設教里中。曾捐金
助修府學，擔任董事。性嗜古，天分甚高，舉凡經書子史百家，無
不採其精華蘊藉之。而於詩學之源流正變，尤極心研究。生平不履
仕途，課兒孫以自娛，時人目為高士。著有《半崧集》6 卷。❷❹

　　海東書院掌教曾中立為此書作序：「歲丙午（乾隆 51 年，
1786），余主海東講席兩年，院中課藝欲付梓者，半崧章君申友最
多。是歲賓興，復得其古今體詩初集若干首。」❷❺臺灣縣學教諭兼
主崇文書院梁上春（也是其子章采的老師）題敘：「其所著《半崧
集》，余同年退谷謝先生西歸時，常謂余言之；久而未得見。是歲

---

❷❹　王國璠，《臺灣先賢著作提要》，頁 58－60。連橫《臺灣通史》誤作 4 卷
　　　本，《臺灣詩乘》又誤作 8 卷本。
❷❺　章甫，《半崧集簡編》（臺北：臺灣銀行經濟研究室，1964），頁 3。

秋俸滿，將告歸，令嗣采攜以示余。」臺灣府學教授黃大齡撰序：
「臺陽章申友先生，余外舅之從祖昆弟也。賦才卓犖，博覽群書，
夙有名稱；蓋耳熟久之。歲壬申（嘉慶 17 年，1812），余以教授奉調
東渡，謁先生時聆其言論，因出所編《半崧集》見示。……今先生
杜門不與外事，課兒孫以自娛。……乙亥（嘉慶 20 年，1815）秋仲，
令嗣與其門人將以是集鋟諸梨棗。」嘉慶 21 年（1816）3 月 15 日，
時年 60 歲的章甫自敘：「門中慮其散佚殆盡，因於斷素零縑撿得
一二，得若干首，編以付梓，請予名集。予維隨時感觸，如蛩之語
秋、鳥之鳴春，發於不自知耳；嗚乎詩，烏乎名吾集！無已，謭陋
之誚，還吾本來面目；別號半崧，即以是號名集。後之閱是集者，
知閩海之東有某某，生平興懷寄託一係之於詩，誠不知其何以一往
情深也。」㉖連橫〈臺灣詩社記〉：「臺人士之能詩者，若章甫之
《半崧集》。」㉗王國璠評語：「惜半崧畢生未出閩疆，倘得遍遊
宇內，訪吳越之形勝，歷京師之鉅觀，其篇什之富，當數倍乎此
也。」㉘

　　《半崧集》嘉慶 21 年（1816）刊本，內文每半葉 8 行，行 18
字，四周雙邊，版心上刊「半崧集」，單魚尾，中刊卷次及葉次，
下黑口。每卷首葉次行刊：臺陽申友章甫著，門人聞圃郭紹芳、霄
上施鈺、朝修陳青藜、男采全校。計 152 葉，分 6 卷，錄詩 419
首、收文 32 篇，卷首刊序 5 篇、卷末刻跋 3 篇。昭和 16 年

㉖　同前註，頁 7－11。
㉗　連橫，《雅堂文集》（臺北：臺灣銀行經濟研究室，1964），頁 98－105。
㉘　同註㉔。

（1941）5 月黃得時編寫《臺灣文藝書志》，根據家藏刊本著錄：嘉慶丙子（嘉慶 21 年，1816）春開雕，在福州刊行。㉙此外，連橫的學生林條均也收藏殘本第 3 卷，首葉書影刊登在《臺南市志稿‧文教志》卷前，圖片註明：「今藏其書者已少」。

　　國立中央圖書館臺灣分館藏鈔本 1 部，鈐入「大正六年十一月五日謄寫」藍色圓章 1 枚，計 6 卷，分訂 4 冊。至於《半崧集》的排印本，民國 53 年（1964）5 月吳幅員據鈔本標點排印，刪存全書之半，更名《半崧集簡編》，收入《臺灣文獻叢刊》（第 201 種）。此一刪節本還有《臺灣先賢集》（第 2 冊）、《臺灣文獻史料叢刊》（第 8 輯）、《臺灣歷史文獻叢刊》。民國 93 年（2004）2 月行政院文化建設委員會委由江寶釵據臺灣分館鈔本為底本，旁參連橫《臺灣詩乘》、陳漢光《臺灣詩錄》與文叢共同編校，收入《全臺詩》（第 3 冊）。民國 96 年（2007）8 月臺中文听閣圖書有限公司據臺灣分館鈔本中的駢文及雜文複印並且重排，收入《全臺文》（第 9 冊）。

七、陳廷瑜《與善錄》

　　陳廷瑜，字握卿，號和齋，臺灣縣人。嘉慶年間臺灣縣學增廣生。父陳繩，輕財重義，南北村莊，郡城商賈，多有所借貸，積欠

㉙　《愛書》14（1941.5）：29。黃得時〈臺灣文學史序說〉：「章甫也是臺南人，收錄其詩文的有《半崧集》六卷，我收藏有嘉慶丙子春鐫的一本。」載於葉石濤編譯，《臺灣文學集：日文作品選集》（高雄：春暉出版社，1999），頁 11。

賬項，連編累牘。父歿，廷瑜悉焚其券，曰：無致子姪輩多事。兄弟 5 人，友愛和衷，夫婦情篤，連舉 5 男。家素封，有善行。❸ 嘉慶 2 年（1797）以生員的身份負責大南門外敬聖樓的改建工程；嘉慶 11 年（1806）傾囊改建西定坊魁星堂旁邊的敬字堂，貯字紙灰，敬惜過化；隔年捐貲修葺臺灣縣學夫子廟，贊助舉行祀典；嘉慶 14 年（1809）及 25 年（1820）又出資修理東安坊的呂祖廟，籌建引心文社，鼓勵後學；嘉慶 21 年（1816）10 月在臺灣兵備道糜奇瑜撰文、由泉州敬文堂勒石的〈重修魁星閣碑記〉，陳廷瑜還有捐銀 10 大員的記錄。《重纂福建通志》也刊登他請禁紙牌，正淫祠，禁錮婢的善舉。嘉慶 12 年（1807）參與《續修臺灣縣志》「採輯」工作，對於〈街里〉、〈橋渡〉、〈祠宇〉、〈寺院〉、〈行誼〉、〈節孝〉各節多有貢獻。著有《與善錄》。林師聖曾為該書作跋：「聚首相親數十年，曾披著述輯成編。承家歷歷名言在，淑世昭昭雅訓傳。」「與善名篇論說通，細研善善總無窮。懲淫務返清貞俗，戒侈惟存儉樸風。」❸ 惜是書未見刊本流布。

八、蓮芳《浣花吟詩》

蓮芳，號藕船。府城三官堂住持。好吟詩，工書畫，究醫術。陳廷瑜在《續修臺灣縣志》時曾採訪到他著有《浣花吟詩》。清領

---

❸ 臺南市文獻委員會輯校，〈選贈和齋詩集〉，《臺南文化》3：3（1953.11）：63－77。

❸ 《福建通志臺灣府》（臺北：臺灣銀行經濟研究室，1960），頁 853。

時期臺南釋家著述，僅見此例，惟書已佚，僅〈五妃墓〉詩 1 首行世。

九、胡承珙《儀禮古今文義疏》、《東瀛集》

　　胡承珙（1776－1832），字景孟、景夢，號墨莊、芝軒、丹溪，安徽涇縣人。嘉慶 10 年（1805）進士，入翰林院庶吉士，散館後，授編修。嘉慶 24 年（1819）授福建分巡延建邵道。道光元年（1821）10 月接掌分巡臺灣兵備道，在臺 3 年，力行清莊弭盜之法，鎮之以靜，感之以仁，民番安肅，率屬清慎。事無鉅細，悉心綜理，因此積勞成疾，道光 4 年（1824）10 月以病乞假，內渡歸里。道光 12 年（1832）卒，享年 57 歲。生平究心經學，尤致力於毛氏詩傳，為清代《詩經》三大家之一。著有《儀禮古今文義疏》17 卷、《小爾雅義證》13 卷，生前親手付梓；《毛詩後箋》30 卷、《爾雅古義》2 卷、《求是堂詩集》22 卷、《求是堂文集》6 卷首 1 卷、《駢體文》2 卷、❸《詩餘》1 卷、《奏摺》1 卷。歿後其子胡翰先整飭陸續問世，未成書者尚有《公羊古義》、《禮記別義》、《海天客話》，❸其中在臺期間完成《儀禮古今文義疏》與《東瀛

---

❸　《求是堂文集·駢體文》卷 2 第 41 葉刊〈祈雨龍神廟文〉、第 42 葉刊〈祭城隍神求雨〉兩篇，皆是胡承珙在道光 2 年（1822）3 月擔任臺灣兵備道時所撰。

❸　嘉慶末年姚瑩曾經在福建龍溪購得王大海《海島逸誌》及陳倫炯《海國聞見錄》，並且帶來臺灣，「為觀察胡公借去，本之作《海天客話》。余罷官，以憂內渡，二書未還，其所著《海天客話》亦未之見也。」道光 18 年

集》。

桂文燦《經學博采錄》：「少工詞章，通籍後究心經術，遇有講求實學者，必殷勤造訪、引為同志，而勲懇和厚、待有以誠。……其後在閩渡臺，以書笥累重難攜，獨攜《儀禮》一經，每日公事畢，輒纂一、二條，成《儀禮古今文義疏》。」❸❹《清史稿·列傳》評價：「又以鄭君注《儀禮》，參用古、今文二本，撮其大例，有必用其正字者、有即用其借字者、有務以存古者、有兼以通今者、有因彼以決此者、有互見而並存者，閎意妙旨，有關於經實夥。遂取注中疊出之字，並『讀如』、『讀為』、『當為』各條，排比梳櫛，考其訓詁，明其假借，參稽旁采，疏通而明證之。」可知本書的特色在於訓詁方面的精評。❸❺亦見胡承珙在臺南公餘之暇，勤於著述。《儀禮古今文義疏》有道光 5 年（1825）求是堂家刻本、光緒 3 年（1877）武昌崇文書局校刊本行世。

道光 13 年（1833）胡承珙《求是堂詩集》家刻本付梓，夏 4 月

（1838）姚瑩再抵臺南，又購得《海島逸誌》，「則已非原刻，……後刻之本，不知出何人手？凡言鴉片煙事，皆全削去，胡公已歿，原刻無從得之。惟《海國聞見錄》則書坊猶多舊刻，而字多漫漶矣。」從這則筆記無法判斷胡承珙是否完成《海天客話》？書稿留臺？抑或內渡攜回？是否出版？有待日後追考。姚瑩著，施培毅、徐壽凱點校，《康輶紀行、東槎紀略》（合肥：黃山書社，1990），頁 285。《筆記小說大觀》續編（臺北：新興書局，1973），頁 4807。按：王大海《海島逸誌》，嘉慶 11 年（1806）刊，漳園藏板，6 卷小字本，附錄收有〈臺灣紀略〉。

❸❹　《筆記小說大觀》十四編九（臺北：新興書局，1973），頁 5571－5573。
❸❺　趙爾巽等，《清史稿》，頁 3396。黃得時，〈胡承珙與《東瀛集》〉，《臺灣文獻》19：1（1968.3）：51－61。

朱蘭坡撰序：「余友胡墨莊觀察少以詩賦鳴，有清新俊逸之目。比登第，喜於經籍中精覈考訂，晨昏麤間，著述斐然，意不欲沾沾言詩，即詩亦愈進。蓋君習《毛詩》最久，沐浴溫柔敦厚之教。……君詩音節，悉本唐賢，使典尤鎔其膏液，棄其渣滓。」㊱袁行雲敘錄：「清婉自然，不似考據學家之寡味也。」又記：「官臺灣有詩，無可徵事。」㊲中央研究院傅斯年圖書館、中華書局圖書館各藏 1 部，後者封面刊書名及「道光十三年刊，本宅藏版」，書前刊徐幹敬繪「墨莊先生像」，總目末葉加刊「涇東溪頭都漱芳齋湯左之刊」牌記 1 行。是集收錄 1,523 首古今體詩作，依編年區分作《悔存集》等 22 集，其中第 17 卷《東瀛集》，錄詩 91 首，幾乎囊括胡承珙宦臺所品，內文每半葉版框高 17.1 公分，寬 25.6 公分，10 行，行 22 字，小字雙行，字數同，左右雙欄，版心單魚尾，中刊卷次，下刊葉次，首葉首行刊「求是堂詩集卷十七」，次行刊「東瀛集，涇縣胡承珙墨莊」，計 20 葉。民國 57 年（1968）3月黃得時據原刊本鈔錄後發表在《臺灣文獻》第 19 卷第 1 期。民國 91 年（2002）上海古籍出版社影印刊本，收入《續修四庫全書》。民國 93 年（2004）2 月行政院文化建設委員會委由施懿琳據前兩種本子編校，收入《全臺詩》（第4冊）。

㊱　胡承珙，《求是堂詩集》，《續修四庫全書》（上海：上海古籍出版社，2002），集部別集類第 1500 冊序文。

㊲　袁行雲，《清人詩集敘錄》（北京：文化藝術出版社，1994），卷 56 頁1952。

十、鄧傳安《蠡測彙鈔》

鄧傳安，字菽原、旴原，號鹿耕，江西浮梁人。嘉慶 10 年
（1805）進士。道光元年（1821）11 月由閩縣知縣陞任臺灣北路理番
鹿仔港海防捕盜同知，道光 4 年（1824）正月署臺灣知府，4 月回
任；道光 6 年（1826）10 月再署臺灣知府，翌年秋回任鹿港同知，
道光 8 年（1828）3 月由鹿港同知陞臺灣知府，循例引見，卸後仍回
任，道光 10 年（1830）2 月以臺灣知府署臺灣兵備道。著有《蠡測
彙鈔》1 卷。道光 10 年（1830）7 月 15 日鄧傳安在臺灣府署鴻指園
為《蠡測彙鈔》寫序：「覽其山川形勢、稽其民風土俗。閒有所
得，輒筆於書。公餘之暇，手披卷軸，既因見見聞聞，以參考志乘
及文集雜記之異同得失。……搜篋得若干首，彙為一編。」❸

《蠡測彙鈔》道光 10 年（1830）刊本，謝章鋌曾經眼。❸孫殿
起也寓目：「道光庚寅仲秋有本堂刊，紀臺灣掌故之作。」❹書前
刊〈自敘〉1 葉，內文每半葉 9 行，行 21 字，四周單邊，版心單
魚尾，中刊書名，下刊葉次，首葉次行刊「浮梁鄧傳安鹿耕著」，
收文 18 篇，計 48 葉。其中〈臺灣番社紀略〉、〈水沙連紀程〉、
〈禱海神息浪通舟文〉、〈牒臺灣府城隍文〉又收錄在同治 6 年
（1867）《治臺必告錄》第 2 卷。本書的版本還有《豫章叢書》、

---

❸　鄧傳安，《蠡測彙鈔》（臺北：臺灣銀行經濟研究室，1958），頁 1。
❸　謝章鋌，《賭棋山莊雜著》（南京：江蘇古籍出版社，2000），頁 73。
❹　孫殿起，《販書偶記續編》（臺北：漢京文化事業有限公司，1984），頁
　　82。日人尾崎秀真亦藏 1 部。市村榮，〈臺灣關係誌料小解〉，《愛書》10
　　（1938.4）：223－224。

· 164 ·

《叢書集成初編》、《臺灣文獻叢刊》、《百部叢書集成》。民國
72 年（1983）3 月臺北成文出版社據前兩者複印，收入《中國方志
叢書》（臺灣地區第 57 號）。民國 76 年（1987）臺灣大通書局複印文
叢本，收入《臺灣文獻史料叢刊》（第 8 輯）。民國 83 年（1994）5
月臺灣省文獻委員會複印文叢本，收入《臺灣歷史文獻叢刊》。民
國 96 年（2007）8 月臺中文听閣圖書有限公司據《豫章叢書》複印
並且重排，收入《全臺文》（第 56 冊）。

十一、姚瑩《東槎紀略》

　　姚瑩（1785－1852），字石甫，號明叔、展和、幸翁、東溟、十
幸齋，安徽桐城人。姚范的曾孫、姚鼐的侄孫。❹嘉慶 13 年
（1808）進士，歷任福建平和知縣。道光 3 年（1823）調防臺灣，署
海防同知、噶瑪蘭同知；坐事落職。尋以噶瑪蘭獲盜功，復官。父
憂，歸。服闋，改發江蘇，歷金壇、元和、武進，遷高郵知州，擢
兩淮監掣同知、護鹽運使。道光 18 年（1838）特擢臺灣兵備道。及
海疆戒嚴，與總兵達洪阿預為戰守計。道光 22 年（1842）英人來
犯，爆發鴉片戰爭，姚瑩與達洪阿擊敗之，毀其船、獲其人；有詔
嘉獎，予雲騎尉世職，進階二品。和議成，英人訴臺灣所獲船皆遭
風觸礁，文武冒功欺罔；次年革職逮問，下刑部獄，卒降黜同知，
發配四川。復起用，官至湖南按察使。咸豐 2 年（1852）卒，享年

---

❹　吳孟復，《桐城文派述論》（合肥：安徽教育出版社，2001），頁 130－
　　133。

68 歲。少從姚鼐學，於書無所不窺。不好經生章句，務通大意，見諸施行。文章善持論，指陳時事利害，慷慨深切。❷詩亦唐、宋正軌。❸著有《石甫文鈔》2 卷、《東槎紀略》5 卷、《康輶紀行》16 卷、《寸陰叢錄》4 卷、《識小錄》8 卷、《東溟文集》26 卷、《詩集》20 卷、《東溟奏稿》4 卷、《遺稿》5 卷、《遺稿續編》3 卷，由其子濬昌匯刻《中復堂全集》行世。其中與臺灣關係至深者即是《東槎紀略》。

　　道光 9 年（1829）冬月姚瑩為《東槎紀略》自序：「余以羈憂，棲遲海外。目睹往來論議區畫之詳實，能明切事情，洞中機要；苟無以紀之，懼後來者習焉不得其所以然。設有因時損益，莫能究也。乃採其要略於篇，附及平素論著涉臺政者，而以陳周全之事終焉。」道光 12 年（1832）5 月吳德旋再序：「石甫夙留意經世之學，不為詹詹小言。及為縣令臺灣，兼攝南路同知，又權判噶瑪蘭，習知其地勢、民俗，遇事激昂奮發，銳欲有以自樹立。」❹光緒 18 年（1892）6 月 29 日蔣師轍日記：「其論班兵得失與臺亂槓末，竝極翔實，中二卷載噶瑪蘭事規制、境俗，大耑已具。聞所纂《廳志》甚善，此殆其嚆矢椎輪矣。」❺

❷　趙爾巽等，《清史稿》，頁 2995－2996。彭國棟：「逮夫中葉，學臻全盛，主之者惠棟、戴震、姚鼐也。……管同、梅曾亮、方東樹、姚瑩、惲敬、陸繼輅等，皆承姚學。」《重修清史藝文志》（臺北：臺灣商務印書館，1968），頁 1。

❸　袁行雲，《清人詩集敍錄》，卷 61 頁 2116－2117。

❹　姚瑩，《東槎紀略》（臺北：臺灣銀行經濟研究室，1957），頁 1－3。

❺　蔣師轍，《臺游日記》（臺北：臺灣銀行經濟研究室，1957），頁 84－85。

　　《東槎紀略》道光 12 年（1832）初刻本，國立中央圖書館臺灣分館藏 2 部：其一為封面作「《東槎紀略》四卷」；鈐「松□仙館」、「守屋善兵衛氏在臺記念寄附」、「大正六年一月二三日東洋協會臺灣支部寄贈」、「大正十二年四月賜皇太子殿下臺覽」、「臺灣總督府圖書館藏」、「臺灣省立臺北圖書館藏書」、「臺灣省立臺北圖書館藏書印」朱印 7 方。內文每半葉版框高 17.8 公分，寬 12.8 公分，12 行，行 22 字，左右雙邊，版心上刊「東槎紀略」，單魚尾，中刊卷次，下刊葉次。卷 1 首葉次行刊「桐城姚瑩石甫著」。《噶瑪蘭廳志》引用書目中的 4 卷本，可能就是這個本子。民國 72 年（1983）3 月臺北成文出版社景印，編入《中國方志叢書》（臺灣地區第 52 號）。民國 96 年（2007）8 月臺中文听閣圖書有限公司據臺灣分館藏本複印並且重排，收入《全臺文》（第 57 冊）。其二封面作「《東槎紀略》五卷」，鈐入「臣泰昌印」、「臺灣總督府圖書館藏」、「臺灣省立臺北圖書館藏書」、「臺灣省立臺北圖書館藏書印」朱印 4 方，以及「昭和·四·九·廿四·購求」藍色圓章 1 枚。內文每半葉版框高 18.3 公分，寬 13.8 公分，10 行，行 24 字，左右雙邊，版心上刊「東槎紀略」，單魚尾，中刊卷次，下刊葉次。卷 1 首葉次行刊「桐城姚瑩著」。日本內閣文庫、林漢章也藏有 1 部，後者鈐入「雀鳴」、「梵天閣」、「淡水梵天閣林氏收藏圖書」朱印 3 方，並有朱筆圈點。❹中央研究院傅斯年圖書館另藏烏絲欄舊鈔本 1 冊。

---

❹　林漢章，《1996 臺北古書拍賣暨展售會》拍賣品明細（臺北：誠品書店，1996）中國古籍頁 1。

《東槎紀略》同治 6 年（1867）覆刻本，《崇雅堂書錄》：
「同治丁卯子濬昌刻本。」❹日本京都大學人文科學研究所藏 1
部。尚見道光 13 年（1833）《昭代叢書》刊本，臺北國家圖書館藏
刊本 2 部，其中 1 部是中國國際圖書館舊藏，扉葉黏貼專用藏書票
1 枚。內文每半葉 9 行，行 20 字，左右雙邊，版心上刊「昭代叢
書」，單魚尾，中刊「王集，《東槎紀略》，卷第十六」，下刊葉
次及「世楷堂藏板」。首葉首行刊「《東槎紀略》，補編卷第十
六」，次行刊「桐城姚瑩石甫著」，計 31 葉，並附沈茂蕙跋文 1
葉。

光緒 4 年（1878）7 月上海申報館鉛字排印本，則是根據道光
12 年（1832）原刊本，改用鉛活字排版油印的本子，國立中央圖書
館臺灣分館藏 1 部：封面刊「《東槎紀略》：戊寅七月，夢儂檢；
申報館仿聚珍板印」，鈐入「臺灣總督府圖書館藏」、「守屋善兵
衛氏在臺記念寄附」、「大正四年十一月□日東洋協會臺灣支部寄
贈」、「臺灣省立臺北圖書館藏書印」朱印 4 方；〈序〉文首葉加
鈐「大正十二年四月賜皇太子殿下臺覽」朱印 1 方；卷一首葉次行
刊「桐城姚瑩著」，並鈐「臺灣總督府圖書館藏」朱印 1 方。內文
每半葉版框高 12.3 公分，寬 9.4 公分，12 行，行 24 字，四周雙
邊，版心上刊「東槎紀略」，單魚尾，中刊卷次及篇名，下刊葉
次，計 5 卷。臺灣大學圖書館伊能文庫、廈門圖書館亦藏 1 部。本
書另有民國 46 年（1957）11 月《臺灣文獻叢刊》（第 7 種）。民國

---

❹ 甘鵬雲，《崇雅堂書錄》，《書目類編》第 40 冊（臺北：成文出版社，
1978），頁 17934。

76 年（1987）臺灣大通書局複印文叢本，收入《臺灣文獻史料叢刊》（第 3 輯）。民國 83 年（1994）9 月臺灣省文獻委員會複印文叢本，收入《臺灣歷史文獻叢刊》。民國 92 年（2003）3 月臺北臺灣古籍出版有限公司更名《東槎紀略校釋》，收入《臺灣古籍大觀》。

十二、李元春《臺灣志略》

李元春（1769−1854），字時齋，陝西朝邑人。嘉慶 3 年（1798）舉人，九上春官。道光 16 年（1836）截取知縣，改就大理寺評事。咸豐 3 年（1853）以勸捐出力，賞加州同銜。咸豐 4 年（1854）卒，享年 86 歲。學主程、朱，勵志論學讀史，均無足觀。❹咸豐元年（1851）主修《朝邑縣志》；著有《時齋詩集》4 卷（續刻 1 卷又續刻 1 卷）、《農桑書要錄》1 卷、《熙朝新語》2 卷、《諸經緒說》8 卷、《臺灣志略》2 卷等計 83 種，多刻入《青照堂叢書》。馬國翰稽考《臺灣志略》：「輯錄諸家記臺灣事跡者彙為一編。」❹夏德儀敘錄：「本書大都取材於郡縣舊志及前人著作。其引用書名之見於正文或註字中者，除舊志外，有《海東札記》、《島上附傳》、《赤嵌筆談》、《裨海紀遊》、《偽鄭逸事》及《臺海使槎錄》等書。」❺陳漢光判讀：「未詳其編纂年代，但之其〈軍政〉

---

❹ 袁行雲，《清人詩集敘錄》，卷 53 頁 1845。

❹ 馬國翰，《玉函山房藏書簿錄》（北京：北京圖書館出版社，2001），卷 10 葉 44。

❺ 李元春，《臺灣志略》（臺北：臺灣銀行經濟研究室，1958），頁 1−2。

記事止於嘉慶十一年（1806），〈兵燹〉記事止於嘉慶十四年
（1809），……無單行傳本，收於《青照堂叢書》內。」❺

　　道光 15 年（1835）朝邑劉振清《青照堂叢書》刊本，臺灣大學
圖書館藏 1 部，鈐入「臺北帝國大學圖書印」及私家藏書印 2 方，
內文每半葉 9 行，行 20 字，左右雙邊，版心上刊「青照堂叢
書」，單魚尾，中刊篇次、卷次及「臺灣志略」，下刊葉次。每卷
首葉次行刊「朝邑李元春時齋刪輯，男來南薰屏參訂」，第 1 卷
71 葉，第 2 卷 38 葉。民國 72 年（1983）3 月臺北成文出版社據此
景印，編入《中國方志叢書》（臺灣地區第 51 號）。國立中央圖書館
臺灣分館藏影鈔本 1 部，不分卷訂 1 冊，內文 109 葉，每半葉 9
行，行 20 字，民國 47 年（1958）10 月夏德儀據《青照堂叢書》迻
寫標點，並且校其譌誤重刊之，收入《臺灣文獻叢刊》（第 18
種）；民國 68 年（1979）3 月臺北眾文圖書公司複印文叢本，收入
《臺灣文獻叢刊第 1 輯》。民國 76 年（1987）臺灣大通書局複印文
叢本，收入《臺灣文獻史料叢刊》（第 2 輯）。民國 82 年（1993）9
月臺灣省文獻委員會複印文叢本，與《澎湖臺灣紀略》合刊，收入
《臺灣歷史文獻叢刊》；民國 85 年（1996）9 月再以單行本問世。
民國 96 年（2007）8 月臺中文听閣圖書有限公司據臺灣分館影鈔本
複印並且重排，收入《全臺文》（第 62 冊）。

---

❺　　陳漢光，〈臺灣地方志彙目〉，《文獻專刊》3：2（1952.10）：38。

十三、鄭兼才《六亭文集》

鄭兼才（1758－1822），字文化、六亭，一字文化，福建永春州德化縣南鄉人。乾隆 54 年（1789）拔貢生，充正藍旗官學教席。嘉慶 3 年（1798）任閩清教諭，歸而舉鄉試第一。改安溪、建寧教諭。嘉慶 9 年（1804）調任臺灣縣學教諭，值蔡牽擾鹿耳門，協守府城，著有軍功，授江西長寧知縣，辭不就，仍任教職。嘉慶 25 年（1820）回任臺灣。道光元年（1821）巡撫孫爾準薦舉孝廉方正，因孫遷撫安徽，不果。道光 2 年（1822）卒於官，享年 65 歲。卒後，推陞泉州府儒學教授。道光 5 年（1825）入祀鄉賢祠。鄭兼才學有本原，敦厚而廉直。自以職在教學，毅然以潔修庠序、闡揚幽隱、扶植人倫、整齊風俗為己任。曾與謝金鑾合纂《續修臺灣縣志》8 卷，著有《六亭文集》12 卷。

道光 20 年（1840）5 月姚瑩為本書撰序：「老友左石僑，亦瑟莘先生所重士也，與君先後同門，其為文章與為學官，行業相垺而未相識，適主講海東書院，乃以君文屬石僑更為編審，梓以傳焉。前二集，君所自編，凡六卷；雜著則石僑所編，亦六卷，附後。總題之曰：《六亭文集》，凡三編，十二卷，文百四十六首。石僑甚重君，每寫一編，必手自校政，去其冗散者數篇。六亭洵可以傳矣。」❺❷

《六亭文集》道光 24 年（1844）刊本，國立中央圖書館臺灣分

---

❺❷　鄭兼才，《六亭文選》，頁 3－4。

館藏 1 部，原是石暘睢舊藏，❸日人前島信次曾經在昭和 7 年（1932）於安平臺南史料館寓目。❺書皮由石氏以楷筆親題書名，鈐入「石陽錐氏」、「開卷有益」、「臺灣總督府圖書館藏」、「臺灣省立臺北圖書館藏書印」朱印 4 方，以及「昭和・九・六・十八・購求」藍色圓章 1 枚。封面印黃色紙，僅鍥「六亭文集」4字，內文每半葉版框高 18 公分，寬 13.3 公分，11 行，行 22 字，注文雙行，字數同。上下單欄、左右雙邊，版心單魚尾，上刊「六亭文集」，中刊卷次，下刊葉次。計 12 卷，以「天、地、元、黃」分訂 4 本，天本收《宜居集》3 卷，卷前刊姚瑩序及鄭兼才自序，落款：「嘉慶己卯秋書於京師寓盧」，地本收《愈瘖集》3卷，元本收《雜著》第 1－3 卷，黃本收《雜著》第 4－6 卷；最末葉末行刊「福省王興源在臺灣刊」木記，並附刻〈臺灣縣學教諭鄭君墓志銘〉，由福州陳壽祺撰文。❺

　　臺南市立圖書館藏本書皮由石暘睢親題書名，鈐入「石陽錐氏」、「臺南石陽睢文庫所藏」朱印 2 方，封面加蓋「臺南圖書館昭和 16.6.12 受入」藍色圓章 1 枚。東海大學圖書館藏本大約在民國 46 年（1957）左右購入，間有缺葉均補鈔，鈐入「東海大學藏書」朱印 2 方，分訂 4 冊 1 函。北京人文科學研究所、福建省圖書

---

❸　臺南市役所，《臺灣史料集成》（臺南：臺灣文化三百年記念會，1931），頁 14。

❺　前島信次，《鄭兼才年譜》，《文史薈刊》1（1959.6）：10。

❺　墓志銘另見冊葉搨片的單行本，由福州陳壽祺篆、莆田郭尚先書、溫陵洪丹九鎸、廈門畊文齋鎸搨，7 行，行 12 字，計 8 葉，國立中央圖書館臺灣分館、黃天橫各藏 1 部。

館、廈門圖書館皆藏刊本 1 部，福建師範大學藏鈔本 2 部。本書另
有排印冊節本，易名《六亭文選》，即《臺灣文獻叢刊》（第 143
種）、《臺灣先賢集》（第 4 冊）、《臺灣文獻史料叢刊》（第 8
輯）。民國 96 年（2007）8 月臺中文听閣圖書有限公司據臺灣分館
藏本，錄文 67 篇複印並且重排，收入《全臺文》（第 3 冊）。

十四、徐宗幹《測海錄》、《孝經正解》、《徽郡志略》、《恆山政績》、《味腴堂詩稿》、《兵鑑》、《虹玉樓詩賦選》、《東瀛試牘》、《瀛洲校士錄》、《正字略揭要》

　　徐宗幹（1796.10.9－1866.10.20），字樹人，號伯楨，江蘇南通州
人。嘉慶 25 年（1820）登進士，分發山東知縣。歷任曲阜、武城、
泰安知縣，充山東鄉試同考官，陞高唐州、署臨清直隸州、陞濟寧
直隸州、署兗州府知府。道光 22 年（1842）入都引見，旋授四川成
都府遺缺知府。翌年 3 月擢四川保寧知府，尋兼署川北道。4 月擢
福建汀漳龍道。道光 25 年（1845）丁母憂，去官服闋。道光 27 年
（1847）授福建臺灣道。咸豐 4 年（1854）6 月擢按察史。同治元年
（1862）擢福建巡撫。同治 5 年（1866）卒，享年 71 歲。以循良著
聞，其居官廉惠得民，所至皆有聲績，清廷乃優詔褒卹，諡「清
惠」，入祀福建名宦祠。❺⑥

---

❺⑥　趙爾巽等，《清史稿》，頁 2141。

　　黃典權曾經感慨：「在臺南的文獻學上，嘉慶 12 年（1807）以後，因為方志未修，後此迄日據之初的許多史事自然頗感模糊。」❺❼徐宗幹對於臺灣的貢獻，歷來文史學者研究的目光大抵集中在其治臺宦蹟和軍事武功，至於文教事業的著墨探究，猶嫌不足。筆者發現徐氏在臺期間積極活用印刷術，出版《測海錄》1 卷、《孝經正解》、《徽郡志略》、《恆山政績》、《味腴堂詩稿》、《兵鑑》3 卷、《虹玉樓詩賦選》1 卷、《東瀛試牘》3 集、《瀛洲校士錄》3 集、《正字略揭要》，藉以推動科舉文風、政治教化、社會教育等施政，功勞實不可掩，今敘錄於後，藉以廓清當年他為臺南出版史締造的一段佳話。

㈠ 著《測海錄》

　　道光 28 年（1848）7 月 18 日臺灣餉船由於遇到颱風席捲，飄泊至鳳山縣外海，船破沉沒，溺斃無算，撈救生還者，不過數名，行李及所載，盡付東流。累計 6、7 月間，因為兩次風災慘遭滅頂的兵員超過百人。這其間又發生一件傳聞：「某員家屬男、婦并奴僕十一人，亦附兵船而來，乃船價為出海（船中管事者）所蝕，已登舟而被水師營弁逐之上岸，聞者大恚；及知其船之覆沒，則以為大幸。然其始，亦訛傳并沒。某使人至遭風處沿岸訪之，果有女尸及幼孩尸，皆土人撈獲而代為埋瘞者；掘而視之，不能辨，某痛憤如狂。後得登舟逐出之信，而始釋然。然所視之尸，又不知為誰家之

---

❺❼　施瓊芳遺稿、黃典權點校，〈石蘭山館遺稿〉，《臺南文化》6：1
　　（1958.8）：128。

眷屬也？」❸深感造化弄人、生死命定的徐宗幹，於是決定聊盡人事，同年 9 月 9 日他在臺澎道署的斐亭中將《測海錄》編輯完成，同時交給精擅卜課的友人朱橚（字南垓）詳細校對，❸序言中點明：「海可測乎？測之以天時而已，測之以風信而已。航海者惟舟師是恃，而終有未可恃者，一則盡信成說，而未知波濤之不易於測也；一則任天聽命，而未知順逆之不難於測也。余，海濱人也。生於海、官於海，在官言官，亦在海言海。爰取前人防洋籌海諸書，參之以臺陽志乘及稗官雜記、里俗傳聞，條分其說，歸於簡明，俾海上游者便覽觀焉。」❻

　　《測海錄》道光 28 年（1848）刊本，筆者藏 1 部，版框高 17.7 公分，寬 13.8 公分，每半葉 10 行，行大字 24 字，注文雙行，字數同。上下單欄，左右雙邊，版心上下黑口，單魚尾，中縫刊「雜錄五」3 字及葉次。總計 24 葉的內容包含〈占天〉、〈十二辰風雨記〉、〈占風歌〉、〈颶颱說〉、〈閩海潮候〉、〈潮汐指掌圖〉、〈諏吉編〉、〈擇日〉、〈雜記〉、〈恭紀天后事蹟〉、〈附記〉、〈請香供文〉、〈覺岸說〉、〈通臺港口〉計 14 篇。在書後最末行鐫有「臺郡松雲軒盧崇玉刻」木記 1 行。比對內容的出處，〈恭紀天后事蹟〉清楚標明取材自《臺灣郡志》、《禮部則例》兩書；再翻看〈附記〉，通篇描寫他在道光 28 年（1848）4 月

---

❸　徐宗幹，《斯未信齋雜錄》（臺北：臺灣銀行經濟研究室，1960），頁 58－59。

❺　徐宗幹：「友人朱南陔善卜課。」《斯未信齋雜錄》，頁 82。

❻　徐宗幹，〈《測海錄》序〉，《斯未信齋文編》（臺北：臺灣銀行經濟研究室，1960），頁 141－142。

2 日從蚶江發舟，到 15 日進入臺灣城之前所經歷驚險的渡海過程，文字可與《斯未信齋文編》的〈浮海前記〉與《斯未信齋雜錄》的〈丁戊隨筆〉一同比對，詳略有別，可見徐氏修改的痕跡；又有〈覺岸說〉，全文抒寫徐氏飄洋的感觸，偕《斯未信齋文編》的〈覺岸圖記〉校讀，除了文句的增刪出入，徐氏在後文結束時特別附帶一筆：「歸而登，則真登岸矣！」這是他在 7 年之後重返福州，補錄舊作時的興歎，直與當年的體驗相呼應。

(二) 刊《孝經正解》、《徽郡志略》、《恆山政績》

　　道光 28 年（1848）徐宗幹在筆記中解釋《孝經正解》重版的緣由：「廉泉姪孫在家檢之，呈七世祖見行公《孝經正解》刻本，里人孫天士閱達序，攜至臺。於戊申（道光 28 年，1848）重陽日，敬序而復付梓。」[61]同年 9 月 15 日，他撰寫跋文重提：「六世祖見行公，當勝國末年，閉戶潛修，著有《易旨元珠》、《孝經正解》諸篇。……越乙巳（道光 25 年，1845），由閩漳奉諱旋里。負土事畢，偕仲弟宗勉、季弟宗祥復整理先人手澤，遠紹旁搜，自族孫廉泉家得《孝經正解》一本，原板業已湮沒。時將服闋北行，敬藏篋中，擬至都門付梓。途次，旋拜恩命渡臺，梯山航海，珍秘唯恐或失。茲履任將四月矣，士民漸見浹洽。人同此心，心同此理，雖殊方異俗，而天性自在也。……顧牖民主於勸善，而課士務在宗經。爰取所藏《孝經正解》，敬謹復校，登之棗梨，付各師生為庠塾讀本；庶幾海隅率俾，返樸還淳，而夙夜孜孜，得以幸告無罪者，猶是食

---

❻ 　　徐宗幹，《斯未信齋雜錄》，頁 56－57。

舊德之名氏、用高曾之規矩云爾。」⑫

　　至於《徽郡志略》與《恆山政績》的出版原因，可見道光 24
年（1844）7 月 24 日徐宗幹接掌汀漳龍道篆時自記：「是日，得福
建《永安志》〈宦蹟〉卷內載嚴叟公列傳，敬鈔寄入家乘。……又
《徽郡志略》，紀治陝惠政；《恆山政績》，紀直隸官蹟。亦廉泉
手所得，並校刊於臺陽，當以家藏補刊之《同善錄》十卷同《墓誌
銘》等書，合為全帙。」⑬同年 12 月 19 日他還在官邸撰寫跋文。
同治年間由徐宗幹手編《斯未信齋主人自訂年譜》付梓，亦載明道
光 28 年（1848）：「刊見行公《孝經正解》、嚴叟公《徽郡志
略》、《恆山政績》。」⑭惜今未見傳世刊本。

(三) 輯《味腴堂詩稿》

　　道光 27 年（1847）服闋出仕的徐宗幹，為同鄉同學婁嘯亭的遺
作《味腴堂詩稿》寫序：「過其廬，已不勝宿草之感。展拜畢，於
其長嗣銘恩索遺稿，得文一卷、詩二卷，即於道中選輯，存十之
三、四，傳世固不在多也。抵臺，簿書旁午，校訂未遑。歲暮稍

---

⑫　徐宗幹，〈恭跋《孝經正解》〉，《斯未信齋文編》，頁 134－135。徐宗幹
　　不僅將此書當成海東書院教學的輔助教材，他又在咸豐 2 年（1852）記述丁
　　曰健贈送其子：「楷字《孝經》一冊，郭蘭若（尚先）所書。世傳多草書，
　　此真珍秘也。授讀畢，以見行公《孝經正解》刊本易之，而藏於笥。」《斯
　　未信齋雜錄》，頁 81。

⑬　徐宗幹，《斯未信齋雜錄》，頁 57－58。

⑭　徐宗幹，《斯未信齋主人自訂年譜》，《北京圖書館藏珍本年譜叢刊》（北
　　京：北京圖書館出版社，1999），第 148 冊頁 483。

閒，以詩若干首付棗梨，文集俟諸異日。」❻這本詩集在臺灣印刷
出版以後，他將原稿一併郵寄給故里的鄉賢訂正，仍將詩稿還給婁
銘恩珍藏。《斯未信齋主人自訂年譜》也在道光 28 年（1848）記
錄：「輯故人婁嘯亭《味腴堂詩稿》」。❻

四 輯《兵鑑》

　　道光 27 年（1847）9 月 28 日徐宗幹奉上諭補授臺灣道，走馬赴
任之際，30 日途經清江，遇到友人楊石卿，除了獲贈圖書，也向
他購買一批特別的版本包括「購兵書四種。又《諸葛忠武書》二
卷，抄本極精。……清江得紀效達《辭城守籌略》、《練兵實
紀》、《火龍經》各書，取家藏《攻戰秘書》七種、閩中所得《戎
馬風濤集》參觀之，皆互相發明。」同年 11 月 17 日橫渡長江，進
入丹徒閘河，由於水淺，泊於回空糧船之中，停滯十餘日。他利
用空檔研讀，還寫下「牙纛千軍擁舳艫，寒江雪夜讀兵書」的詩
句。❻

　　道光 29 年（1849）7 月 15 日他在臺灣道署為《兵鑑》書序：
「古人之成敗，今人之鑑也；前事之得失，後事之鑑也。古今談兵
者，曰：天時，曰：形勢，曰：陣法，曰：礮械，以及議保甲、籌
海防、水陸攻守諸書，皆用兵之節目耳，非兵符也。符何在？曰：
在心。心之符何在？曰：在鑑古而明其心，導其原而原不竭、神於

---

❻　徐宗幹，〈《味腴堂詩稿》序〉，《斯未信齋文編》，頁 132－133。

❻　同註❻。

❻　徐宗幹，《斯未信齋雜錄》，頁 42－44。

法而法靡窮，大而平亂、小而弭盜，取前言往行而提其要、鉤其元，精之又精、約而彌約，求一、二語得於心，則萬卷韜鈐，皆一以貫之。或曰：有一言而可以終身行之者乎？曰：其實乎！未有中不實而外能明者。操斯術也，千變萬化，如鑑之照物，隨所來而應之，故曰：誠則明也。於虖！敬勝怠、義勝欲，即陰符之大旨也。不誠無物，獨治兵也歟哉？昔陳文恭公輯《五種遺規》，而不及將帥，蓋仕學從政已足以該之矣。茲編即以為專閫遺規也可。」**❻❽**

　　《兵鑑》道光 29 年（1849）刊本，計 3 卷。筆者迄今仍緣慳一面，推想其內容，或許就是徐宗幹糾合《諸葛忠武書》、《辭城守籌略》、《練兵實紀》、《火龍經》、《攻戰秘書》七種、《戎馬風濤集》諸書的精華，萃為一編的版本。

㈤ 重刊《虹玉樓詩賦選》

　　道光 29 年（1849）10 月 10 日徐宗幹為《虹玉樓賦選》撰序：「自垂髫侍庭訓，習律賦，積百餘篇。及官泰山下，出篋中示童子。齊魯諸生請梓行，鞅掌無暇，草草授剞劂氏，並編入《課士錄》，行世二十餘年矣。丁未（道光 27 年，1847），復出山，板藏於家。旋渡臺，視學書院。生徒有肄業及之者，而不能徧觀為憾。吾鄉亦瀕海，乃寄書附商艘載之來；出狼山港，遇颶風漂沒。詞章小技抑末也，宜海若怒而沈之。然無以應諸生徒也，節取若干首，復災棗梨，刊印散布；仍望諸生敦崇實學，為雅頌之才以黼黻昇平，

---

❻❽　徐宗幹，〈《兵鑑》自序〉，《斯未信齋文編》，頁 144。

無徒以雕蟲為也。」⑥徐氏為求提振文風，於是出版自己的考試範本，毫不吝惜地傾囊相授予後進，所以獲得吳大廷評價：「所著《虹玉樓制藝》，尤為世傳誦云。」⑩

徐宗幹在年譜中自記道光 29 年（1849）重刊《虹玉樓詩賦選》，⑪與《虹玉樓賦選》、《虹玉樓制藝》皆是同書異名，國立中央圖書館臺灣分館藏道光 29 年（1849）刊本，封面刻「《虹玉樓詩選》：道光庚戌春鐫，道署藏板；獎賞生童，不取工價」。目錄 5 葉，包括〈虹玉樓試帖選〉及〈古今體試草附〉，內葉版框高 18.2 公分，寬 13.8 公分，每半葉 10 行，行大字 25 字，注文雙行，字數同。上下單欄，左右雙邊，版心上下黑口，單魚尾，中縫刊「虹玉樓試帖」五字及葉次。計 33 葉，無序。

㈥ 刊《東瀛試牘》、《瀛洲校士錄》、《正字略揭要》

《斯未信齋主人自訂年譜》著錄：道光 29 年（1849）刊《東瀛試牘》初、二集；道光 30 年（1850）刊《東瀛試牘》三集。⑫其實徐宗幹早在山東居官時就刊印過《齊魯課士錄》，抵臺之後他認為：「臺郡雖處海外，何地無才？今下車考試，頗有大可造就

---

⑥ 徐宗幹，〈《虹玉樓賦選》序〉，《斯未信齋文編》，頁 134。

⑩ 吳大廷，《小酉腴山館主人自著年譜》（臺北：臺灣銀行經濟研究室，1971），頁 103。

⑪ 同註⑥。黃淵泉卻誤錄作道光 27 年（1847）刊，且今無傳本。《重修臺灣省通志卷十藝文志著述篇》（南投：臺灣省文獻委員會，1993），頁 205－206。

⑫ 同註⑥，頁 487、491。

者。」❼❸林占梅〈呈臺澎道徐樹人廉訪宗幹〉：「價留鸞掖有文章，此日旌旗鎮海疆；眾望巍巍崇魯殿，輿情歷歷數甘棠。培才不惜金針度，選士頻操玉尺量；喜看公門桃李樹，秋來並作桂花香。」詩注：「邇年公所選士，中式最多。」❼❹徐宗幹原本就有「按課親涖，又加小課以訓習之」的作風，加上「近年以來，似覺鴉音稍變。課卷係署中姪輩校閱，將餘出脩脯贍補貧生。其選刻文字，亦署友代校。」❼❺徐宗幹還寫過一篇〈試院諭諸生〉的文章，宣達勸誡考生的用心，就收錄在《東瀛試牘》第 1 卷。而且米街施瓊芳也曾為吳敦仁代筆〈擬韋宏嗣戒博奕論〉，刊入《東瀛試牘》。

　　道光 30 年（1850）6 月 15 日徐宗幹為《東瀛試牘》三集題序重申：「舉善則民勸，舉直則民服，校士與牗民，似不相謀而實相感。制科取士，賓興賢能，化民成俗，一以貫之者也。作吏二十年，此事未廢，矧忝為學臣！敢廢學乎？」對於增額取士的作法，徐氏仍強調：「有以取之，無自棄也；有以榮之，無自辱也。誘掖以此，獎勸亦以此。余豈導人以好名哉？余不得已也。」❼❻民國 43 年（1954）8 月 20 日臺南市民顏木林贈予臺南市文獻委員會大批圖書史料，黃典權從中整理出：《東瀛試牘》3 本、《東瀛試牘》

---

❼❸　徐宗幹，〈試院諭諸生〉，《臺南文化》4：3（1955.4）：56。

❼❹　林占梅，《潛園琴餘草簡編》（臺北：臺灣銀行經濟研究室，1964），頁48。

❼❺　徐宗幹，《斯未信齋文編》，頁 78－80、84－85。

❼❻　徐宗幹，〈《東瀛試牘》三集序〉，《斯未信齋文編》，頁 133－134。

二集 3 本、《東瀛試牘》三集 3 本的書目，可惜刊本不傳。❼

　　道光 29 年（1849）徐宗幹刊《瀛洲校士錄》初、二集；咸豐元
年（1851）刊《瀛洲校士錄》三集。徐宗幹為初集寫序：「今東渡
視事未久，歲試屆期，自夏五望至六月朔，竭十餘日之力，次第扃
試，糾察防閑，爬羅剔扶，得優等及新補弟子員如額，仍惴惴於積
弊之未盡除，而真才之未盡獲也。……試竣，集諸生徒於海東書
院，旬鍛而月鍊之。解經為根柢實學，能賦乃著作通才，故考錄制
藝雅馴者，已編為《東瀛試牘》；而說經、論史及古近襍體詩文並
肄業及之者，裒輯二卷，曰：《校士錄》，俾庠塾子弟有所觀感而
則傚焉。為誘掖獎勸之助，藉以鼓舞而振厲之，就文藝而成德
行。」❼民國 43 年（1954）11 月 25 日臺南市、臺南縣、嘉義縣、
雲林縣文獻委員會聯合舉辦「南嘉雲地區歷史文物展覽會」，在出
版目錄第一類圖書項下刊登：「《瀛洲校士錄》1 冊，道光 30，石
暘睢收藏。」著錄年代或許有誤。民國 47 年（1958）8 月間黃典權
再從〈顏家乙字帳〉中核計出「《瀛洲校士》□本、《瀛洲校士》
二集二本、《瀛洲校士》三集二本」的書目。❼民國 48 年（1959）
5 月《臺南市志稿卷五文教志》問世，書前刊登林條均藏本的書
影，原是連橫舊藏，連橫曾經輯錄其中〈新樂府〉6 章，載於《臺

---

❼　編纂組，〈採訪記〉，《臺南文化》4：1（1954.9）：71。

❼　徐宗幹，〈《瀛洲校士錄》序〉，《斯未信齋文編》，頁 120－122。黃典權
　　曾經自臺南顏木林捐贈文書中，整理出〈東瀛試牘序〉1 篇，與本文略有出
　　入，言及《東瀛試牘》為 3 卷本。收入《臺南文化》4：3（1955.4）：16。
　　姑存目，仍俟日後考證。

❼　同註❼。

灣詩乘》上卷。

《瀛洲校士錄》三集的咸豐元年（1851）刊本，國立中央圖書館臺灣分館藏 1 部，書皮貼「瀛洲校士錄三集卷上」及「瀛洲校士錄三集卷下」簽頭各 1 張，封面印黃色紙，刊「《瀛洲校士錄》：咸豐辛亥夏鐫，海東書院藏板。」目錄計 7 葉，目錄最末行刊「受業吳敦禮校」木記 1 行。內文版框高 18.3 公分，寬 13.3 公分，每半葉 10 行，行 25 字，四周單欄，版心上下黑口，單魚尾，中縫刊「海東精舍」❽及葉次。內容區分成上卷論文 27 篇，以及下卷詩賦 91 首，計 73 葉。民國 96 年（2007）8 月臺中文听閣圖書有限公司據以複印其中論文與賦並且重排，收入《全臺文》（第 6 冊）。

若以出版單位來看，本書屬於臺南海東書院的存世已知的兩種出版品之一。❽若以作者而言，《瀛洲校士錄》三集網羅了吳敦仁、吳敦禮、吳敦常、劉宣、黃用章、韋國琛、韋國模、白廷璜、潘乾策、黃希先、吳伯熙、楊克修、許青麟、許廷崙、石嗣莊、陳朝新、蔡傳心、陳奎、黃聯璧、郭夢松、許式金、毛士釗、鄧延

---

❽ 胡南溟〈海東精舍〉：「精舍群英地，甄陶二百年。老榕垂蔭大，挺秀海東天。」載於盧嘉興著、呂興昌編校，《臺灣古典文學作家論集》（臺南：臺南市立藝術中心，2000），上冊頁 354。

❽ 筆者亦收藏《臺人輿論》傳鈔殘本，9 行，行 29－32 字，28 葉。封面題署：「《臺人輿論》：道光癸卯年花月，板存臺灣海東書院」，卷前有「震无咎居士」弁言 1 篇，敘述本書肇因「道光二十三年（1843）正月臺灣道姚公與鎮軍達公同時以夷事奉旨逮問」，所以搜羅「臺人訴公之詞三十餘篇」，「余所及見者，皆就臺言臺，未敢他及。余既惜公之去，又喜臺人之善陳其詞也，乃付梓以公同志。」無目錄，殘本錄文 16 篇。筆者迄今未見其他足本或刊本傳世。

禧、蘇寶書、李喬、許建勳、鄭奉天、鄭日章、施士升、張朝清、呂陽泰、吳邦淵、陳大觀等 33 人的作品。石暘睢曾經介紹許廷崙〈聖像立石臺郡學宮記〉原文就收錄在本集當中。㊷

日人尾崎秀真曾經收藏《正字略揭要》1 冊，在昭和6年（1931）臺南市役所舉辦「臺灣文化三百年記念會」展示，著錄作咸豐元年（1851）由「臺南の府政使衙門」出版，書前有徐宗幹序文，內容為科舉考試使用「標準字劃」的參考書，筆者惜未得見。㊳

十五、李凌霄《紫薇山房集》

李凌霄，字仲爾、騰青，號伯群，臺灣府西定坊人。少入塾，以貧輟學。年十九赴考，郡守蔣元樞奇其文，拔置第一。生平以志氣自許，詩文之外，喜博涉藝事，雖拳棒歌曲，無不精妙，享年29 歲。著有《紫薇山房集》12 卷，分成詩、文二部，王國璠著錄作道光 29 年（1849）刊本。他曾經在臺南舊書店中購得第 1、2、5、7 卷合計 4 冊的殘書，大半遭蟲蝕損，可以辨識者僅得詩作 11

㊷　石暘睢，〈先師聖像流傳臺郡考〉，《臺南文化》3：2（1953.9）：56。附題一筆：經過黃典權認定是徐宗幹為「示範諸生而賦者」暫題作《聲花集》的手鈔詩稿，內容除了徐氏的作品，還收錄葉朝陽、韋國琛、施龍文、吳敦仁、許青麟、鄭奉天、陳尚恭、府學林銘勳、嘉義的黃通理、臺灣的鄧延禧與盧振基、彰化的黃毓雲等 12 人 27 首詩作及竹枝詞。此集是否曾經出版？姑存目。南史，〈《聲花集》跋〉，《臺南文化》4：1（1954.9）：69。又《聲花集》，同前書：96－101。

㊳　臺南市役所，《臺灣史料集成》（臺南：臺灣文化三百年記念會，1931），頁 13。

首、殘文 7 篇，著錄云：「傳李氏作品尚有《述學》八十一則，或昭諷勸，或敘興亡，或掇舛誤，或釋懸疑，無不卓具見解。惜全書漸滅，未觀究竟。」**⑧④**

十六、黃本淵《中隱齋集》

黃本淵，字虛谷，臺灣府西定下坊人。嘉慶 18 年（1813）優貢生，道光元年（1821）舉孝廉方正，詔授六品頂戴，召試引見，欽點教職，授福建長汀縣教諭。以績優擢福州府學教授，監理鼇峰書院訓導。復因軍功奉旨以知縣儘先選用，不受。謝職歸里，致力農耕，拓安平濱海鹽滷之區百餘甲，號曰：本淵寮。擅書法，以詩文自娛。著有《中隱齋集》4 卷。漳浦人趙師夐《閒鷗堂集》為其書題詩并序：「《中隱齋集》四卷，吾友黃應敏茂才之尊人虛谷先生所撰也，茂才嫡堂兄應清所輯梓。共存古、今體詩百首，皆饒有磊落軒昂之氣，而論詩二十絕，不讓元遺山專美於前云。」惜今不存，僅見連橫收錄〈題吳希周百蝶圖〉詩 1 首；**⑧⑤**王國璠曾經在臺南市獲得鈔本數十頁，收錄〈臺江晚眺〉詩 1 首及殘句。**⑧⑥**

---

⑧④　王國璠，《臺灣先賢著作提要》，頁 155－157。

⑧⑤　連橫，《雅堂文集》，頁 143。

⑧⑥　王國璠，《臺灣先賢著作提要》，頁 168－169。王國璠、邱勝安，《三百年來臺灣作家與作品》（鳳山：臺灣時報社，1977），頁 43－45。

第四節　咸豐、同治、光緒年間的臺南出版

一、劉家謀《海音詩》、《觀海集》

劉家謀（1814－1853），字仲為，號芑川，福建侯官人。道光 12 年（1832）舉人，屢上公車不第，初任寧德縣教諭，翌年調任臺灣府學訓導。為人慷慨豪俠，絕少頭巾氣，故其為詩風流跌宕，而嬉笑怒罵，欲歌欲泣，亦復激昂悲壯；留心文獻，所至輒搜羅掌故，於地方利弊尤惓惓焉。在臺 4 年，海寇黃位倡亂，臺匪應之，君時已病肺，力疾守陴，積三閱月，以勞疾卒於任，享年 40 歲。著有《外丁卯橋居士初稿》8 卷、《東洋小草》4 卷、《斫劍詞》1 卷、《開天宮詞》2 卷、《東洋紀程》1 卷、《操風瑣錄》4 卷、《鶴場漫志》2 卷、《懷藤吟館隨筆》1 卷、《攬環集》1 卷，在臺詩作收入《海音詩》1 卷、《觀海集》4 卷。❶

劉家謀在《海音詩》首作註明：「壬子（咸豐 2 年，1852）夏秋之間，臥病連月，不出戶庭。海吼時來，助以颶颺，鬱勃號怒，壹似有不得已者。伏枕狂吟，尋聲響答，韻之曰：《海音》。」❷咸豐 5 年（1855）夏 5 月劉家謀曾經在海東書院教導過的學生韋廷芳

---

❶　劉家謀著、吳守禮校，《海音詩全卷》（臺北：臺灣省文獻委員會，1953），序葉 1。

❷　《臺灣雜詠合刻》（臺北：臺灣銀行經濟研究室，1958），頁 5。

為恩師遺稿寫序，不禁回憶：「壬子夏秋交，先生病幾殆。洎愈，
出病中吟稿相示，採風問俗，顯微闡幽，所關匪細。……先生聞所
創聞，伏枕謳吟，耳中洶湧澎湃、鬱勃號怒之音，與胸中嶔奇磊
落、牢騷不平之音，互相遙答。詩成而疾愈殆以己詩愈己疾歟，何
其有遺音耶？……芳讀竟，慫恿付梓。先生囑主剞劂。工未竣，而
先生遽逝，束閣幾兩載。嗚呼！先生往矣，先生之音容猶昨也。敢
不勉成所囑，俾人人得聆咳唾之餘音乎？爰督工蕆事，郵寄數冊，
藏諸其家。」❸劉氏身後，遺稿盡覆水中，惟有《海音詩》幸賴已
先交託韋廷芳，為之付梓，始得公諸於世。

　　《海音詩》咸豐 5 年（1855）一經堂刊本，日本京都大學人文
科學研究所、臺南吳守禮「從宜誃」各藏 1 部，後者封面刊：「海
音詩全卷，乙卯夏韋廷芳謹題，板藏一經堂」，每半葉板框高 16.4
公分，寬 12 公分，9 行，行 21 字，四周雙欄，版心白口，單魚
尾，中刊「海音」，下刊葉次，有序 2 篇 3 葉，內文首葉首行刊：
「《海音》，詩存四」。次行刊：「侯官劉家謀芑川」。刻詩百
首，計 36 葉。❹連橫評價：「引註翔實，足資志乘。」❺民國 42
年（1953）7 月臺灣省文獻會委請吳守禮取家藏原刊本校註重排，收
入《臺灣叢書》（學藝門第 2 種）。民國 47 年（1958）10 月周憲文據
臺灣分館鈔本，❻參酌吳守禮的刊本，收入《臺灣文獻叢刊》（第

❸　劉家謀著、吳守禮校，《海音詩全卷》，序葉 1。
❹　劉家謀著、吳守禮校，《海音詩全卷》，註釋葉 1。
❺　連橫，《臺灣詩乘》（臺北：臺灣銀行經濟研究室，1960），頁 170。
❻　此鈔本為前臺灣總督府圖書館鈔自日人尾崎秀真，尾崎又鈔自連橫。吳守禮
　　據楊雲萍談及：「連雅堂先生作校正時或曾按所詠事類重編一過。」所以他

28 種）。民國 76 年（1987）6 月《雅堂叢刊詩稿》景印連橫手校本，書後補跋：「是為修志之資，非如藻繪之徒，僅以批風抹月為事也。」❼臺灣大學圖書館楊雲萍文庫也藏鈔本 1 部。《海音詩》另外還有《臺灣先賢集》（第 3 冊）、《臺灣歷史文獻史料叢刊》（第 8 輯）、《臺灣歷史文獻叢刊》等排印本。

　　《觀海集》咸豐 8 年（1858）刊本，收錄劉家謀從道光 29 年（1849）至咸豐 2 年（1852）之間在臺詩作。福建省圖書館藏 1 部，封面印白紙，鎸隸書「觀海集」3 字，書前刊謝章鋌序文 1 篇，續刻符兆綸、劉永松、劉勳、邱璸、劉齊蓮題詞，累計詩作 7 首。內文每半葉版框高 18.8 公分，寬 13.5 公分，9 行，行大字 21 字，小字雙行，字數同，上下單邊，左右雙欄，版心上刊書名，單魚尾，下刊葉次，計 4 卷，合訂 1 冊。每卷首葉次行刊「侯官劉家謀芑川」。咸豐 8 年（1858）正月謝章鋌寫序，言及五年前劉家謀病歿以後：「棺歸遇賊，遺物盡失，而此一卷者，棄擲絕嶠，浮沉風濤，竭力求之，久而後出。」❽劉家謀之子劉淳在書末補跋：「《觀海集》者，先君司訓臺陽所作也。癸丑（咸豐 3 年，1853）夏，臺匪滋事，先君守陴得疾而沒，旅櫬南歸，復經剽掠一空，猶幸此編為先君手鈔本貽門人朱君鴻者，浮沉海外，歷五春秋，舊冬

再依照鈔本之次第觀之，確有類次之跡。」《海音詩全卷》，篇目葉 2、跋葉 1。
❼　連橫，《雅堂叢刊詩稿》（臺中：臺灣省文獻委員會，1987），頁 279－367。
❽　劉家謀，《觀海集》（南投：臺灣省文獻委員會，1997），頁 1。

郵寄來聞，得之如獲至寶。」❾於是他「並前所刻共成三集」，刊成 17 卷的《芑川合集》。周憲文敘錄：「當與臺灣有關，可惜無由覓得。」❿民國 93 年（2004）12 月《臺灣文獻匯刊》（第 4 輯第 11 冊）再景印刊本行世。排印本則有民國 86 年（1997）6 月臺灣省文獻委員會據福建省圖書館藏本標點，收入《臺灣歷史文獻叢刊》。

　　《海音詩》與《觀海集》的合校排印本另見民國 93 年（2004）2 月行政院文化建設委員會委由黃憲作據《臺灣叢書》、文叢本、《臺灣先賢集》、《臺灣文獻匯刊》等作底本編校劉氏在臺詩作，收入《全臺詩》（第 5 冊）。

二、施瓊芳《石蘭山館遺稿》

　　施瓊芳（1815－1868），初名龍文，字見田、昭德、星階，號珠垣，原籍泉州府晉江縣，至其父施菁華始移居臺灣府大西門外南河。性恬淡好學，學貫經史及諸子百家，其詩歌及古文辭為時賢所推許。道光 17 年（1837）拔貢生，旋中舉人；道光 25 年（1845）恩科進士，銓選六部主事，久滯京曹。後補江蘇知縣，未就職，乞養回籍。咸豐 4 年（1854）掌海東書院，力闡正學，教諸生以五性人倫為本，開明心術，變化氣質為先。⓫潛心性理之學，居則與詩史

---

❾　同前註，頁 55。

❿　周憲文，《臺灣文獻叢刊序跋彙錄》（臺北：中華書局，1971），頁 51－52。

⓫　邱秀堂編撰，《鯤海粹編》（臺北：中華民國臺灣史蹟研究中心，1980），頁 187－188。施讓甫亦評價：「我宗族雖人材不少輩出，……若瓊芳進士則

共晨夕。為人嚴重介節，恭敬孝友，樂施與，慎然諾，事母尤為溫謹，鉅公名流咸以端人視之。享年 54 歲。⑫生平博學鴻詞，著作盈篋。日治初期次子士洁攜以內渡，稿多散佚，僅《春秋節要》、《石蘭山館遺稿》倖存。民國 11 年（1922）士洁病逝鼓浪嶼，長子奕疇檢之攜回臺南故里，奕疇歿後，《春秋節要》遂佚，僅存《石蘭山館遺稿》22 卷傳世。王國璠評價：「文則徑端言正，盡劓繁蕪，得跡象渾然之旨。詩則薈萃眾長，不師一代，有清妙之音，而無奧衍之病。誠東寧三百年來之大家也。」⑬

《石蘭山館遺稿》傳鈔本有 2 部，取用版心刊刷「石蘭山館遺稿」藍格稿紙繕寫，8 行，行 18 字，每卷次行題署「臺灣施瓊芳著」，卷 1－2 文鈔、卷 3－6 駢體文、卷 7－16 詩鈔、卷 17－18 補餘詩鈔、卷 19－22 試帖詩，偶見林豪校記字條夾貼其間，鈐入「卓人初稿」朱印 1 方。高志彬著錄第 1 部是施瓊芳曾孫施江純收藏 5 冊本，疑係施瓊芳親筆；第 2 部筆跡似非出自一人之手，但比前者工整，恐係擬付雕版之底本，每卷之首各空 2 行，當作釐卷、

沈酣於帖括，……此皆富有著述之才，而竟不能成其集，殊可惜也。可見文人學士皓首窮經，畢生辛苦，求存一字於身後，誠不容易也。」《白香山之研究》（臺北：臺灣新民報社，1940），自序。

⑫ 黃典權，〈石蘭山館遺稿序〉，《臺南文化》8.1（1965.6）：書前。鄭喜夫，〈臺南市著述志〉，《臺南文化》新 2 期（1976.12）：23。許雪姬等，《臺灣歷史辭典》（臺北：行政院文化建設委員會，2004），頁 577。

⑬ 王國璠，《臺灣先賢著作提要》（新竹：臺灣省立新竹社會教育館，1974），頁 67。

標題之用。⓮民國 81 年（1992）3 月臺北龍文出版社複印第 2 部，收入《臺灣先賢詩文集彙刊》（第 1 輯第 1－3 冊）。民國 96 年（2007）8 月臺中文听閣圖書有限公司再篩選文鈔及駢體文複印並且重排，收入《全臺文》（第 9 冊）。

　　《石蘭山館遺稿》排印本有 2 種，民國 47 年（1958）8 月黃典權先購得第 1 部傳鈔本點校，收入《臺南文化》（第 6 卷第 1 期），出版後不忍私藏，仍奉還施家。民國 53 年（1964）秋天黃典權再從施家購得第 2 部傳鈔本，民國 54 年（1965）6 月據以釐訂 22 卷點校，收入《臺南文化》（第 8 卷第 1 期），此部傳鈔本轉由高志彬收藏。後者又有兩個複印本：民國 72 年（1983）3 月臺北成文出版社收入《中國方志叢書》（臺灣地區第 96 號），民國 81 年（1992）3 月臺北龍文出版社收入《臺灣先賢詩文集彙刊》（第 1 輯第 3 冊）。另外，民國 93 年（2004）2 月行政院文化建設委員會委由施懿琳據《臺灣先賢詩文集彙刊》編校施氏詩作，收入《全臺詩》（第 5 冊）。

三、吳大廷《東瀛訓士訓民錄》、《臺灣進退志》

　　吳大廷（1824－1877），字桐雲，湖南沅陵人。道光 28 年（1848）拔貢。咸豐 3 年（1853）出山海關，在瀋陽學院館學。咸豐 5 年（1855）順天鄉試舉人。同治初年在皖參贊軍務。同治 4 年

⓮　施瓊芳撰、王國璠總輯、高志彬主編，《石蘭山館遺稿》（臺北：龍文出版社，1992），板本說明。

（1865）以軍功簡放福建鹽法道。同治 5 年（1866）10 月調任臺灣兵備道。隔年「因憤臺政事權不一，多為大吏牽制，稱病呈請開缺」。❶同年 2 月 18 日卸職離臺，回籍調理。同治 10（1871）年回閩襄理船政，後來轉赴上海督練水師。光緒 3 年（1877）病逝北京，享年 54 歲。吳氏篤儒術，嫻文章，其詩吐屬自然，不見錘琢之痕。❶著有《小酉腴山館文集》12 卷、《小酉腴山館詩集》8卷、《福建票鹽志略》2 卷、❶《讀易隨筆》、《讀書隨筆》、《孝經古今傳注輯論》1 卷、《小酉腴山館主人自著年譜》2 卷，與臺灣相關著作有《東瀛訓士訓民錄》1 卷、《臺灣進退志》1卷。

吳大廷渡海接篆，觀風取士之餘，先在同治 5 年（1866）11 月20 日親訪進士施瓊芳，聘定翌年主講海東書院，實乃「前人所屢請而未肯從者也」。❶次年 2 月上旬他在斐亭為《東瀛訓士訓民錄》書序，這是他輯錄藍鼎元《棉陽學準》與方苞〈禮闈示貢士〉而成《訓士錄》，又挑選王陽明公移告示數篇名曰《訓民錄》。「凡余所期言而不能言者，前賢皆代余言之。爰捐貲付諸手民，刊行各屬，俾吾士民知所警惕。」「爰再刊布，俾全臺窮鄉僻壤讀書

---

❶ 鄭喜夫，《重修臺灣省通志卷八職官志文職表篇》（南投：臺灣省文獻委員會，1993），頁 26。

❶ 袁行雲，《清人詩集敘錄》（北京：文化藝術出版社，1994），卷 74 頁2584－2585。

❶ 臺北國家圖書館藏 2 部，其一封面加刊「同治五年夏福建鹽局鐫」牌記，其二封面加刊「同治十三年重刻于滬上」牌記。

❶ 吳大廷，《小酉腴山館主人自著年譜》（臺北：臺灣銀行經濟研究室，1971），頁 42。

士子咸有其書；得以就地勸導，於以砭愚訂頑，毋蹈強陵弱、眾暴寡——結黨樹旗惡習，用佐吾教化之所不及。」**⑲**同治 6 年（1867）原刊本今佚，國立中央圖書館臺灣分館藏鈔本 1 部，封面鈐入「臺灣總督府圖書館藏」朱印 1 方，以及「大正・九・六・三・謄寫」藍色圓章 1 枚，並以楷筆書寫「校了」2 字。內文採用「臺灣總督府圖書館」紅格公文紙繕寫，每半葉 13 行，分〈敘〉1 葉、《訓士錄》15 葉、《訓民錄》6 葉，最末葉最末行落款「大正九年，太田為校正」。

　　《臺灣進退志》則收錄同治年間吳氏在臺期間的相關奏摺。同治 7 年（1868）10 月 24 日書成，北京大學圖書館藏刊本 1 部，鈐入「北京大學藏書」朱印 1 方，缺封面，書前刊同治 7 年（1868）10 月 16 日楊希閔序文 1 篇，內文每半葉版框高 19.7 公分，寬 10 公分，7 行，行大字 21－24 字，小字雙行，字數同，單邊，不分卷，合訂 1 冊，書末刊「三山吳玉田鐫字」木記 1 行，出自福州著

---

⑲　吳大廷並附記識語 3 則，詳其選文標準：「先儒性理書野矣，余獨舉《棉陽學準》以訓諸生者，以潮州風氣與臺相類，對病下藥之意也。書凡四條，只『閑邪存誠』四字盡之。前二條，澄品類、嚴過失，皆閑邪之事；後二條，謹學行、密操存，皆存誠之事。凡我生童，能於此書細心體究，以之治己並以之勸人，而謂全臺風俗有不媲美鄒魯者，吾不信也。我生童其各勉之哉。」「士先器識而後文藝。八股，其末也。然功令以此取士，士子即以此為進身之級。而陋習相沿，幾令制藝一途，竟成絕學。是以文風卑，而士習因之愈壞。今特刊望溪先生〈禮闈示貢士〉一則，俾我諸生知所趨嚮，或者於風化不無小補云。」「余憫臺民蠢頑，易蹈法網；而並追咎夫地方有司自失其教，遂至於此。茲檢王陽明先生公移所以諭告父老子弟並村寨賊巢，明白剴切，雖老嫗能解讀之；而有不翻然悔悟者，豈人情哉！」同前註，頁 98－99。

名刻工手筆。民國 93 年（2004）12 月《臺灣文獻匯刊》（第6輯第5冊）據以景印行世。

四、丁曰健《治臺必告錄》

丁曰健，字述安，號述庵，原籍安徽懷寧，寄籍順天宛平人。道光 15 年（1835）舉人，道光 27 年（1847）起歷任鳳山、嘉義知縣、北路理番同知、淡水理番同知、嘉義理番同知。同治 2 年（1863）2 月接掌福建臺灣兵備道，同治 5 年（1866）5 月奉旨開缺引見。治臺期間編有《治臺必告錄》8 卷。

早在道光 27 年（1847）臺灣道徐宗幹寫信給閩浙總督劉韻珂：「幹自到任後，……一切應辦公事，早作夜思，不離案牘，僚屬所共見、共聞。偶爾無事可辦，提案不到，除卻靜坐觀書，別無嗜好。……偶遇閒暇，繙閱書籍，亦係講論吏治及海防諸書，並非別弄文墨。」❷⓿海東書院掌教黃紹芳也說：「徐清惠中丞任臺、澎日，採輯前人治臺成效及論臺事之名言碩畫，益以自治官書薈萃而成。」❷❶同治 2 年（1863）徐宗幹就將《治臺必告錄》原稿授與即將赴任分巡臺灣道的丁曰健，並且告訴他：「治臺方略，全在因地制宜，名賢往事可師。」❷❷丁氏於是依恃這份手稿，鑽之研之，用

---

❷⓿　徐宗幹，《斯未信齋文編》（臺北：臺灣銀行經濟研究室，1960），頁 78－80。

❷❶　丁曰健，《治臺必告錄》（臺北：臺灣銀行經濟研究室，1959），頁 597－598。

❷❷　丁曰健，《治臺必告錄》，頁 3－4。

於戰陣謀略，結果攻無不克，接連敉平臺亂。❷同治 5 年（1866）10 月就在丁曰健即將告病還鄉的前一個月，突然驚聞徐宗幹謝世的惡耗，傷痛之餘，深感知遇之恩無法回報，想起「此書乃公在臺數年參酌搜討，薈萃諸名臣之精華而加以偉論。」❷於是決定彙輯校正，興工雕板。

　　《治臺必告錄》同治 6 年（1867）刊本，國立中央圖書館臺灣分館藏本封面刊「《治臺必告錄》：同治丁卯春鐫，知足知止園藏梓」。鈐入「潯陽呂氏珍藏」、「臺灣省立臺北圖書館藏書章」朱印 2 方，以及藍色方形戳記 1 枚（來源欄內加蓋「伊藤賢道贈」）；內文每半葉版框高 19.8 公分，寬 15 公分，每半葉 9 行，行 24 字，注文雙行，字數同。四周雙邊，版心單魚尾，上刊書名，中刊卷次及葉次。同治 6 年（1867）5 月丁曰健作〈敘〉，計 4 葉。卷一收錄藍鼎元《鹿洲文集》與魏源《聖武紀略》，卷二囊括謝金鑾《蛤仔難紀略》、鄧傳安《蠡測彙鈔》、周凱《內自訟齋文集》、姚瑩《東溟文集》與《東槎紀略》，卷三包含達洪阿與姚瑩合寫〈防夷奏疏〉、劉韻珂、熊一本、仝卜年、史密的書議文字，卷四《斯未信齋存稿》34 篇、卷五《斯未信齋文集》35 篇則是出自徐宗幹手筆，丁曰健再把自撰《平臺藥言》18 篇收入第六卷，最後，彙錄在臺前後軍情摺報等雜文收入第七、八卷。同年 9 月黃紹芳再補寫

---

❷　林豪撰寫《淡水廳志訂謬》時，針對陳培桂載錄戴潮春之亂史實作批判：「培桂但據《治臺必告錄》一書，而錄中奏摺數篇，安能詳悉。海外奏章大抵張皇其詞，未足據為典要；何如細訪該地紳民眾口僉同者之得其實也。」《淡水廳志》（臺北：臺灣銀行經濟研究室，1963），頁 473。

❷　同註❷。

1 篇〈後序〉。

　　同一刊本日本京都大學人文科學研究所、中央研究院傅斯年圖書館各藏 2 部；北京故宮博物院圖書館、北京人文科學研究所、北京圖書館、北京師範大學圖書館、廈門大學圖書館、臺灣大學圖書館伊能文庫各藏 1 部。孫殿起、連橫也曾經眼。大正 14 年（1925）9 月發行《臺灣詩薈》第 21 號還刊登一則〈新舊書籍發售〉的啟事：「大本《治臺必告錄》：十二本，八圓。」㉕林文龍藏鈔本殘卷，僅存卷首，原來是臺北市百城堂書店主人林漢章「得之舊京書肆而舉以相贈者。」㉖

　　《治臺必告錄》排印點校本有民國 48 年（1959）7 月周憲文據伊能文庫本，再以傅斯年圖書館本校補，收入《臺灣文獻叢刊》（第 17 種）。民國 69 年（1980）9 月臺北文海出版社複印文叢本，收入《近代中國史料叢刊續編》（第 76 輯，第 757、758 冊）。民國 76 年（1987）臺灣大通書局複印文叢本，收入《臺灣文獻史料叢刊》（第 3 輯）。民國 86 年（1997）6 月臺灣省文獻委員會複印文叢本，收入《臺灣歷史文獻叢刊》（第 2 輯）。

五、丁紹儀《東瀛識略》

　　丁紹儀，字杏舲，江蘇無錫人。道光 27 年（1847）嘗入臺灣知

㉕　連橫，《臺灣詩薈（下冊）》（臺北：臺北市文獻委員會，1977），頁606。

㉖　林文龍，《掃籜山房詩集》（彰化：自印本，1998），頁239。

府全卜年之幕，歷 8 月。著有《東瀛識略》8 卷。此外，咸豐 6 年
（1856）校刊《通俗字林辨證》5 卷、同治 8 年（1869）編著《聽秋
聲館詞話》20 卷，皆由福州吳玉田刊印。

　　同治 12 年（1873）3 月中旬周式濂為《東瀛識略》書序：「昔
遊臺灣，就所見聞，筆誌而論列之，僅五萬餘言，而臺事已包羅備
具；……是書久秘笥中，今值濂自臺內渡，命加參訂，且言將付之
梓，供他日覆瓿之需。」同年 4 月丁紹儀自陳：「道光丁未（道光
27 年，1847）秋，余以歸妹至彰化；及冬禮成，省黃浣雲師於臺灣
郡廨。時守臺者父執全澗南太守適兼臺灣道篆，囑余襄理度支，並
佐浣雲師稽核臺郡文冊，勾留者八閱月。凡臺事之堪資談助者，入
耳經目，輒筆識之，並附綴管窺所及，竟得八卷。內渡後，棄置篋
衍，久不省記。戊辰（同治 7 年，1868）夏，禧兒承乏噶瑪蘭；將
行，因檢錄數條畀之。會張煥堂觀察邀辦通商筆墨，得於案牘中略
稔時事，復墨數行於後。去歲歸省松楸，次婿鍾偉臣請任刊資；隨
遣佛奴三十輩來，爰即付之手民。」又識：「書刊未半，資已不
敷，禧兒又以鄰封及民捐事橫罹降秩，心情煩劣，謀食方艱；剞氏
頻催，力無以應。黃星樵妹婿惜其半途而廢，慨然以番銀三十枚見
助，乃克告成。時已越秋徂冬，虹藏不見矣。」❷❼

　　《東瀛識略》同治 12 年（1873）刊本，國立中央圖書館臺灣分
館藏 1 部，封面刊「《東瀛識略》：同治昭陽作噩，福州吳玉田
刻」，鈐入「大正六年一月二三日東洋協會臺灣支部寄贈」、「大
正十二年四月賜皇太子殿下臺覽」、「臺灣總督府圖書館藏」、

---

❷❼　丁紹儀，《東瀛識略》（臺北：臺灣銀行經濟研究室，1957），頁 1－2。

「臺灣省立臺北圖書館藏書章」、「臺灣省立臺北圖書館藏書」朱印 5 方，內文每半葉版框高 17.8 公分，寬 13.5 公分，10 行，行 21 字，四周雙邊，版心上刊書名，單魚尾，中刊卷次，下刊葉次及黑口。每卷首葉次行刊「無錫丁紹儀杏舲纂」、卷一書後刊「妹婿黃運昌校字」、卷二書後刊「婿胡鑑校字」、卷三書後刊「姻姪鍾啟元校字」、卷四書後刊「男承禧校字」、卷五書後刊「姪婿陳慶禧校字」、卷六書後刊「姻姪胡欽校字」、卷七書後刊「男承祜校字」、卷八書後刊「婿鍾保元校字」；計 148 葉，8 卷，分訂 2 冊。民國 72 年（1983）3 月臺北成文出版社據以景印，收入《中國方志叢書》（臺灣地區第 53 號）。民國 96 年（2007）8 月臺中文听閣圖書有限公司再複印並且重排，收入《全臺文》（第 63 冊）。

此外，北京師範大學圖書館、美國國會圖書館、日本內閣文庫、天理大學附屬天理圖書館、東洋文庫、京都大學人文科學研究所各藏 1 部，私家如鄭津梁收藏 1 部，封面書影曾經刊載於《臺南市志稿》《文教志》卷前的附圖，旁白說明：「於臺灣歷史風土，多所探聞，論述頗具灼見。」本書的排印本尚有民國 47 年（1958）5 月臺灣銀行經濟研究室據刊本點校，收入《臺灣文獻叢刊》（第 18 種）。民國 68 年（1979）3 月臺北眾文圖書公司複印文叢本，收入《臺灣文獻叢刊第一輯》。民國 76 年（1987）臺灣大通書局複印文叢本，收入《臺灣文獻史料叢刊》（第 7 輯）。民國 85 年（1996）9 月臺灣省文獻委員會複印文叢本，收入《臺灣歷史文獻叢刊》。

六、楊希閔《戊辰酬唱草》

楊希閔（1809－1878），字臥雲、臥雲老人，號鐵傭、鐵傭居士、息齋，江西新城人。咸豐 6 年（1856）因太平軍攻佔江西，舉家遷徙至福建邵武，隔年再避難到福州。同治 9 年（1870）以前渡臺，掌教海東書院。光緒 3 年（1877）6 月間作〈朱子石刻碑記〉；他曾替何澂編輯的《臺灣雜詠合刻》寫序。著述富，著有《長樂縣志》20 卷、《遐憩山房詩》4 卷、《遐憩山房詩續存》2 卷、《遐憩山房叢拾稿》3 卷、《閩南游草》3 卷、《四書改錯平》14 卷、《榕陰日課》10 卷、《餘師錄》32 卷、《讀書舉要》2 卷、《水經注匯校》40 卷、《鄉詩摭談正集》10 卷、《鄉詩摭談續集》10 卷、年譜 17 種、以及在臺南出版《戊辰酬唱草》1 卷。

《戊辰酬唱草》同治 13 年（1874）刊本，計有 4 種：一是收入《遐憩山房詩續存》第 2 卷，福州吳玉田刊，原是蔡國琳藏書。是卷除收錄《戊辰草》32 首，續刊《己巳草》18 首、《庚午草》30 首、《辛未草》10 首、《壬申草》2 首、《癸酉草》16 首以及《詞附》6 闋，皆與臺灣有關作品。內文每半葉版框高 18.2 公分，寬 14 公分，11 行，行 23 字，小字雙行，字數同，四周雙邊，版心上刊「遐憩山房詩續存」，單魚尾，中刊「卷二」，下刊葉次，計 22 葉。今由筆者收藏。

二是收入《遐憩山房叢拾稿》第 2 卷，福州吳玉田刊。民國 65 年（1976）年初鄭喜夫在臺北冷攤購得，計 3 卷，書皮已更換，封面楷筆書寫書名。內文每半葉版框高 18 公分，寬 13.8 公分，11 行，行 23 字，小字雙行，字數同，四周雙邊，版心上刊「遐憩山

房叢拾稿」，單魚尾，中刊卷次，下刊葉次，計 3 卷；首卷為《補刻遺詩一卷》，收錄咸豐 6、7 年之間（1856–1857）楊希閔所作遺詩，經由吳南池點定，計 35 葉；次卷即是《戊辰酬唱草》，卷前刊楊氏自序：「同治戊辰（同治 7 年，1868），閩客周方伯所，每與吳廉訪諸公暇輒酬唱，文酒之樂，一時稱盛；零牋斷紙，散不收拾，門人周哲成彙鈔一篇存篋，今踰七稔矣。」❷❸內容選錄同治 7 年（1868）5 月間，他與吳大廷、周開錫、梁鳴謙、鍾大鈞、黃燾先、周哲成諸人的和作，文末落款：「同治甲戌（同治 13 年，1874）江右新城楊希閔臥雲書於臺陽海東書院」，計 19 葉；第 3 卷則是《仲叔二子遺墨》，卷前鐫入夏獻綸、楊希閔序文 2 篇，卷末附〈哭三兒偉叔〉1 篇，自題「臥雲老人作」，計 16 葉。

　　三是福州吳玉田刊單行本，即前書之抽印本。謝水順、李斑皆謂楊氏著述「悉交吳玉田刊刻」，但未及著錄此書，吳玉田，福建侯官人。坊設福州市南後街宮巷口東側，刻書字體娟秀，筆劃清晰有致，為清代福州最著名的刻坊，刻書始於咸豐年間，至民國三〇年代歇業，出版書籍以千卷計。❷❾

　　四是臺陽刊單行本，廈門大學圖書館藏 1 部，李秉乾著錄：「清同治十三年臺陽刻本一冊」。❸〇封面刻：「《戊辰酬唱草》：

❷❸　楊希閔，《戊辰酬唱草》，鄭喜夫藏同治 13 年（1874）刊本，葉 1。

❷❾　謝水順，〈福州刻書家吳玉田及所刊書目〉，《福建文史》1990：4（1990.4）：42－44。謝水順、李斑，〈再談福州刻書家吳玉田〉，《福建圖書館學刊》1992：1（1992.1）：63－68。謝水順、李斑，《福建古代刻書》（福州：福建人民出版社，1997），頁 494。

❸〇　李秉乾，《福建文獻書目（增訂本）》（廈門：匯舉印刷，2003），頁 43。

同治甲戌刻於臺陽」，內文每半葉版框高 18.4 公分，寬 13.5 公分，11 行，行 23 字，小字雙行，字數同，四周雙邊，版心單魚尾，下刊葉次，計 17 葉；臺陽即清代臺南的別稱，確定出自臺南刻工之手，與鄭喜夫藏書相較，不論版氏、葉數、字體皆有差異，特別是福州版採用匠體字，整齊劃一，臺陽版則作楷書上版。

七、王凱泰《訓番俚言》、《臺灣雜詠合刻》

　　王凱泰（1823－1875），初名敦敏，字幼徇、幼軒，補帆、號補園主人，江蘇寶應人。道光 30 年（1850）進士，選庶吉士，授編修。同治 9 年（1870）從廣東布政使遷福建巡撫。同治 13 年（1874）沈葆楨奏請移巡駐臺，協理外交。光緒元年（1875）5 月渡臺。力籌整頓，並兼顧省臺大局，次第以事宜入告，因而積勞受瘴癘，同年10 月內渡福州，卒於官。享年 53 歲，贈太子少保，諡「文勤」。曾經擔任《重纂福建通志》總裁，著有《致用堂志略》1 卷、《致用堂捐藏書目》、《歸園唱和集》1 卷、《湖上弦歌集》2 卷、《嶺南鴻雪集》1 卷、《三山同聲集》5 卷、《新刻續千家詩》，以及在臺期間編寫《訓番俚言》1 卷，作〈臺灣雜詠〉32 首及〈續詠〉12 首。

　　《訓番俚言》成書的原因，《春在堂雜文》敘錄：「臺民嗜博；無少長，皆食外國煙；又錮婢，至老不嫁，凱泰皆作歌，勸化之。」❸❶王凱泰採取 5 字為 1 句編寫，計 200 句，作為義塾教育使

---

❸❶　《臺灣通志》（臺北：臺灣銀行經濟研究室，1962），頁 479。

用的範本。他在《臺灣雜詠》32 首中的第 16 首中自陳：「五字編成百句歌，苦心甘作老婆婆；兒童幾隊同聲調，朔望門前索賞多。」詩注：「近將勸戒煙、賭并一切陋習，各編五言百句歌。十五歲以下兒童有能背誦者，賞青蚨十文；月之朔望驗給。」❸❷連橫《臺灣通史》：「開山之後，臺東、埔裏社、恆春、鳳山各開義塾，教番童，頒《訓番俚言》，俾之誦讀，將以陶鎔其蠻性。」❸❸

《訓番俚言》光緒元年（1875）刊本，書影曾經刊登在昭和 12 年（1937）1 月問世的《愛書》第 8 輯書前扉頁上。❸❹國立中央圖書館臺灣分館收藏 1 部，鈐入「大正六年七月三一日館森萬平寄贈」、❸❺「大正十二年四月賜皇太子殿下臺覽」、「臺灣總督府圖書館藏」、「臺灣省立臺北圖書館藏書」、「臺灣省立臺北圖書館藏書章」朱印 5 方，封面刊「《訓番俚言》：欽差防海大臣沈、欽命福建巡撫王鑒定」，內文每半葉版框高 23 公分，寬 15.3 公分，5 行，行 10－13 字，四周雙邊，版心單魚尾，下刊葉次，計 11 葉。林漢章曾經收藏 1 部，書幅闊大、以厚白紙精印。《訓番俚言》排印本則有民國 49 年（1960）4 月周憲文據刊本點校，成為《臺灣生熟番紀事》附錄，收入《臺灣文獻叢刊》（第 51 種）。民國 76 年（1987）臺灣大通書局複印文叢本，收入《臺灣文獻史料叢

❸❷ 《臺灣雜詠合刻》（臺北：臺灣銀行經濟研究室，1958），頁 44。

❸❸ 連橫，《臺灣通史》（臺北：臺灣銀行經濟研究室，1962），頁 450。

❸❹ 〈臺灣訪書圖譜〉，《愛書》4（1937.1）：扉頁。

❸❺ 館森鴻，名萬平，字子漸、袖海，日本仙臺人。臺灣總督府文書課屬官，臺北玉山社社員。黃美娥，《日治時期臺北地區文學作品目錄》（臺北：臺北市文獻委員會，2003），上冊頁 47。

刊》（第9輯）。民國83年（1994）7月臺灣省文獻委員會複印文叢
本，與《臺灣番事物產與商務》合刊，收入《臺灣歷史文獻叢
刊》。民國86年（1997）6月臺灣省文獻委員會複印文叢本，收入
《臺灣歷史文獻叢刊》。

　　關於《臺灣雜詠合刻》的內容，則是收錄王凱泰〈臺灣雜詠〉
32首及〈續詠〉12首，臺灣府儒學教授馬清樞〈臺陽雜興〉30
首、**㊱**幕客何澂〈臺陽雜詠〉24首，**㊲**合刊1卷。光緒7年
（1881）楊希閔序云：「光緒元年（1875）中丞王公蒞臺，海波不
興，庶務畢舉。暇時，作《臺陽雜詠》數十首，足與夏公（按：夏
之芳）後先輝映。一時隨員中如何竟山司馬、校官中如馬子翊孝
廉，皆有繼作。王公詩清華婉約，深得古竹枝之遺；何、馬二公詩
綜練謠俗、經緯風雅，山川之靈異、習尚之俶詭、物產之繁變，舉
可考而知。合而刻之，固足以見一時賡和之盛，又可貽他日采風之
資。未容與風雲月露之詞同觀也。」**㊳**

　　同年10月何澂也自陳：「方中丞之在臺也，公餘之暇，日事
吟詠，因作《臺灣雜詩》，每成一絕，即以示予。予受而錄之，積
至三十二首；嗣於病中又作《續詠》十二首，予皆錄稿置行篋中。
次年豐順丁中丞接篆，復命予進署；勞形案牘，無暇展誦。十月又
有臺灣之役，襄辦營務。三年春防務稍弛，丁中丞回省，命予留住
行營。勾稽之暇，每與汪序東明府、林鶴蓀孝廉倡和為樂。惟時，

㊱　馬清樞，字子翊，福建侯官舉人。光緒元年（1875）擔任臺灣府儒學教授。

㊲　何澂，字竟山，浙江山陰人，優貢生。光緒元年（1875）隨王凱泰來臺，掌
記室。著述盛，藏書尤富。

㊳　《臺灣雜詠合刻》，頁35。

馬子翊孝廉校官臺灣。子翊，詩人也。作《臺陽雜興》三十律示予，予亦得二十四律；互相參考，甚愧予詩不如子翊之工也。因與子翊約：俟旋省，當謀付梓。故子翊稿，亦存於予。迨予內渡，即稽榷水口；旋奉諱回里。人事雜沓，束之高閣者又三年。今夏回閩，知子翊歸道山。因檢其遺稿並王中丞稿彙錄成帙，付之手民。」❸

　　光緒 18 年（1892）6 月 29 日蔣師轍《臺游日記》：「組織舊聞，間及今事，語多瑣屑，無關考稽。」❹是年 7 月 21 日，他又從邵友濂的幕客山陰人沈錫藩「檢《臺灣雜詠合刻》見贈。」❹

　　《臺灣雜詠合刻》光緒 7 年（1881）初刊本，筆者僅見臺南市立圖書館藏 1 部。封面有二，先刊「《臺陽雜詠》，光緒辛巳大冬開雕」，續刊「《臺灣雜詠合刻》，晉江陳棨仁署贉，光緒辛巳大冬開雕」。鈐入「臺南圖書館藏書」及私家藏書章 2 方、「臺南圖書館 11.5.5 購入」紫色圓章 1 枚。

　　光緒 8 年（1882）夏 5 月晉江進士龔顯曾提及何瀓將此書「今夏雕成，出以見示」。❹流傳最多的本子即是光緒 8 年（1882）刻於福建的再刊本。封面刊「《臺灣雜詠合刻》，晉江陳棨仁署贉，光緒辛巳大冬開雕」，卷首刊楊希閔、龔顯曾序文、陳錦初題詞，內文每半葉版框高 12.4 公分，寬 9.3 公分，8 行，行 20 字，小字

---

❸　《臺灣雜詠合刻》，頁 77－78。

❹　蔣師轍，《臺游日記》（臺北：臺灣銀行經濟研究室，1957），頁 85。

❹　同前註，頁 124。

❹　〈《臺灣雜詠合刻》提要〉，《臺灣先賢集》（臺北：臺灣中華書局，1971），第 3 冊頁 1277。

雙行，字數同，左右雙邊，版心上刊書名，單魚尾，下刊葉次及黑
口，計 28 葉；書後附汪日楨跋文、何瀓識語。國立中央圖書館臺
灣分館藏本鈐入「臺灣總督府圖書館藏」、「臺灣省立臺北圖書館
藏書」、「臺灣省立臺北圖書館藏書章」朱印 3 方，「昭和・三・
六・十九・購求」藍色圓章 1 枚。臺南市立圖書館藏本鈐入「臺南
石陽睢文庫所藏」、「臺南圖書館藏」朱印 2 方，「臺南圖書館昭
和 16.6.12 受入」藍色圓章 1 枚。東海大學圖書館在民國 46－49 年
（1957－1960）之間購藏 1 部，鈐入「石陽錐氏」、「臺南石陽睢文
庫所藏」、「東海大學藏書」朱印 3 方；復於民國 75 年（1986）1
月 31 日又得白尚忠受贈本 1 部，缺書皮，鈐入「河南武安白尚忠
藏書」藍印 1 方、「東海大學藏書」朱印 2 方。黃天橫藏本也是石
暘睢的舊藏，書皮由石暘睢親題書名，鈐入「石陽錐氏」、「臺南
石陽睢文庫所藏」、「黃天橫印」朱印 3 方。此外，亦見泉州市圖
書館藏 2 部，福建師範大學圖書館、中央研究院傅斯年圖書館、陳
逢源、日人尾崎秀真各藏 1 部。臺灣大學圖書館藏伊能嘉矩鈔本 1
部，封面題名：《合刻臺灣雜詠詩》，鈐入「臺灣帝國大學圖書
印」、「故伊能嘉矩氏蒐集」、「臺北帝國大學圖書印」朱印 3 方。

　　《臺灣雜詠合刻》還有依照原刊本另以藍色油墨謄鈔油印本，
國立中央圖書館臺灣分館、黃天橫及筆者皆藏 1 部，完全與木刻本
相仿，可能是戰後初期由浙江省立圖書館出版，印量不詳。**❸**至於

---

❸　臺北市文訊雜誌社典藏〈黃茂盛書信手札〉一批，其中有 1 封大約在民國 34
　　－37 年（1945－1948）之間的明信片上登錄：《臺灣雜詠合刻》，浙江省立
　　圖書館印行所，臺灣嘉義「蘭記書局」要訂購百本的文字。

鉛字排印本，先有《臺灣詩薈》本，連橫因為收到署名「濟陽」的讀者「郵賜《臺灣雜詠》1 卷，實屬祕籍，欣感無量。」❹於是就在大正 14 年（1925）5 月《臺灣詩薈》第 17 號逐期附刊，廣為流傳。民國 36 年（1947）6 月何澂後人何敬燁來臺擔任臺北市成功中學校長時，「深以手寫稿本被劫為恨，❹因心志之。今年春得《臺灣雜詠合刻》本於臺北魏清德先生處，則大喜，即謀付梓。⋯⋯所可喜者，手寫本被劫於故鄉，而合刻本尚留存島上。」他就根據木刻本重新排印。民國 47 年（1958）10 月《臺灣文獻叢刊》本則根據伊能嘉矩手鈔本及臺灣分館油印本合校行世，兩相比對，鈔本缺少龔顯曾的序文與陳錦初的題詞。本書另有《臺灣先賢集》（第 3 冊）、《叢書集成三編》（第 35 冊）、《臺灣文獻史料叢刊》（第 8 輯）、《臺灣歷史文獻叢刊》行世。

八、吳光亮《化番俚言》

吳光亮，號霽軒，廣東英德人。同治 13 年（1874）日本出兵臺灣，被譽為「打仗勇敢」的前南澳鎮總兵吳光亮就在同年 6 月 8 日，經海防大臣沈葆楨上奏「各社生番，妥為收撫。吳光亮、劉璈著往臺郡。」❻乃於光緒 3 年（1877）8 月 24 日調任臺灣鎮總兵，

---

❹ 連橫，《臺灣詩薈（下冊）》，頁 326。

❹ 何壽棠〈《臺灣雜詠合刻》跋〉：「楹書無主，致多散軼，抗戰軍興，吾鄉陷敵，遂盡付劫火，先世遺文，咸渺不可復得，為之悵悵者累歲。」

❻ 王元穉，《甲戌公牘鈔存》（臺北：臺灣銀行經濟研究室，1959），頁 111。

辦理中路開山撫番事宜。光緒 10 年（1884）2 月 22 日以前調省另行委用，後撤任。在臺期間編有《化番俚言》1 卷。

　　光緒 5 年（1879）5 月吳光亮為開山撫番，對於後山設立的義塾，編寫此書，每句 4 字，附列解說，以為教材。他還在書前曉諭：「惟念爾等番眾，於人情物理，懵然無知，即蒙師手示口言，亦恐不能詳盡；因擬立《化番俚言》三十二條，刊刷成本，頒發爾等各社、各學，以便逐日觀覽。並令蒙師於授學之餘，講解而指示之，俾知人情而通物理。合行諭飭。為此示仰爾番眾人等，務將後開條款，時常誦讀，默記於心。中間所列者皆人倫日用之常，使爾等易行；所言者皆淺近鄙俚之語，使爾等易明。爾等務須逐一遵守。將見蠻夷僻陋之俗，轉成禮義廉讓之風矣。」**❼**

　　連橫《臺灣通史》：「開山之後，臺東、埔裏社、恆春、鳳山各開義塾，教番童，頒《訓番俚言》，俾之誦讀，將以陶鎔其蠻性。而吳光亮亦撰《化番俚言》三十二條，縷縷數千言，飭通事時為講解，俾之同化。」**❽**八木冬嶺《臺灣書目年表》著錄：「福臺鎮署編。」**❾**林漢章亦曾收藏刊本 1 部，書幅闊大、以厚白紙精印。至於排印本則見民國 49 年（1960）4 月周憲文據刊本點校，成為《臺灣生熟番紀事》附錄，收入《臺灣文獻叢刊》（第 51 種）。民國 76 年（1987）臺灣大通書局複印文叢本，收入《臺灣文獻史料

---

❼　黃逢昶，《臺灣生熟番紀事》（臺北：臺灣銀行經濟研究室，1960），頁 37－38。

❽　連橫，《臺灣通史》，頁 450。

❾　八木冬嶺，《臺灣書目年表》（臺北：臺灣總督府圖書館，1904），謄寫本第 8 葉。

叢刊》（第9輯）。民國 83 年（1994）7 月臺灣省文獻委員會複印文
叢本，與《臺灣番事物產與商務》合刊，收入《臺灣歷史文獻叢
刊》。民國 86 年（1997）6 月臺灣省文獻委員會複印文叢本，收入
《臺灣歷史文獻叢刊》。

九、夏獻綸《臺灣輿圖》

　　夏獻綸（？－1879），字芝岑，號筱濤、小濤，江西新建人。咸
豐 5 年（1855）進士。同治 11 年（1872）2 月 30 日由船政提調調
署，暫留承辦船政。同治 12 年（1873）2 月 2 日接任臺灣兵備道。
光緒5年（1879）6月23日以疾卒於任內。輯有《臺灣輿圖》2 卷。

　　同治 13 年（1874）日本引起牡丹社事件之後，夏獻綸即倡議推
行「開山撫番」。他在《臺灣輿圖》自序：「因命山陰余二尹寵周
歷各屬，創之為圖；凡再易寒暑，始峻。而後山圖，又數易；惟嘉
應王君熊彪有稿為優，並採用之。……又屬閩縣王廣文元穉為之纂
校，獻綸復參酌審定。圖成，計得幅大小凡十有一，說略稱是；付
之剞劂，以補志乘為備。」❺❰所以這一本地圖集是由余寵與王熊彪
協同繪製，經過王元穉❺❶撰寫圖說，由夏獻綸總其成。存世的刊本

---

❺❰　夏獻綸，《臺灣輿圖》（臺北：臺灣銀行經濟研究室，1959），頁 1。

❺❶　王元穉，號少樵，福建閩縣人；光緒 2 年（1876）隨福建巡撫丁日昌渡臺，
　　　次年秋入夏獻綸幕；光緒 10 年（1884）署臺灣府儒學訓導，光緒 11 年
　　　（1885）卸；光緒 14 年（1888）副貢，再署訓導；光緒 19 年（1893）署臺
　　　北府儒學訓導，光緒 21 年（1895）內渡。著有《夜雨燈前錄》2 卷、編有
　　　《甲戌公牘鈔存》、《秉鐸公牘存稿》。

在〈自序〉最末行刻「繪圖委員候補從九品余寵監刊刷」的牌記，原先已經繪圖 11 幅，又於書前加刊〈前後山總圖〉(亦名〈全臺前後山小總圖〉) 1 幅，成就 12 圖之數。❷

　　光緒 18 年（1892）6 月 12 日蔣師轍《臺游日記》：「晨，得夏氏《輿圖》閱之。凡二卷，首圖全勢，次分圖各廳縣，末圖後山，都十二幅，附說十一篇（全勢無說）。卷耑題光緒辛巳鋟。其時臺北府已增設，而升建行省之議尚未萌芽，故臺東、雲林、苗栗諸州縣皆無圖。自序凡再易寒暑始竣，而後山圖又數易。瘴林霧箐，人迹尟到，測繪翔實，良未易言，然視《府志》則殊密也。」❸昭和 9 年（1934）日人前島信次拜訪臺郡松雲軒書坊後人時，他意外發現：「鐫鏤『版存福建臺灣道庫』，夏獻綸著《臺灣輿圖》是由松雲軒刻版，這是我第一次聽到，並且這位陶器店老闆正是松雲軒的後裔，碩果僅存地珍藏一本《臺灣輿圖》。」❹

　　《臺灣輿圖》光緒 6 年（1880）初刊本，國立中央圖書館臺灣分館收藏 3 部：其一封面印黃色紙，刊「《全臺輿圖》：光緒庚辰蒲夏開刷，版存福建臺灣道庫。歲在光緒己卯秋仲初吉開雕」，鈐

---

❷　筆者收藏一幅〈全臺前後山輿圖〉，寬 108 公分，高 76 公分，牌記刊「歲光緒戊寅嘉平，繪圖委員余寵查繪監刻，粵東省城西湖街富文齋承接摹刻」，這是光緒 4 年（1878）12 月由廣州富文齋利用 3 片木版拼合雕製，刊刷的單幅地圖。不過兩年，臺郡松雲軒再出版成冊的《臺灣輿圖》，前者是整張印出，一體成形；後者則以行政區域分刊 12 幅，附加解說，線裝縫書。若單取松雲軒刊〈前後山總圖〉（寬 305 公分，高 233 公分）兩相比對，布局大體相似，惟富文齋為因應掛圖攤看之需，地名標示較為詳細充實。

❸　蔣師轍，《臺游日記》，頁 95。

❹　前島南央，〈赤嵌採訪冊〉，《愛書》3（1934.12）：40－46。

入「守屋善兵衛氏在臺記念寄附」、「大正五年十二月一日東洋協會臺灣支部寄贈」、「臺灣總督府圖書館藏」、「臺灣省立臺北圖書館藏書」、「臺灣省立臺北圖書館藏書章」朱印 5 方。卷首刊周懋琦跋文 1 篇、次刊夏獻綸序言 1 篇，內文每半葉版框高 22 公分，寬 16 公分，10 行，行大字 23 字，注文雙行，字數同，上下單欄，左右雙邊，版心上刊「臺灣輿圖」，單魚尾，中刊段落名稱，下刊葉次及黑口，合計 58 葉 12 圖。民國 72 年（1983）3 月臺北成文出版社借攝此書，附錄文叢本，收入《中國方志叢書》（臺灣地區第 59 號），書名另作《臺灣輿圖並說》。其二封面也印黃色紙；鈐入「臺灣文庫圖書」、「大正三年十二月二十六日東洋協會臺灣支部寄贈」、「御慶事紀念圖書寄贈者：藤田捨次郎」、「臺灣總督府圖書館藏」、「臺灣省立臺北圖書館藏書」、「臺灣省立臺北圖書館藏書章」朱印 6 方。其三筆者未能得見。

　　臺灣大學圖書館伊能文庫藏本書皮黏貼「《臺灣輿圖·并說·卷壹》」的簽頭；缺夏序，由伊能嘉矩親筆鈔補；鈐入「故伊能嘉矩氏蒐集」、「臺灣帝國大學圖書印」朱印 2 方。此外，中央研究院歷史語言研究所藏 3 部、福建師範大學圖書館藏 2 部、北京人文科學研究所、北京師範大學圖書館、日本內閣文庫、天理大學附屬天理圖書館、國立臺灣歷史博物館、斗六鄭津梁、臺北秋江紀念博物館籌備處林于昉各藏 1 部。鄭津梁藏本封面印白色紙，鈐入「梅里書屋」朱印 1 方，書影刊登在《臺南市志稿》《文教志》卷前，後經許朝南、魏德文接踵珍藏。林于昉藏本原是林漢章輾轉得自日本古書拍賣會，附精緻版片包夾保護，書品極佳，書影刊登在民國 92 年（2003）8 月國立歷史博物館《美麗之島——臺灣古地圖與生

活風貌展》圖冊中。

　　光緒 10 年（1884）以後王錫祺又將本書文字編入《小方壺輿地叢鈔續編》，內文每半葉版框高 14 公分，寬 10 公分，18 行，行 40 字，四周雙邊，版心上刊「小方壺齋輿地叢鈔」，單魚尾，中刊「第九帙：《臺灣地輿圖說》」，下刊葉次及「南清河王氏鑄版，上海著易堂印行」，計 7 葉，原書輿圖盡皆刪去。

　　至於排印本，則有民國 48 年（1959）8 月《臺灣文獻叢刊》（第 45 種）、民國 76 年（1987）臺灣大通書局複印文叢本，收入《臺灣文獻史料叢刊》（第 9 輯）。民國 85 年（1996）9 月臺灣省文獻委員會複印文叢本，收入《臺灣歷史文獻叢刊》。至於傳鈔本，則有連橫使用民國初年稿紙膳寫，每頁 8 行，行 20 字，計 47 頁。前 27 頁有手校痕跡，錯誤較少，後 20 頁未經校對，舛誤甚多。不知何故？「刪除序言署名前之官銜三十四字，各縣、廳、社附錄之道里、番社與島嶼，以及文後臺灣知府績溪周懋琦之跋，均不錄。」民國 64 年（1975）4 月由臺灣省文獻委員會委交鍾華操據與原刊本、文叢本一起考訂重排，收入《雅堂叢刊》（第 2 集）。⑮

十、劉璈《巡臺退思錄》

　　劉璈（1815-1889），字蘭洲，湖南岳州府臨湘縣人。以附生從軍，入左宗棠幕。光緒 7 年（1881）4 月 8 日由甘肅蘭州道調任臺灣

---

⑮　鍾華操校訂，《臺海使槎錄等九篇》（臺中：臺灣省文獻委員會，1975），頁 149。

兵備道,光緒 8 年(1882)8 月 10 日到任。後因不見容於福建巡撫劉銘傳,光緒 11 年(1885)5 月遭革職籍沒、家產查辦,6 月擬斬監候。光緒 12 年(1886)8 月 17 日刑部奏完繳各款請減等治罪,奉旨著減一等發往黑龍江效力贖罪。光緒 15 年(1889)病歿於戍所。著有《巡臺退思錄》4 卷。內容主要是彙錄了光緒 7 年(1881)9 月至 10 年(1884)8 月間劉璈在任內處理的各種文移公牘,總計 113 篇,再加上同治 13 年(1874)秋所作〈開山撫番條陳〉1 篇,範圍涵蓋當時開山撫番、匪亂械鬥、稅釐煤務、軍事海防、文教外交等史料。❺❻石暘睢評語:「讀其書,益可窺劉公治臺之績矣。」❺❼黃典權稱許:「資料整齊,誠為治鄉土歷史者,不可不讀之良書。」❺❽

《巡臺退思錄》光緒 15 年(1889)刊本,國立中央圖書館臺灣分館藏本作 4 卷,分訂 4 冊,鈐入「臺灣總督府圖書館藏」、「臺灣省立臺北圖書館藏書」、「臺灣省立臺北圖書館藏書章」朱印 3 方,以及「昭和·六·四·廿·購求」藍色圓戳 1 枚。缺封面,內文每半葉版框高 19.5 公分,寬 13.5 公分,11 行,行 25 字,小字雙行,字數同,四周單邊,版心上刊書名,單魚尾,下刊葉次及一橫線;第 1 卷目錄 2 葉、內文 56 葉;第 2 卷目錄 3 葉、內文 81 葉;第 3 卷目錄 3 葉、內文 96 葉;第 4 卷目錄 2 葉、內文 73 葉。

國立中央圖書館臺灣分館與臺灣大學圖書館各藏鈔本 1 部,皆 3 卷本。前者鈐入「臺灣總督府圖書館藏」、「臺灣省立臺北圖書

❺❻ 劉璈,《巡臺退思錄》(臺北:臺灣銀行經濟研究室,1958),頁 1。

❺❼ 石暘睢,〈威震中外之劉璈〉,《臺南文化》2:2(1952.4):23。

❺❽ 劉璈原撰、黃典權、賴建銘點校,《巡臺退思錄》(臺南:臺南文化出版社,1957),小記。

館藏書」、「臺灣省立臺北圖書館藏書章」朱印 3 方，以及「大
正·九·六·三·謄寫」藍色圓戳 1 枚，封面前半葉墨書「巡臺退
思錄」，後半葉墨書「光緒己丑夏刊，岳陽劉蘭洲方伯巡臺退思
錄」，內文採用臺灣總督府圖書館印製的 13 行紅格紙書寫，間有
硃筆眉批，部分內容甚至黏貼校勘紙條覆蓋其上。上卷（含目錄 2
葉）計 62 葉；中卷（含目錄 3 葉）計 71 葉；下卷（含目錄 2 葉）計 74
葉，並且佚失最後 4 篇文字。該鈔本封面符合日人市村榮〈臺灣關
係誌料小解〉著錄：扉頁墨書「岳陽劉蘭洲方伯巡臺退思錄」，不
過「分訂四冊」的記載應是誤寫。❺❾

　　連橫《臺灣通史》：「銘傳奏毀其版，後余乃得之。」❻⓿蘇同
炳讚曰：「由於連橫之努力搜集，為劉銘傳所查禁燬板的《巡臺退
思錄》三卷居然仍能重印傳世，使劉璈宦臺期間的種種具體施為仍
能由此書中窺見其大概，其貢獻誠可稱道。」❻❶筆者以為連橫搜羅
到的僅是刊本，並非擁有書版、自行重新刷印。《巡臺退思錄》的
鉛字排印本則有民國 46 年（1957）2 月「海東山房」本，由黃典
權、賴建銘據臺灣分館刊本合校，限定 300 部。民國 47 年（1958）
8 月《臺灣文獻叢刊》（第 21 種），由夏德儀據臺灣分館鈔本標
點，改分 3 冊，藉以符合連橫所謂 3 卷之意。民國 76 年（1987）臺
灣大通書局複印文叢本，收入《臺灣文獻史料叢刊》（第 9 輯）。
民國 86 年（1997）6 月臺灣省文獻委員會複印文叢本合訂 1 冊，收

---

❺❾　市村榮，〈臺灣關係誌料小解〉，《愛書》10（1938.4）：228。
❻⓿　連橫，《臺灣通史》，頁 925。
❻❶　蘇同炳，《劉璈傳》（南投：臺灣省文獻委員會，1996），頁 6-7。

入《臺灣歷史文獻叢刊》。民國 96 年（2007）8 月臺中文听閣圖書有限公司再據大通書局本重排，收入《全臺文》（第59冊）。

十一、施士洁《臺澎海東書院課選》、《後蘇龕合集》

施士洁（1856.1.26－1922.5.23），初名應嘉，字澐舫，號芸況、喆園、楞香行者、鯤瀕棄畊、耐公、定慧老人、七鯤老民、鯤海逸民，安平縣人，施瓊芳次子。光緒 2 年（1876）三甲第二名進士，欽點內閣中書；惟生性放誕，不喜仕進；歲末乞養辭官歸里後，與臺灣道唐景崧結文字交、並臺南知府羅大佑、臺中丘逢甲日夕酬唱，合著《四進士同詠集》。[62]與丘逢甲、許南英並稱清季臺灣三大詩人。唐景崧轉陞臺灣巡撫，施士洁應聘入幕。先後掌教彰化白沙、臺南崇文與海東三書院，菁峨械樸，多有聲於世。乙未（光緒21 年，1985）之役，挈眷歸晉江西岑。參加商會，主辦貢燕業務，時往來於福州、廈門間。偕林爾嘉、鄭毓臣等臺籍內渡文士，流連詩酒，尊為「菽莊吟社」祭酒。宣統 3 年（1911）擔任同安縣馬巷廳長，民國 6 年（1917）應聘福州閩省修志局。晚年寄居廈門鼓浪

---

[62] 施天鶴在《臨濮堂施氏族譜》為施士洁立傳：「時唐太史景崧，字薇卿，來接兵備道篆。聞公名，造廬以請者，至再至三，遂訂文字交。又有羅大佑進士，來守是邦，及臺中邱逢甲進士，日夕唱酬，有《四進士同詠集》。」向麗頻推測是書為《詩畸》作品的輯錄，書名可能是後人冠上的，並且羅、丘兩人不可能「同詠」。《施士洁及其文學研究》，民國 96 年（2007）7 月東海大學中文系博士論文，頁 11。

嶼，頹唐困厄，牢騷滿腹，哭以當歌，鬱鬱而終。**❻③**平生勤於吟詠，凡所見所聞，皆寓於詩。王國璠論曰：「以詩論之，古體雄深雅健，有歐、蘇之長；近體取法范、陸，得沉鬱深婉之致。游戲之什，則失之浮薄，不足法也。」**❻④**編有《臺澎海東書院課選》，著有《鄉談律聲啟蒙》、《喆園吟草》、《後蘇龕草》、《後蘇龕稿》、《後蘇龕文稿》、《後蘇龕詩鈔》、《後蘇龕詞草》、《後蘇龕泉廈日記》等。**❻⑤**

施士洁在《臺澎海東書院課選》自陳：「道、咸間，崇川徐清惠公以巡道兼督學，雅意振興，如期按課論文外，有背誦經書之課；復加小課，以賦詩雜作相與切磋。風會既開，於是乎有課藝之刻。……臺無課選久矣。自高郵夏筠莊、錢塘張鷺洲兩侍御有《玉尺》、《珊枝》等編，然皆校士之作。惟清惠公院課一集，四十餘年，無有踵而行之者；今方伯唐公、廉訪顧公、郡伯前護道唐公囑檢近年課藝，重為評定，付之手民，猶清惠公意也。校惆之役，則

---

❻③ 許獻圖〈輓施澐舫夫子〉：「榕壇問字分魚魯，椿蔭傳經克象賢。」許丙丁，《臺南市志稿卷五文教志》（臺南：臺南市文獻委員會，1959），頁301。鄭喜夫，〈臺南市著述志〉，《臺南文化》新 2 期（1976.12）：24。汪毅夫，〈後蘇龕合集札記〉，《臺灣近代文學叢稿》（福州：海峽文藝出版社，1990），頁 16。許雪姬等，《臺灣歷史辭典》（臺北：行政院文化建設委員會，2004），頁 572-573。

❻④ 王國璠，《臺灣先賢著作提要》，頁 80-81。

❻⑤ 施士洁因與宋代蘇軾生辰同日，喜以蘇氏再世自況，乃冠「後蘇龕」於其著述。施讓甫還曾經評語：「我宗族中雖人材不少輩出，……若瓊芳進士……澐舫中書則後嗣，未能克家。……此皆富有著述之才，而竟不能成其集，殊可惜也。」《白香山之研究》，自序。

監院翁廣文景藩之力為多云。」❻可見此部課藝是由他主持選文，再交給翁景藩校訂，然後開雕出版。惜今不存。

連橫《臺灣詩乘》：「乙未（光緒 21 年，1895）之秋，干戈俶擾，巷無居人。余於道上曾得施澐舫手寫詩稿一卷，大都少年之作，後為友人所借，久假不歸，思之深喟。」❼光緒 29 年（1903）鄭鵬雲編輯《師友風義錄》，由上海日本絳雪齋書局石印出版，收錄施士洁序文 1 篇，選校詩作 111 首，擊鉢吟 4 首。林景仁在乃師施士洁病故後隔年曾云其遺著《後蘇龕詩文集》：「家君（按：林爾嘉）將為選刻，附入《菽莊叢書》。」❽然終未及付梓。

直到民國 53 年（1964）秋天黃典權從施氏後人購得傳鈔本一批，整理出《喆園吟草》、《後蘇龕詩鈔》、《後蘇龕詞草》，皆以端楷繕謄，黃典權以為應是施士洁校定稿。加上《文稿》2 卷、《文稿補編》1 卷，輯成《後蘇龕合集》。民國 54 年（1965）11 月黃典權「以其定稿為基礎，另就他稿選加『補編』，輯為『合集』。《後蘇龕詩鈔》十一卷（內卷五全卷佚）所有古今體諸詩，大體按時日排比。由於棄家內渡，詩稿散失，乙未（光緒 21 年，1895）之前所存者僅及三卷，餘均為內渡後所作。今加《補編》一卷，殆屬光緒六年（1880）至十年（1884）前後之吟篇。《後蘇龕詞草》一卷，多寄情遣懷之作。《後蘇龕文稿》二卷及今加《補編》一卷，有序跋、傳誌、碑記、祭文、祝詞、題贊、書啟等文，頗富傳記資

❻ 施士洁，《後蘇龕合集》（臺北：龍文出版社，1992），下冊頁 353－356。

❼ 連橫，《臺灣詩乘》，頁 217。

❽ 林景仁，《林小眉三草》（臺北：臺灣風物雜誌社，1974），頁 143。

料。」⑥民國 60 年（1971）10 月臺灣中華書局再排印，收入《臺灣先賢集》（第 3 冊）。民國 69 年（1980）陳香選錄詩作 125 首重排，收入《臺灣十二家詩鈔》。民國 75 年（1986）陳香再據稿本鈔註詩作 432 首，輯成《施芸況詩鈔》。民國 76 年（1987）臺灣大通書局複印文叢本，收入《臺灣文獻史料叢刊》（第 3 輯）。民國 82 年（1993）9 月臺灣省文獻委員會複印文叢本，收入《臺灣歷史文獻叢刊》。民國 81 年（1992）3 月臺北龍文出版社原欲景印黃典權藏鈔本，由於腐蝕過甚只得作罷，乃複印文叢本，收入《臺灣先賢詩文集彙刊》（第 1 輯第 5、6 冊）。民國 96 年（2007）8 月臺中文听閣圖書公司篩選前書文稿及文稿補編部分重排，收入《全臺文》（第 9 冊）。

此外，另有《後蘇龕泉廈日記》傳鈔本，民國 54 年（1965）6 月黃典權據以點校，收入《臺南文化》（第 8 卷第 2 期），並在扉頁刊登書影。

十二、唐景崧《請纓日記》、《得一山房詩集》、《詩畸》、《謎拾》

唐景崧（1841－1903），字薇卿，號南注、南注生、請纓客，廣西灌陽人。同治 4 年（1865）進士，擔任吏部主事 15 年。光緒 8 年（1882）自請赴越南，招劉永福，於宣光大敗法軍。光緒 11 年（1885）9 月 5 日清廷宣布臺灣建省，析彰化縣地為省會，移置臺灣

---

⑥　施士洁，《後蘇龕合集》（臺北：臺灣銀行經濟研究室，1965），弁言。

府臺灣縣，所以改原臺灣府為臺南府、原臺灣縣為安平縣。光緒
13 年（1887）4 月接掌臺灣兵備道。光緒 17 年（1891）5 月陞署福建
臺灣布政使，乃離開臺南北上視事。光緒 20 年（1894）9 月 15 日奉
旨陞署臺灣巡撫，光緒 21 年（1895）4 月 17 日中日雙方簽訂「馬關
條約」，4 月 26 日唐氏奉旨解職進京，5 月 2 日卻應臺灣紳民之
請，擔任「臺灣民主國」總統；5 月 12 日臺北省城淪陷之際，乘
夜倉皇飛渡廈門。❼⓿在臺期間出版《請纓日記》10 卷、《得一山
房詩集》2 卷、《詩畸》10 卷、《謎拾》2 卷。

《請纓日記》的命名，緣自謝子石舍人請繪「萬里請纓圖」而
起，想到杜甫也有「一旦請纓行萬里」的句子，唐景崧將日記繕畢
後冠題其上。鄭振鐸《劫中得書記》：「此書為景崧身預中法之
役，以日記體述其經過者。」❼❶光緒 14 年（1888）6 月唐景崧自
跋：「或曰：中外用兵，蓋以此次為最久而接戰為最烈也，不可不
記；南交忽屬泰西，為二千年來未有之大變，不可不記；泰西為我
國讎，咸豐庚申後劉永福首起擊之，不可不記；書生走萬里，馭異
域梟將，提一袛偏師轉戰三年，目睹兵戎始末，不可不記。於是搜
輯軍報、編綴舊稿，得十卷，名曰：《請纓日記》。雖不免龐蕪絓
漏之病，而軍事之宏綱要蹟，始卒兼賅。其中得失是非，足以備鑒

---

❼⓿　棠痕館主〈書海探奇錄〉：「內渡之後，流寓上海，間出微逐，有記事詩
　　云：『襟邊濁氣鬢邊香，儃父妖姬醉一場。一種蒼茫誰識得，樓頭獨看彗星
　　光。』上半調侃不少，下則寄托無窮。」《三六九小報》第 262 號，昭和 8
　　年（1933）2 月 16 日。

❼❶　鄭振鐸，《劫中得書記》（上海：古典文學出版社，1957），頁 66。

來茲，有裨時務；而事必徵實，尤可為後世史官得所依據焉。」❼❷
施士洁〈臺北唐維卿方伯幕中補和臺南淨翠園韻〉：「記聽元戎談
往事，漢家兵甲越關河」，注曰：「公治兵越南，有《請纓日
記》。」❼❸許南英〈無題〉：「《請纓日記》筆如椽，紙上譚兵是
汝賢。」❼❹謝頌臣〈讀《請纓日記》〉：「談兵帳下氣驃驍，熱血
盈腔尚未消。無奈西風吹細柳，大旗捲處轉無聊。」❼❺

　　《請纓日記》光緒 15 年（1889）的初刊本，筆者未見。至於光
緒 19 年（1893）的重刊本，《賭棋山莊藏書目》、《販書偶記》皆
曾著錄。東海大學圖書館在民國 46 年（1957）左右，經由賴建銘聯
絡，購入臺南石暘睢舊藏本 1 部，鈐入「臺南石陽睢文庫所藏」、
「青藜」、「東海大學藏書」兩種，計朱印 4 方；書皮刷印「請纓
日記」書簽，封面刊「《請纓日記》，光緒癸巳刊於臺灣布政使
署」；書前刊丘逢甲〈序〉1 篇 5 葉、凡例 2 葉，內文每半葉版框
高 16 公分，寬 10.6 公分，10 行，行 21 字，四周雙邊，版心上刊
「請纓日記」，單魚尾，中刊卷次，下刊葉次，計 10 卷、376
葉；另附光緒 15 年（1889）朱和均跋文 1 葉，光緒 14 年（1888）唐
景崧跋文 1 篇 3 葉，落款「光緒十四年歲次戊子六月唐景崧識於臺
灣道署」；光緒 19 年（1893）唐景崧再跋文 1 篇 2 葉，落款「癸巳
刊成再識於臺灣布政使署」；分訂 4 冊 1 函。國立中央圖書館臺灣

---

❼❷　《述報法兵侵臺紀事殘輯》（臺北：臺灣銀行經濟研究室，1968），頁 463
　　－465。

❼❸　同註❻❾，頁 58。

❼❹　許南英，《窺園留草》（臺北：臺灣銀行經濟研究室，1962），頁 59。

❼❺　謝頌臣，《小東山詩存》（臺中：自印本，1974 再版），葉 4。

分館藏本在扉頁鈐入「34 年 11 月，來源：羅斯文庫」藍色方章 1
枚，以及「臺灣省立臺北圖書館藏書」、「臺灣省立臺北圖書館藏
書章」朱印 2 方。此外，四川省圖書館藏 10 卷本 5 冊。廈門市圖
書館藏 10 卷本 4 冊。北京人文科學研究所、北京師範大學圖書
館、中央研究院傅斯年圖書館、日本京都大學人文科學研究所、葛
思德東方圖書館皆有藏本。臺北百城堂書店經手數部，其中 1 部加
鈐「梵天閣」、「淡水梵天閣林氏收藏圖書」朱印 2 方。民國 56
年（1967）臺北文海出版社複印光緒 19 年（1893）刊本，收入《近代
中國史料叢刊》（第 5 輯，第 43 冊）。此外，上海古籍書店也曾景
印，以線裝 6 冊問世；1997 年再複印，收入《續修四庫全書》（史
部傳記類，第 577 冊）。

　　《請纓日記》還有光緒末年上海補刊本，鄭振鐸敘述：「頃於
『積學書社』得唐景崧《請纓日記》，尤得意。……，初刊於臺灣
布政使署，中有數頁闕佚，以鉛印者補入，當是攜版歸後重印於滬
上者。」❼❻並且著錄作 12 卷，分訂 4 冊。其中多出的 2 卷，筆者
推測應是唐懋功《得一山房詩集》。

　　《得一山房詩集》內容收錄唐景崧父親唐懋功在咸豐 6 年
（1856）至光緒 2 年（1876）之間作品，累計詩作 271 首。唐懋功，
字雲坳，廣西灌陽人。道光年間舉於鄉，與禮部試，不第；遭時喪
亂，而公事蹉跌，家境奇困，牢愁感喟，一寄於詩，取徑少陵，時
見沉鬱頓挫之致。《臺灣先賢集》提要：「足跡未嘗來臺，……無
一語及臺灣，今以入《臺灣先賢集》何也？……實則父因子顯，亦

---

❼❻　同註❼❶。

庶幾孝子仁人之至意也。」❼❼東海大學圖書館藏本則鈐入「臺南石陽睢文庫所藏」、「青藜」、「東海大學藏書」兩種,計朱印 4 方;書皮刷印「得一山房詩集」書籤,封面刊「《得一山房詩集》兩卷,光緒癸巳冬月校刊」;目錄 5 葉,內文每半葉版框高 15.6 公分,寬 10.6 公分,10 行,行 21 字,四周雙邊,版心上刊「得一山房詩集」,單魚尾,中刊卷次,下刊葉次,上卷計 26 葉,下卷計 20 葉,另附唐景崧及唐景崇兩人聯名的跋文 1 葉,計 1 冊 1 函,附於《請纓日記》之後。

《請纓日記》、《得一山房詩集》兩書的排印本有民國 60 年(1971)10 月《臺灣先賢集》(第 5 冊);節錄本則有民國 57 年(1968)12 月署名望越的編者摘出《請纓日記》在光緒 10 年(1884)6-11 月及隔年 2 月的部分內容,加上光緒 14 年(1888)唐景崧跋文,收入《臺灣文獻叢刊》(第 253 種,《述報法兵侵臺紀事殘輯》第 3 冊附錄)。民國 76 年(1987)臺灣大通書局複印文叢本,收入《臺灣文獻史料叢刊》(第 3 輯)。民國 83 年(1994)7 月臺灣省文獻委員會複印文叢本,收入《臺灣歷史文獻叢刊》。

《詩畸》是唐景崧選輯光緒 13-19 年(1887-1893)在臺南斐亭及牡丹吟社的詩鐘作品。❼❽其法取絕不相類之兩辭,或素無關聯

---

❼❼ 〈得一山房三種提要〉,《臺灣先賢集》(臺北:臺灣中華書局,1971),第 5 冊頁 2449。

❼❽ 〈《詩鐘》凡例〉:「詩鐘者,仿刻燭擊缽故事,以鐘刻為限。或代以香,約二寸內外,以一聯為一卷,隨投筒中,不拘作若干卷,限到截止,不得再投。」同前註,頁 2759。林鶴存〈臺陽詩話跋〉:「記壬辰(光緒 18 年,1892)歲,余侍先大夫(按:林鶴年)東渡,恰唐灌陽亦承宣來臺,公餘輒

之事物之嵌字以撰偶句，閩中士子最好此道。臺灣之詠詩鐘始於同治初年，其後唐景崧擢任臺灣布政使，駐守臺北，政務餘暇輒招施士洁、丘逢甲、汪春源等數十人聚會署中，作詩鐘會。光緒 18 年（1892）4 月 14 日唐景崧進京述職。返臺後取歷唱詩稿，重加刪汰得 4,906 聯，光緒 19 年（1893）2 月編成正編 8 卷、外編 2 卷。㉙《詩畸》的命意援引自《正字通》：「零田不可井者為畸」。㉚本書除了第 8 卷收錄七律外，其餘各卷皆屬零句無片段的對句「亦詩之畸而已」，可以視為晚清臺灣官紳吟詠互動之具體成果。㉛連橫追溯：「道署固有『斐亭』，景崧葺而新之，輒邀僚屬為文酒之讌，臺人士之能詩者悉禮致之。風雅之休，於斯為盛。」㉜「斐亭《詩畸》，振響瀛壖，蜚聲藝苑，而版已失傳，存者絕少。」㉝丘逢甲〈菊枕詩〉：「從容軍政暇，壇坫迭鼓旗。客並富才俊，主更雄文詞。秋光翦入卷，裒集名《詩畸》。苦心極鐫刻，謂可千秋

邀臺士百數十人，創為詩鐘例，分詠於官廳。先大夫得曹州牡丹若干種餽之，遂名其社為『牡丹吟社』。」王松，《臺陽詩話》（臺北：臺灣銀行經濟研究室，1959），頁 91。

㉙ 徐坤泉著錄：「《詩畸》、《謎拾》二書，前著分為本篇、外篇，本篇再分八卷，外篇分二卷，本篇輯錄當時所作諸家詩鐘並律詩二百二十一首，而南注之作品特多。」《臺灣省通志稿卷六學藝志文學篇》（臺北：臺灣省文獻委員會，1952），頁 223。

㉚ 唐景崧，〈《詩畸》序〉，《臺灣先賢集》，第 5 冊頁 2755。

㉛ 向麗頻，〈唐景崧《詩畸》研究〉，《東海大學文學院學報》47（2006.7）：117－154。許雪姬等，《臺灣歷史辭典》（臺北：行政院文化建設委員會，2004），頁 996。

㉜ 連橫，《雅言》（臺北：臺灣銀行經濟研究室，1963），頁 39、42。

㉝ 連橫，《臺灣詩薈（下冊）》，頁 47。

垂。」❽光緒 25 年（1899）春天丘逢甲流亡海外，還在潮州蕭氏西園內重見《詩畸》刻本，不禁黯然賦作：「斐亭鐘斷陣雲陰，杳杳相思八桂林。一卷琳瑯才子語，十年鎖鑰老臣心。傳人妄計先災木，割地誰知竟賂金。重檢殘編春院夕，五更紅燭淚痕深。」❽

　　《詩畸》光緒 19 年（1893）刊本，這是唐景崧動用素績納錢出版，印量不多，值臺島易主，以致傳世罕見。臺中縣潭子鄉秀才傳錫祺曾經在日治初期，書籍散亡之際收得《詩畸》2 卷（即卷五〈分詠格〉，卷七〈合詠格〉及〈籠紗格〉）。❽中國國家圖書館、日本東京大學東洋文化研究所、臺灣大學圖書館皆藏刊本。黃得時亦藏 8 卷本、外編 1 卷，合計 329 葉。❽民國 71 年（1982）王國璠曾向臺北古玩商王素存購得完帙，書前刊唐景崧序文 1 篇，落款「光緒癸巳花朝日序於得閒便學軒」。續刊〈詩鐘凡例〉9 條、〈卷目〉、〈作者姓氏〉55 位，內文每半葉版框高 15.8 公分，寬 10.8 公分，10 行，行大字 21 字，小字雙行，字數同，四周雙邊，版心上刊「詩畸」，單魚尾，中刊卷次，下刊葉次。卷一〈嵌字格第一字〉29 葉，卷二〈嵌字格第二、三字〉55 葉，卷三〈嵌字格第四、五字〉56 葉，卷四〈嵌字格第六、七字〉39 葉，卷五及卷六〈分詠

---

❽　丘逢甲，《嶺雲海日樓詩鈔》（臺北：臺灣銀行經濟研究室，1960），頁10。

❽　黃典權，〈斐亭詩鐘原件的學術價值〉，《成大歷史學報》8（1981.9）：114。

❽　傳錫祺，〈吉光集序〉，《鶴亭詩集》（臺中潭子：自印本，1968），頁328。

❽　黃得時，〈臺灣文藝書志〉，《愛書》14（1941.5）：33－34。連橫《臺灣通史》誤作 4 卷本。

格〉各 47、44 葉，卷七〈合詠格〉及〈籠紗格〉14 葉，卷八〈七律〉36 葉；附鍥《詩畸外編》2 卷，卷一 24 葉、卷二 17 葉。首卷及卷五首葉鈐入「藝蘭書屋」、⑱「書畫陶情」、「倪」朱印 3 方。王國璠就以「玉禾山房供稿」之名，交付臺北市文獻委員會景印。⑲

《詩畸》的石印本則見於鹿港陳懷澄《吉光集》合編本，書前刊昭和 8 年（1933）首夏潭子傅錫祺序文，適逢陳懷澄將彙編詩鐘，傅氏贊其舉且慫恿其並梓。次年 2 月交予上海大一統書局印刷、由嘉義蘭記書局經售。昭和 10 年（1935）元旦《詩報》第 96 號刊登廣告「書中所集係前清林幼泉氏之《壺天笙鶴》、黃理堂氏之《雪鴻集》、唐薇卿氏之《詩畸》，三集合選而成之詩鐘，佳作如林，各體具備，確是研究詩鐘之指南針。」⑳《詩畸》的鉛字排印本尚有《臺灣詩薈》節錄本，在大正 14 年（1925）1－2 月及 4 月披露；亦見《臺灣先賢集》（第 5 冊），民國 60 年（1971）10 月將全文重排梓行。

光緒 19 年（1893）唐景崧為《謎拾》題序：「曩在京師，每於春夕懸棚列彩，廣召賓客，茗酒增奢，互為酬酢，於是有《十八家

---

⑱ 「藝蘭書屋」曾經是日人尾崎秀真藏印之一，筆者亦曾見於楊雲萍收藏印譜。

⑲ 民國 71 年（1982）詩人節，臺北市政府民政局局長黃宇元撰序：「今春，本會（按：臺北市文獻委員會）同仁（按：王國璠）於舊書肆中獲其全篇，雖蟲侵鼠齧，尚無缺頁遺字，為之慶幸不已。」唐景崧編、王國璠審訂，《詩畸》（臺北：玉禾山房，1982），重刊序。

⑳ 《詩報》第 96 號，昭和 10 年（1935）1 月 1 日，頁 1。

燈謎》之刻。余付刊三十條，固因集隘，不可多錄；亦以嚴於汰擇，疑俚俗語、生造語不可以示人故也。積年所作，不可數計，拉雜稿本，隨手棄失。自官窮島，無可語此。蓋謎雖小技，而非熟記雅俗、略知門徑，輒遇而瞠目，且不知作者甘苦，甚哉！一藝之難固若此也。今者追思舊作，十不得一，錄編兩卷，名曰：《謎拾》，適有手民東渡，爰梓存之。非敢足勝前人，聊因心血所在，毋任及身渙滅耳。」**❾**其中「手民東渡，爰梓存之」可知刻工並非臺籍人士。

　　昭和 9 年（1934）萬華黃文虎曾經撰文評價：「臺灣謎學，本祖述於中國，往時士大夫若唐巡撫（景崧）曾為提倡，奈賞音者寡，遂致湮沒不振，蓋可慨已。」**❾**昭和 19 年（1944）2 月 7 日臺南謝國文在《臺灣新民報》撰文回想：「四十年前，若施澐舫內翰、許蘊白大令，春秋佳日，恒作唐景崧道署內射虎客；餘若郭復一、簡而文、蔡炳章、潘森玉等諸賢士先生佳製，尚膾炙人口。」同年 3 月 6 日謝氏再記：「當前清唐景崧任臺灣道時，花沉月夕，柬邀舉貢通儒到署內斐亭，敲討射覆。」**❾**可見《謎拾》的影響直到日治時期依然深遠，譬諸謝國文《省廬文虎》、黃文虎《文虎隨筆》及《謎學全史》。

---

❾　連橫，《臺灣詩薈（上冊）》，頁 47－48。

❾　黃文虎，〈謎學全史序〉，《三六九小報》第 328 號，昭和 9 年（1934）4月 3 日。

❾　盧嘉興，〈熱愛祖國提倡燈謎保存國粹的謝國文〉，盧嘉興原著、呂興昌編校，《臺灣古典文學作家論集》（臺南：臺南市立藝術中心，2000），下冊頁 932－938。

　　《謎拾》光緒 19 年（1893）刊本，中國國家圖書館、日本東京大學東洋文化研究所皆藏 1 部。另有《臺灣詩薈》排印本，自大正 13 年（1924）2 月的創刊號開始登載，然後在第 2、4、7、11、14、17、22 號續錄，分 8 次刊行。

十三、唐贊袞《臺陽見聞錄》、《海東課藝》、《臺陽集》、《澄懷園唱和集》

　　唐贊袞，字韡之，湖南善化人，同治 12 年（1873）舉人。光緒 16 年（1890）擔任延平知府，曾刻《劍津名勝》1 卷；隔年授命臺南知府，並即署臺灣兵備道。光緒 21 年（1895）3 月 11 日因為「當軍務喫緊之時，輒託故請開缺卸任，實屬規避」，奉旨著即革職。著有《鄂不齋筆記》2 卷、《鄂不齋集》、《唐韡之全集》。在臺期間另輯有《臺陽見聞錄》6 卷、《海東課藝》、《臺陽集》1 卷、《澄懷園唱和集》2 卷。

　　《臺陽見聞錄》光緒 18 年（1892）刊本，國立中央圖書館臺灣分館藏 1 部，封面刊「《臺陽見聞錄》，光緒十有八年春三月在臺灣道署作」，鈐入「守屋善兵衛氏在臺記念寄附」、「大正四年十一月八日東洋協會臺灣支部寄贈」、「大正十二年四月賜皇太子殿下臺覽」、「臺灣總督府圖書館藏」、「臺灣省立臺北圖書館藏書」、「臺灣省立臺北圖書館藏書章」朱印 6 方。卷首刊唐贊袞序文 1 篇 2 葉、目錄 21 葉，內文每半葉版框高 17.8 公分，寬 12.3 公分，12 行，行 24 字，左右雙邊，版心上黑口，單魚尾，中刊書名及篇名，下刊葉次，不分卷，每篇首葉次行刊「善化唐贊袞韡之編

輯」，計有〈建置〉等 32 篇，計 168 葉、分訂 3 冊。日人尾崎秀真曾經收藏 1 部。❾民國 72 年（1983）3 月臺北成文出版社借攝國立中央圖書館臺灣分館所藏刊本，收入《中國方志叢書》（臺灣地區第 56 號）。民國 96 年（2007）8 月臺中文听閣圖書有限公司再據臺灣分館刊本複印並且重排，收入《全臺文》（第 58、59 冊）。

《臺陽見聞錄》排印本則有民國 47 年（1958）11 月臺灣銀行經濟研究室據刊本點校，收入《臺灣文獻叢刊》（第 30 種）。民國 68 年（1979）3 月臺北眾文圖書公司複印文叢本，收入《臺灣文獻叢刊第一輯》。民國 76 年（1987）臺灣大通書局複印文叢本，收入《臺灣文獻史料叢刊》（第 7 輯）。民國 85 年（1996）9 月臺灣省文獻委員會複印文叢本，收入《臺灣歷史文獻叢刊》。

關於《海東課藝》的刊行，從唐贊袞為《臺陽集》賦詩可見：「海邦玉尺費裁量，紙價居然貴洛陽；漫詡門前桃李盛，天教栽植到遐方。」「燦爛江郎五色毫，亦多才思湧雲濤；琴堂此日開珊網，海底明珠不用韜。」又注詩曰：「余公暇召諸生，嚴立課程，講求經訓，相勉為根底之學，文風漸蒸蒸日上矣。」他並且寫詩序：「臺俗富而悍，儇寒而不文。余葺橫舍，召生徒，月必以試，巾卷盈庭。儲金錢若干為母，入其子為書院費。復選刻《海東課藝》，藉開文教風氣。由是荒陬僻陋，多文學之士矣。」❾所以本書的付梓，當是承繼夏之芳《海天玉尺篇》、張湄《珊枝集》之

---

❾　臺南市役所，《臺灣史料集成》（臺南：臺灣文化三百年記念會，1931），頁 14。

❾　《臺灣關係文獻集零》（臺北：臺灣銀行經濟研究室，1972），頁 145、153。

遺風，然書今已不傳。

《臺陽集》則彙集唐贊袞詠臺詩作，收入《唐韡之全集》第 2
冊，唐氏自言：「光緒十七年（1891）奉調渡臺，權臺澎道兼按司
篆，於七月二十二日履任；旋補臺南府知府：在臺將及四載
矣。……每當簿書紛叢、人事佟傯，而判牘之舍，便築吟窩；放衙
之鼓，時雜銅缽。海外之蠻花犵草，收貯奚囊；嶺頭之煙瘴火雲，
呵成墨汁。……迄倭寇之突犯，復偽王之潛逃：徙蓬島為桑田，貌
滄瀛如杯水。補元虛賦中之語，悲咽寒濤；讀東坡海外之文，悽拊
瓦缶：都所作為《臺陽集》。」❾❻光緒 20 年（1894）刊本臺灣大學
圖書館收藏 1 部；鉛字排印本則有民國 61 年（1972）12 月《臺灣文
獻叢刊》（第 309 種之 16）。民國 67 年（1978）3 月臺北文海出版社
複印文叢本，收入《近代中國史料叢刊續編》（第 51 輯，第 503
冊）。民國 76 年（1987）臺灣大通書局複印文叢本，收入《臺灣文
獻史料叢刊》（第 9 輯）。

「澄懷園」，原在臺灣道署內一名景。連橫《臺灣通史》記
載：「《澄懷園唱和集》二卷，善化唐贊袞輯。」❾❼《臺灣詩乘》
著錄：「唐維卿觀察既耽風雅，獎藉藝林，一時宦游之士，若閩縣
王貢南毓青、侯官郭賓實名昌、丹徒陳壽伯鳳藻、德化羅穀臣大
佑、順德梁挺生維嵩及吾鄉施澐舫士洁、邱仙根逢甲等皆能詩。時
開吟會，積稿頗多。唐韡之太守輯而刊之，名曰：《澄懷園唱和
集》，版藏臺南松雲軒。余有一卷，亂後遺失，遍搜不得，僅記

---

❾❻　同前註，頁 143。
❾❼　連橫，《臺灣通史》，頁 623。

『萬花扶客上澄臺』一句，不知何人所作。」❾❽《雅言》敘及：
「余有《海東校士錄》、《澄懷園唱和集》二書，則松雲軒之刻本
也。紙墨俱佳，不遜泉、廈。……《唱和集》則光緒十五年臺南府
唐贊袞所輯，唐景崧及其僚友之詩也。」❾❾

　　筆名「懺紅」的臺南南社社員洪鐵濤撰寫〈餐霞小紀〉回應：
「連劍花先生當輯《臺灣通史》時，嘗函索代致《澄懷園詩草》。
余記兒時，敝篋中藏有是書，紙為連史，木版鋟工精妙，有〈跋〉
為唐贊袞太守筆，書體仿板橋，兼變魏碑。後大索，竟不復得，想
已隨脈望仙化久矣。」❿廖漢臣著錄：「《澄懷園唱和集》，清光
緒二十年，唐贊袞輯。」❿❶筆者暫引廖漢臣的說法，藉以懷疑連橫
「光緒十五年」之說。惜哉！惟連橫與洪鐵濤得飽眼福，連氏強調
「版藏臺南松雲軒」，應有所本，很可能這也是清季臺南民間書坊
最晚出版的一部詩集。

---

❾❽　連橫，《臺灣詩乘》，頁 210。

❾❾　連橫，《雅言》，頁 56。

❿　《三六九小報》第 461 號，昭和 10 年（1935）7 月 6 日。

❿❶　廖漢臣，《臺灣省通志卷六學藝志藝文篇》（臺北：臺灣省文獻委員會，
　　　1971），葉 44。

第四章　清領時期
臺南出版史分論

第一節　清領時期臺南官修方志

　　康熙 11 年（1672）清廷下詔中國各地郡縣，分輯志書，開啟有清一代修志的風潮。康熙 23 年（1684）清聖祖「簡命史臣，弘開館局，修一統之誌，所以誌無外之盛也。」❶雍正 7 年（1729）清世宗為了完成《大清一統志》的鉅著，更嚴諭全國各省府縣積極修志，剋期竣事，並且頒定各省府州縣每六十年一修的政令，所以清代方志的纂輯質量冠於前朝，成績可觀。❷筆者在第三章例舉清領時期臺南出版品，其中有目無書的著作甚夥，實際經過印刷出版者猶如鳳毛，所以連橫喟歎：「臺灣前人之詩，頗少刊集，其存者每在方志。」❸顧頡剛則強調「今之學者莫不知史書之足不以盡史，故畢力搜求地下遺物、官署檔案、私人書牘，以資實證。然而即在

---

❶ 季麒光，〈臺灣誌序〉，《蓉洲文稿》，廈門市圖書館藏鈔本，第 1 卷第 2 篇。目錄標題又作〈臺灣誌書後序〉。

❷ 宋晞，《方志學研究論叢》（臺北：臺灣商務印書館，1990），頁 68。

❸ 連橫，《臺灣詩乘》（臺北：臺灣銀行經濟研究室，1960），頁 100。

史書之中，固尚有未闢之山林，未發之金錫在，家譜與方志是
已。」❹本節撰述對象即鎖定清領時期臺南官方纂修出版志書，區
分《臺灣府志》與《臺灣縣志》兩大系列，釐清原始，條陳流變。
至於清領時期私家編修方志底稿抑或相類著述，如康熙 24 年
（1685）季麒光《臺灣郡志稿》、康熙 27 年（1688）王喜《臺灣府志
稿》、康熙 29 年（1690）林謙光《臺灣紀略》、乾隆 3 年（1738）尹
士俍《臺灣志略》、道光 15 年（1835）李元春《臺灣志略》諸書，
則不再討論。

一、《臺灣府志》系列

表 4　清領時期《臺灣府志》版本一覽表

《臺灣府志》			
纂修人	刊刻年代	刻書記錄	收藏處
蔣毓英	康熙 30 年 （1691）	封面：《臺灣府志》， □□府，本府藏版； 目次：襄平蔣毓英集 公氏纂，男國祥、國 祚校字	上海圖書館

---

❹　朱士嘉，《中國地方志綜錄》（臺北：新文豐出版公司，1975），顧頡剛
　　序。

《臺灣府志》			
高拱乾 靳治揚	康熙 35 年 （1696）	督梓官：諸羅縣典史 嚴時泰	北京圖書館、浙江諸暨圖書館、 無錫大公圖書館、南京大學圖書 館、吉林大學圖書館、福建省圖 書館、福建師範大學圖書館
	康熙 41 年 （1702） 增補本	田濤認為康熙 40 年 補刻本，王國璠認為 康熙 41 年以後臺灣 知府衛台揆增補本	日本內閣文庫、法國法蘭西學院 漢學研究所、國立中央圖書館臺 灣分館
《重修臺灣府志》			
周元文 宋永清 陳璸	康熙 51 年 （1712）	封面：《重修臺灣府 志》，康熙五十一 年，臺灣府知府周元 文重修	上海徐家匯天主堂藏書樓、中國 科學院地理研究所、南京圖書 館、日本宮內廳書陵部、國立中 央圖書館臺灣分館
《重修福建臺灣府志》			
劉良璧 錢洙	乾隆 6 年 （1741）	監刻：貢生施士安、 生員翁昌齡	北京圖書館、北京大學圖書館、 中山大學圖書館、武漢大學圖書 館、福建省圖書館、日本國會圖 書館、南葵文庫、天理大學附屬 天理圖書館、美國國會圖書館、 英國大英圖書館、臺灣大學圖書 館伊能文庫、國立中央圖書館臺 灣分館
《重修臺灣府志》			
范咸 六十七	乾隆 12 年 （1747）	監刻：方邦基、梁須 梗、張若霔	北京圖書館本館、北京圖書館柏 林寺分館、北京人文科學研究 所、上海圖書館、上海南洋中學 圖書館、日本東洋文庫、尊經閣

			文庫、關西大學泊園文庫、美國國會圖書館、柏克萊加州大學東亞圖書館、國立中央圖書館臺灣分館、臺北師範大學圖書館、耿文光萬卷精華樓
		《續修臺灣府志》	
余文儀 覺羅四明	乾隆 39 年（1774）	封面：《臺灣府誌》，板藏府學典籍庫	北京圖書館、上海徐家匯天主堂藏書樓、福建師範大學圖書館、日本東洋文庫、天理大學附屬天理圖書館、愛知大學圖書館、美國柏克萊加州大學東亞圖書館、臺北故宮博物院、國立中央圖書館臺灣分館、中央研究院傅斯年圖書館、日人鈴村讓、龍仕騰
	同治 8 年（1869）	補刻本	上海復旦大學圖書館
	同治 11 年（1872）	封面：《臺灣府誌》，同治壬申孟夏，大西外宮後街泉記印訂，署府學教授楊承藩、訓導魏肇基重修舊板	北京圖書館、北京大學圖書館、北平東方文化委員會、廈門大學圖書館、日本內閣文庫、東洋文庫、愛知大學圖書館、京都大學人文科學研究所、美國國會圖書館、揚州吳氏測海樓
	光緒 4 年（1878）	雕鏤頗精	蔣師轍經眼、臺南市立圖書館
	光緒 16 年（1890）	封面：《臺灣府誌》，光緒戊子年臺灣道唐扎委府學訓導李鴻銘監俏，光緒庚寅年臺灣道唐扎委府學教授邱錫熙監修	北京圖書館、日本宮內廳書陵部、天理大學附屬天理圖書館、大阪府立圖書館、國立中央圖書館臺灣分館、臺灣大學圖書館田代文庫、連橫、士林楊雲萍習靜樓

	光緒 20 年（1894）	續修刻本	福建師範大學圖書館、廣州中山大學圖書館
	明治 32 年（1899）	臺灣總督府補刻本	中央研究院傅斯年圖書館、國立臺灣文學館、國立中央圖書館臺灣分館、臺灣大學圖書館、臺北師範大學圖書館、臺灣省菸酒公賣局、國立臺中圖書館、臺南市立圖書館、鹿港文教基金會、板橋林氏守堅藏書室、筆者

㈠ 蔣毓英《臺灣府志》

　　蔣毓英，字集公，號集翁，奉天錦州人，原籍浙江諸暨，漢軍籍。康熙 23 年（1684）由泉州知府移任首屆臺灣知府，招流亡以勸耕，崇學校以勸讀。❺康熙 26 年（1687）任滿，留任 1 年，翌年遷江右觀察使。蔣氏治臺，適逢清廷為了採備《一統志》的參考，下詔全國各地纂修方志。陳元圖〈蔣郡守傳〉：「嘗於官舍之旁，構一草堂，顏曰：『安拙』。人謂：『公之才，當羽檄交馳時應之，綽有餘地；今顧自安於拙，何也』？公曰：『才以理繁劇，而拙所以安新附也。』」❻高拱乾〈東寧十詠〉也寫出：「樓船將帥懸金印，郡縣官僚闢『草堂』。」❼或許蔣毓英就是在臺灣府內「安拙堂」撰寫這部府志的稿本，當時的臺灣總兵楊文魁另撰〈臺灣紀略碑文〉：「余從康熙二十三年叨膺簡命，出鎮斯土，自本年仲冬月

---

❺　季麒光，〈臺灣郡守蔣公壽文〉，《蓉洲文稿》，第 4 卷第 10 篇。

❻　高拱乾，《臺灣府志》（臺北：臺灣銀行經濟研究室，1960），頁 260。

❼　高拱乾，《臺灣府志》，頁 277。

抵任;惟殫心竭蹶,以圖報稱。……外所未盡,閱載《郡誌》,似不必贅。」❽他所看到的《郡誌》很可能就是蔣毓英《臺灣府志》的稿本。這是蔣氏偕同諸羅縣令季麒光、鳳山縣令楊芳聲纂成稿本,但未付梓。後來由蔣氏私人刻印,刊行時間當在康熙卅年以後。❾

　　蔣毓英《臺灣府志》康熙 30 年（1691）刊本,封面鐫刻:「《臺灣府志》:□□府,本府藏版」,目次首葉次行刊「襄平蔣毓英集公氏纂,男國祥、國祚校字」。內文每半葉 11 行,行 19字,左右雙邊,版心白口,上刊「臺灣府誌」,單魚尾,中刊卷次,下刊葉次,計 10 卷、25 目、125 葉。林應麟評價:「對文稿中有不明確之字用墨等（或稱墨釘、等字）,按宋刻字例,表示原有缺字,為慎重計,留個字位暫時不刻,足見國祥、國祚校字之認真。凡遇有聖朝、帝號和文廟等字樣,均突框透頂上一格刊刻,必恭必敬,效忠新王朝。該志刊行時間,據考當在康熙三十年以後,可能刊於江西或蔣氏原籍浙江。由於印數少,且頭次刷印,字跡清楚。」❿當屬家刻本,上海圖書館藏 1 部,這是民國 64 年（1975）該館在檢查廢紙時無意中發現的宇內孤本。⓫民國 82 年（1993）6月臺灣省文獻委員會據原刊本標點編印,收入《臺灣歷史文獻叢

---

❽　高拱乾,《臺灣府志》,頁 266。

❾　《臺灣府志三種》（北京:中華書局,1985）,頁 2825－2826。

❿　林應麟,《福建書業史——建本發展軌跡考》（廈門:鷺江出版社,2004）,頁 436。

⓫　李秉乾,〈清代的幾部《臺灣府志》〉,《文史知識》1990:5（1990.5）:45。

刊》。民國 84 年（1995）5 月北京中華書局據原刊本景印，收入
《臺灣府志三種》。同年 11 月廈門大學出版社印行《臺灣府志校
注》，由陳碧笙、李秉乾、李祖基共同點校。民國 93 年（2004）11
月行政院文化建設委員會出版《臺灣府志》，由黃美娥據前中華書
局本及廈門大學本，並與金鋐《福建通志臺灣府》、高拱乾《臺灣
府志》合校，收入《臺灣史料集成·清代臺灣方志叢刊》（第 1
冊）。

㈡ 高拱乾、靳治揚《臺灣府志》

　　高拱乾，字洪喜，號九臨，陝西榆林人。廩生。康熙 30 年
（1691）冬天從泉州知府奉特旨陞任分巡臺廈兵備道，隔年抵臺接
篆。康熙 33 年（1694）冬天他委派臺灣知府靳治揚，開設志局，延
攬師儒，得明經之士 4 人、文學 10 人，囊括臺灣縣舉人王璋、貢
生王弼、陳逸、生員張銓、陳文達、鄭萼達、金繼美；鳳山縣貢生
黃巍、生員張紹茂、柯廷樹、張僎客；諸羅縣貢生馬廷對、監生馮
士甡、生員盧賢、洪成度共襄校讐，經過 4 個月成書。再任命諸羅
縣典史嚴時泰擔任「督梓官」，❷並且捐俸自梓，藏版於郡，正式
由官方出版首部在臺問世的臺灣方志。

　　康熙 34 年（1695）任滿，翌年正月內渡轉陞浙江按察使，此際
高拱乾為這部《臺灣府志》撰敘：「矧臺疆初闢，百度草創，遺編
故老湮沒無聞；即欲成書而無徵不信，又孰從而誌之？……政事之

---

❷　嚴時泰，浙江錢塘縣人，康熙 32 年（1693）自福建沙縣典史調任諸羅縣典
　　史。

餘，益得與父老子弟諮詢採攬……每聞見有得，輒心識而手編
之。」⑬臺灣知縣李中素也見到他「手編《臺灣志》四卷。」⑭再
看高氏〈東寧十詠〉的夾注說明：「臺郡無誌，余甫編輯。」⑮而
且府志〈凡例〉中也表示：「較諸郡守蔣公毓英所存草稿，十已增
其七八。」⑯陳碧笙以為「似不免有掠美之嫌！」⑰

　　除開襲用蔣毓英的稿本之外，還有三位協力的臺籍功臣：一是
在修志排名「分訂」首席的王璋，字昂伯，康熙 32 年（1693）臺灣
縣首位舉人。連橫《臺灣通史》：「臺灣初啟，府志未修，璋豫求
文獻，藏諸家。……志成，拱乾大喜，臺灣文獻之存，璋有功
焉。」⑱二是未列修志名單的臺灣府學貢生王喜，方豪曾經比對日
本國會圖書館所藏乾隆 6 年（1741）《重修福建臺灣府志》原刻
本，與國立中央圖書館臺灣分館收藏的影鈔本，發現王喜在〈附舊
志姓氏〉〈分訂〉項下排名第六，所以他推論：「王喜之能列名於
《高志》的分訂人中，乃是《劉志》編修人的主張。……高拱乾原
來並沒有列王喜為分訂，而是《劉志》的纂修人知道王喜有手輯
《臺灣志稿》，為高拱乾所採用，而又不加說明，乃為之不平，因
此就把王喜的名字加入《高志》分訂人員中；因為是後加的，所以

---

⑬　高拱乾，《臺灣府志》，頁 7。
⑭　高拱乾，《臺灣府志》，頁 297。
⑮　高拱乾，《臺灣府志》，頁 279。
⑯　高拱乾，《臺灣府志》，頁 15。
⑰　蔣毓英撰、陳碧笙校注，《臺灣府志校注》（廈門：廈門大學出版社，
　　1985），前言頁 5。
⑱　連橫，《臺灣通史》（臺北：臺灣銀行經濟研究室，1962），頁 970。

列於五貢生之末。」❿三是施鴻，字則威。康熙初年由歲貢生任連江訓導。再遷婁縣縣丞，調奉天府經歷，府尹梁某雅重之，以老疾乞休。此時「會臺灣新定，大吏檄修郡志。鴻以知府張一魁薦，應聘往。」❷可見他在告老還鄉之際，也為這部方志出過力。

　　高拱乾《臺灣府志》康熙 35 年（1696）刊本，北京圖書館藏本作 10 卷，6 冊，8 行，行 20 字，白口，四周雙邊。❹民國 74 年（1985）5 月北京中華書局依據福建省圖書館藏本影印時表示：「當係初刻、印本，惟頗有缺頁，據北京圖書館善本部藏本補。」❷國立中央圖書館臺灣分館收藏日本內閣文庫影鈔本，10 卷，8 冊，圖 3 葉，內文每半葉版框高 22.2 公分，寬 14.2 公分，8 行，行 20－22 字，四周雙邊，版心白口，單魚尾。民國 49 年（1960）2 月方豪為《臺灣文獻叢刊》寫後記：「余以臺灣第一部府志，而島上並傳抄本亦不全，每以為憾，爰託東京大學小堀巖先生代向內閣文庫洽商攝影，四十四年十一月底片寄達臺北，詳讀一過，知非原刻本。……澎湖協左營把總林龍……康熙四十年任，距《高志》刊行已五年，而補刻之痕迹，復極顯然，是此一內閣文庫藏本，必康熙四十年或次年所補刻者。」❸民國 75 年（1986）崔建英針對日本內閣文庫本作補評：「《秩官志》中臺廈道題名至康熙三十八年王之麟，但考其前任，康熙三十五年十月到官之常光裕皆補鐫，同知、

---

❿　　高拱乾，《臺灣府志》，頁 87。

❷　　《福建通志臺灣府》（臺北：臺灣銀行經濟研究室，1960），頁 825。

❹　　《北京圖書館古籍善本書目》（北京：書目文獻出版社，1987），頁 742。

❷　　《臺灣府志三種》，頁 2828。

❸　　高拱乾，《臺灣府志》，頁 2。

經歷等康熙三十六年以後到官者，亦皆補刻。」❷民國 87 年（1998）王國璠再根據〈秩官志〉的修補情況，著錄為康熙 41 年（1702）以後臺灣知府衛台揆的增補本。❷

　　民國 45 年（1956）3 月方豪用「杭縣方氏慎思堂」名義，自費景印日本內閣文庫刊本。民國 49 年（1960）2 月方豪據以點校，收入《臺灣文獻叢刊》（第 65 種）。民國 57 年（1968）10 月中國文化大學國防研究院委託方豪再點校，收入《臺灣叢書》（第 1 輯臺灣方志彙編第 1 冊）。民國 67 年（1978）3 月臺北文海出版社據方豪自印本縮版影印，收入《近代中國史料叢刊續編》（第 51 輯，第 502 冊）。民國 72 年（1983）3 月臺北成文出版社複印日本內閣文庫本，收入《中國方志叢書》（臺灣地區第 1 號）。民國 76 年（1987）臺灣大通書局複印文叢本，收入《臺灣文獻史料叢刊》（第 1 輯）。民國 82 年（1993）6 月臺灣省文獻委員會複印文叢本，收入《臺灣歷史文獻叢刊》。民國 84 年（1995）5 月北京中華書局依據福建省圖書館藏原刊本景印，收入《臺灣府志三種》。民國 91 年（2002）11 月國史館臺灣文獻館再重刷《臺灣歷史文獻叢刊》。民國 93 年（2004）11 月行政院文化建設委員會委由張光前據中華書局本為底本、日本內閣文庫本為輔，旁參文叢本的高志與周志，並與蔣毓英《臺灣府志》一同點校，收入《臺灣史料集成·清代臺灣方志叢刊》（第 2 冊），書名仍作《臺灣府志》，題署高拱乾纂輯、

---

❷　崔建英，《日本見藏稀見中國地方志書錄》（北京：書目文獻出版社，1986），頁 138－139。

❷　王國璠，《重修臺灣省通志卷六文教志文獻工作篇》（南投：臺灣省文獻委員會，1998），頁 13－14。

周元文增修。

(三) 周元文、宋永清、陳璸《重修臺灣府志》

　　康熙 49 年（1710）秋天鳳山知縣宋永清❷為《重修臺灣府志》題序：「自康熙三十五年至四十九年，延鳳山教諭施君士嶽董其事，命副榜貢生陳聖彪、鳳山廩生李欽文、諸羅廩生鄭鳳庭等分校序次，以增卷帙。事必徵實，言不溢美；匪云修也，補之云爾。」❷不過他在任內未竟全功，即轉任直隸延慶知州。修志的工程便轉交給臺灣知府周元文。❷康熙 51 年（1712）春天周元文為這部志書補敘：「爰於壬辰之春，公餘之頃，與郡邑博士弟子員搜討舊帙，諮訪新聞。」❷同時，在〈重修府志姓氏〉中，臺廈道陳璸名列「纂輯」之首，所以〈陳璸傳〉有錄：「捐俸修郡志。」❸實際

---

❷　宋永清，號澄庵，山東萊陽人，漢軍正黃旗，監生。康熙 43 年（1704）秋天由武平知縣調任鳳山知縣。善察民情，雅意文教，剖頗有宦績。工詩，著有《溪翁詩草》1 卷。施懿琳等編撰，《全臺詩》（臺北：遠流出版公司，2004），第 1 冊頁 351。

❷　周元文，《重修臺灣府志》（臺北：臺灣銀行經濟研究室，1960），頁 6。

❷　周元文，字洛書，盛京金州人，漢軍正黃旗，監生。康熙 46 年（1707）由延平知府調任臺灣知府，康熙 51 年（1712）任滿，調陞湖南辰沅靖道。曾經出版朱熹《延平答問》2 卷，在臺期間主持《重修臺灣府志》10 卷。

❷　周元文，《重修臺灣府志》，頁 3。

❸　王必昌，《重修臺灣縣志》（臺北：臺灣銀行經濟研究室，1961），頁 338。謝浩卻推測：周志纂修的法定手續未備，該志雖載有陳璸的名字，並以其為纂修之一，但這部志書似乎並未「轉詳」奉准。所以志前除了周序和宋序之外，別無其他上級上官的序文，這種情況不僅為所有官志之僅見，亦違反常規。《南明暨清領臺灣史考辨》（臺北：自印本，1976），頁 246。

上，修志的臺籍文人還有臺灣縣貢生張纘緒、郭必捷、陳文達、生員張雲抗、盧芳型、蔡夢弼、金繼美、劉榮衮、石鍾英、鳳山縣生員李欽文、諸羅縣貢生林中桂、生員洪成度。

　　點校《臺灣文獻叢刊》的千祥推測：「本書曾經增補，其問世的時期，當在康熙五十七年以後。」❸ 方豪判斷：「蓋《周志》原非新刻之志，而僅取《高志》原版為之補刻而已；補刻有挖改者，有補一、二行者，有新刻若干葉者。」❷ 高志彬歸納：「其刻本流傳甚罕，劉良璧及六十七、范咸等重修府志，僅知有《高志》，而不知有宋、周增修者。……《高志》原有部分，係用《高志》原刻版（包括原刻及寫體補刻）；至增補部分，其刻版字體約有三種，凡所補者為康熙五十一年以前事者，其字體與《高志》原刻相似，五十二年以後者，則有二種不同字體：就字體判斷，則此志刊本，前後蓋經三次（甚或三次以上）補刻而後刊行。又按今傳刻本僅增周元文、宋永清二序，名列纂輯之陳璸及其他上級大員，皆未撰序，則此刻本或係周元文任內付刻，然未完成，經後人補刻刊行者。」❸ 田濤敘錄：「此本有在〈秩官〉中增補康熙三十五年以後的設官，乃採用補刻補印的方法，故實為在原康熙三十五年本的基礎上，於康熙四十年的補刻本。」❹ 日人山中樵認為是該志在成書後 4 年，

---

❸　周元文，《重修臺灣府志》，頁 1。

❷　宋永清、周元文，《增修臺灣府志》（臺北：成文出版社，1989），頁 171－172。

❸　宋永清、周元文，《增修臺灣府志》，頁 2。

❹　田濤，《法蘭西學院研究所藏漢籍善本書目提要》（北京：中華書局，2002），頁 47。

燬於朱一貴事件。❸❺方豪亦呼應：「或其時尚未補刻完成，或刻成而板毀於火。」❸❻

　　日本宮內廳書陵部藏原刊本 1 部，封面刊「《重修臺灣府志》，康熙五十一年，臺灣府知府周元文重修」，鈐入「秘閣圖書之章」、「帝室圖書之章」、「柳圃堂藏書記」、「佐伯侯毛刊高標字培松藏書畫之印」朱印 4 方。❸❼高志彬認為「刷印極不清晰。」❸❽臺灣總督府圖書館在昭和 3 年（1928）6 月 19 日由當時館長山中樵派員赴日影鈔回臺，❸❾即今日國立中央圖書館臺灣分館所藏鈔本。陳漢光著錄作 10 卷，分訂 8 冊，圖 8 葉，內文 689 葉，每半葉版框高 22 公分，寬 14.2 公分，8 行，行 20 字，四周雙邊，版心白口，單魚尾。方豪認為：「伊能《臺灣志》和《臺灣文化志》、連氏《臺灣通史》都祇列《高志》、《劉志》，而漏去《周志》，又可見《周志》入藏於日本宮內省也是很晚的。」❹⓪此外，林其泉亦載筆：「解放初即為揚州古舊書店所發現，並於 1959 年加以翻刻油印，各大圖書館多有所藏，廈門大學圖書館和廈門大學

❸❺　山中樵，〈臺灣的官撰地方志〉，《圖書月刊》1：2（1929.10）。

❸❻　周元文，《重修臺灣府志》，頁 1。

❸❼　方豪，〈日本訪書記殘稿〉，《國立編譯館館刊》1：1（1971.10）：3－6。

❸❽　宋永清、周元文，《增修臺灣府志》，頁 2。

❸❾　張圍東，《山中樵傳》（南投：臺灣省文獻委員會，1998），頁 47。

❹⓪　方豪，〈清初臺灣人士與地方志〉，《方豪教授臺灣史論文選集》（臺北：捷幼出版社，1999），頁 92。

博物館還藏了好幾部。」❹福建師範大學圖書館也藏有 1 部，線裝 12 冊。

本書還有民國 49 年（1960）7 月《臺灣文獻叢刊》（第66種），據臺灣分館鈔本點校重排。民國 57 年（1968）10 月中國文化大學國防研究院委託方豪點校，收入《臺灣叢書》（第 1 輯臺灣方志彙編第 1 冊）。民國 72 年（1983）3 月臺北成文出版社影印日本宮內廳書陵部藏刊本，並以臺灣分館鈔本補闕，收入《中國方志叢書》（臺灣地區第 2 號），易名《增修臺灣府志》。民國 76 年（1987）臺灣大通書局複印文叢本，收入《臺灣文獻史料叢刊》（第 1 輯）。民國 82 年（1993）6 月臺灣省文獻委員會複印文叢本，收入《臺灣歷史文獻叢刊》。

㈣ 劉良璧、錢洙《重修福建臺灣府志》

乾隆 7 年（1742）正月福州將軍署閩浙總督策楞撰文：「考其志乘，修於康熙乙亥，迄今四十餘年。不獨魯魚帝虎，漸次失傳；而時異勢殊，日新月盛‧匪加纂輯，又何以信今而傳後耶？」有鑑於高拱乾《臺灣府志》的闕漏，他飭令分巡臺灣道劉良璧負責重修。劉氏也回應臺陽士紳公請，「商同郡守錢恪齋捐俸作倡，擇紳士中有齒德而能文者掌其事；旁搜遠採，校訂分修，自為鑒定。」「始事於庚申（乾隆 5 年，1740）十月，竣事於辛酉（乾隆 6 年，1741）

---

❹　林其泉，〈關於《臺灣府志》〉，載於《臺灣雜談》（成都：四川教育出版社，1984），頁 194－196。李秉乾，《廈門大學圖書館館藏地方志目錄》（廈門：廈門大學，1997），頁 162。

五月。」歷時 8 個月，完成 20 卷。❷

在〈重修姓氏〉排名擔任「分輯」工作的有舉人陳邦傑、陳輝、恩貢生張從政、拔貢生黃佺、歲貢生范學洙。統籌「校對」的是臺灣府學訓導楊友竹、臺灣府經歷朱士顯。執行「監刻」事務的是貢生施士安、生員翁昌齡。其中陳輝著有《陳旭初詩集》、張從政著有《剛齋詩文稿》，日後接掌海東書院的黃佺更投入《諸羅縣志》、《彰化縣志》的編輯，曾經參閱《重修鳳山縣志》、參輯《續修臺灣府志》的經歷，成為臺籍士子中的修志專家。

美國國會圖書館藏 1 部，鈐入「志蕫山人」、「復一居珍藏印」2 方。日本國會圖書館藏 1 部，昭和 3 年（1928）臺灣總督府圖書館山中樵館長派員赴日本影鈔帝國圖書館（今日本國會圖書館）藏本，現由國立中央圖書館臺灣分館收藏，陳漢光著錄 20 卷附卷首，分訂 8 冊，圖 8 葉，內文 708 葉，每半葉版框高 24 公分，寬 17 公分，10 行，行 20 字。北京圖書館藏本則登記：20 卷，9 冊，10 行，行 20 字，白口，四周雙邊。存 18 卷：1－17、20。❸臺灣大學圖書館伊能文庫亦藏 1 部。

本書尚有民國 50 年（1961）3 月《臺灣文獻叢刊》（第74種），據臺灣分館鈔本標點排印。民國 66 年（1977）2 月臺灣文獻委員會郭嘉雄校訂本。民國 72 年（1983）3 月臺北成文出版社景印日本國會圖書館刊本，收入《中國方志叢書》（臺灣地區第 3 號）。民國 82

---

❷　劉良璧，《重修福建臺灣府志》（臺北：臺灣銀行經濟研究室，1961），頁 1、5、18。

❸　《北京圖書館古籍善本書目》，頁 742。

年（1993）6 月臺灣省文獻委員會複印文叢本，收入《臺灣歷史文獻叢刊》。民國 93 年（2004）11 月行政院文化建設委員會出版《重修福建臺灣府志》，由楊永彬依據成文本、文叢本與他書合校，收入《臺灣史料集成・清代臺灣方志叢刊》（第6、7冊）。

伍 范咸、六十七《重修臺灣府志》

《重修臺灣府志》先在〈凡例〉中褒揚：「《高志》草創，多失之略；至《劉志》則加詳矣。」然後批評：「《劉志》大半摭拾《通志》；……故茲志不敢仍襲其舊。」❹巡臺御史高山也附和：「劉君所葺誌乘，又覺未盡其要；曾語巡使給諫六公，而六公亦有雅意增損之說。」❹於是由巡視臺灣戶科給事中六十七、巡視臺灣兼提督學政監察御史范咸並肩參酌之考訂、諮討釐正。

范咸還特別自北京攜來黃叔璥《臺海使槎錄》，又在武林獲得孫元衡《赤嵌集》，鎖定《臺灣志略》、《靖海紀》、《東征紀》、《臺灣紀略》、《臺灣雜記》、《裨海紀遊》諸書，「按藉搜索，並得全書」。❹加上諸羅縣儒學訓陳繩❹從旁協力，「逾一

---

❹ 范咸，《重修臺灣府志》（臺北：臺灣銀行經濟研究室，1961），頁 13。

❹ 范咸，《重修臺灣府志》，頁 4。

❹ 范咸，《重修臺灣府志》，頁 15－16。

❹ 陳繩，字騮季、禮園，福建侯官人。雍正 11 年（1733）詔舉博學宏詞。乾隆元年（1736）應試，詩落一韻，不入選。旋舉孝廉方正，授教職歸。當事聘修《惠獻貝子功績錄》，選長汀縣學訓導。乾隆 9 年（1744）3 月任諸羅訓導。在臺期間，曾協纂《臺灣府志》及《臺海番社采風圖考》，有功於文獻。《全臺詩》，第 2 冊頁 180。

年，誌成」。❹然後他指派原任臺灣府海防同知方邦基、臺灣府海防同知梁須楩、署臺灣府海防同知漳州府同知張若霳一同「監刻」，臺灣府學教授吳應造及臺灣縣學訓導伍兆崧詳加「校對」。

　　國立中央圖書館臺灣分館藏 1 部，25 卷附卷首，分訂 8 冊，圖 17 葉，內文 782 葉，每半葉版框高 20.2 公分，寬 15.7 公分，11 行，行 22 字，四周雙邊，版心白口，單魚尾，用連史紙印。高志彬認為：「此志原刻本尚有閩浙總督喀爾吉善序及臺灣知府褚祿跋文各一篇，今中圖臺灣分館藏本皆無……當為此志刊行之後所撰補刻者。」❹北京圖書館亦藏 1 部：「二十五卷、首一卷，清褚祿、曾曰瑛纂修，清乾隆刻本，四冊，十一行二十二字，小字雙行，同，白口，四周雙邊；存八卷：首、一至三、二十至二十一、二十四至二十五。」❺民國 74 年（1985）5 月北京中華書局就依據北京圖書館柏林寺分館的藏本複印，收入《臺灣府志三種》，雖然收錄喀爾吉善的序文，不過還是少了褚祿所寫的題跋。美國國會圖書館藏本鈐入「王氏藏書同光間修鄞慈兩志曾經借出」、「臣泰亨印」、「瑀庵」、「萬綠軒主藏書」4 方印記。美國柏克萊加州大學東亞圖書館藏本鈐入「志於千里」白、朱文方印。❺

　　本書另有民國 48 年（1959）11 月劉師誠據《臺灣全誌》本、齊濤據原刊本核校排印成《臺灣府志》，收入《臺灣研究叢刊》（第 62

❹　范咸，《重修臺灣府志》，頁 13。

❹　六十七、范咸，《重修臺灣府志》（臺北：成文出版社，1989），頁 2。

❺　《北京圖書館古籍善本書目》，頁 742。

❺　柏克萊加州大學東亞圖書館編，《柏克萊加州大學東亞圖書館中文古籍善本書志》（上海：上海古籍出版社，2005），頁 87。

種：臺灣方誌彙刊第 8 卷，2 冊）。民國 50 年（1961）11 月據臺灣分館刊
本點校排印，收入《臺灣文獻叢刊》（第 105 種）。民國 72 年（1983）
3 月臺北成文出版社景印臺灣分館刊本，收入《中國方志叢書》
（臺灣地區第 4 號）。民國 76 年（1987）臺灣大通書局複印文叢本，收
入《臺灣文獻史料叢刊》（第 2 輯）。民國 82 年（1993）6 月臺灣省文
獻委員會複印文叢本，收入《臺灣歷史文獻叢刊》。民國 93 年
（2004）9 月北京全國圖書館文獻縮微複製中心複印原刊本（未交代出
處），收入《臺灣史料匯編》（第 2、3 冊）。同年 11 月行政院文化建
設委員會出版《重修臺灣府志》，由楊永彬依據中華書局本及成文
本合校，收入《臺灣史料集成·清代臺灣方志叢刊》（第8、9冊）。

㈥ 余文儀、覺羅四明《續修臺灣府志》

　　乾隆 36 年（1771）陞任福建巡撫的余文儀，❺²回想起在乾隆 25
年（1760）擔任臺灣知府任內：「詢省舊聞，得康熙間觀察高公所
為志，及其後副使劉君補葺之書，而患其未備。乃參覈新舊諸志，
於簿書餘晷，搜捃群籍，博訪故老暨身所經履山川夷險之處、傳聞
同異之由，心維手識，薈萃成編。……迺三載報政，旋膺觀察之

---

❺² 余文儀（？－1782），字寶岡，浙江諸暨人。乾隆 2 年（1737）進士。乾隆
　　25 年（1760）5 月由漳州知府調任臺灣知府。乾隆 27 年（1762）攝海防同
　　知。乾隆 29 年（1764）8 月陞臺灣道，11 月再陞福建按察使。乾隆 33 年
　　（1768）冬因黃教啟事，督撫臺參，以報獲事首未符，革職留任。乾隆 36 年
　　（1771）授福建巡撫。乾隆 41 年（1776）冬十月因疾致仕。性方嚴，門絕私
　　謁；長於吏治，博學能詩。輯有《續修臺灣府志》26 卷，著有《嘉樹樓詩
　　鈔》4 卷。《全臺詩》，第 2 冊頁 359。

任；繼而晉陳臬事，內召司寇，雖於鯤身、鹿耳之險，亦嘗崇斧鉞以靖蜃氛；而周遭還往，八歷重洋，是書率因循而未付梓。」等到乾隆 39 年（1774）「爰是復加校閱，授剞劂氏。」閩浙總督鐘音亦書序：「中丞余公以乾隆庚辰出守茲郡，往返八歷重洋，凡山川之險夷、水土之美惡、物產之盈縮、風氣之異同、疆索之袤廣、習俗之淳漓，遠自殊族番黎、下及民兵蔀屋，罔勿心識手定，勒為成書；集新舊志而增損之，為類十二、為卷二十有六。」**㊶**

　　從余、鐘兩氏書序的時間判斷，高志彬認為此志原刊本當刻於乾隆 36－41 年之間，而以乾隆 39 年（1774）出版最為可能。**㊷**高志彬又說：「本志原刻本刊行後，據云有七項涉及干犯，致使原刻本流傳甚少。」**㊸**黃美娥再補充：「本志所見最早版本為冠有鐘音甲午年（乾隆 39 年，1774）序文的『序刊本』。書中約有二十處挖空缺字，多屬明朝乃至臺變起事者的正面敘述。余氏因顧忌文字獄，刻板完成後，猶作挖空處理。然書卻因而甚少流傳。」**㊹**

　　筆者所知該志的木刻版本至少有 7 種：一是乾隆 39 年（1774）初刻本，龍仕騰藏 1 部，原是臺中縣梧棲鎮林氏故家舊藏，封面印黃色紙，刊「《續修臺灣府誌》：板藏府學典籍庫」，這是筆者寓

㊶　余文儀，《續修臺灣府志》（臺北：臺灣銀行經濟研究室，1962），頁 3－6。

㊷　高志彬，《臺灣文獻書目解題第一種方志類（一）》（臺北：國立中央圖書館臺灣分館，1987），頁 263。

㊸　余文儀，《續修臺灣府志》（臺北：成文出版社，1984），頁 1－2。

㊹　余文儀主修、黃美娥點校、詹雅能覆校，《續修臺灣府志》（臺北：行政院文化建設委員會，2007），頁 13。

目版本中唯一留存封面者,吻合日人鈴村讓所言:「刻之於府學」❺⑦
的版式;國立故宮博物院著錄作乾隆 28 年(1763)刊本,缺卷 17—
18。國立中央圖書館臺灣分館藏本缺卷首至卷 3、卷 11 至卷 16;
陳漢光著錄 26 卷附卷首,分訂 14 冊,圖 17 葉,內文 887 葉,每
半葉版框高 20.2 公分,寬 15.6 公分,11 行,行 22 字,四周雙
邊,版心白口,單魚尾,用連史紙印。中央研究院傅斯年圖書館藏
本方豪著錄:「確為乾隆原刻本;不過其中第六冊,卷九營制和卷
十官秩,卻是配抄的。」❺⑧民國 93 年(2004)月北京全國圖書館文
獻縮微複製中心複印原刊本的配補本（封面至首卷影鈔補入）,可惜並
未交代出處。

　　二是同治 8 年(1869)補刻本,上海復旦大學圖書館藏 1 部,
僅見李秉乾著錄。❺⑨

　　三是同治 11 年(1872)補刻本,封面刊「《臺灣府誌》:同治
壬申孟夏,大西外宮後街泉記印訂,署府學教授楊承藩、訓導魏肇

---

❺⑦　鈴村讓:「乾隆三十九年(1774)前知《臺灣府志》余文儀續修之,而合范
　　志與余志刻於府學。」《臺灣全誌》(臺北:臺灣經世新報社,1922),第
　　1 卷例言。附提一筆:嘉慶 25 年(1820)按察使銜分巡臺灣兵備道葉世倬到
　　任未幾,曾刊《聖諭廣訓直解》,印刷雕版亦藏於臺灣府學。鄭喜夫,〈補
　　話清代臺灣的善書〉《聖理雜誌》4:8(1975.10):35—37。

❺⑧　方豪,《方豪教授臺灣史論文選集》,頁 290。又方豪:「壬辰(民國 41
　　年,1952)清明後二日,錢思亮先生語余曰:『吾家高高祖諱霦,乾隆時
　　人,嘗官臺灣知府。孟真(按:傅斯年之字)先生在日,其寓有《府志》,
　　為余檢而未得,子盍為我一考之。』」〈杭州鄉賢錢霦先生在臺事蹟考〉,
　　《臺南文化》3:2(1953.9):60—61。

❺⑨　李秉乾,〈清代的幾部《臺灣府志》〉,《文史知識》1990:5(1990.5):
　　47。

基重修舊板」，補刻 25 葉。民國 20 年（1931）揚州吳氏測海樓亦藏 1 部，吳引孫甚至還標明當時的書價：「白紙，十三本，一函，洋一百元。」❻⓪

　　四是光緒 4 年（1878）重刻本，蔣師轍《臺游日記》：「閱《府志》為卷二十有六，列十二綱，……余所見舊本，雕鏤頗精，此殊不逮，乃光緒四年重刻者。」❻①臺南市立圖書館藏本缺封面，在鐘音的序文首葉鈐上「臺南圖書館·11·5·2·購入」藍色戳記 1 枚，顯示該館在大正 11 年（1922）收購典藏，然而內葉的輿圖、文字猶如新鐫，未雜補葉或鈔配，或許即為蔣氏所言者。

　　五是光緒 16 年（1890）補刻本，封面印黃色紙，刊「《臺灣府誌》：光緒戊子年臺灣道唐扎委府學訓導李鴻銘監脩，光緒庚寅年臺灣道唐扎委府學教授邱錫熙監修」，補刻 303 葉，鈴村讓云：「久之，原版散亂磨滅，劉銘傳之時整理補刻之。」❻②王國璠著錄作光緒 14 年（1888）唐景崧重印本：「集地方碩彥、文壇祭酒，擇府庫庋存舊版，逐一檢視，剔除可議部份，延工刷印，是為《光緒重印臺灣府志》。」❻③連得政嘗購《臺灣府志》一部，授予其子連橫，盧嘉與判斷就是這個本子。❻④

---

❻⓪　吳引孫，《揚州吳氏測海樓藏書目錄》，《書目類編》第 37 冊（臺北：成文出版社，1978），頁 16219。

❻①　蔣師轍，《臺游日記》（臺北：臺灣銀行經濟研究室，1957），頁 28。

❻②　《臺灣全誌》，第 1 卷例言。

❻③　王國璠，《重修臺灣省通志卷六文教志文獻工作篇》，頁 15－16。

❻④　盧嘉興原著、呂興昌編校，《臺灣古典文學作家論集》（臺南：臺南市立藝術中心，2000），下冊頁 785－787。

　　六是光緒 20 年（1894）續修刻本，26 卷本，筆者據福建師範大學圖書館古籍閱覽廳書目卡著錄，惜未及調閱該書驗證版式，姑存目。

　　七是明治 32 年（1899）臺灣總督府補刻本，補刻 270 葉，為存世最多的版本。中央研究院傅斯年圖書館藏本書皮鈐入「大日本帝國臺灣淡水港稅關之圖章」、「淡水稅關圖書之印」、「基隆稅關圖書之印」、「中央研究院歷史語言研究所圖書之記」朱印 4 方，加蓋「史傳書類，清國政府引繼」朱印 1 枚；國立臺灣文學館藏本原是許丙丁舊藏，鈐入「許丙丁」朱印 1 方，缺卷首及第 1 卷；臺南市立圖書館藏本鈐入「臺南圖書館 11.5.2 購入」藍色圓章 1 枚；鹿港文教基金會藏本分訂 12 冊，原是侯南山舊藏，鈐入「彰化公學校」、「彰化公學校之印」、「臺中師範學校」、「南山藏書」、「侯合發文庫印」朱印 5 方，「鹿港文教基金會」藍色方章 1 枚以及「鹿港文教基金會文獻資料室藏書」藍色圓章 1 枚。筆者亦藏殘卷 3 冊，即卷 9－11、卷 22、卷 23－24，每冊首葉鈐入「侯哲明記」朱印 1 方。㉟

　　連橫《雅言》：「活版未興以前，臺之印書，多在泉、廈刊行。府、縣各誌，則募工來刻，故版藏臺灣。」他又感慨臺南海東書院：「院中藏書甚富，多官局之版，歷任巡道每有購置。乙未（光緒 21 年，1895）之役，悉遭燒毀；府、縣誌版用以㸑薪，是誠臺

㉟　李秉乾在〈清代的幾部《臺灣府志》〉文中著錄：江蘇常熟縣藏光緒 28 年（1902）刻本，姑存目。

灣文化之不幸矣！」⑥再閱覽《臺灣日日新報》的報導，在明治
38 年（1905）12 月 6 日晚上 8 點左右，臺灣總督府內技師室附近傳
出火警，烈焰四處竄燒，火勢延燒到土木課及學務課的倉庫。由於
這兩棟倉庫本是木造建築，並且佔地面積甚廣，加上倉庫內的堆積
著很多易燃的書籍，頓時陷入一片火海，許多珍貴書籍及史料竟付
之一炬。起火原因眾說紛紜，傳言抽煙的煙蒂或翻倒的燈油所致，
雖然當局從 9 點 15 分開始滅火，糾合軍民的力量，直到凌晨 2 點
左右才將火勢完全撲滅。然而，學務課倉庫中的《臺灣府誌》及採
訪冊、《裨海紀遊》等藏書全數化為烏有，還有自臺南孔廟發現的
《府誌》書版，從剛蒐藏時便有多數缺版的狀況，整理補齊到一百
五十多片，即將重印之際，卻遇上了回祿之災！

　　翌日，參與「臺灣慣習研究會」的伊能嘉矩，就以「臺史公」
的筆名，在《臺灣慣習記事》第 6 卷第 1 號〈慣習日記〉中，發出
沉痛地批判：「昨日總督府官舍失火，學務課倉庫波及燒毀，有關
臺灣貴重文獻付之一炬，《臺灣府志》木刻版文亦燒掉，太可
惜。」⑥同時《臺灣教育會雜誌》第 45 號漢文版〈內外彙報〉亦
登載：「回祿為災：……學務之架，則十年來所集珍書，及明年所
頒教課本，《臺灣府志》刻版等皆委灰燼云。」蔡啟華乃作〈弔學
務課書庫燒亡〉：「最惱無情是祝融，十年搜括一時空。豈因文字

---

⑥　連橫，《雅言》（臺北：臺灣銀行經濟研究室，1963），頁 56、58。

⑥　《臺灣慣習記事（中譯本）》（南投：臺灣省文獻委員會，1992），第 6 卷
　　頁 48。

驚神鬼，忍使全灰秦火中。」⑱

　　如今，國立臺灣博物館典藏余文儀《續修臺灣府誌》雕版兩片，長 31.5 公分，寬 20 公分，其一是第 13 卷〈風俗一〉第 3、4 葉的合刻，其二則是第 26 卷〈藝文七詩四〉第 16 葉及第 24 葉的合刻，版片邊緣遺留炭化焦黑的創痕，就是當年冒險搶救，劫火餘生的鐵證。民國 84 年（1995）11 月應高雄市立美術館籌擘「臺灣傳統版畫特展」情商借出，首度公開這兩片書版。⑲

　　《續修臺灣府誌》另有大正 11 年（1922）5 月鈴村讓據自藏乾隆 39 年（1774）初刻本，同時參酌光緒 16 年（1890）補刻本以及《劉志》校正誤字，卷首復刻同治 11 年（1872）補刻本的封面，重排成《臺灣府誌》，收入《臺灣全誌》（第 1、2 卷）。民國 51 年（1962）4 月臺灣銀行經濟研究室據《臺灣全誌》本點校重排，收入《臺灣文獻叢刊》（第 121 種）。民國 72 年（1983）3 月臺北成文出版社景印臺灣分館初刻本，收入《中國方志叢書》（臺灣地區第 5 號）。民國 73 年（1984）臺灣大通書局複印文叢本，收入《臺灣文獻史料叢刊》（第 1 輯）。民國 82 年（1993）6 月臺灣省文獻委員會複印文叢本，收入《臺灣歷史文獻叢刊》。民國 93 年（2004）9 月北京全國圖書館文獻縮微複製中心複印原刊本（未交代出處），收入《臺灣史料匯編》（第 5─7 冊）。民國 96 年（2007）6 月行政院文化建設委員會出版《續修臺灣府志》，由黃美娥點校、詹雅能覆校，

---

⑱　《臺灣教育會雜誌》45（1905.12）：漢文版頁 13、18，詩後附刊評語：「將十年所搜括，一時空蕩，況其中有難重得者，弔惜洵然。」

⑲　潘元石、楊永智等，《臺灣傳統版畫特展》（高雄：高雄市立美術館，1995），頁 97。

以乾隆 39 年（1774）初刻本為底本，參酌文叢本、成文本與范咸
《重修臺灣府志》同勘，初刻本中因事涉干犯而挖空缺字之處，也
根據《范志》設法補足復原，收入《臺灣史料集成‧清代臺灣方志
叢刊》本（第 15 冊）。

二、《臺灣縣志》系列

表5　清領時期《臺灣縣志》版本一覽表

《臺灣縣志》			
纂修人	刊刻年代	刻書記錄	收藏處
王禮 陳文達	康熙 59 年 （1720）	督梓：臺灣縣澎湖司 巡檢李振宗、鳳山縣 典史署臺灣縣典史周 起渭	江蘇省國學圖書館、天津人民圖 書館、南京國學圖書館、美國國 會圖書館
《重修臺灣縣志》			
魯鼎梅 王必昌	乾隆 17 年 （1752）	封面：《臺灣縣 志》，乾隆十七年， 知縣事臣魯鼎梅重 修。監生方達義分輯 並繪圖，儒童王志	北京故宮博物院、上海圖書館、 徐家匯天主堂藏書樓、廣東省圖 書館、山西平陽縣圖書館❼⓿、福 建莆田圖書館、福建師範大學圖 書館、國立中央圖書館臺灣分館

---

❼⓿　殘存卷 6－15，計 10 卷：書葉邊緣疑遭火燄炙傷，但封面仍可辨識，鐫刻
　　「《臺灣縣志》：乾隆十七年，知縣事臣魯鼎梅重修」；該館已逐葉裝裱，
　　妥善典藏。衛斯，〈平陽縣圖書館藏殘本乾隆《臺灣縣志》〉，《文物》314
　　（1982.7）：16。

		選、陳正宗、吳初昇繕寫	
	不詳刪改本	刪削「唐王為帝，建號隆武」重梓	國立中央圖書館臺灣分館、臺北教育大學圖書館
《續修臺灣縣志》			
薛志亮鄭兼才謝金鑾	嘉慶12年（1807）序刊本	嘉慶12年11月初竣事，因刊費無出而止。嘉慶19年薛志亮內渡攜帶初稿，嘉慶23年之前錄於姑蘇	北京圖書館、前上海東方圖書館❼、徐家匯天主堂藏書樓、浙江省圖書館、福建省科學院、香港大學馮平山圖書館、日本內閣文庫、尊經閣文庫、天理大學附屬天理圖書館、國立中央圖書館臺灣分館、臺灣省菸酒公賣局
鄭兼才謝金鑾	道光1年（1821）增修本	鄭兼才與王聚奎共捐俸，召匠謀修補，改補逾200餘板、重錄板逾50片	北京師範大學圖書館、北京民族學院、南京圖書館、福建師範大學圖書館、日本東京帝國大學附屬圖書館、美國國會圖書館、臺灣大學圖書館伊能文庫、臺灣省菸酒公賣局
	道光30年（1850）增修重刊本	臺灣縣儒學教諭薛錫熊依鄭兼才增修本重刊	上海東方圖書館、大連圖書館、國立中央圖書館臺灣分館、國立臺灣博物館

---

❼ 上海商務印書館附屬「東方圖書館」在民國15年（1926）5月3日正式對外開放，樓高五層，藏書約40萬冊，以「涵芬樓」藏書為主。民國21年（1932）上海事變時燬於戰火，善本書損失近6萬冊。

㈠ 王禮、陳文達《臺灣縣志》

施琅第六子、福建水師提督施世驃❷在康熙56年（1717）諸羅縣志）、康熙58年（1719）《鳳山縣志》相繼問世後，欣然為臺灣縣的首部縣志撰序：「攝令王君，以邑志未修，無以壯皇圖而光史冊，集群儒蒐羅纂輯，不數月而告成。」擔任「總裁」的分巡臺灣廈門道梁文煊❸也敘：「今郡佐王君，攝篆未及半載，毅然起而任之；延致諸生，捃摭編綴，分門別類，彙次成帙。」負責「鑒定」的臺灣知府王珍❹重提：「臺灣邑志之修，俞令有志未逮，竟以陞遷去；虞山寅兄以是秋攝邑篆，他務未遑，汲汲然以修志為急務，禮致群儒，開局纂緝。」總理「主修」的臺灣縣知縣王禮❺則自陳：「始於己亥（康熙 58 年，1719）之季冬，成於庚子（康熙 59 年，1720）之孟夏。」❻接受委派「編纂」工作的是臺籍歲貢生陳文達、歲貢生林中桂、廩膳生員李欽文、廩膳生員張士箱等 4 人。再由臺灣縣縣丞

---

❷ 施士驃，字文秉，號怡園，福建泉州府晉江縣人，施琅第 6 子。行伍出身，任守備，隨父伐澎湖有功，累陞總兵。康熙 47 年（1708）陞廣東陸路提督，康熙 51 年（1712）調任福建水師提督。康熙 60 年（1721）朱一貴之亂平後，病歿軍中，下旨悼恤，贈太子太保銜，賜祭葬，諡「勇果」。

❸ 梁文煊，字閬齋，滿州正白旗人，監生。康熙 57 年（1718）任臺廈道，康熙 60 年（1721）以朱一貴亂被議。

❹ 王珍，字雄樵，山西潞安府長治人。康熙 20 年（1681）副榜舉人。康熙 55 年（1716）任臺灣府知府，康熙 57 年（1718）護理臺廈道，康熙 60 年（1721）以朱一貴亂被議。

❺ 王禮，字立山，直隸順天府宛平縣人，監生。康熙 58 年（1719）任臺灣海防同知，翌年攝理臺灣縣知縣，康熙 60 年（1721）以朱一貴亂被議撤職，同年12 月 18 日正法。

❻ 陳文達，《臺灣縣志》（臺北：臺灣銀行經濟研究室，1961），頁 1–7。

馮迪、臺灣縣儒學教諭吳應異執行「參訂」。而臺灣縣澎湖司巡檢
李振宗、鳳山縣典史署臺灣縣典史周起渭一起擔任「督梓」官。

美國國會圖書館藏康熙 59 年（1720）原刊本，臺北成文出版社
重印時，封面僅刊「臺灣縣志」4 字，卷首刊施世驃、梁文煊、王
珍及王禮序文，輿圖 17 葉，內文每半葉版框高 19.7 公分，寬 12.6
公分，8 行，行 20 字，四周雙邊，版心白口，上刊「臺灣縣
志」，單魚尾，中刊卷次卷目，下刊葉次，計 10 卷。北京全國圖
書館文獻縮微複製中心亦複印原刊本，版框高 21.7 公分，寬 14 公
分（兩書何者據原寸景印？猶待比對原書確認），梁文煊序文移置施世驃
之前，其餘皆同。

民國 41 年（1952）10 月陳漢光針對朱士嘉所編《中國地方志綜
錄》發表訂誤：「《綜錄》載：臺灣總督府圖書館藏有陳文達修之
《臺灣縣志》及同人修之《鳳山縣志》。據查該館目錄卡片及新舊
目錄冊均無是書；又查詢該館服務達三、四十年久之劉金狗及陳鐵
厚二先生，渠等一再否認有藏是書。而日據時期該館館長山中樵及
司書市村榮二人所著有關臺灣方志亦從未證及是書，由此著者斷文
誤錄。」❼❼民國 47 年（1958）臺灣省文獻委員會主任委員林熊祥重
印這部方志時作〈付印題記〉：「此刊本久佚，聞美國國會圖書館
有之。❼❽一年前由陳採集組長漢光訪求攝得，……茲為影印作為

---

❼❼ 陳漢光，〈臺灣地方志整理〉，《文獻專刊》3：2（1952.10）：57。

❼❽ 鄭振鐸：「（美國）國會圖書館收集志書和家譜尤為豐富，在對日戰爭時
期，上海有一家舊書店，貼一張紅紙條說：『方志不賣』，『方志』是有關
國防及資源的材料，連有愛國心的商人都很明瞭，美國的居心不問可知。」
轉引王重民，《冷廬文藪》（上海：上海古籍出版社，1992），下冊頁 851。

《臺灣叢書》第六種。」❼⑨民國 49 年（1960）冬天方豪在《臺灣文獻叢刊》後記：「舊僅知美國國會圖書館有藏本。茲據朱士嘉編《中國地方志綜錄》增訂本（民國四十五年出版），則知『天津人民圖書館』亦藏有一部。四十七年夏，臺灣省文獻委員會就美國國會圖書館藏本所攝得之照片，影印問世。……初，余不知省文獻委員會有此本之攝影也；四十六年夏，余出席在西德馬堡舉行之第二十四屆國際東方學家會議與第十屆國際青年漢學家會議，會畢，繞道美國東返，亦向美國國會圖書館借攝此第一部《臺灣縣志》；值臺灣銀行經濟研究室重印此書，取以互校，則余所攝者，幸為完璧，知原書並不殘闕也。此本庶可以復原書之舊矣。」⑧

　本書另有民國 47 年（1958）6 月臺灣省文獻委員會據陳漢光翻攝美國國會圖書館刊本景印，收入《臺灣叢書》（第 6 種）。民國 50 年（1961）6 月方豪重攝美國國會圖書館刊本點校，收入《臺灣文獻叢刊》本（第 103 種）。民國 57 年（1968）10 月中國文化大學國防研究院委託陳漢光據原刊本照片點校，收入《臺灣叢書》（第 1 輯臺灣方志彙編第 2 冊）。民國 72 年（1983）3 月臺北成文出版社重印臺灣省文獻委員會本及文叢本，收入《中國方志叢書》（臺灣地區第 8 號）。民國 76 年（1987）臺灣大通書局複印文叢本，收入《臺灣文獻史料叢刊》（第 2 輯）。民國 82 年（1993）6 月臺灣省文獻委員會複印文叢本，收入《臺灣歷史文獻叢刊》。民國 93 年（2004）9 月北京全國圖書館文獻縮微複製中心複印原刊本（未交代出處），收入

---

⑦⑨　陳文達，《臺灣縣志》（臺北：臺灣省文獻委員會，1958），書前。
⑧　陳文達，《臺灣縣志》，頁 277。

《臺灣史料匯編》（第 1 冊）。民國 94 年（2005）6 月行政院文化建設委員會出版《臺灣縣志》，由王志楣依據成文本作底本，再參考文叢本點校，收入《臺灣史料集成‧清代臺灣方志叢刊》（第 4 冊）。

㈡ 魯鼎梅、王必昌《重修臺灣縣志》

負責「承修」的臺灣知縣魯鼎梅⑧檢討前志：「邑乘，自前攝令虞山王公禮創於康熙五十九年（1720）；其時草昧初開，民淳事簡，志亦略而不詳。」主持「鑒定」的分巡臺灣道金溶⑧則期待：「臺之有郡縣誌，自臺廈道高公拱乾、邑令王禮草創也。於古無稽、於今未備，因陋就簡，草昧初開，亦寧嚴無濫之苦衷也。時移物換，踵事增華，因革損益，日異月新，不知凡幾；板帙歲久漶漫，重修之役，不得不有望於今茲也。」滿籍巡臺御史立柱⑧則推崇魯鼎梅：「魯君燮堂，宰邑三年，官於斯者也，首倡盛舉；臺之士人，生於斯、長於斯、聚國族於斯者也，共襄厥成。不數月而志竣。」漢籍巡臺御史錢琦⑧猶註明：「書開局於學之明倫堂，始於

---

⑧ 魯鼎梅，字調元，號燮堂，江西新城人。乾隆 7 年（1742）進士。乾隆 14 年（1749）8 月由德化知縣調任。

⑧ 金溶，字廣蘊，號一齋，直隸大興人。雍正 8 年（1730）進士。乾隆 15 年（1750）3 月由漳州知府陞任分巡臺灣道，乾隆 17 年（1752）攝汀州知府。

⑧ 立柱，滿州鑲紅旗人。乾隆 16 年（1751）10 月以戶部掌印給事中差巡臺御史，乾隆 17 年（1752）6 月交部議處。

⑧ 錢琦，字相人，號璵沙，晚年自號耕石老人，浙江仁和人。乾隆 2 年（1737）進士。乾隆 16 年（1751）2 月以河南道監察御史差巡臺御史，乾隆 17 年（1752）6 月交部議處。著有《澄碧齋詩鈔》。

二月，成於十月。」⑧

　　乾隆 16 年（1751）來臺接掌臺灣府儒學訓導林起述在書末題
跋：「迨搜邑舊志而披閱之，或事異勢殊、或政更俗革，其所紀
載，間有紕漏。」⑧隔年，魯鼎梅成立修志局，指派他和臺灣府儒
學教授謝家樹共同「總理」其事：「時搜採草創，且勤且慎者，諸
紳士之勞也；考核必精、論斷必嚴者，德化進士王君之譔述也。而
王君猶慮或有遺議，必示余曰：「某事核否？某文確否？」而乃衷
之魯侯。且夫魯侯，史才也。志，固史之支也。侯曩蒞德化，緝其
邑志，⑧膾炙人口；所贊襄者，王君之力。以茲志而交訂互潤，繁
者刪之，闕者補之，抒華摘藻，不使有雷同勦說者，蓋欲就臺志
臺，成一《臺灣縣志》而已。」⑧於是由德化進士王必昌負責「總
輯」，舉人陳輝、廩生方達聖、生員盧九圍擔任「編纂」，歲貢生
選授閩縣學訓導郭朝宗、拔貢生蔡開春、歲貢生金鳴鳳、生員龔帝
臣、監生方達義⑧執行「分輯」，生員侯世輝「分理」，儒童王志
選、陳正宗，吳初昇充當「繕寫」，在乾隆 17 年（1752）10 月完成
重修的事功。

　　國立中央圖書館臺灣分館藏原刊本殘卷，陳漢光著錄 15 卷，

---

⑧　王必昌，《重修臺灣縣志》，頁 1－6、13。

⑧　王必昌，《重修臺灣縣志》，頁 565。

⑧　乾隆 12 年（1747）刊行的《德化縣志》18 卷，這是魯鼎梅與王必昌首度合
　　作修志的成績。

⑧　王必昌，《重修臺灣縣志》，頁 565。

⑧　方達義也負責繪製這部縣志的〈臺灣縣全圖〉、〈城池圖〉、〈縣署圖〉、
　　〈府學宮圖〉。

分訂 8 冊，圖 15 葉，內文 545 葉（缺卷 14－15），每半葉版框高 20.6 公分，寬 14.2 公分，8 行，行 22 字，四周雙邊，版心白口，單魚尾。這部縣志後來因為雕鏤「唐王為帝，建號隆武」詞句，有涉及干犯，在當時被認為不妥，魯鼎梅雖已卸任，繼任者仍下令刪削重鋟。臺灣分館又藏刪改本殘卷，陳漢光著錄 15 卷，分訂 8 冊，圖 15 葉，內文 625 葉，其中〈人物志〉第 20－22 葉與原刊本部份不同，每半葉版框高 20.5 公分，寬 14.4 公分，8 行，行 22 字，四周雙邊，版心白口，單魚尾，用連史紙印。臺北教育大學圖書館也藏刪改本鈔本 1 部，陳漢光著錄 15 卷，分訂 4 冊，圖缺，內文 643 葉，每半葉 8 行，行 21 字。

其他的本子還有民國 50 年（1961）11 月據臺灣分館藏原刊本及鈔本標點排印，收入《臺灣文獻叢刊》（第 113 種）。民國 57 年（1968）10 月中國文化大學國防研究院委託陳漢光據原刊本及刪改本合參排印，收入《臺灣叢書》（第 1 輯臺灣方志彙編第 3 冊）。民國 72 年（1983）3 月臺北成文出版社景印原刊本，附錄陳漢光校定本，收入《中國方志叢書》（臺灣地區第 9 號）。民國 76 年（1987）臺灣大通書局複印文叢本，收入《臺灣文獻史料叢刊》（第 2 輯）。民國 82 年（1993）6 月臺灣省文獻委員會複印文叢本，收入《臺灣歷史文獻叢刊》。民國 88 年（1999）7 月上海書店出版社縮印刊本（未交代出處），收入《中國地方志集成·臺灣府縣志輯》（第 4 冊），易名《乾隆重修臺灣縣志》。民國 94 年（2005）6 月行政院文化建設委員會委由王志楣依據成文本、旁酌文叢本點校，收入《臺灣史料集成·清代臺灣方志叢刊》（第 10、11 冊）。

(三) 薛志亮、鄭兼才、謝金鑾《續修臺灣縣志》

身兼「鑑定」的漢臣楊廷理書敘：「予以嘉慶丁卯（嘉慶 12 年，1807），復守臺灣。時薛君志亮以名進士為令長宰臺邑，與學博鄭君兼才善。二君者謂臺處海外，去初闢未久，地事人事屢變易，當記；乃以纂修邑志為請，延嘉義教諭謝君金鑾治其文。」職掌「鑑定」的滿臣清華寫序：「薛君志亮……延訪群儒，續修是志，九閱月而成。」❾擔任「總裁」的臺灣知縣薛志亮❾則在鹿津官廨撰文：「嘉慶癸亥（嘉慶 8 年，1803），志亮奉命越重洋，宰是邑，涖任伊始，即以舊志簡略，久未續修為憾。……越兩載，而海氛不靖，戎馬倥傯，益覺刻無寧晷。幸聖天子德威造播，數月之間，海賊潛踪遠遁，闔境晏安。乃謀諸邑之人士，徵文討獻，設局纂修，延嘉義學博謝君、本邑學博鄭君總其事；三分纂采輯之勞，則洪君以下十餘人任之。積有歲月，綱舉目張，可徵可信；視乾隆初年邑令魯君原本，增輯過半，美備有加。……今以徼外新闢之區，而崇朝采輯，志乘聿新。亮以不才，僅參商榷之末，而一旦獲觀其成，蓋非謝、鄭諸君之才、之識、之力，不足以致此。」❾

負責「總纂」的臺灣縣學教諭鄭兼才也強調：「前志修於乾隆壬申（乾隆 17 年，1752），歲月既久，檔案漸蝕；今僅得詢諸故老，

---

❾　謝金鑾，《續修臺灣縣志》（臺北：臺灣銀行經濟研究室，1962），頁 4－5。

❾　薛志亮，號耘盧，江蘇江陰人，乾隆 58 年（1793）進士。嘉慶 8 年（1803）7 月擔任臺灣知縣，嘉慶 13 年（1808）8 月陞鹿港同知，嘉慶 15 年（1810）3 月再回任。

❾　謝金鑾，《續修臺灣縣志》，頁 7－8。

取信後人。」❸《續修臺灣縣志》的體例，就在謝金鑾、鄭兼才同撰的〈凡例〉中綱舉目張：命意發凡，胚胎於韓五泉《朝邑志》，❹規模自陳夢林《諸羅縣志》，折衷兩者取法其中；再參酌前明無名氏《無錫縣志》，福建李元仲《寧化縣志》的義例，調整為「地志第一、政志第二、學志第三、軍志第四。此四篇者為正志；復附以外編、藝文終焉。凡六篇，為條目者五十有八。」❺可見他們為了規範這部方志的體例，用功甚勤，胸有定見，為思謀與陳夢林《諸羅縣志》後先同軌，不讓專美，而提出縝密的擘畫。

再翻看〈續修職銜〉，冠以「總纂」的是嘉義學教諭謝金鑾與臺灣學教諭鄭兼才。而舉人洪禧、潘振甲、郭紹芳、拔貢生黃汝濟、歲貢生韓必昌則並列「分纂」。歲貢生游化、增廣生陳廷瑜、陳震曜、生員林奎章、林珅、王瑞、廩膳生員林棲鳳協同「採輯」。由拔貢生吳春貴「總理志局事」。拔貢生黃纘、廩生黃本淵、洪坤、黃殿臣負責「校對」。在名單當中有出版經驗的臺籍文人則是陳廷瑜和韓必昌，前者著有《與善錄》，後者則在道光 29 年（1849）為「臺郡松雲軒」出版的《太陽真經》題序。

---

❸ 鄭兼才，《六亭文選》（臺北：臺灣銀行經濟研究室，1962），頁 106。

❹ 《四庫全書》著錄：「《朝邑縣志》二卷，明韓邦靖撰。」梁啟超〈說方志〉：「上卷僅七頁，下卷僅十七頁，古今志乘之簡，無有過於此書者，而宏綱細目，包括略備。蓋他志多誇飾風土，而此志能提其要，故文省而事不漏也。」《梁啟超書話》（杭州：浙江人民出版社，1998），頁 140。

❺ 謝金鑾，《續修臺灣縣志》，頁 12。

　　《續修臺灣縣志》嘉慶 12 年（1807）薛志亮序刊本，**❾❻**國立中央圖書館臺灣分館藏 1 部，陳漢光著錄 8 卷，分訂 8 冊，圖 14 葉，內文 714 葉，每半葉版框高 18 公分，寬 13 公分，9 行，行 21 字，四周雙邊，用連史紙印；又鈔本 1 部，8 卷，分訂 8 冊，無圖，內文 526 葉，每半葉 13 行，行 21 字。民國 72 年（1983）3 月臺北成文出版社景印，編入《中國方志叢書》（臺灣地區第 10 號）。香港大學馮平山圖書館則藏有鄭兆桐藍格抄本，6 冊 1 函。**❾❼**民國 88 年（1999）7 月上海書店出版社縮印刊本（未交代出處），編入《中國地方志集成・臺灣府縣志輯》（第 4 冊），易名《嘉慶續修臺灣縣志》。

　　自從嘉慶 12 年（1807）3 月《續修臺灣縣志》正式開局。11 月初竣事，因為經費不足，暫不上梓。延宕 7 年，鄭兼才向恩師汪廷珍檢討自己：「貪戀虛名，以會試遽離臺地所致。」**❾❽**「惟會試一役，素志所在，未忍遽易。」是故為前程計，遂離臺內渡，上京趕考，還攜帶副稿呈送莫晉、辛從益、汪廷珍、吳清夫諸師友指駁，再寄交給原總纂人謝金鑾，頻年修訂。在此期間：「惟辛敬堂多所

---

❾❻ 高志彬說明：「薛刻本刊行時間，按薛志亮序署嘉慶十二年，……鄭喜夫《臺灣方志彙編》本（校後記），則引鄭兼才有關此志刊行文字，謂原刊之刻必不能早於嘉慶十四年，當係十九年以後所刊，而不能後於二十一年。按鄭兼才原並不知有薛志亮刊本，故其人論及此志之文字，每多歧異，茲仍署為嘉慶十二年序刊本。」《續修臺灣縣志》（臺北：成文出版社，1984），編印說明。

❾❼ 《中國地方志目錄——香港大學馮平山圖書館藏》（香港：香港大學圖書館，1990），頁 126。

❾❽ 鄭兼才，《六亭文選》，頁 71。

糾駁，謝教諭雖不盡從，然因是商訂愈密。時已咨補南平，比再調安溪，復屢加刪補；晚年精力，盡在此書。」⑲

　　直到嘉慶 23 年（1818）鄭兼才獲知薛志亮離臺，薛氏未經知會，就自行將十年前編成的《志稿》在杭州授梓刊行，鄭兼才忍不住指疵挑剔：「其中復經舊好以意刪易，不特不如謝教諭改本之完善，即視初稿亦多兩歧。謝教諭十載精神所萃，雖獲刊用，仍多缺憾，愈見完書之難。」⑩然而，謝金鑾的回應則是往者已矣，惟有堅持原則，嚴慎求精，於是自行將「〈藝文〉末卷，刪削幾半。」如此讓鄭兼才印象十分深刻：「謝教諭於文有刪無增，詩則刪增幾半。其新收同時在局諸詩，則依謝教諭初議盡刪；其當事諸公，入錄尚少，當仍之。謝教諭來書謂：佳志必不收現在詩，況吾兩人詩收入志書，只得醜名。但於眾人概收，而吾兩人獨否，予人以過而自立身於無過，更為不可。此一節祈細酌之。可以違眾守正，斯為上善；不能，則吾輩亦須勉強附入，就中加慎密焉。」看到翰墨諍友如此嚴格的尺度，鄭兼才當然見賢思齊：「今查志中，不惟在局諸人，並年少有詩皆續附。末附詩餘，尤初稿所無。計刪新收詩九十首；薛約二十首，摘存五首，為此志鋟板姑蘇之證。餘諸家俟後人續修采入，茲無取焉。」「薛司馬未知退谷有訂本，兼才亦未知司馬鋟板于姑蘇，今兩人已往，其書猶在，參校合一，責在兼才。」⑪

---

⑲　鄭兼才，《六亭文選》，頁 17。

⑩　同前註。

⑪　鄭兼才，《六亭文選》，頁 40－41。

　　道光元年（1821）4 月鄭兼才上書臺灣道胡承珙請刻《續修臺灣縣志》裏：「兼才此行，本為橄修郡志而來，而其職役仍在臺邑志。」⑩直到 11 月終於大功告成，「將召匠謀修補；同僚王君聚奎曰：『此公事也，奈何君自私？』乃共捐俸成之。改補逾二百餘板、重鋟板逾五十，費白金若干。」⑩陳壽祺⑩曾為鄭兼才作墓志銘：「既君舉退谷修《臺灣縣志》，而君左右之。志成，稱善本。後臺郡紳士議修郡志，請太守必得謝退谷、鄭六亭二人而後可。太守為請於方伯，調君來。而謝君已以疾歸，君赴公車。踰二年，乃復至，事遂不果。然君卒刊補謝君之書，而海外文獻始備。」⑩言簡意賅地總結鄭氏晚年在臺刻書的功業。筆者以為與其苛責科舉誤人，毋寧悲歎虛名薰心。幸好鄭兼才飽嘗 11 回落第的打擊，好不容易拋開名疆利鎖，捐俸補版，復災梨棗，終於使這部方志問世，終於不辜負與謝金鑾結文字交的一番初心。

　　《續修臺灣縣志》道光元年（1821）鄭兼才增修本，北京師範大學圖書館、北京民族學院、南京圖書館、美國國會圖書館皆藏 1

---

⑩　同前註。

⑩　謝金鑾，《續修臺灣縣志》，頁 639。

⑩　陳壽祺（1771－1834），字恭甫、介祥、葦仁，號左海、梅修、隱屏山人。福建閩縣人。嘉慶 4 年（1799）進士，授編修。歷任廣東、河南鄉試副考官，會試同考官，記名御史。曾應浙江巡撫阮元聘主講敷文書院兼講詁經精舍，修《海塘志》。嘉慶 10 年（1805）入都任文淵閣校理，教習庶吉士。後主持泉州清源書院、福州鰲峰書院。又與陳若霖共倡修《福建通志》，出任總編纂，書垂成而歿。

⑩　陳壽祺，〈臺灣縣學教諭鄭君墓志銘〉，載於鄭兼才，《六亭文選》，頁116。

部。臺灣大學圖書館伊能文庫亦藏 1 部，在昭和 4 年（1929）3 月 6
日入館，起首數葉由伊能嘉矩補鈔，內文則以紅字校註，鈐入「故
伊能嘉矩氏蒐集」、「臺灣帝國大學圖書印」、「臺北帝國大學圖
書印」朱印 3 方。光緒 23 年（1897）夏 6 月蔡國琳撰〈修臺南志
序〉：「前人所著之書，亦百不存一，即《鳳山》、《諸羅》兩
志，搜羅概未有得，僅據《臺灣府誌》、《臺灣縣志》以為底本。
自乾隆中葉以來，事蹟所應補而入者，盡付闕如。《臺灣縣志》雖
續修於嘉慶十二年，偏而不全，苦於咄咄書空，羌無故實。……按
全臺志乘，惟陳少林先生《諸羅縣志》、鄭六亭先生《臺灣縣
志》，傳為善本。」[106]

《續修臺灣縣志》道光 30 年（1850）增修重刊本，這是臺灣縣
儒學教諭薛錫熊據道光元年（1821）增修本重刊。國立中央圖書館
臺灣分館藏 1 部，陳漢光著錄 8 卷，分訂 8 冊，圖 14 葉，內文
716 葉，每半葉版框高 18.2 公分，寬 12.9 公分，9 行，行 21 字，
四周雙邊，版心白口，單魚尾，用連史紙印。大正 11 年（1922）12
月鈴村讓據自藏道光 30 年（1850）增修重刊本重新排成《臺灣縣
誌》，收入《臺灣全誌》（第 8 卷）。民國 47 年（1958）12 月劉師
誠據《臺灣全誌》、齊濤據原刊本核校排印成《臺灣縣志》，收入
《臺灣研究叢刊》（第 61 種：臺灣方誌彙刊第 7 卷）。民國 51 年
（1962）6 月臺灣銀行經濟研究室據臺灣分館藏增修重刊本標點排
印，收入《臺灣文獻叢刊》（第 140 種）。民國 57 年（1968）10 月中

---

[106] 許丙丁，《臺南市志稿卷五文教志》（臺南：臺南市文獻委員會，1959），
頁 234－235。

國文化大學國防研究院委託鄭喜夫據臺灣分館藏增修重刊本點校，收入《臺灣叢書》（第 1 輯臺灣方志彙編第 4 冊）。民國 72 年（1983）3月臺北成文出版社景印臺灣分館藏增修重刊本，收入《中國方志叢書》（臺灣地區第 11 號）；又複印《臺灣叢書》本，收入《中國方志叢書》（臺灣地區第 12 號）。民國 76 年（1987）臺灣大通書局複印文叢本，收入《臺灣文獻史料叢刊》（第 2 輯）。民國 82 年（1993）6月臺灣省文獻委員會複印文叢本，收入《臺灣歷史文獻叢刊》。

三、官修方志的影響

㈠ 貫徹政令、留名青史

《清史稿·藝文志》序云：「各省督撫，廣修方志，郡邑典章，粲然大備。」**[107]**是書著錄：《臺灣府志》26 卷（六十七修）、《臺灣縣志》17 卷（王禮撰）。**[108]**乾隆 6 年（1741）福建巡撫王恕對於《重修福建臺灣府志》給予如此的評價：「蓋欲吏於臺者，宣究其風俗而善為治。」**[109]**這是封臺大吏纂修方志的堂皇理由。且看《重修福建臺灣府志》的催生：乾隆 5 年（1740）9 月 13 日府城紳士聯名報呈：「郡志於焉久闕。蓋自康熙丙子（康熙 35 年，1696）之歲、至乾隆庚申（乾隆 5 年，1740）之年，梨棗堙沉，簡編殊失，已

---

[107] 趙爾巽等，《清史稿》（北京：中華書局，1998），頁 1119。

[108] 同前註，頁 1137－1138。

[109] 劉良璧，《重修福建臺灣府志》，頁 3。

四十餘年矣。此日不為重修，將來奚由考據？」分巡臺灣道劉良璧
乃順應輿論民情，批文回應：「臺郡志書，未便久闕，亟宜採擇重
修，以昭盛治。諸紳士既群相踴躍，本道亦樂觀厥成。臺灣府即日
查議通詳！」然後逐級呈報，福建巡撫王恕裁示：「據詳紳士呈請
捐輸重修郡志，殊屬可嘉。布政司移行道、府禮聘淹雅閎通之彥，
優以脩膳，寬以時日，務期體例精嚴、文章典贍，勒成不刊之書，
以備海邦掌故。仍委臺灣府、縣學宮詳加校對，該道、府就近監
修。先呈草本，核發開雕。本署院當序其端，樂觀厥成。」⑩於是
不孚眾望、名正言順地禍棗災梨。因此乾隆 12 年（1747）3 月福建
布政司高山為《重修臺灣府志》寫序：「臺誌修而聖治彰，所繫寧
不重歟？他日輶軒採問，不第知荒島之為鄒魯，並以歎二公之用心
有功於朝廷者不淺。」⑪

㈡ 續修未果、空留缺憾

　　乾隆 60 年（1795）8 月以後，因為虧空官款案被迫卸職、解赴
福州繫獄的前任臺灣兵備道的楊廷理，在《續修臺灣縣志》敘文中
感慨：「予自蛤仔難歸，方將綜核時事，徵諸文獻，補繕郡志，以
貽來者，計未就而有撤回內地之命。」⑫原本他有修志的意圖，卻
因此放棄。

　　道光 7 年（1827）2 月鹿港同知鄧傳安替臺灣兵備道孔昭虔捉刀

---

⑩　劉良璧，《重修福建臺灣府志》，頁 19－20。

⑪　劉良璧，《重修福建臺灣府志》，頁 4。

⑫　謝金鑾、鄭兼才，《續修臺灣縣志》（臺北：成文出版社，1983），頁 26。

撰寫〈重修海東書院碑記〉指出：「臺郡百廢具舉，惟郡志不修近六十年，增修勿宜遼緩。」⑬鄧氏陞任臺灣知府之後，就在道光 10 年（1830）正式成立修志局，委派臺灣縣儒學訓導劉烈兼司志局提調，可惜志書終未完成。⑭

　　道光 28 年（1848）4 月抵任的臺灣兵備道徐宗幹，在寫給海東書院高徒周維新的信中無奈地回應：「粵省軍需告竣，內地夷情日久安帖。臺地平靜如常，應辦公事，如開通溝渠、育嬰恤嫠以及修輯志乘等事，果能捐有成數，皆可次第為之。此時議及，必以費鉅而中止。」⑮

　　光緒 18 年（1892）5 月 14 日應邀來臺準備修志的蔣師轍，他在日記上寫下臺北知府陳文騄登門探詢修志的看法，當時的回應：「當務之急有三：徵文獻，繪輿圖，錄檔冊。肴核既備，乃可以議烹治。書之體例，當一以會稽章氏為宗，專門之學，足資規放也。」⑯ 6 月 30 日福建臺灣布政使唐景崧過訪，他趁機「叩以道署檔冊。曰：『同治十二年（1873）地大震，署宇半圮，文牘皆沒於泥塗，百不存一矣。』」⑰ 8 月 2 日，蔣師轍仍不氣餒：「將謂

⑬ 鄧傳安，《蠡測彙鈔》（臺北：臺灣銀行經濟研究室，1958），頁 40。

⑭ 鄭喜夫，〈道光間增修臺灣府志小考〉，《臺灣風物》22：2（1972.6）：3 －5。

⑮ 徐宗幹，《斯未信齋文編》（臺北：臺灣銀行經濟研究室，1960），頁 111。

⑯ 蔣師轍，《臺游日記》，頁 27。

⑰ 蔣師轍，《臺游日記》，頁 85。蔡國琳〈修臺南志序〉亦云：「作志難，作臺灣志尤難，作今日之臺南志則難乎其難。海外荒服開闢未久，文獻鮮徵，況滄桑變幻而後，檔冊胥歸烏有。欲以數人聞見，筆之於書信，今而傳後，其不貽笑大方也幾希。」《臺南市志稿卷五文教志》，頁 234－235。

檔冊已佚，夫行省未建以前，本隸福建，一切典政，撫部宜有可稽
也。至於文獻，足光志乘，果皆無徵，亦豈能因噎廢食。愚意圖
繪、檔冊、采訪三者略具，先輯廳、縣各志，芟節繁要，而《府
志》成，而《通志》亦成，自惟精力猶足任此也。」⓲畢竟事在人
為，可惜他與陳文騄的齟齬，終究挽不回拂袖以歸的失望。

(三) 據理力爭、引志退敵

　　同治 13 年（1874）2 月日本藉口琉球難民遭臺灣灣原住民殺害
事件，出兵臺灣，臺灣道夏獻綸在 5 月 13 日赴日本龜山軍營，會
晤日本中將西鄉從道：「告以瑯嶠十八社歸化為中國所管，載在
《臺灣府志》，最為可憑。貴中將謂久聞非中國版圖，所憑甚多，
不遑枚舉，請略舉一二見示。並將帶去《臺灣府志》一本，內開瑯
嶠十八社係屬歸化生番，交其閱看。西鄉答云：生番非中國所管，
中外各國書中，俱有記載，即英國、花旂、荷蘭諸國人，亦皆有此
說，並有地圖。當問其地圖及各書所載交出一看。該中將又復支
吾，不能交出。並云：此話說來甚長，恐一二日尚說不完，只講
（應）議之事可也。」⓳銜命處理的欽差大臣沈葆楨則上奏：「仍
堅以生番非中國版圖為詞。即將帶去《臺灣府志》，檢出內載生番
各社歲輸番餉之數，與各社所具切結，令其閱看。彼反變羞成
憤。」⓴引文中的《臺灣府志》，就是余文儀的《續修臺灣府

⓲　蔣師轍，《臺游日記》，頁 129。

⓳　王元穉，《甲戌公牘鈔存》（臺北：臺灣銀行經濟研究室，1959），頁 81－
　　82。

⓴　同前註，頁 86。

志》，在第 2 卷〈規制・番社〉鳳山縣轄下刊載瑯嶠社、猫仔社、紹猫釐社、豬勝束社、合蘭社、上哆囉快社、蚊率社、猴洞社、龜勝律社、猫籠逸社、猫里毒社、滑思滑社、加錐來社、施那隔社、新蟯牡丹社、下哆囉快社、德社、慄留社，並加註云：「以上一十八社，瑯嶠歸化生番。」⑫

(四) 限量出版、洛陽紙貴

　　劉聲木《萇楚齋隨筆》中曾經引據：同治 12 年（1873）《南昌府志》印刷 300 部；光緒 20 年（1894）吳中彥纂修《廣平府志》，書後〈徵信錄〉列銀款收付數目中有「付印志書三百部紙張；……付印志書三百部工價」的記載。所以他推論各省方志的印量皆以印二、三百部為止，分傳到 18 個行省，各省也不過十餘部；又舉光緒 6 年（1880）《崀新兩縣合志》，印刷 260 部、續刷 100 部，大約每次修刊各省皆如是。⑫假設本文論及的臺灣府志、縣志都比照出版，每種數量當不逾千部，歷經蠹蟻啃囓、天災洗禮、戰火摧燬，能夠留存至今者猶如麟趾鳳毛。

　　臺島才易幟，日人就苦心訪志、費神求書。筆者檢索臺灣總督府檔案，在乙種永久保存文件第 6 卷第 4 門文書民第 854 號，明治28 年（1895）11 月 14 日記錄了 1 筆《臺灣府志》購入案：「《臺灣府志》壹部拾三冊，價格三圓。茲為參考之必要，請准予購

⑫　余文儀，《續修臺灣府志》，頁 221。
⑫　劉聲木撰、劉篤齡點校，《萇楚齋隨筆》（北京：中華書局，1998），卷 10 頁 219。

用。」⑫當局隨後披示支付購入;又翻見檔案申民局第 446 號,明治 29 年（1896）3 月 23 日申購《臺灣府志》案:「茲以《臺灣府志》乙書,內有記述有關臺灣之地理、轄域、規制、賦役、民情及風俗等,有助民政業務上參考之用,擬購用該書,可否?」並附〈號外〉:「《臺灣府志》:貳拾六卷,價格五圓。」又續云:「查臺灣總督府於去年六月進駐臺北,到達當初,並無任何書籍資料,可供施政上之參考。幸而當地住民王少蘭擁有《臺灣府志》乙書,乃予借用。現該人請求總督府買走該書,本部（按:財政部）也覺可供參考用,擬予購用該書。」⑫《臺灣府志》淪為異族治臺必備寶典,當年執筆纂修的封疆大吏不知作何感想?

明治 34 年（1901）來臺的日人鈴村讓,自己在臺灣已經買到《續修臺灣府志》（同治 11 年楊承藩修補本）⑫與《噶瑪蘭廳志》各 1 部。然後請託昔舊同事日人小山警部從鳳山羅致數冊《鳳山縣志》零本、在嘉義人張氏手中取得《諸羅縣志》謄寫本 3 卷,後來又補入 6 卷;明治 43 年（1910）他趁游閩之便,赴廈門買回 1 部《澎湖廳志》,同時委託日人前島真搜集,數月後郵寄 1 部《重修鳳山縣志》;明治 45 年（1912）他再請日人村木虎之助從福建、上海兩地找到《諸羅縣志》1 部（缺第 1 卷,鈔補後再委託日人太田赴東京內閣文庫校定,始成完本）、《續修臺灣縣志》1 部;另外,《彰化縣志》、《淡水廳志》則是透過古董商從福建購回。如此大費周章地籌措,

---

⑫　《臺灣總督府檔案（中譯本）》（南投:臺灣省文獻委員會,1994）,第 3 輯頁 604－605。

⑫　同前註,頁 641－642。

⑫　市村榮,〈臺灣關係誌料小解〉,《愛書》10（1938.4）:226。

終於使他在大正 11 年（1922）11 月根據這些版本，編輯完成 8 巨冊以鉛活字排印本的《臺灣全誌》，交由臺北市臺灣經世新報社出版。⓰

在前代轄管臺島的北京城裏，筆者也找到民國 26 年（1937）隆福寺街上文奎堂書莊的郵購書目：「《臺灣府志》二十六卷（舊屬福建）：乾隆年刊，白紙，十四本，百元。」⓱書價居然高居清代中國方志之冠！行情如此看俏，也反映出臺灣方志留存之大不易。民國 36 年（1947）嘉義蘭記書局店長黃茂盛發行〈書目錄要〉，還登錄《臺灣府誌》1 部 12 冊，待價而沽。⓲臺北百城堂主人林漢章也追想：「猶記得十餘年前曾見原刻《臺灣府志》，扉頁上所鈐蓋藏書章竟然是白河公學校，當時那股震驚實非筆墨所能形容，以一座日本人所辦小學，能有魄力去蒐藏這類型史書，實在讓人難以理解，而反觀目前臺灣中小學，甚至於大專院校，那根本是非常不可能的事情。」⓳

⓰ 《臺灣全誌》，第 1 卷例言。

⓱ 《文奎堂書目》，《書目類編》第 46 冊（臺北：成文出版社，1978），頁 20391。

⓲ 黃森峰，《中華大字典》（嘉義：蘭記書局，1947），書後廣告。

⓳ 林漢章，〈近廿年臺灣史料聚散叢談〉《臺灣史料研究》創刊 1 號（1993.2.20）：126－130。

第二節　臺郡松雲軒出版史

一、臺郡松雲軒歷來研究概況

　　清領時期中原漢人發明的雕版印刷術輾轉渡臺，全島各地的出版事業，除了官衙興工開雕以外，坊間私家出版的風氣，也逐漸蓬勃展開，其中最受後人推崇者，莫過於「臺郡松雲軒」。連橫〈印版考〉：「無印版，則思想閉塞，學術停滯，不能人人讀書。」他認為西方強勢的文明肇因於中國在元代初期西傳的印刷術。「所以歐州今日之文明，其受福於此者不少。昧者不察，乃以印版之術為歐人所發明，是亦不揣其本也。」❶筆者披覽上一世紀相關臺郡松雲軒的研究成果，詳見表列，大都僅作提綱挈領的泛論，未能針對其出版事業深入著墨，無法滿足筆者的求知慾及好奇心。鄭志明曾經提出：「書誌學與文獻學卻是善書研究的基礎工作，若乏人問津，則其他後續的研究則無法繼續展開。」❷近年來筆者致力考索臺南出版史的吉光片羽，何其有幸，以極大因緣獲得許多第一手材料，包括原刻書版、舊刷印本、方志輿圖、報章雜誌、碑匾檔案、日記著錄及學術論著。本節試圖就其主事者盧崇玉的生平背景、出版緣由、形式、程序與品類逐一探究。進而追索臺郡松雲軒與士民

---

❶　連橫，《雅堂文集》（臺北：臺灣銀行經濟研究室，1964），頁 24。

❷　鄭志明，〈臺灣扶乩與鸞書現象：善書研究的回顧〉，《臺灣新興宗教現象・扶乩鸞篇》（嘉義：南華管理學院，1998），頁 26。

人等合作的體現，針對臺南文化相關圖籍，舉陳闡釋。藉以凸顯臺郡松雲軒對於臺灣文化影響的層面，也為清領時期臺南坊刻本研究增色。

表 6　臺郡松雲軒歷來研究文獻一覽表

序號	發表時間	作者	出處
1	大正 10/1921	連橫	《臺灣詩乘》第 5 卷
2	昭和 7/1932/7/13	連橫	《三六九小報》第 198 號〈雅言〉第 57 則
3	昭和 9/1934/12	前島南央❸	《愛書》第 3 輯〈赤嵌採訪冊〉
4	昭和 10/1935/7/6	懺紅（洪鐵濤）	《三六九小報》第461號〈餐霞小紀〉
5	民國 43/1954/11/25	臺南市臺南縣嘉義縣雲林縣文獻委員會	《南嘉雲地區歷史文物展覽會目錄》第一類：圖書❹
6	民國 47/1958/9/25	黃典權	《臺南文化》第 6 卷第 2 期〈清臺南知府羅公大佑史料／序／羅德錦哀啟〉❺

---

❸　即前島信次的筆名，當時他在臺南一中任教，時年 31 歲。前島信次（1903－1983），日本山梨縣人。東京大學文學部東洋史學科畢業，專攻東洋史及阿拉伯史。昭和 3 年（1928）擔任臺北帝國大學文政學部助手，昭和 7 年（1932）轉任臺南一中教諭，歷 8 年。黃天橫，〈前島信次先生之略譜及中國、臺灣關係著作目錄〉，《臺南文化》新 20（1985）：70－71。

❹　目錄中刊登：「《瀛洲校士錄》1 冊，道光 30，石暘睢收藏。」

❺　黃典權著錄：考當日臺南板刻以統領巷（今忠義路七巷）松雲軒為著，今日傳世之舊籍如鄭兼才《六亭文集》即該軒所刻。我們以〈哀啟〉與《六亭文集》比照，深感其字體刀法顯有相類之處，故〈哀啟〉之版極可能即「松雲軒」所雕。

7	民國 48/1959/3/20	吳新榮	《南瀛文獻》第 5 卷〈臺南縣市文物展覽會開幕記實〉❻
8	民國 49/1960/2	石暘睢	《文史薈刊》第 2 輯〈關帝爺神像圖〉❼
9	民國 58/1969/3	連景初	《臺南文化》第 9 卷第 1 期〈海嶠偶錄／松雲軒藏板〉❽
10	民國 61/1972/2/25	賴建銘	《臺灣勝蹟採訪冊》〈臺南市歷史文化座談會紀錄〉❾
11	民國 62/1973/6	吳樹	《臺灣風物》第 23 卷第 2 期〈臺郡松雲軒的版畫〉❿
12	民國 64/1975/9	鄭喜夫	《聖理雜誌》第 4 卷第 7 期〈閒話清代臺灣的善書〉
13	民國 64/1975/10	鄭喜夫	《聖理雜誌》第 4 卷第 8 期〈補話清代臺灣的善書〉

---

❻ 吳新榮描述：高雄醫學院長杜聰明夫婦也專程來參觀，他在會場發現《引痘方書》及《萬氏婦科》兩部古醫書，而說可為他所編醫學史的參考。

❼ 石暘睢敘錄：此圖係臺郡松雲軒刊刻版畫，圖面有三宣全紙之大。松雲軒址在郡城統領巷，即今之臺南市永福路陳氏家廟左畔，清道光年間為盧崇玉經營之刻版印書鋪，乃在清代係臺灣唯一之印書館。

❽ 連景初記錄：該書坊又刊有《文昌陰騭文》之勸善書，係林則徐所書，字作寸楷，甚為工整。……原版藏於日據時高砂町昌仁堂（今建國路）。

❾ 賴建銘自陳：我搜集了臺南市各寺廟的符籙多種。其中，和平街南沙宮的最具有美術價值。這也可以算是一種貴重文物。（按：該宮神符高 20 公分，寬 8.3 公分，背面陰刻「本鄉弟子盧崇玉刊謝」文字 1 行。）

❿ 吳樹評價其插圖版畫：線條純樸清逸，畫面配合主題，能夠充分表露其獨特的性質，其製作手法，是按照我國古代版畫的「崇實守正」的傳統風格，亦是中原文化的一部份。

14	民國 65/1976/5	黃天橫	《雄獅美術》第 63 期〈臺灣的古版畫〉⑪
15	民國 65/1976/6/3	吳樹	《臺南文化》新 1 期〈臺灣民間常用驗方／附清代臺郡名醫事錄〉⑫
16	民國 66/1977/6	黃典權	《史蹟勘考》第 5 期〈臺南府知府羅公大佑史料新介／羅德錦哀啟〉
17	民國 70/1981/9/30	鄭喜夫	《臺灣文獻》第 32 卷第 3 期〈從善書見地談「白衣神咒」在臺灣〉⑬
18	民國 71/1982/5	鄭喜夫	《白衣觀音大士神咒》〈訂本錄載本「白衣神咒」一覽表〉
19	民國 71/1982/9/30	鄭喜夫	《臺灣文獻》第 33 卷第 3 期〈清代臺灣善書初探／清代臺灣流傳之善書、清代臺灣之善書著造與印送〉
20	民國 72/1983/9/30	鄭喜夫	《臺灣文獻》第 34 卷第 3 期〈關聖帝君善書在臺灣〉
21	民國 74/1895/12/24	潘元石	《臺灣傳統版畫源流特展》〈臺灣傳統版畫的發展／方志與民間圖書的刊印、早期的刻字店與紙店〉
22	民國 76/1987/8	林漢章	《臺灣史研究暨史料發掘研討會論

⑪　黃天橫指出：「關帝爺神像圖」屬民間奉祀的宗教畫。……線條墨色是黑，色彩部分另以水彩加添，並不是另用其他版印刷的。

⑫　吳樹談及：紀隆岳醫士生前為臺郡官紳的家庭醫師，逝世之後，遺著《回生良訣》……由臺郡松雲軒印行。……此書在臺傳行頗廣，在醫療方面所作之貢獻，殊值得讚揚。

⑬　鄭喜夫陳述：松雲軒梓行嘉義王朝肅重刊之道光十年（1830）安徽歙縣修善堂方應祥序之《玉歷鈔傳》，據美國哈佛大學漢和圖書館珍藏之日人蒼雪齋於光緒二十七年（1901）在臺南天公廟（天壇）受贈本。

			文集》〈清代臺灣的善書事業／臺南松雲軒的善書事業〉❹
23	民國 81/1992/5/29	潘元石	《陳奇祿院士七秩榮慶論文集》〈日據時期臺灣版畫藝術發展概況／日據時期臺灣版畫藝術發展的淵源〉❺
24	民國 82/1993/8/20	林漢章	《臺灣史料研究》第 2 號〈余清芳在西來庵事件中所使用的善書〉❻
25	民國 82/1993/12	黃淵泉	《書卷》第 4 期〈明清時期的臺灣出版事業／清領時期的著作與出版事業的萌芽〉
26	民國 82/1993/12	林漢章	《書卷》第 4 期〈臺灣第一家印書館松雲軒〉❼

❹ 林漢章論述：盧氏在創設松雲軒時，早已看準了臺灣善書市場的發展遠景，所以在松雲軒事業步上軌道後，即標出了他印書的宗旨是「印刷各款善書經文」，這些善書經文部份是他刻印後只收成本費流通。有些是接受寺廟信徒樂捐印送；甚至有寺廟善堂請他代印善書經冊。

❺ 潘元石評價：部分書籍附有刻工精良、印刷優美的插圖，匠心獨運，顯現該店的風貌。例如《金剛感應圖說》、《回生良訣》、《金剛經註講》等插圖。……這一時期松雲軒刻字店所刻繪的插圖，不但發揮相當高的藝術水準，同時也發揮了實用的價值。

❻ 林漢章結論：綜觀西來庵事件中所使用善書情況，可見其利用信眾對神祇的畏懼心理，加以因果觀念，以達到策動起義目的，這一方式在歷代群眾運動中經常被廣泛使用，然以臺灣而論，則是有史以來的唯一的一次。

❼ 林漢章總評：在清代臺灣印刷史上，松雲軒的崛起與沒落，幾乎也是整個臺灣文化的起落，從他所傳留下來可見到的三十餘種書冊而言，將之視為珍寶實不為過。尤以童蒙書的刊刻助益了臺灣的啟蒙教育，大量刊印的善書經冊則豐富了臺灣民間信仰的內涵。而最重要的是提供臺灣讀書人一個獲取知識的空間。

27	民國 84/1995/11	林漢章	《臺灣傳統版畫特展》〈清代臺灣出版概況〉
28	民國 84/1995/11	林漢章、楊永智	高雄市立美術館《臺灣傳統版畫特展》〈臺郡松雲軒版印圖書彙編〉
29	民國 84/1995/12	楊永智	《南投研究／縣史館籌備處開幕特刊》〈版話南投／壹、書籍輿圖之部〉⓲
30	民國 86/1997/12	吳興文	《出版界》第 52 期〈光復前臺灣出版事業概述／第一家印書館的創設〉⓳
31	民國 87/1998/1/1	陳樹升	《臺灣美術》第 10 卷第 3 期〈臺灣年畫藝術探究／臺灣版印事業的發軔〉
32	民國 87/1998/5/2	林文龍	《臺灣古典文學與文獻研討會論文集》〈臺灣早期詩文作品編印述略（1684－1945）／刻板印刷與詩文出版〉
33	民國 87/1998/7/1	陳樹升	《臺灣美術》第 11 卷第 1 期〈百年來臺灣版畫的發展與變遷(上)／光復前臺灣傳統版畫前的發展〉

⓲　筆者舉例：咸豐三年（1853）刊刷《覺世真經寶訓》善書，透過關公聖諭教化黎民，卷末捐款助刻名單上即錄有「林圯埔生員魏林科，印送壹佰部。」

⓳　吳興文敘述：松雲軒使得臺灣的出版事業跨出第一步。……也是清代臺灣唯一的一家印書坊，並且開啟了臺灣出版事業的先河。

34	民國 87/1998/10/25	楊永智	《臺灣傳統版畫展專刊》〈臺郡松雲軒滄桑史〉❷⓪
35	民國 88/1999/4	王歡	《烈火的青春：五〇年代白色恐怖證言》〈白色奇冤〉❷①
36	民國 88/1999/6	李世偉	《日據時代臺灣儒教結社》〈鸞書的流通與傳播〉
37	民國 88/1999/6/30	王行恭	《臺灣傳統版印》〈臺灣傳統版印的分類／臺灣版印圖書〉
38	民國 88/1999/10	楊永智	《歷史文物》第 9 卷第 10 期〈德化堂的藏經閣：從臺南德化堂珍藏的清代古書板談起／松雲軒造〉
39	民國 89/2000/2	楊永智	《歷史文物》第 10 卷第 2 期〈灶馬桃符話春禧〉
40	民國 89/2000/4/1	黃哲永	《明清時期的臺灣傳統文學學術會議論文集》〈明清時期臺灣傳統文學作家「童蒙教育」的養成教材／傳統文學作家的記誦奠基書（一）《千金譜》〉❷②

---

❷⓪ 筆者撰述：松雲軒在道光 16 年（1836）刊刷的《心經註解》整套書版……又重見天日，不啻是為臺灣傳統版畫史、宗教民俗學提供一份強而有力的歷史證據。

❷① 王歡訪問盧燦圭：他的父親（盧乙）在日本時代是作手工印刷業的師傅，那是木板印刷，在當時已算是下級的印刷業，只能聊糊口。《烈火的青春：五〇年代白色恐怖證言》（臺北：人間出版社，1999），頁 169－180。

❷② 黃哲永指出：此書為目前所僅見的泉州口語刊本蒙書，以筆者所藏咸豐壬子年（咸豐 2 年，1852）刊刻於臺南者為最早刊本，堪稱閩臺兩地流傳最廣的雜字書，造句不採整齊句型，全書呈現一般庶民生活攸關的名物、習俗、情景。

41	民國 89/2000/11/28	楊永智	《第 7 屆全國中國文學研究所研究生論文研討會論文集》〈臺郡松雲軒出版事業論考〉
42	民國 90/2001/2	楊永智	《東南文化》總第 142 號〈淺談明清臺南傳統刻書〉
43	民國 90/2001/2	楊永智	《版印年畫專刊》〈版話臺南：談明清府城傳統版印〉
44	民國 90/2001/3	楊永智	《米街》第 3 輯〈臺南松雲軒出版書目知見錄〉
45	民國 90/2001/4	楊永智	《歷史文物》第 11 卷第 4 期〈臺郡松雲軒出版事業考述〉
46	民國 90/2001/12/8	楊永智	臺北市立美術館《國際版畫學術研討會論文集》〈清代臺南松雲軒刻書版畫察考〉
47	民國 92/2003/7	楊永智	《東海中文學報》第 15 期〈金門林樹梅刻書考〉
48	民國 93/2004/4	楊永智	臺北國家圖書館《清代臺南古書紀──見證臺灣雕版印書史》
49	民國 93/2004/7/31	楊永智	《版畫臺灣》第 3 章第 1 節〈松雲軒的刻書版畫〉
50	民國 94/2005/7	楊永智	《東海大學文學院學報》第 45 期〈臺灣傳統漢詩中有關「鹿」的意象析論〉
51	民國 95/2006/8	楊永智	《鑑古知今看版畫》第 2 篇〈紙馬幢幡送司命──傳統版畫看灶君／臺郡松雲軒出版的灶君〉
52	民國 95/2006/8	楊永智	《鑑古知今看版畫》第 4 篇〈叩答恩光拜玉皇──圖說臺灣拜天公〉

| 53 | 民國 95/2006/8 | 楊永智 | 《鑑古知今看版畫》第 8 篇〈鹿鳴何獨遍東閩──畫說臺灣鹿〉 |
| 54 | 民國 95/2006/8 | 楊永智 | 《鑑古知今看版畫》第 12 篇〈諸惡莫作勸行善──《玉歷》流傳臺灣考〉 |

二、臺郡松雲軒主人盧崇玉

　　目前高懸在臺南市大天后宮偏殿正門後的「重修天后宮捐題牌記」，這方咸豐 6 年（1856）5 月樹立的匾額上鑿刻著：「捐題重修芳名：……臺郡印坊松雲軒」。清代松雲軒的地址，正如《玉歷鈔傳警世》插圖的牌記所鐫：「臺灣府城內上橫街統領巷」，《東廚司命灶君靈籤》封面書標所鏤：「松雲軒，在郡城內上橫街中統領巷頭」。所謂統領巷，是因該處矗立一棟統領府，巷弄因而得名，石暘睢考訂松雲軒的故址就在今日臺南市永福路陳氏家廟左邊。

　　臺郡松雲軒歷來的出版品，道光年間有 13 種，咸豐年間有 33 種，同治年間有 4 種，光緒年間有 9 種，累計至少刊行 59 種。鎖定道光 10 年（1830）到同治元年（1862）之間 33 年的時程，松雲軒已經出版逾 50 種圖籍，筆者認為這段時期就是松雲軒的全盛時代。當時的主持人就是盧崇玉，字耀崑，從福建省泉州府晉江縣南門外二十都沙美鄉遷至臺郡下南河一帶（今臺南市和平街、看西街附近）。以「耀崑盧崇玉」、「臺陽盧崇玉耀崑氏」、「范陽堂盧氏」、「府學佾生」、「府縣學佾生」、「六品銜」、「信士六品職員」、「臺郡城內六品職銜」、「郡城天公壇總理六品職員」、

「爐下總理六品銜」、「郡五品職員」、「臺郡松雲軒主人」等名
銜在出版品或碑記中題署。

表7　盧崇玉世系圖㉓

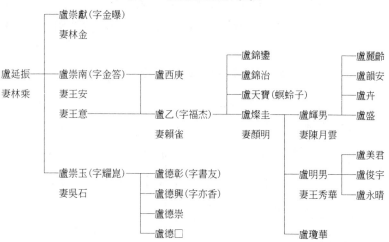

捧讀松雲軒在咸豐 6 年（1856）出版《王靈官真經》首葉，盧
崇玉陳述重刊的原由：「適逢郡城新建天公壇偏殿，塑王天君一
座，每年欲鳩金恭祝聖誕，實維艱難，未能克盡厥心。玉因念所刻
《聖經》為天君之聖訓，願以該板配在天君誕辰，凡有信心樂善願
印送者，每部定價銀參分貳厘，除買紙外，若有伸長工價，銀錢一
概充入。」拜覽咸豐 9 年（1859）6 月《丹桂籍》首葉，盧崇玉又明
訂：「如有樂善君子要印施者，可到本軒，每部定工料銀六分。」

㉓　筆者根據臺郡松雲軒出版品附載助印記錄、日治時期盧乙戶籍謄本，加上盧
　　乙長子盧燦圭、長玄孫盧盛，以及吳嘉燕女史提供相關資料歸納製表。

這是目前僅知清領時期松雲軒刊本的兩筆書價。如今鑲嵌於臺南天壇三川殿右壁的「臺郡天公壇創建捐題碑記」，在咸豐 5 年（1855）10 月樹立的石碑上鐫鏤：「松雲軒捐靈籤詩板二付。」日籍學者增田福太郎還在昭和 11 年（1936）親自現場採集到舊版新印的紙本，驗證盧崇玉對於宗教信仰的虔誠在82 年之後仍舊揚芬。❷④

表 8　臺郡松雲軒出版品一覽表

序號	出版品名	刊布年代	序號	出版品名	刊布年代
1	玉歷鈔傳警世	道光 10 年	11	金剛經註講	道光 30 年
2	金剛般若波羅蜜多心經註解	道光 16 年	12	胎產必讀	道光 30 年
3	六亭文集	道光 24 年	13	文帝全書	道光年間
4	三元賜福赦罪解厄妙經	道光 27 年	14	楊忠愍公年譜	咸豐元年
5	測海錄	道光 28 年	15	瀛洲校士錄三集	咸豐元年
6	瀛洲校士錄初集	道光 29 年	16	東廚司命灶神經	咸豐 2 年
7	瀛洲校士錄二集	道光 29 年	17	大藏血盆經	咸豐 2 年
8	東廚司命灶君靈籤卦解	道光 29 年	18	三世因果經	咸豐 2 年
9	佛說救苦真經	道光 29 年	19	居家必用千金譜	咸豐 2 年
10	太陽真經	道光 29 年	20	三元三品三官大帝妙經	咸豐 3 年

---

❷④　臺灣大學圖書館「增田文庫」典藏日籍學者增田福太郎個人採集臺灣宗教性印刷資料，其中包含《天公壇靈籤》印本 30 首，並且加上鉛筆註記：「臺南市錦町 1 之 2 號，昭和 11 年（1936）1 月 23 日印。」

21	太陰經	咸豐 3 年	41	誦經靈驗圖說	咸豐 11 年
22	覺世真經寶訓	咸豐 4 年	42	第一善書	咸豐年間
23	文昌陰騭文	咸豐 4 年	43	靈寶北斗經	咸豐年間
24	太上感應編	咸豐 4 年	44	羅漢籤解	咸豐年間
25	阿彌陀經	咸豐 4 年	45	戒淫文	咸豐年間
26	觀世音普門品經	咸豐 4 年	46	高王真經	咸豐年間
27	萬氏婦科	咸豐 4 年	47	功過格	同治元年
28	金剛般若波羅蜜經	咸豐 5 年	48	志公祖師救現劫真經	同治元年
29	金剛寶卷	咸豐 5 年	49	潘公免災寶卷	同治元年
30	筍湄公年譜	咸豐 5 年	50	回生良訣	同治元年
31	天公壇靈籤	咸豐 5 年	51	臺灣輿圖	光緒 6 年
32	王靈官真經	咸豐 6 年	52	百歲修行經	光緒 11 年
33	東廚司命灶君靈籤	咸豐 8 年	53	羅德錦哀啟	光緒 15 年
34	末劫經	咸豐 8 年	54	列聖要言	光緒 19 年
35	灶君寶懺	咸豐 9 年	55	澄懷園唱和集	光緒 20 年
36	敬灶全書	咸豐 9 年	56	救苦真經	明治 29 年
37	丹桂籍	咸豐 9 年	57	增補三字經	明治 29 年
38	戒殺放生圖說	咸豐 10 年	58	渡世寶筏	明治 31 年
39	白衣神咒	咸豐 10 年	59	消災吉祥陀羅尼經	明治 32 年
40	大悲神咒	咸豐 10 年			

三、臺郡松雲軒出版的緣由

　　從臺郡松雲軒存世可見出版品當中，筆者梳理各書的序跋與題解，嘗試就以下 4 個面向，釐清出版緣由。

㈠ 版藏內地、寄印無從

如《金剛般若波羅蜜多心經註解》:「奈版藏內地,寄印無從,我同人捐金付梓,從公諸世,庶幾臺中善男子、善女人發菩提心,信受奉行。」《末劫經》:「是經原存樂州城隍廟,戊午諸全人應省試,因攜來臺。其文數百言諄諄告戒,欲人知所悚惕,蓋亦勸善之一法也。」《丹桂籍》:「雲間顏子生愉曾感異夢,輯為《丹桂籍》一書,……但板藏顏氏,流傳未遍,吾州善信共謀捐貲鳩工,重加鋟梓,以廣其傳。」《第一善書》:「原板存在泉州清源山清源洞文昌祠內,晉記深滬東垵堡信士蔡升儀在臺郡敬刊。」《消災吉祥陀羅尼經》:「係鼓山湧泉寺傳與臺灣優婆塞魏根祈,意欲轉傳世界。」盧崇玉引進樂州、泉州、鼓山等處已經出版問世的善書寶典,再參考這些版本予以翻刻,不僅節省運輸及製作的成本,也連帶為書坊獲得臺灣的市場與讀者。

㈡ 板舛訛世、重刊善本

如《三元賜福赦罪解厄妙經》:「舊板已久,字音未免差謬。余愧力薄,爰是列位諸公向前捐金重刊,茲與持齋長者吳君詳參,旁註字音,以便讀誦。」《太陽真經》:「語甚俚、意必俗,板舛訛世講;洪子謙益奕葉書香,其伯祖父廷慶公,以宏博登歲薦,兼通二氏之學,因囑搜羅藏書,果得善本,懼烏焉亥承之日訛,捐貲重鋟,核正印送,庶諸善信不終迷于所向云。」《金剛經註講》:「此經註釋多家,或引經解經,未免幽奧;或錯舉分註,未得貫通。曾於《誠敬集·信心錄》見到劉君山英註講,甚為了澈,條貫是編,旁註悉從之,未敢妄參一語,但刪繁就簡之中,復欲令人便

覽易曉，於此頗費苦心耳。」《大悲神咒》：「此係中峰禪師藏本，原無全咒，恐初發心者難于讀誦，故特刻之。然近本多有乖訛，此獨與雲棲大師本同，二老必定不訛，又加較定並見註。」《功過格》：「行世已有數種，非失之繁，即過於雜，且引證旁及，終未能該其義者。於是半圃翁援墨增刪，重付剞劂，汰繁補闕，各得其中，杜漸防微。」為了避免坊刻本積習已久的弊病，盧崇玉選定重刊的經書，特別委託文士審慎篩選，去蕪存精，如此嚴格的品管，更能夠贏得群眾的信賴與肯定。

(三) 纂輯群篇、便覽益世

如《測海錄》：「爰取前人防洋籌海諸書，參之以臺陽志乘及稗官雜紀、里俗傳聞，條分其說，歸於簡明，俾海上游者便覽觀焉。」《胎產必讀》：「取林君實夫所訂《達生篇》善本、《吏治懸鏡》、《生產十六歌》、《東醫寶鑑》、《催生符訣》、《杭州府志・牡丹方》，并檢舊藏《種子心法》合刻一編，顏曰：《胎產必讀》，非好異也，蓋欲便於記誦而已。」《楊忠愍公年譜》：「蓋據匣床所書，於造次顛沛中，從容暇豫，訓誡詳盡，其天性肫篤，操持堅定，洵可為居家者法也。」《敬灶全書》：「上年二月間，有舟客自上洋帶來一書，復有內、外科、藥籤，以治人疾病。余愛是書之有益於世，……因與盧友崇玉重彙舊板，刷送四方，用以廣灶君救世一片之婆心。」《回生良訣》：「近有東瀛紀先生，諱為山，號隆岳，其令嗣君耀亭，紹聞衣往，令先翁作於前，其嗣君述於後，揣摩簡練，著有小兒諸科，親朋相知，問其症，即施以方；或有艱於財者，而並濟以藥，素以活人濟急為懷。今嗣君年初

登，主之時已誕四子矣，俱皆俊秀，人咸謂其善之報云爾。爰是諸君同勸其厥梓，以公諸世，則獲福無疆矣。」盧崇玉擷取歷來益世篇章及善書菁華，鎔鑄一爐，纂輯成冊，造福臺陽黎庶，俾利行世。

(四) 慎重形式、兌現願望

如《功過格》：「奉持是卷，最宜誠敬。蓋字為聖賢遺跡，其當敬惜，不獨《功過格》然也。慎勿與婦女作針線花樣簿，亦毋與兒童嬉弄，庶不致穢污褻瀆；否則反招罪譴，烏能獲福哉？勉之！」《覺世真經寶訓》：「張君晴川，吾浙之富春人也。……嘗誦《關帝覺世經》及《文帝陰騭文》，且有意勸世，然尤惡世之印造經文者，或單頁、或累牘刊刻施送，而人之受之者，亦隨受隨棄，甚至單頁作包裹，累牘為鍼線本，此非與人為善，直假人以穢褻聖經也。」透過書前序文的宣告，強調「敬惜字紙」的理念，盧崇玉懇切提醒讀者之餘，也浮現出版者在謀利以外的良知用心。

再看盧崇玉代重刊《王靈官真經》的前因，他先自曾演教受贈《王天君神經》，奉信數年之後，名利頗為如意、子息連占熊夢，就計畫出版，後來友人又從福州九仙山觀攜來 1 卷，兩書大同小異，更促成他的理想：「玉欲合兩經為一，敢祈筶於天君之前，皆蒙天君許可，遂自興工雕刻，立即湊成，俾得聖訓之意義周全。」值得注意的是盧崇玉強調「遂自興工雕刻，立即湊成」的自製能力，可見他能夠充分掌控出版流程的順暢與進度。同時，他也趁機表明捐刊目的在於布施功德，誠懇表態一介出版商以信徒的身份，為信仰的神祇廟宇所能提供的專業奉獻。

四、臺郡松雲軒出版形式與程序

為求瞭解盧崇玉出版品的特色，藉由存世實物的觀察比對，筆者再考察這些圖籍的版式表象，還原他的刻書經驗，推測他的出版程序。

㈠ 封面設計

筆者摒除因循傳統慣例，僅就出版時間、根據原本、原著作者、書坊招牌、發售地址等款目單純排列布局的封面，松雲軒至少有 6 種刊本的封面，採取特別設計圖案紋樣植入門面，藉以招徠顧客的欣賞。如《東廚司命灶君靈籤卦解》的素面屏風，雖無任何紋飾，卻有效地區隔出書坊所要傳達的宣傳文字，讓讀者一目了然。《胎產必讀》使用卍字紋及印譜，點綴在空白處，成為屏風狀的裝飾風格。《羅漢籤解》的博古屏風，挑選蘭花、祥雲，周圍布置連續銅錢及回字紋樣，益見華麗。《志公祖師救現劫真經》索性就將該書主角——寶誌禪師印在開頭，直接讓信徒拜覽。《增補三字經》的卷軸式作法，在當時的市招、店印間相當流行，筆者也看過臺南其它書坊的仿作，惟已不加註書坊名號。《消災吉祥陀羅尼經》的雙龍盤繞成天翻地覆姿勢來拱護經名，比起臺南天壇經文社出版《玉皇真經》的雙龍平起並峙，益見靈動生氣。

㈡ 牌記標示

摘抄松雲軒各款封面書標和卷末牌記，以出版時間先後排序，可見「臺郡松雲軒盧崇玉督刻」、「臺郡松雲軒盧崇玉刻」、「臺

郡松雲軒盧崇玉刻字」、「臺郡盧崇玉督刻」、「臺郡松雲軒精刻」、「弟子盧崇玉精刻」、「弟子盧崇玉敬刊」、「臺郡松雲軒盧崇玉男書友鐫」、「臺郡松雲軒盧書友鐫」、「臺南范陽堂重雕」計 10 種。若依字數多寡排比，各書版心下方鐫鏤的木記則是「松雲軒」、「松雲軒造」、「松雲軒刊」、「松雲軒梓行」、「松雲軒藏版」、「板藏松雲軒內」、「臺郡統領巷松雲軒藏版」、「松雲軒藏版住統領巷頭」，以及「盧書友刻」、「臺陽松雲軒盧崇玉梓行」計 10 種。為了吸引讀者注目，告示布施的善男信女或是申明版權的出版社，版畫式的牌記也在松雲軒群書中發現5 種，如《玉歷鈔傳警世》第 16 葉的「勿迷道人像圖」，左下角運用屏風形的告示牌，標榜「臺灣府城內上橫街統領巷松雲軒刻字店印」；筆者也見到廣州聚經堂刻本，在相同的構圖中刻注「諸善士欲敬送請至粵東省城學院前聚經堂」，這是同類善書通用的設計，盧崇玉也從善如流。《金剛經註講》書後寶蓋蓮座形的牌記，雕寫「道光三十年庚戌孟春，東瀛信士阮君瑞敬刊，統領巷頭松雲軒盧崇玉藏版」三行文字，此種用法在歷代佛經中頗為盛行，盧崇玉自然不能免俗。《大藏血盆經》先將「信女林門盧氏敬刊」的字眼嵌入螭虎如意邊框的屏風裏；再把「松雲軒刻」四字鑲進梅枝蕉葉的插圖中。《東廚司命灶君靈籤》則選擇「松雲軒」三字鐫鏤在香爐的表面上；後兩本書的變體牌記，呈現盧崇玉獨家的巧思。

盧崇玉長子盧書友，也是一位優秀的刻工，他至遲在咸豐 10年（1860）就開始投入松雲軒的出版業務，同年 6 月出版的《戒殺放生圖說》目錄葉就刊刻「臺郡松雲軒盧崇玉男書友鐫」；加上咸豐年間刊刻的《第一善書》，書末也鋟鏤「臺郡松雲軒盧書友

鐫」；對照在此之前盧崇玉主持刊版的書籍，無論字體插圖，莫不酷似，完全承繼松雲軒一貫的風格，因此父子兩人齊心合力，締造出臺郡松雲軒在清末臺灣出版界的第一品牌。

㈢ 版式設定

　　不論是特別量身訂製的新書，抑或重刻珍貴的古籍善本，筆者丈量過目可觸的各款版框，總結出盧崇玉非常偏好的固定格式：他將刻書書板處理成為每半葉高度介於 12.3 至 14.5 公分，寬度約 8.8 公分的版框。在 59 種出版品當中，具備這樣標準化的產品就有 36 種，逾 6 成的比重，實在突出，很可能是盧崇玉在日積月累、親身操作的實際體驗中所形成穩定、慣用的刻書規律，縱然品類琳琅，卻彷彿一人作書，面目獨具。

㈣ 印譜配置

　　在松雲軒出版的各式書籍當中，不論序跋落款，或者書葉留白，精心布局的圖章經常不期而遇。名章如福建侯官禁煙名宦林則徐、金門藏書名家林樹梅的印鑑以外，盧崇玉也不忘「刻字店」的本行，善用空間登錄印譜，自我推銷，等同廣告。如《玉歷鈔傳警世》刊「福緣」、「善慶」「修善堂」；《胎產必讀》刊「人生壹樂」；《覺世真經寶訓》刊「松雲軒」、「印坊」、「臣盧崇玉」、「耀崑氏」、「蓮湖氏」、「藹如」、「蔡秉仁印」、「為善最樂」；《戒殺放生圖說》刊「知過必改」、「善與人同」、「願天生好人」、「願人行好事」。

伍 插圖安排

點數松雲軒群書附刊插圖版畫者即有 37 種，誦讀咀嚼字裡行間言外之意，摩挲纖細秀美的畫面，著實令人悅目賞心。筆者比較各圖的配置，有在卷首、書後作滿版呈現，有在上下文之間嵌入，或作經文留白處安插，或作跨葉連環接圖，甚至為了將就篇幅，博古圖的構成元素亦見增刪、壓縮、拉長的變形手法，可知盧崇玉的布局安排，活潑不失彈性。其中《金剛寶卷》、《戒殺放生圖說》、《誦經靈驗圖說》、《羅漢籤解》與《回生良訣》這 5 種刊本，筆者以為足堪松雲軒的代表作，尤其又以《戒殺放生圖說》與《誦經靈驗圖說》兩部，版面採取半葉刻圖、半葉刊字的安排，盧崇玉和盧書友父子聯合攜手，將靈異故事中的神仙異獸、人物衣冠、山川草木、城郭亭閣、居室宅院，精心鏤梓，繁簡疏密之間處處講究、面面俱到，濃郁的勸世意圖不言可喻，使讀者情境交融、心生感應，當可視為松雲軒刻書插圖的雙璧。

表 9　臺郡松雲軒出版品插圖一覽表

序號	書　名	圖　名
1	玉歷鈔傳警世	玉歷鈔傳聖像（玉皇大帝、紫皇上帝）、幽冥酆都聖像（地藏王菩薩、酆都大帝）、酆都地獄像圖、文昌帝君聖像、魁星圖、蓮池大師像圖、玉歷鈔傳像圖（十殿閻王）、四生六道輪迴圖、玉歷鈔傳像圖（觀世音菩薩、孟婆娘娘殿）、勿迷道人像圖
2	三元賜福赦罪解厄妙經	三官大帝圖、雙卍字合掌圖、伽藍護法圖
3	測海錄	潮汐指掌圖

4	東廚司命灶君靈籤卦解	封面、錢代籤抽圖、聚寶盆、香爐
5	佛說救苦真經	佛祖真像、大士寶像、韋馱尊天
6	太陽真經	金烏圖
7	金剛經註講	佛祖說法圖、力士護法圖、小插圖 8 幅、韋馱護法圖
8	胎產必讀	封面、催生符
9	楊忠愍公年譜	天下都城隍（楊忠愍公遺像）
10	東廚司命灶神經	灶君神像、伽藍護法圖
11	大藏血盆經	小插圖 15 幅
12	三世因果經	小插圖 23 幅（含「祈求吉慶」圖）
13	三元三品三官大帝妙經	小插圖 2 幅（含「必定如意」圖）
14	太陰經	玉兔圖
15	覺世真經寶訓	印譜
16	阿彌陀經	阿彌陀佛說法圖
17	金剛般若波羅蜜經	力士護法圖、小插圖 2 幅（含「祈求必定如意」圖）、印譜
18	金剛寶卷	四大天王圖 4 幅、伽藍護法圖
19	王靈官真經	王靈官神像、鎮宅驅邪靈符、伽藍護法圖
20	東廚司命灶君靈籤	錢代籤抽圖、灶君神像
21	敬灶全書	梅枝圖、博古圖 2 幅（含「祈求必定如意」圖）、瓶花圖、錢代籤抽圖、灶君神像、伽藍護法圖、印譜
22	丹桂籍	梓橦帝君、天聾、地啞、朱衣星君、白犢、博古圖
23	戒殺放生圖說	戒殺放生圖 25 幅、印譜
24	白衣神咒	白衣觀音
25	大悲神咒	三頭六臂觀音坐像
26	誦經靈驗圖說	靈驗圖 40 幅

27	靈寶北斗經	延生、度厄、保命、益算、消災、散禍、扶衰真符 10 幅、伽藍護法圖
28	羅漢籤解	封面、神佛及羅漢圖 10 幅、韋馱護法圖、伽藍護法圖
29	戒淫文	梅枝圖
30	高王真經	大士寶像
31	功過格	聖像（紫薇仙君、接冊童子及司官報功過善惡陰騭冊）、捐刻姓氏邊欄（作畫軸及屏風形）
32	志公祖師救現劫真經	封面志公祖師寶像、五公菩薩符 10 幅
33	回生良訣	面相、穴位、症狀圖 72 幅
34	臺灣輿圖	前後山總圖、臺灣縣圖、鳳山縣圖、嘉義縣圖、彰化縣圖、新竹縣圖、淡水縣圖、宜蘭縣圖、恆春縣圖、澎湖廳圖、埔裏社圖、後山總圖
35	救苦真經	大士寶像
36	增補三字經	封面
37	消災吉祥陀羅尼經	封面

㈥ 出版程序

　　雖然筆者迄今還未能夠蒐得松雲軒出版的心法步驟，姑且從松雲軒諸書中尋覓蛛絲馬跡，並且援引光緒 25 年（1899）臺南下帆簝街經文齋刊《四聖真經》，借用書後附列的出版明細（按：這是筆者經眼清代臺地出版物所載最詳細的一份記錄），來推測松雲軒出版的程序：首先，店長盧崇玉要採買寫書、印書（包括手工染色紙）必需的紙張，然後聘請寫工繕寫經文，如劉文英（字春山）書寫《楊忠愍公年譜》、蔡秉仁（字蓮湖，妻蘇氏，嘉義水漆林庄生員）書寫《覺世真

經寶訓》。經過文士們的審覈校對，像蔡秉仁、吳神扶仝校《楊忠愍年譜》，將正確無訛的印書稿紙反貼上版。至於訂購的烏心石或是梢楠柴板，則委請刻印工、夯工、敲工、鋸工投入整治，同時還仔細剔鏤書籍的內標、簽頭的門面、挖淨深刻圖像、文字及周邊。於是上墨印刷、反摺並整齊書葉、添加封面書皮、釘眼縫線、黏貼書籤，始得完帙。

「刻字選刀，須用腕力，使筆劃寓端勁於秀媚之中。字底空地須鑿極深，字邊碎木屑須挑除清淨。板須通本透底一樣平大，上下兩邊線圈俱要整齊，不可長短。又凡橫線、直格不可斷缺，不可頭粗尾細，空地無字而有直格者須透尾，將格全張通刻清楚，不可省工留作黑地。」❷這是金門林樹梅的刻書經驗談，因為盧崇玉曾經得到林樹梅珍藏的善本，再覆刻成《胎產必讀》與《楊忠愍公年譜》兩部書，兩人因書結緣，或許在經驗上有過傳承與交流；從盧崇玉屢次在書裡銘記「督刻」、「精刻」的字眼，前述的刻書程序有可能全程參與，嚴格控管。觀覽盧崇玉處理松雲軒刊本中的版面，特別是在插圖、序跋、經讚的書葉，字裡行間的線條筆劃時時流露出纖細、秀美的韻味，一方面是書寫者手題上版的筆觸，委婉曲折，不沾火氣；另一方面為刻版者運刀的手藝，一絲不苟，運轉如意，兩造互為因果、相輔相成。

附記一筆：福州刻工王興源在臺南鐫版的書籍，除開道光 20

---

❷　林樹梅，〈說劍軒餘事·刻書〉，《臺灣文獻匯刊》第 4 輯第 2 冊（廈門：廈門大學出版社，2004），頁 14－15。

年（1840）官獻瑤《官石溪文集初刻》3 卷、㉖鄭兼才《六亭文集》
12 卷以外，從臺南市德化堂典藏書版當中還發現 3 種版本：一為
《三世因果真經》，道光 18 年（1838）德化堂刊本，第 19 葉刊
「福省王興源鐫」牌記。二為《金剛經論》，道光 18 年（1838）德
化堂刊本，第 38 葉鐫「福省王興源鐫」牌記。三為《佛說大藏正
教血盆經》，約道光年間刊本，出版單位不詳，第 5 葉前半葉鏤
「福省王興源鐫」牌記。㉗其中《金剛經論》與《佛說大藏正教血
盆經》都附刻盧崇玉助印的資料，王興源與盧崇玉的關係如何？猶
待日後出土材料的驗證。

五、臺郡松雲軒出版品舉隅

臺郡松雲軒的營業項目，在道光 29 年（1849）刻《東廚司命灶

㉖ 本書計 3 卷，書後亦鐫有「福省王興源在臺灣刊」木記；福建省圖書館、廈
門大學南洋研究院、廈門市圖書館均有藏本。官獻瑤，字瑜卿、石谿，福建
安溪福春人。自少篤信濂洛關閩之學，乾隆 4 年（1739）進士。著作頗豐，
曾為乾隆 22 年（1757）《重修安溪縣志》寫序，由溫陵刻工施志銳鐫板。子
官敏亭，乾隆 56 年（1791）自雲南奉差入都，鄭兼才始與相識。嘉慶 8 年
（1803）鄭兼才之女適官敏亭子官壽相。道光 16 年（1836）官壽相由永福縣
學訓導調署嘉義縣學教諭，道光 19 年（1839）調署淡水廳學訓導，道光 20
年（1840）卸任。

㉗ 是書版框高19公分，寬11.3公分，內文每半葉8行，行17字，四周雙邊，版心
白口，上刊「血盆經」，單魚尾，下刊葉次，共計5葉，用4片烏心石木板雕
製。書簽刊「大藏正教血盆經」，首葉首行刻「佛說大藏正教血盆經」，第5
葉前半葉刊「福省王興源鐫」牌記，刻經弟子開列「臺郡例貢生李英才」到
「陸提後營林朝成」等9人，也包括松雲軒主人盧崇玉，累計發行1,250本。

君靈籤卦》與隔年刊《胎產必讀》兩書的封面書標就打出「印刷各
款善書經文」的廣告，至今存世的善書就有 49 種刊本。❷筆者試
圖以出版因緣作經，行銷網絡成緯，揀選 6 個面向，分別闡述，分
析善書出版的成果。

㈠ 「太師第」與松雲軒

　　楊繼盛（1516－1555），字仲芳，號椒山，直隸容城人。明嘉靖
26 年（1547）進士，歷南京兵部員外郎，後累遷刑部員外郎。因彈
劾嚴嵩十六罪，坐繫三載，竟棄西市，赴義時有浩氣丹心之詠，天
下傳誦。追贈太常少卿，諡忠愍。楊繼盛將行刑，其妻張氏上書請

---

❷　善書的定義至今仍是眾說紛紜，鄭喜夫：「廣義的善書：可分兩大類：其一
　　為與宗教有關的善書：一、各種宗教經典及咒、偈、讚、頌之原文或其闡揚
　　註釋解說之圖文。二、與宗教有關之勸善書刊。三、其他與任何一種以上宗
　　教宗教有關之書刊。……其二為與宗教無關的善書：一、不談果報之勸善及
　　修養勵志書刊。二、養生治病急救之通俗書刊。」〈從善書見地談「白衣神
　　咒」在臺灣〉，《臺灣文獻》32：3（1981.9）：120。林漢章：「凡勸人為
　　善，或以行善為目的而流通的文書，皆稱之為善書。」〈余清芳在西來庵事
　　件中所使用的善書〉，《臺灣史料研究》2（1993.8）：116。李斑：「所謂
　　善書，即勸人向善的書，以勸善戒惡為宗旨。……還有一些有關民間醫藥治
　　療，如乩童、扶鸞、藥籤、青草等類書籍也可視為善書。」《福建古代刻
　　書》（福州：福建人民出版社，1997），頁 417。鄭志明：「一般對善書最
　　通俗的定義是泛指民間自行刊印的各類勸善書籍，主要包含了兩個內涵，一
　　是民間自行刊印，且不以營利為目的，流通於基層社會，一是這類的書含有
　　著勸善警世的內容，具有著教育民眾與匡正世風的功能。」《臺灣新興宗教
　　現象·扶乩鸞篇》，頁 3－4。縱覽臺郡松雲軒的出版品，筆者認為鄭喜夫的
　　界定最能概括，所以筆者在本文援引鄭氏說法。

代死，不報，及繼盛死西市，張氏亦同日自縊。㉙楊繼盛《楊忠愍公年譜》，俗稱《傳家寶》，屬於「節性、集福」之書。道光 27年（1847）夏天徐宗幹《塈廬雜記》：「偶檢書，得《楊忠愍公年譜·家訓》，卷首繪有公像。時妾方抱海兒嬉戲於前，奉其像令跪拜，而茶碗觸手墜地而碎，一念近於玩藝，即有儆懼，謹拜而藏之。」㉚翌年 8 月 24 日《退思錄》再記：「漳州孝廉林廣邁附海航寄來重刊《孝弟》、《閨範》、《福善》等圖二百本，皆漳人以原本翻刻而增纂者。又《楊忠愍公年譜·家訓》百本，……分授諸生及耆老子弟。餘存有渡海者令齎帶供奉舟中，當可風正潮平也。」㉛

　　《楊忠愍公年譜》咸豐元年（1851）松雲軒刊本，黃天橫藏 1部，原是石暘睢舊藏。書皮由石氏親筆題寫書名，鈐入「臺南石陽睢文庫所藏」、「黃天橫印」朱印 2 方。卷首刊順治 13 年（1656）正月初一頒行的〈世祖章皇帝御製表忠錄論〉5 葉，續刻咸豐元年（1851）4 月嘉義王朝輔序文 2 葉，再附道光 27 年（1847）4 月林樹梅序文 2 葉，版心下鐫「臺郡統領巷，松雲軒藏板」木記 2 行。再刊陳君選原序 5 葉、林樹梅題讚 1 葉，刻「林樹梅印」、「瘦雲」木印 2 方。然後鍥〈楊忠愍公遺像〉1 幅，繡像上方橫題「天下都

㉙　「漢學研究中心明人文集聯合目錄及篇目索引資料庫」網址：http://ccs.ncl.edu.tw/data.html。

㉚　徐宗幹，《斯未信齋雜錄》（臺北：臺灣銀行經濟研究室，1960），頁 36。

㉛　徐宗幹，《斯未信齋雜錄》，頁 59。是書亦收錄在《楊忠愍集》第 3 卷，《景印文淵閣四庫全書》（臺北：臺灣商務印書館，1986），第 1278 冊頁663－675；中央研究院傅斯年圖書館藏鈔本 1 部。

城隍」，附鎬京孫丕揚題贊半葉。年譜正文版框高 12.7 公分，寬 8.6 公分，每半葉 6 行，行大字 14 字，小字雙行，字數同，四周雙邊，版心上下黑口，單魚尾，中刊篇名葉次，下刊卷次。全書區分上卷《年譜》58 葉，下卷《家訓》21 葉、王世貞原跋 5 葉以及張夫人〈乞代夫死疏〉3 葉，最末葉又增刊「大清咸豐元年歲次辛亥孟春穀旦，旴江王朝肅謹增、春山劉文英謹書、臺郡盧崇玉督刻」木記 4 行。書後添附嘉義太師第王氏助印的名單 2 葉。

　　林梅樹的版本是否由福州、泉州、還是廈門所刊？目前無法查考。❸❷然而，最晚至咸豐元年（1851），此書流傳到臺灣府嘉邑太保庄的太師第。王朝輔（王得祿第 3 子）前序：「讀《椒山先生年譜》，……僅全弟朝肅合族老梓刻。既成爰識數言以述志，且俾海之士家置一冊，皆勉於忠孝云爾。」王朝肅後跋：「杏仙（王朝輔）功兄募刊《楊忠愍公年譜·家訓》，……謹偕族眾捐資付梓，而增補〈乞代夫死疏〉爾。」說明重刊本的底稿正是根據林樹梅採錄〈乞代死疏〉的版本，王家保留原林樹梅作〈序〉及〈讚〉，再交予春山劉文英摹寫，嘉義生員蔡秉仁、吳神扶共同校對，以太師第的名義，委託盧崇玉親自督工精刻，書末更將王氏一門的功名全

---

❸❷　林樹梅〈書《楊忠愍公年譜家訓》後〉：「嘗得公《年譜》、《家訓》，蓋據匣鈽所書，於造次顛沛中，從容暇豫，訓誡詳盡，其天性肫篤，操持堅定，洵可為居家者法也。後又得公全集四卷，視《年譜》、《家訓》文稍修飾，而記事不及前卷之詳，欲重鋟而屈於力，爰錄藏之，用資警惕。公夫人張氏〈乞代死疏〉老潔謹切，可與公集並傳。族兄孝時、阮君如山、陳君梅溪咸謂公《家訓》周密，聖賢用心，人生切實要道也。因彙輯一帙，題詩付鐫。」

數刊出，首列「候選衛千總」王必登，次題王得祿的官銜全稱「欽命福建全省水陸提督統轄三省舟師世襲二等子爵晉加太子少保太子太保追贈伯爵太子太師」共 40 字，之後續列 27 人，全族集資付 400 部，後來王朝輔、王朝肅、王長隆（王得祿長子朝綱第 2 子）又加印 160 部。不僅如此，王朝肅也自費助印過道光 16 年（1836）《金剛般若波羅蜜多心經註解》與道光 30 年（1850）《胎產必讀》。

㈡ 「石鼎美」與松雲軒

石時榮（1779.10.2－1861.2.14），字希盛，號芝圃，福建同安縣廿一都嘉禾里北山堡阪美社人。嘉慶 2 年（1797）稟父命渡臺習商，後遇蔡牽亂起，守府城有功，恩旨賞給六品同知銜。嘉慶 18 年（1813）再渡臺，定居在臺灣府城大西門外頂南濠，經營「鼎美」糖郊，為人仗義疏財、樂善好施。咸豐 4 年（1854）倡建育嬰堂於縣治外新街，存嬰兒命無數。石暘睢〈先高祖芝圃公行述〉：「公子八人，孫二十人：……四耀宗，道光二十三年癸卯（1843）科舉人。……六耀祖，優廩生，在京授職刑部主政。……七耀德，優廩生。……八耀星，孫朝英。」❸引文中的石氏後人皆與盧崇玉的出版事業有密切的連繫，相關出版品如《文昌陰騭文》、《筍湄公年譜》、《末劫經》、《戒殺放生圖說》、《誦經靈驗圖說》等 5 種。

咸豐 2 年（1852）夏天徐宗幹《斯未信齋雜錄》：「壬子（咸豐 2 年，1852）夏，……是科淹沒諸生，知其姓名者數人：石耀德、……書院散館日，設酒食遙祭諸生之漂沒者，刊石於門云：

---

❸ 石暘睢，〈先高祖芝圃公行述〉，《臺南文化》3：4（1954.4）：38－42。

『鄉試文武生,勿輕出海口,文於小暑前,武於白露後。』」❸伊能嘉矩《臺灣文化志》亦錄:「咸豐二年(1852)六月,臺灣鄉試船為大颶風破於草嶼,溺死甚多,臺灣縣學廩生石耀德等四名死亡。」❸石耀德是石時榮第七子,他的六哥石耀祖,也是徐宗幹的門生,為了替亡弟布施功德,就在咸豐 4 年(1854)7 月委託盧崇玉出版《文昌陰騭文》,又名《林文忠公陰騭文》,封面書標印桃色紙,刊「甲寅(咸豐 4 年,1854)秋七月鐫、省城經閣藏板」,版框高 21.5 公分、寬 13.8 公分,每半葉 4 行,行 6 字,四周單欄,版心上刊「文」字,下刊葉次,計 12 葉,文末刊「侯官林則徐盥手敬書」、「欽加六部主政臺學優廩生石耀祖敬刊」牌記 2 行,及「林則徐印」、「少穆」印文 2 方。黃天橫藏 1 部,首葉鈐入「臺南石陽睢文庫所藏」、「黃天橫印」印文 2 方。

咸豐 5 年(1855)《筍湄公年譜》松雲軒刊本,在書前助刻名單中還鍥出「儘先主事石耀祖捐銀貳元」的記載。不久,石朝儀先在咸豐 8 年(1858)《末劫經》助印名單內留下「生員石朝儀」的記錄,又在咸豐 11 年(1861)《誦經靈驗圖說》印送姓氏中題署「郡下南河石朝儀」的名字。此外,咸豐 10 年(1860)《戒殺放生圖說》書前〈戒殺放生條辯序〉落款:「玉屏山人石朝英識於郡養生堂之精舍」,石時榮的第八子石耀星,再傳長男就是石朝英。他們透過盧崇玉的出版傳媒,將祖先懿德持續發揚光大,立意喚起庶

---

❸ 徐宗幹,《斯未信齋雜錄》,頁 72。

❸ 林朝棟,〈風浪險惡之臺灣海峽〉,《臺南文化》3:1(1953.6):55。伊能嘉矩,《臺灣文化志》(中譯本)(臺中:臺灣省文獻委員會,1991),中卷頁 470。惟後書誤譯作「石輝德」。

民百姓護生行善，也建立起積善世家與民間書坊的良性互動。

　　趙雅福曾經稱許石暘睢：「為故家『石鼎美』後人，其先祖以商業起家，為商界之巨擘。其先代簪纓繼起，科甲光闆。在道、咸間，為嵌城巨室，藏書甚多；滄桑而後，載籍多失，今所存者祇二三耳。猶幸後嗣多賢，能寶而存之，不果蠹魚之腹。」❸❻石暘睢（1898.10.10－1968.3.3），字穎之，石時榮玄孫、石耀宗曾孫。世代書香，自幼熱愛鄉土，年輕時在異族——日人的統治下，為維護鄉土文化，對臺灣有關史料不分巨細，不論類別，多予收集珍藏。舉凡載錄有關臺灣的書籍，不分版本皆搜藏於其文庫，加蓋「平生珍玩」印，或「臺南石陽睢文庫所藏」章。所藏書籍，有很多珍貴的孤本，其中絕版本亦復不少。❸❼病故之後，重要藏書轉予黃天橫賡續保護，少數散見於國立中央圖書館臺灣分館、臺南市立圖書館、東海大學圖書館典藏，與臺南出版史相關者筆者已在本書第二章諸節述及。此外，石氏還藏有松雲軒出版《文昌陰騭文》、《戒殺放生圖說》兩書，每回觀覽，不禁冥想石家「俾閱者深自猛省悔悟，以共躋夫仁壽之域，同為盛世之良民。」（石朝英語）的苦心孤詣。

（三） 韓必昌與松雲軒

　　韓必昌（1768－？），號石榴居士。乾隆 60 年（1795）歲貢生。曾率眾領義旗，糾合義民對抗蔡牽，以守城有功，授六品職銜軍

---

❸❻　亞雲，〈史遺·錄採訪冊（一）〉，《三六九小報》第 219 號，昭和 7 年（1932）9 月 23 日。

❸❼　盧嘉興，〈文獻導師石暘睢先生〉，《南瀛文獻》10（1965.6）：27。

功。為人急公好義，熱心造福鄉里。嘉慶 2 年（1797）承擔大南門外敬聖樓的改建工程；隔年 3 月負責將東安坊的大枋橋木結構更新成磚石鋪面；嘉慶 11 年（1806）倡修東安坊轄屬的枋橋頭街。此外，他還主事過小南門外法華寺後面的新南壇義塚殯舍；嘉慶 12 年（1807）謝金鑾〈臺灣縣學夫子廟碑記〉中尚見韓氏列名於董事名單。《續修臺灣縣志》時擔任「分纂」工作，其中行誼、節孝、列傳內容多出已手。

　　道光 29 年（1849）10 月松雲軒出版《太陽真經》，卷前鐫序：「語甚俚、意必俗，板舛訛世講；洪子謙益奕葉書香，其伯祖父廷慶公，以宏博登歲薦，兼通二氏之學，因囑搜羅藏書，果得善本，懼烏焉亥承之日訛，捐貲重鋟，核正印送，庶諸善信不終迷於所向云。」文末落款：「道光己酉年陽春之月，臺陽八十老叟石榴居士韓必昌識。」透露韓必昌和洪廷慶家族的交誼，並且為他以刻書勸善的義行再添一筆。

（四）《筍湄公年譜》與松雲軒

　　道光 28 年（1848）臺灣道徐宗幹應海東書院文童陳淑梯的請求，為其曾祖父晉江陳大玠自撰的《年譜》書序，並對譜主作出「其人亦閩中琳琅也」的評價。[38] 咸豐 4 年（1854）5 月中旬他才寫定，復稱許：「考其經進講義及封章奏疏，猶見古名臣風烈。夫安上治民，莫善於禮。先生念典勤學，著為謨猷，又皆本數十年化民成俗之精意而出之。坐言起行，為經為法，先生兼之矣。其曾孫淑

---

[38]　徐宗幹，《斯未信齋雜錄》，頁 58。

梯，肄業海東講院，奉《年譜》抄本丐為弁言，簡書棼如，未能暇及。今夏瓜代賦閒，展卷三復，爰書其崖略於簡端，而為之序。」**㊴**
陳淑梯跋云：「曾王父《筍湄公年譜》一冊，家藏久矣。辛丑（道光 21 年，1841）歲，功兄淑均掌教海東書院，命淑梯謄存以俟闡揚。越戊申（道光 28 年，1848），淑梯肄業海東，仰蒙樹人徐觀察大人許賜撰序。旋陞本省臬司，內渡後以序寄歸，表揚事績，光寵彌增，情則感矣。但功兄捐館有年，淑梯媿未成就，無力付梓。荷諸君佽助未逮，且賴黃君冰如比部應清、周君邲圖學博維新首為捐勸，并加校訂，所謂：莫為之前雖美不彰，莫為之後雖善不揚者，此也。」**㊵**

　　《筍湄公年譜》咸豐 5 年（1855）刊本，封面刊「筍湄公年譜全卷，咸豐乙卯穭七月開雕」，書前有徐宗幹、黃紹芳序文 2 篇，莊有恭撰〈《福建續志》列傳〉1 篇。書前載錄 52 位臺郡官紳的助印名單，首列「臺防分府洪毓琛捐銀捌元」，還有崇文書院掌教唐壎、候選六部主事施瓊芳、刑部主事黃應清、儘先教諭周維新、候選直隸州州同吳敦禮以及最末列「職員盧崇玉捐銀壹元」。內文每半葉版框高 17.8 公分，寬 12.1 公分，每半葉 9 行，行大字 22 字，注文雙行，字數同。四周雙邊，版心上刊「筍湄公年譜」，單魚尾，下刊葉次，黑口。計 61 葉，附陳淑梯跋 1 葉，文末刊「臺郡松雲軒盧崇玉刻字」木記 1 行。國立中央圖書館臺灣分館、廈門

㊴　載於《筍湄公年譜》序文葉 1－2，廈門大學南洋研究院藏咸豐 5 年（1855）原刊本。

㊵　同前註，跋文葉 1。

大學南洋研究所各藏 1 部，前者鈐入「守屋善兵衛氏在臺記念寄附」、「大正六年一月二三日東洋協會臺灣支部寄贈」、「臺灣總督府圖書館藏」、「臺灣省立臺北圖書館藏書章」、「臺灣省立臺北圖書館藏書」朱印 5 方，惜遭蟲囓蝕，部分書葉殘破嚴重，文字不易辨識；後者書品甚佳，並且加印〈印送姓氏〉半葉，鋟出「臺郡印坊松雲軒印送貳拾部」及「總趕宮邊陳德義印送拾部」兩則。

(五) 松雲軒出版的敬灶書籍

　　相關於「敬灶」的民間俗信，松雲軒出版過《東廚司命灶君靈籤卦解》、《東廚司命灶神經》、《東廚司命灶君靈籤》、《灶君寶懺》、《敬灶全書》等至少 5 種以上的版本，內容彼此大同小異，或單篇刊行，或匯集成冊，今試舉《敬灶全書》下卷，〈東宮司命內科〉第 45 首籤刊：「病人吃素不須云，遇節宜防病又增。祝告灶神難用藥，送書消孽莫開葷。」同首後附〈詳註〉：「立心許願，敬送《灶書》，許後立辦，不可延遲。」獲得如此斬釘截鐵的注解，善男信女焉能不懍然奉行？其他籤詩所附刊〈詳註〉欄內有刻：「許願行一切善事，印送《敬灶全書》、《太上感應試帖詩》，以虔心獻灶。」；〈靈驗錄〉欄內有刻「發願印送《敬灶全書》、《勸戒宰牛錄》、《感應篇詩》、《灶君籤書》、《心經註解》、《觀音籤大士方》、《續神童詩》、〈福壽綿長單〉以及灶君籤筒。」；再看〈東宮司命外科〉第 41 首籤刊：「銀翹草粉一同煎，愈後休忘《感應篇》。發物葷腥須戒盡，方能脫悔福無邊。」同首後亦附〈詳註〉：「許願每日虔誦《感應篇》，力行善事。」抽到這般簡單扼要的指令，徬徨無依的善眾當然要趕緊向松

雲軒印坊捐資刊書，虔誠印發、頌讀了。

　　咸豐 8 年（1858）由盧崇玉刊刻《東廚司命灶君靈籤》之後，筆者亦經眼福建府泉州城內道口街上「同文堂」，在同治 3 年（1864）將是書更名《定福灶神寶經靈籤》重出的版本，其中序文、插圖一律照鈔翻刻，甚至還保留「臺郡松雲軒盧崇玉謹識」的題署文字。又寓目廈門廿四崎頂「文德堂」，在光緒 12 年（1886）出版的《灶君籤譜》版本，也出現「臺郡松雲軒盧崇玉謹識」的題署文字。屬於臺人原鄉的泉州、廈門，當地書坊向松雲軒看齊，競相仿刻，回銷在地市場；觀其版式照單全抄以外，楷書寫刻字體轉折較為生硬粗糙，不似松雲軒筆法圓轉如意，略遜一籌。兩書恰好對於連橫的所持看法：「松雲軒之刻本也，紙墨俱佳，不遜泉、廈。」❹提供具體有力的佐證。至於林文龍所謂：「其實這中間仍有若干鄉曲之見的成份。」❷應是未見泉、廈刊本之臆測，有待商榷。

㈥ 《金剛般若波羅蜜多心經註解》書板

　　道光 16 年（1836）9 月重刊本。版框高 18 公分，寬 11.5 公分，內文每半葉經文 4 行，行 10 字，註解文字 8 行，行 19 字，單欄，版心花口，上刊「心經註解」，單魚尾，下刊葉次，共計 69 葉，用 41 片木板雕製。第 1、35、36、39 葉版片背面楷書題寫

---

❹　連橫，〈雅言〉，《三六九小報》第 198 號，昭和 7 年（1932）7 月 13 日。
❷　林文龍，〈臺灣早期詩文作品編印述略（1684－1945）〉，《臺灣古典文學與文獻》（臺北：文津出版社，1999），頁 91。

「壹面無用」；第 36 葉版片背面添寫「《心經解》共四十一片」。書籤刊「金剛般若波羅蜜多心經註解」，卷首第一篇〈心經序解〉2 葉，由道光 16 年（1836）重陽日由黃永淳、許朝錦敬刊；第二篇〈心經序解〉2 葉，也是同年陽月由樂善齋弟子李英才、杜有慶薰沐敬書，文云：「奈版藏內地，寄印無從，我同人捐金付梓，從公諸世，庶幾臺中善男子、善女人發菩提心，信受奉行。」正文共計 68 葉，首葉首行刊「摩訶般若波羅蜜多心經」，次行刊「松溪道人無垢註」，注文：「昭慶大字經房慧空印造流通」；第 68 葉文末加刻「乾隆二十六年（1761）歲次辛巳仲春月昭慶寺大字經房本房弟子智明重刊」的牌記。

又附刊第 69 葉〈印送姓氏〉開列「嘉邑北門內貢生軍功職員黃永淳」、「嘉邑總爺街弟子杜有慶」、「臺陽郡城內例貢生李英才」、「臺郡松雲軒府縣學佾生盧崇玉」、「嘉義太保庄軍功增廣生王朝蕭」、「臺陽郡城內軍功八品蘇正修」、「嘉城弟子李普化」、「嘉邑何添求娘」以及「德化堂、德善堂、化善堂諸弟子信女」共 9 則，累計刊刷 396 部。除開松雲軒店長盧崇玉列名其間，最值得注意的是在此葉版心下方加鏤「松雲軒造」4 字，足堪證明此套書版正是盧崇玉督刻、松雲軒雕造的印書原版，也是目前傳世唯一僅見者。

六、臺郡松雲軒出版事業的結束

從筆者所掌握的松雲軒書目看來，自道光 10 年（1830）起至光緒 32 年（1906）止，逾 77 年的出版時間裡，光緒以降的印刷品，

盧崇玉的繼承者似乎只能墨守舊板，翻印重刷。盧崇玉的二哥盧崇南，妻王意娘，育有二子，次子盧乙（1868.8.18－1915.10.20），本名福杰。日治時期戶籍謄本登記「製本職」，以經營書店、販賣書籍為業，勉強維持生計。大正4年（1915）2月受余清芳之勸，他又擔任臺南市西來庵意誠堂的正鸞生，主持降筆扶乩的宗教性事務。妻賴雀（1878.6.15－1932.9.28），纏足，育有二女一子，長女錦鑾、次女錦治以及長子燦圭（1913－）。

　　大正4年（1915）臺灣爆發了西來庵抗日事件，這是日本治臺以來爆發的最大一宗武裝抗日革命。起事人余清芳（1879.11.16－1915.9.23）「為招募黨員之手段，分為食齋者所愛讀之書冊經本」，利用民間信仰的力量，結合盧乙的出版專業，發行《北斗經》、《高王真經》、《志公祖師》等善書，進行鼓動人心的宣傳策略。孰料，功敗垂成，淪為階下囚，繩之於法。時年48歲的盧乙也遭受株連，同年6月中旬遭受拘捕，入獄判刑12年。❸不久，他感染痢疾，卻堅決不肯就醫服藥，撒手人寰時，盧燦圭還記得才3歲的他跟著母親用啤酒箱到獄中收屍的印象。他回憶起父親橫死後的盧家，貧困潦倒，難以生活。加上盧乙入獄之前還替友人擔保，孰料朋友無力賠償也被連帶波及，導致位在錦町的盧宅遭到查封。以「洗濯業」為生的母親，含辛茹苦，甚至鬻女。後來為了撫養孤子成人，不得已改嫁求生。因此在盧燦圭在10歲以後只得

---

❸　程大學，《余清芳抗日革命案全檔》第1輯第1、2冊（臺中：臺灣省文獻委員會，1974）；又《余清芳抗日革命案全檔》第2輯第1冊（臺中：臺灣省文獻委員會，1975）；又《余清芳抗日革命案全檔》第3輯第1冊（臺中：臺灣省文獻委員會，1975）。

追隨母親另適高雄縣路竹鄉郭氏。

　　盧燦圭也向筆者追述童年時家中的景況：他看過母親拿著棕刷沾墨印刷《三字經》、《千金譜》等小書，然後自行釘眼縫線；印書的木板大都放在箱匣裡，部分還是請別人代刻，後來經濟狀況很差，就陸續售予外人，連齋堂也來買經懺的印版，有些版片當作薪柴燒掉，搬家時只剩兩箱多，後來也不知去向。筆者推測賴雀最遲在大正 10 年（1921）之前，就將松雲軒碩果僅存的書版輾轉讓渡，由高砂町（今民權路）「昌仁堂」店主黃來成接手。此後，松雲軒的舊刻書版，也只能「為了在流通於臺灣本島與南洋僑居地，仍然再繼續刊刷銷售。」❹筆者整理臺郡松雲軒在日治時期重刷的本子，發現有 4 款不同的版權葉：

1. 大正三年八月十五日印刷，大正三年八月廿五日舊板發行
   正價格金□錢
   發行者：鄭利記／臺南廳臺南市大人廟街乙四七五番地
   印刷者：盧乙／臺南廳臺南市統領巷街戊一三三一番地
   印刷所：盧乙／臺南廳臺南市統領巷街戊一三三一番地
   發行所：松雲軒／臺南廳臺南市統領巷街戊一三三一番地

2. 大正三年八月十五日印刷，大正三年八月廿五日舊板發行
   正價格金□錢
   發行者：□□□／臺南廳臺南市□□□□□□□□□□
   印刷者：盧乙／臺南廳臺南市統領巷街戊一三三一番地

---

❹　前島南央：〈赤崁採訪冊〉，《愛書》3（1934.12）：40—46。

印刷所：盧乙/臺南廳臺南市統領巷街戊一三三一番地

發行所：松雲軒/臺南廳臺南市統領巷街戊一三三一番地

3. 大正拾年拾月拾七日印刷，大正拾年拾月廿八日舊板發行

定價金□錢

發行兼印刷者：黃來成/臺南市末廣町壹丁目四拾番地

發行所：昌仁堂/全市高砂町二丁目五五番地

4. 大正拾年拾月拾七日印刷，大正拾年拾月廿八日舊板發行

定價金□錢

發行兼印刷者：黃來成/臺南市高砂町貳丁目五拾五番地

發行所：昌仁堂/全上

上述 4 款的「定價金□錢」，其中空欄另以小寫數字印章鈐蓋書價（紅或黑色）。值得特別注意的是第 1 款中的「鄭利記」（1870.4.24－1915.9.23），號景白，臺南縣歸仁鄉人。父大蠢，家素封。兄弟五人，行三。長而才具兼優，以得鄉里之望，擔任大潭庄區長。後得遺產良田數百甲，遂成巨富。明治 43 年（1910）遷居臺南市大人廟街乙 475 號，之後成為西來庵的虔誠信徒，經常出入該廟，與蘇有志❹⑤共同掌管該廟事務。大正 3 年（1914）2 月間接受余清芳力勸，贊同革命計畫，決定先勸募該廟信徒，旋即納為黨員，

❹⑤ 蘇有志（1863.9.10－1915.9.23），俗名蘇阿志，米商。蔡胡夢麟回憶：「當時臺南流行著一首民謠：『余清芳，害死王爺公；王爺公無保庇，害死蘇阿志。』蘇阿志是西來庵的大信徒，年紀已很老，但日本人不饒過他，也被殺死。」《岳帝廟前》（臺北：自印本，1982），頁 77。

藉籌募該廟建醮名義，釀集黨費，嗣則相機舉事。❹

　　由此可知在第 2 款版權葉中遭剜去的名字應該是「鄭利記」，地址也應該是「臺南廳臺南大人廟街乙四七五番地」，並且是書（按：《三世因果經》）推測可能是在大正 4 年（1915）9 月 23 日鄭氏伏法之後，到大正 10 年（1921）10 月之前的這段期間，盧乙妻賴雀取用舊板新印的本子。❹至於第 3、4 款則是已經移交予昌仁堂，黃來成自行新刻的版權葉，筆者發現黃來成接手之後將盧崇玉過時的〈印送姓氏〉葉抽掉，甚至剜去「臺南范陽堂重雕」、「臺南松雲軒存板」的字眼，再取自己的版權葉替代。

　　昭和 9 年（1934）12 月臺南一中教諭前島信次採訪的陶器店老闆，不是盧乙，筆者以為可能是相同輩份的盧德彰（字書友）、盧德興（字亦香）兄弟之一，理由一：作者在文章結尾飛來一筆：「卻看到老闆怡然自得、慢條斯理地點起水煙管，喃喃自語：『全都是遙遠古早的事情啦！』」❹若非繁華看盡、滄桑走過，焉能發出如此豁達的喟歎？理由二：在通篇撫今追昔的對話當中，作者插敘不少松雲軒的出版軼聞，要不作者早已瞭若指掌，藉題發揮，否則，這些陳年舊事應該是老闆提供，尤其是「如今雖然已經消逝不在，但是與民間信仰有關的數十種小冊子，版片仍然被保存在臺南

---

❹　啼魂，〈鄭公利記小傳〉《臺南文化》3：4（1954.4.30）：656。程大學，《余清芳傳》（臺中：臺灣省文獻委員會，1978），頁 10。

❹　同註❸。依據西來庵抗日事件執行死刑人名單中登錄：「鄭利記，執刑地點：臺南監獄，死刑時間：大正 4 年（1915）9 月 23 日，享年 46 歲，住址：臺南廳臺南市大人廟街乙 475 號，職業：農。」

❹　同註❹。

市高砂町『昌仁堂』，店主黃來成的家中。」也惟有盧崇玉的嫡系第二代才能如此嫻熟，因為他們正是當事人！很可惜前島信次終究未提起陶器店老闆的名諱。

昭和 20 年（1945）3 月間松雲軒的浩劫終於發生，美軍為癱瘓日軍部署在臺南市區的武裝部隊與精神戰力，屢次轟炸市內重要街衢，特別投擲巨型燒夷彈，引燃木構造的街屋群集體焚化，破壞官舍民宅無數，造成極大創害。此刻昌仁堂所藏書版終究未能倖免於難，燬於戰火，甚至波及到擁有 116 年老字號的松雲軒書板，❹至此葬身兵燹，功成身退，一併走入歷史，也為臺灣傳統木版印刷的出版業畫上休止符。

臺郡松雲軒店長盧崇玉，服膺當局官員指定，結合世族大家要求，滿足升斗小民祈願，不僅尋求精良版本覆刻（如金門林樹梅）、取法暢銷經典翻版（如福建鼓山湧泉寺、浙江天台禪寺），甚至自出機杼，精寫精刻，成就獨家特色，發行超類拔萃、賞心悅目的刊本，從而招致泉、廈書店的競相仿傚；在本文所掌握的 59 種書目之中，涵蓋治臺藍圖、科考範文、唱和詩集、童蒙讀本、通書籤詩、社會教化、醫療保健等圖籍，供應臺島澎湖、南洋僑鄉官民人等所需的文本，在潛移默化、風行草偃當中，更樹立起臺灣文人私家刻書的第一品牌。筆者每一回與松雲軒版本相關文獻的喜相逢，莫不屏氣凝神，認真地關照它們，屢屢牽引銘心的感動，品讀這批飽滿

---

❹ 筆者自道光 10 年（1830）松雲軒所刊《玉歷鈔傳警世》算起，到昭和 20 年（1945）轉移至昌仁堂的松雲軒舊書版燬於戰火為止，計算松雲軒書版的使用期限，共計 116 年。

臺灣在地文化基因的第一手材料，不經意中透露先民闢地開天的信仰，浮現前人蓽路藍縷的願景，不啻為碩果僅存的文明瑰寶。

　　本文披露、推論盧崇玉的刻書軌跡，祇是想覆述一件逐漸被臺灣文化界遺忘淡出的真實：臺灣文人曾經在 168 年前就致力於保存典籍、普及教化、傳播文化的作法，並且締造出輝煌多彩的成就。筆者企望竭己之力來彌補史籍未載之遺缺，祈願後生如我輩者有所領悟瞭解，原因無他，不欲數典忘祖、喪失先賢孤詣苦心而已。臺郡松雲軒終究還是倖存了整套《金剛般若波羅蜜多心經註解》的書版，給予晚生小子撫觸體驗的具體標本。

第三節　清領時期臺南民間出版品

　　筆者多年進行閩、臺兩地民間出版品的田野調查，從中歸納清
領時期自福建輸入臺灣的版印圖書，主要有五個來源：一、福州。
如安泰橋「一經堂」、南街「大酉山房」、南門學院前「王友三刻
坊」及「福森春刻字鋪」、下南街「王友山刻坊」、安民巷「王友
士刻坊」、南後街宮巷口「吳玉田刻坊」、南後街文儒坊「陳仁權
刻坊」、直林街「林玉銘刻坊」、東街口「宋鐘鳴刻坊」、東街
「煥其章刻字鋪」、侯官縣口「施志寶刻字店」及「李元恩刻字
鋪」、鼓樓前「陳文鳴刻坊」及「陳良輔刻坊」、南關外斗中街
「集新堂書坊」。二、泉州。如「文林堂」、「以文居」、西鼓樓
「文寶堂」及「崇經堂」、打錫巷靈慈宮口「成文堂」、東門廣平
倉宮口「成美齋」、道口街「郁文堂」、「輔仁堂」、「同文堂」
及「見古堂」、考棚路東「綺文居」、「繼成堂」、南寮仔街
「金玉田刻字鋪」、石獅街「王源順」書坊。三、同安。如「徐管
城」、「友文堂」、「登瀛社」。四、漳州。如「大文堂」、「世
文堂」、「宗文堂」、「培蘭社」、「素位堂」、「廣學堂」、南
台廟街「多藝齋」及「仰賢齋」、南市街「顏三成」、楊老巷「顏
錦華」。五、廈門。如「芸成齋」、五崎頂「倍文齋」、廿四崎頂
「文德堂」、「多文齋」、「博文齋」、「會文堂」、「道文
齋」、「芸成齋」、塗崎腳「寶華齋刻印鋪」、大使宮後新街「畊
文齋刻字鋪」。出版品大都直接傾銷臺灣，同時也接受臺灣客戶
交付的訂單，代客雕版、印刷并裝訂，然後再渡海進口，上市流

通。❶

　　乾隆 56 年（1791）1 月 19 日閩浙總督覺羅伍拉納題本中為報銷事，談及他協助福康安勦捕臺灣林爽文，辦解綾紬、布疋、灰麵、炒麵、光餅、藥料、牛驊、臺灣棕墊、號火、鳥篷等項緣由，還提報「刊刻《藥引》」一事：「大字各方大七分、深二分，小字各方大二分、深一分五釐，每百字用刻字匠一工，其所用皮料紙每張長四尺二寸、大二尺四寸，業經另行造冊分晰開明，並請歸於彼冊內核覆。」❷此《藥引》若是在臺南印製，當為清初官刻本較早的先例。然而，清領時期臺南民間出版的情況又如何？

　　張木養曾經收藏嘉慶 23 年（1818）《金剛經》雕版 1 套，計 18 葉，經末刊牌記：「嘉慶戊寅春初嘉邑鐵線橋保龍船窩信士吳為敬識」、「崁垣弟子施超喜心仝鐫」、「板藏臺郡諸羅崎頂慎齋書舍」。這批書版很可能是傳世最早印刷實物。道光年間臺南米街進士施瓊芳替《增輯敬信錄》題序：「臺地工料頗昂，所有風世諸書，多從內郡刷來。」❸日治時期連橫〈餘墨〉亦言：「臺灣僻處海上，書坊極小。所售之書，不過四子書、《千家詩》及二、三舊式小說。」❹即使到了清末民初，臺南民間出版的圖書依舊貧乏，

---

❶　楊永智，〈淺談明清臺南傳統刻書〉，《東南文化》2001：2（2001.2）：51－52。今筆者再增補近年發現知見者。

❷　《明清史料戊編》（南港：中央研究院歷史語言研究所，1960），第 4 本頁391－392；《臺案彙錄庚集》（臺北：臺灣銀行經濟研究室，1964），頁331－334。

❸　施瓊芳，〈《增輯敬信錄》序〉，《石蘭山館遺稿》（臺北：龍文出版社，1992），上冊頁 7。

❹　連橫，《雅堂文集》（臺北：臺灣銀行經濟研究室，1964），頁 290。

仍需從上海、天津、福州、泉州、廈門、廣州等地郵購，加上日人的盤查刁難、出版商的良心泯滅等諸般因素，使得有心購書者訪求多難。近年來，由於臺南市德化堂發現大批塵封書版及刊本，罕見珍貴，筆者即據以敘錄，除開臺郡松雲軒出版品已在上節詳論以外，針對清領時期臺南民間（包括各書坊、齋堂、商鋪及私人）相關著述，排比臚列，希冀提供出版史的幾筆印證。

一、「德化堂」的出版品

「齋教」是指在家持齋、奉佛修行的民間宗教，林豪《東瀛紀事》：「齋堂，為持齋男婦鳩聚奉佛之所。」❺今天座落在臺南市府前路 1 段 178 號的德化堂，正是臺灣地區現存最古老的龍華派齋堂。乾隆元年（1736）福州龍華派道友來臺南安平講教。其後覺得無固定道場，有缺行道之便。乾隆 30 年（1765）2 月 19 日假臺南安平李普定家，恭祝觀世音菩薩聖壽以後，順便暫設道場於此，號曰：「化善堂」。早晚遵守規法，誦經禮佛勸化度眾。嘉慶 2 年（1797）福州漢陽堂盧德成（法名普濤）抵臺弘法行道，駐錫臺南府城 8 年，他認為用家庭作道場不妥。於是信徒李普順鳩集謝光勳（法名普爵）等齋友捐緣，費金壹仟圓，在嘉慶 4 年（1799）建築專用正道場，將「化善堂」遷建到安平鎮效忠里海頭社的現址。嘉慶 8 年（1803）普濤將堂務交付謝普爵，返回福州。嘉慶 19 年（1814）黃丑（法名普復）鳩集洪九如、李英才等齋友捐緣，費金貳仟餘圓，

---

❺　林豪，《東瀛紀事》（臺北：臺灣銀行經濟研究室，1957），頁 55。

在府城廣慈庵街覆鏞金境興築「德善堂」。

　　道光 17 年（1837）謝普覺再鳩集歐陽義等齋友捐緣，費金肆仟餘圓，建設「德化堂」於府城馬公廟境糖間埤。明治 34 年（1901）董事吳子周、陳普燃等人倡議遷建於綠町 19 番地（府前路現址），並趁機修繕，信徒百餘人，捐款貳仟七百餘圓。大正 7 年（1918）9 月日人推行市區改正，開闢公園路，拆除德善堂，併入德化堂內。大正 12 年（1923）日人為拓寬府前路，將德化堂前堂拆除，僅保留中、後二堂。民國 52（1963）年堂主洪池將德化堂由私人住持改設為管理委員會經營。民國 60 年（1971）以後化善堂由僧侶接管，轉變空門。民國 74 年（1985）「臺灣佛教龍華聯誼會」認定德化堂為現今臺灣龍華派的祖堂。同年 11 月 27 日行政院內政部指定為臺閩地區第三級古蹟。❻

　　民國 86 年（1997）7 月 17－19 日恰逢德化堂即將進行維護整修之際，筆者透過王見川電告，有幸造訪，受到堂方鼎力協助，配合架設竹製長梯，允許筆者攀爬到正堂右次間神龕之上，攀抓斗栱，再躍入蛛網密布、塵埃盈尺的閣樓內，只見滿目經卷書葉散落、箱匣橫陳錯置，幾乎經年人跡罕至，於是挽起衣袖，陸續將多年束諸高閣的典籍文物端捧下樓。好不容易經過三天粗略地清點整飭，總計將 12 箱罕見珍貴的刻書版片，❼重見天日。其後的兩年當中，

---

❻　楊永智，〈德化堂的藏經閣：從臺南德化堂珍藏的清代古書板談起〉，《歷史文物》9：10（1999.10）：5－20。

❼　除開《普慈錄全集》有特製的木匣收貯書版以外，其餘 11 箱書版僅用日治時期製造的「二等赤厚煙」木箱來收存。閩產黑色菸絲稱「厚煙」，區分烏厚煙、麟煙及赤厚煙三類，赤厚煙由麟煙變異而來，比烏厚煙少油、絲細、呈

筆者屢次造訪德化堂，針對這批書版，逐一清除墨垢塵土、剔淨蟲卵蠹屍，並審慎施以傳統木版水印之法，將版刻文字圖像，轉拓在福建出品的手抄竹紙（亦名玉扣紙）上，藉以還原當年出版面目，進而解讀字裡行間透露的出版訊息。同時，筆者也調閱公藏機構及藏書家蒐集的刊本，加上自己透過坊間文獻流通的管道，購藏德化堂傳世的舊刷紙本及相關史料，詳加比對研判，著手繕造寓目所見版本的登錄與說明。

(一) 《金剛經註講》

咸豐 6 年（1856）正月施琅重刊本。版片高 23 公分，寬 15 公分，內文每半葉 6 行，行大字 12 字，小字注文 3 行，行 36 字，無邊欄，版心雙魚尾，下刊葉次，共計 80 葉，用 42 片烏心石木板雕製。筆者收藏的舊印本封面書標採用雙色套印，先以朱色刷出雙龍拱護的蓮座，再加印藍色（德化堂藏舊印本為紫色）「金剛經註講」的書名，可惜書標版片今已佚失。內文首葉鐫〈佛祖〉圖像 1 幅，第 73 葉文末加刻「咸豐丙辰年孟春月□日旦」牌記。第 74 葉的前半葉刊〈韋馱〉圖像 1 幅，後半葉加註文字：「《金剛經註講》一部，一大字共計六千三百八十六字，一小字二萬九千五百九十四字。」第 80 葉鋟入大字牌記：「靖海侯施祈求回京平安，敬刊印送，友鄒松峰校刻。」又鏤鍥小字牌記兩則，其上：「原板係在江

赤色，銷路更暢。清道光初年由浦仔人紅蘭號張某、文人號林某所製造，道光末年出現在福建平和、同安等地，銷售臺灣的有金勝春、金吉祥、麟人等品牌。日治時期納入臺灣總督府專賣局產品。

西省大悲寺。余在福建臺灣府意欲傳送《註講》經板，但海外邊庭之處，無有此板。幸友僧順求適有一本，遂借謄寫，誠心付梓人刊刻印刷，永遠傳佈。」其下：「板存臺灣府城南門內馬公廟邊德化堂內，如有樂善君子印刷者，用原夾紙印刷並裝訂，每部工料清錢□文。」牌記中的「靖海侯施」，即指施琅，他在康熙 27 年（1688）自臺灣返回北京，此書的初刻本可能就在當時出版，到了咸豐 6 年（1856）再重刊。黃典權認為：「這可看出施琅與佛教的關係，而清廷初期統治臺灣借用佛力以消彌民族精神的意圖，亦似得一明證。」❽

筆者收藏咸豐 6 年（1856）重刊本 3 部，封面倖存，內葉俱全，其中 1 部書後還添印版權頁半葉，標記該書在大正 10 年（1921）10 月由住在臺南市末廣町（今中正路）1 丁目 40 番地的黃來成取用這批書版重新印刷，再由臺南市高砂町（今民權路）2 丁目 55 番地的昌仁堂發行，當時的定價金是 50 錢。本書另有石印本，筆者藏 1 部，日治時期經由嘉義蘭記書局委託上海三馬路的千頃堂書局，改用石版印刷，返臺發售，名列蘭記書局〈佛經善書目錄〉之冠，惟施琅、德化堂及昌仁堂名號皆刪去不刊，書後還加鈐嘉義西門町「天華時計店」藍色店章 1 方。

---

❽　編纂組，〈採訪記〉，《臺南文化》4：1（1954.9）：72。民國 65 年（1976）11 月 11 日成功大學歷史文物館揭幕，開幕展覽時展出《靖海侯施敬刊金剛經冊葉》即是本書。〈國立成功大學歷史文物館建館記〉，《史蹟勘考》5（1977.6）：125－129。

㈡ 《御製六祖法寶壇經》

　　道光 15 年（1835）以後重刊本。版框高 20.5 公分，寬 15 公分，內文每半葉 9 行，行 18 字，雙欄，版心花口，上刻「壇經」，單魚尾，下刊葉次，序文及姓氏計 13 葉，內文計 70 葉，附錄 1 葉，用 45 片烏心石木板雕製。卷首刊〈御製六祖法寶壇經序〉3 葉，康熙皇帝云：「命廷臣趙芝，重加編錄，鋟梓以傳，為見性入善之指南。」次為〈重刻法寶壇經弁言〉2 葉，文末落款：「康熙旃蒙大淵獻之歲彌勒佛下生之日，無上道人陳際臨合什敬題。」三為〈六祖大師法寶記序〉2 葉，由宋吏部侍郎郎簡述；四為〈六祖大師緣起外紀〉4 葉，然後接著鐫刻〈壇經姓氏〉1 葉，文云：「按《六祖法寶壇經》由來久矣，世間所得均非善本，俱是抄拾，不無字句差訛，義理錯謬。今幸得之廣州海幢寺裝訂善本，……爰我同志，重新鏤版，以廣其傳焉。」在道光 15 年（1835）由黃永淳、許朝錦、李英才、杜有慶連署。次葉則刊列「嘉邑北門內街貢生加軍功六品職員黃永淳」、「臺邑候補分府許朝錦」、「臺邑貢生李英才」、「臺邑弟子杜有慶」共計 4 則捐資刻經弟子的銜名，「臺郡城內馬公廟德化堂藏板」牌記與簽頭。內文首葉首行錄「六祖大師法寶壇經」，次行鐫「門人法海編集」。書末又加刻〈名字〉1 葉，名單包括臺邑、嘉邑總爺街、廈島、晉水蓮峰、與德化堂、德善堂、化善堂轄下諸弟子信女，累計刷印 315 部。筆者藏刊本 2 部，與德化堂的書版比對，完全吻合，惟書皮簽頭佚失；也收藏鹿港莊德堂贈與刊本 1 部，孰料，牌記與助印名單竟有出入，詳見筆者在後述「東壁齋」出版品的說明。

㈢ 《三世因果真經》

道光 18 年（1838）5 月刊本。版框高 17 公分，寬 12.3 公分，內文每半葉 10 行，行 18 字，單欄，版心花口，上刊「因果經」，單魚尾，下刊葉次，共計 19 葉，用 10 片木板雕製，部份蛀損嚴重。書籤刊「三世因果真經」，封面刻「《三世因果真經》：道光戊戌歲仲夏刊，臺郡德化號藏板。」兩者鍥於同一片書版上。內容有〈佛說救苦觀世音經〉2 葉，經末鋟大字「西方竹葉千年秀、南海蓮花九品香」聯語；〈佛說三世因果經〉14 葉半、〈六祖大師勸持金剛經文〉1 葉半。第 18、19 葉附記捐資刻經弟子，計有「例貢生李英才」、「歐陽友」等 51 人的金額，第 19 葉在「福省王興源鐫」牌記之後，僅見「弟子歐陽友印送貳百本」木記 1 行。

㈣ 《金剛經論》

道光 18 年（1838）8 月刊本。版框高 19 公分，寬 11.2 公分，內文每半葉 8 行，行 17 字，雙欄，版心上刊「金剛論」，單魚尾，下刊葉次及黑口，共計 39 葉，用 20 片烏心石木板雕製。印刷籤頭的木版應有「佛說金剛經論」（匠體字刻成）與「金剛論」（楷體字刻成）兩塊，後者佚失。卷首前半葉刊〈說法圖〉圖像一幅，圖額鑲嵌「道光戊戌年仲秋敬刊」；後半葉刊序文，文末植入「臺郡德化號藏板」牌記。首葉首行鐫「佛說大乘金剛經論」，第 37 葉後半葉至第 38 葉登錄捐資刻經弟子銜名，計有「例貢生李英才」、「歐陽友」等 46 人；第 38 葉末刻「福省王興源鐫」牌記；第 39 葉前半葉刊載助印弟子 6 人，包含松雲軒店長盧崇玉，累計出版 312 本；後半葉則刊〈韋馱〉圖像 1 幅。筆者收藏舊印本兩

冊，其一缺書皮，其二將簽頭「金剛論」（楷體字）刷印在書皮
上，其他皆與書版內容相同。

㈤《金剛經闡說》

　　同治 7 年（1868）刊本。版框高 18.5 公分，寬 12 公分，內文每
半葉 7 行，行大字 17 字，注文雙行，行 16 字，雙欄，版心花口，
上刊「金剛經闡說」，單魚尾，中刊卷次及花朵形印記，下刊葉
次，共計 62 葉。簽頭刊「金剛經闡說，蕭山孔昭杰敬題」，封面
書標刻「《金剛經闡說》：古閩白雲山人著，海東香樹山房校，同
治戊辰新雕。」卷前刊嘉慶 21 年（1816）古閩山人自序 2 葉，續刻
同治 6 年（1867）洪壽椿在海東尋樂山房的西軒撰寫〈捐刊金剛經
闡說序〉、〈復題金剛經闡說後序〉兩篇，前序云：「白雲山人
者，古閩鄉進士存吾陳先生也。先生諱玉篇，公身膺花縣，治識絃
歌，職歷黃堂，春兮桃李，公餘之暇，仰慕真如，闡說此經，通明
法相，使讀之者如仰寶鏡於中天，誦之者若得明珠於滄海。」後序
曰：「陳子滋甫，予至契友也。……同治壬戌（同治元年，1862），
彰屬擾亂，滋甫家被困閱歷三月，一旦圍解，轉危為安，人言伊家
有巨人，手自室中出，大如車輪，群懼而散。後滋甫遍覽室中並無
他物，惟架上有祖遺一書箱耳，啟閱皆在署手稿，散帙飄飄，纂成
者惟《金剛經闡說》一編，方悟此手即金剛手歟。」〈凡例〉1
葉，首葉首行刊書名，次行鐫「古閩白雲山人存吾氏闡說」，隔行
鏤「冢孫滋甫厚基陳氏校刊」。第 48 葉刊「臺南德化堂存板」木
記 1 行。續鐫〈大悲神咒〉2 葉、〈三藏心經〉6 葉，書後加鍥
〈捐刻印送芳名〉2 葉，開列「福建泉郡同邑登瀛里移臺彰邑白沙

村職員陳厚基」、「福建臺灣府學廩膳生洪壽椿」等 26 位，並註明「共捐佛捌拾員，所有刊板及印刷伍佰部，不敷者厚基補墊」。

　　筆者收藏臺南西華堂贈與刊本 3 部：其一簽頭已佚，封面書標印橙色紙，內文用白紙印刷，將〈捐刻印送芳名〉2 葉插入序文及凡例之間，開列名單同前述，書末加刊〈訃音通知〉1 葉，言及道光 22 年（1842）正月 18 日積勞成疾，臥病兩月而病歿的鳳山知縣白鶴慶，❾由其獨子白驥良在郡城開吊成喪，可惜部分字句漶漫，無法判讀；其二書皮貼紅色簽頭，並以墨筆楷書林文朝印送的題語，封面書標印橙色紙，〈捐刻印送芳名〉欄內加刻「鳳山廳下大湖街林文朝祈求母親病癒印送壹佰部」木記 1 行；其三書皮亦貼紅色簽頭，又加鈐林文朝印送的印記，封面書標刷在印書紙上，書末續刻「臺南廳大湖庄林文朝祈求母親及令弟康寧并家中平安再印送貳佰部」木記 1 行。

㈥　《鳥窩禪師度白侍郎行腳》

　　光緒 15 年（1889）重刊本。版框高 18 公分，寬 11.5 公分，內文每半葉 8 行，行 17 字，左右雙邊，版心白口，單魚尾，下刊葉次，共計 25 葉，用 14 片烏心石木板雕製。封面書標採取顏體正楷書寫「阿彌陀佛」，兩側分別鑲嵌聯句：「終日為官事繁忙，山河大地莫思量。」「紅塵恩愛宜早別，聽說貧衲往西方。」卷首刻繪

---

❾　白鶴慶，號松溪，河南河內人。由監生捐縣丞加捐。道光 16 年（1836）抵臺，擔任嘉義縣笨港縣丞。道光 21 年（1841）7 月初一代理鳳山知縣，道光 22 年（1842）正月 22 日卸職。

〈鳥窩禪師〉❿圖像 1 幅。第 24 葉加刻「皇清光緒十五年春月成道日，佛弟子重刻，板藏鼓山湧泉寺。」⓫牌記。第 25 葉附刻捐金公刊芳名，登錄永豐里崙仔頂庄、歸仁北里紅瓦厝庄、鳳山縣、西港西堡蚶寮庄、西港東堡油車庄等地信徒聯合印送，並且再刻牌記，鄭重宣告：「板存大東門外永豐里崙仔頂庄籤舖金泉發，若有善男信女信心行善，可向泉發內借板印送，印完時隨手送還。切不可久留污藝，至切是荷，再舍臺南德化堂。」筆者收藏湧泉寺原刊本、近年的重刷本以及德化堂的重刊本，前兩書書皮加貼書簽，與後者相較，可見德化堂的書版完全模倣鼓山，僅增加捐金芳名與牌記 1 葉。大正 10 年（1921）10 月以後臺南「昌仁堂」曾經調借德化堂的書版重刷發售，定價金是 8 錢。

㈦ 《血盆真經》、《血河經》

　　明治 31 年（1898）9 月合刊本。《血盆真經》版框高 13.5 公分，寬 8.5 公分，內文每半葉 6 行，行 15 字，單欄，版心上黑口，單魚尾，下刊葉次，共計 3 葉；封面刊「《血盆真經》：光緒

---

❿ 鳥窩禪師，本姓潘，九歲出家，廿歲受戒於荊州顧果寺，因為看到秦望山松蘿繁茂，盤曲如蓋，遂棲止其上，故得名，相傳白居易曾經入山禮謁，本書所刻圖像，即據此典故雕繪。

⓫ 湧泉寺，現今坐落在福建省福州市東郊、閩江北岸的鼓山白雲峰下，創建於五代後梁時期，屬於福州五大叢林之一。刻經風氣肇始於明萬曆年間，至清康熙朝到達鼎盛，刊布佛經質量俱佳，一時稱雄宇內，獨步禪林，日人更推崇為「庋藏佛典古版之寶窟」。該寺經版在雕刻刊書之後，屢經修補重印，歷來頗受保護，尚存萬餘片，寺方僧侶迄今仍舊取用舊版，重刷經書，廣為流通。

戊戌年蒲之月，王生龍敬刊，板存臺南府大東門外街鐵店志發號內存板。」首葉首行刊「佛說大藏正教取信血盆真經」，卷末再刻「光緒戊戌年季秋月，臺南府東門街志發號存板，永定縣王生龍自驕敬書，士庶王姓祈求店內平安印送一百五十部」的牌記。續刊《血河經》，版框高 13.5 公分，寬 9 公分，內文每半葉 6 行，行14 字，單欄，版心上黑口，單魚尾，下刊葉次，共計 26 葉。首葉首行刊「《血河經》：板在臺南市德化堂內施卻存。」兩經合併裝訂。筆者藏刊本 2 部，印書雕版卻未見流傳。

(八) 《龍華科儀》

第一種：版框高 22 公分，寬 14.5 公分，內文每半葉 8 行，行15 字，單欄，版心花口，上刻「龍華科儀」，中標卷名，下刊葉次，共計 37 葉，目前殘存 12 片烏心石雕鏤的書板，20 葉的內容包括第 7 葉〈妙偈〉、第 11－12 葉〈心經〉、第 15－17、24－25葉〈稟祖〉、第 27－28 葉〈八仙經〉、第 29 葉〈敢問〉、第 30葉〈左曰〉、第 31－33 葉〈十報〉、第 34 葉〈稟明〉、第 35 葉〈問訊〉、第 36 葉〈完堂〉、第 37 葉〈請茶偈〉。惟第 36 葉有兩種異文，其中一片的空白處加鏤書籤「龍華科教」。筆者藏刊本1 部，書皮簽頭印於紅色紙，書前刊〈目錄〉1 葉。比對內容與殘存書板，後者缺第 1－3 葉〈原序〉，文後牌記：「湯公克竣原序終，並至邊字三帙，總合共陸百貳拾參字。」第 4－5 葉〈三乘偈〉、第 6、8 葉〈祝壽〉、第 9 葉〈爐香讚〉、第 10 葉〈茶讚〉、第 13－14 葉〈天經〉、第 18－23、26 葉〈稟祖〉。

第二種：版框高 22 公分，寬 14.5 公分，內文每半葉 8 行，行

15 字，單欄，版心花口，上刻「龍華科儀」，中標卷名，下刊葉次，共計 13 葉，用 8 片烏心石木板雕製。首刊〈法脈堂規〉10 條 2 葉，次刊〈皈依科〉10 葉，續刊〈上請〉1 葉。筆者藏刊本 2 部，皆取硬紙板當作書皮，線裝。第三種：版框高 22 公分，寬 14.5 公分，內文每半葉 8 行，行 15 字，單欄，版心花口，上刻「龍華科儀」，中標卷名，下刊墨丁，葉數不詳，目前殘存 2 片烏心石雕鏤的書板，刊〈領三乘〉2 葉、〈上表〉2 葉。

仇 《略悟集錄》

版框高 22 公分，寬 14.5 公分，內文每半葉 8 行，行 15 字，單欄，版心花口，上刻「略悟集錄」，中標卷名，下刊葉次，共計 6 葉，用 4 片烏心石木板雕製。首刊〈保身善法〉10 條 4 葉，次刊〈長生訣〉2 葉。筆者藏刊本 1 部，缺書皮。

什 《皈依科儀》

清末刊本。版片高 19 公分，寬 10 公分，內文每半葉 5 行，行 14 字，無邊欄，版心加刻一花朵形記號，下刊葉次，共計 12 葉，用 6 片烏心石木板雕製。內容包括〈問訊〉、〈三皈五戒〉、〈聖諭六條〉、〈六度〉、〈十戒〉。筆者藏刊本 2 部，其一封面籤頭已失，右下方楷筆墨書「顏普妸拜讀」，第 12 葉末填寫「引進甘普降」，封底繕寫「顏儉：己亥十一月十七日皈依、十二月十二日領大乘、辛丑十月十五日三乘，法名普妸。」其二亦缺籤頭，右下方楷筆墨書「林普南」，第 12 葉末填寫「引進甘普降，信女林普南」，封底繕寫「閏八月廿五日皈依、十一月十七日領大乘、辛丑

十月十一日領三乘。」所以可知本書最晚在明治 32 年（1899）以前就已經印刷成帙，開始使用。

㈡ 《大乘金剛般若波羅蜜經》

清刊本。經摺裝，版框高 22.8 公分，寬 58 公分，上下單邊，每 4 行 1 面，行 11 字。封面木板黏貼白紙書寫書籤，封底木版則直接楷書「臺南報恩堂」5 字。首葉刊〈說法圖〉、「皇圖永固」立牌、〈力士護法圖〉，在立牌左下方刊「德化堂藏板」；最末葉刊〈韋馱護法圖〉，郭双富藏 1 部；筆者亦寓目臺郡松雲軒、福州鼓山湧泉寺、怡山長慶禪寺刊本，版式皆相類。

二、「化善堂」的出版品

與「德化堂」系出同源的安平「化善堂」，存世的出版品有兩種：

㈠ 《普慈錄全集》

光緒 2 年（1876）8 月蔡市重刊本。版框高 19 公分，寬 12 公分，內文每半葉 10 行，行 20 字，單欄，版心花口，上刊「普慈錄」，單魚尾，下刊葉次，共計 36 葉，選用 18 片烏心石木板雕製。全部書板特別訂製木匣收藏，木匣面板上以楷筆陰刻：「《普慈錄》板全部，光緒丙子年南呂月吉置，弟子蔡市敬謝。」書籤刊「普慈錄全集」，封面書標鑴：「《普慈錄全集》：光緒貳年丙子秋重刊，化善堂藏板。」兩者鑴於同一片書版上。本書收錄古今戒

殺放生文字，福州人楊弘超（逸凡居士）與陳寂知（月心道人）共同編
輯。卷首刊有楊蕃椒作〈普慈錄序〉1 葉，次載同治 5 年（1866）楊
在佑寫〈重刻普慈錄序〉1 葉，後文提及本書傳刻緣由：「是書舊
刻於鼓山湧泉寺，刷多年久，字畫模糊，以致亥豕魯魚，貽誤不
少。丙寅春，尋、珍二上人飛錫西禪寺，慮錄板凋殘殆甚，若不再
行付梓，則繼此以往，將無復存矣。楊、陳二君一片婆心，歸之無
有，誠後起者責也。於是勸諸道友，各捐鉢資，重商剞劂，庶幾足
以長垂於不朽。」

目次登錄〈雲棲蓮池大師戒殺放生文〉、〈鼓山永覺老人戒殺
放生文〉、〈榕庵韓晉之戒殺文〉、〈鈍庵趙枝斯三禽疏〉、〈方
孟旋先生戒殺放生辯疑引〉、〈陳茲願戒殺放生辯疑篇〉、〈歇庵
陶文間先生放生辯惑〉、〈石頭余集生先生戒殺或問引〉，內文共
計 30 葉。書後附載〈喜緣重刻諸芳名〉1 葉，計 16 人，合計捐銀
19 兩 5 錢 8 分 7 厘。隨後小字注文：「一刊《普慈錄》全部，計
刻一萬二仟四佰七十參字，開工資銀一十八兩六錢六分，又圈一千
八佰六十貳圈，折六佰貳十字，開工銀九錢貳分七厘。」總合恰好
與收支相抵。再附刊〈捐諸同袍鉢資助芳名〉1 葉，由福州怡山長
慶寺的大和尚海賢領銜，排名到寶善師為止，包括廿位僧人、三位
居士、以及一個「興安會館」的團體集貲出版。

國立中央圖書館臺灣分館、臺中佛教會館各藏刊本 1 部，前者
書皮簽條用楷筆書寫「重刻普慈錄」，書籤、封面書標皆印紅色
紙，鈐入「臨時臺灣舊慣調查會圖書印」朱印 1 方；依〈重刻普慈
錄序〉、〈捐諸同袍鉢資助芳名〉、〈普慈錄序〉順序編排；書後
附載〈喜緣重刻諸芳名〉1 葉，卻將標題剜去，加鈐「藍翎遊府銜

儘先都閫府本任嘉義營中軍府加三級何永忠印送貳佰壹拾本」牌
記，可知此冊即是何永忠的助印本；後者鈐入「臺中佛教會館圖
書·民國四十一年八月」橢圓形章 1 枚。筆者也藏刊本 1 部，書籤
已失，封面書標印紫色紙，書前按照楊蕃椒〈普慈錄序〉、楊在佑
〈重刻普慈錄序〉、目次依次排列，書後缺〈喜緣重刻諸芳名〉及
〈捐諸同袍鉢資助芳名〉2 葉。

㈡〈心經〉

　　刊刻時間不詳，推測應在清末印刷。版框高 20 公分，寬 43.5
公分，22 行，行 12 字，共計 260 字，文末加刊「安平化善堂刊」
牌記，單葉經文，以單面木版刷印。筆者收藏舊印本數張，逐一審
視，通篇以正楷書寫，刀法樸拙無華，雖非出自書家手筆，然而一
心誠敬，躍然紙上，入木三分。

三、「東壁齋」的出版品

　　清代郡城俗稱的大關帝廟，就是今天臺南市的祀典武廟，在正
殿右壁上懸掛著一方〈武廟禳熒祈安建醮牌記〉的木匾，記載道光
15 年（1835）8 月由六條街首、二、三境捐緣開費的芳名和名細。
在信士芳名的末端鐫鏤「廟前東壁齋捐銀一元」的記錄，所以可知
早在道光年間「東壁齋」就已經響應在地的宗教活動。

㈠〈玉歷神誕及行事表〉

　　道光 3 年（1823）11 月刊本。版框高 24 公分，寬 45.3 公分，

採布告形式，以單面木版刷印。內容開列十殿諸王、釋迦如來佛、準提菩薩、幽冥教主地藏王菩薩、灶君、酆都大帝、孟婆等釋道神佛的聖誕日期，附帶說明祭祀因果、行事忌諱等準則，以為善信奉行的依歸。文末鑴「道光癸未葭月種德堂諸同人敬刊」以及「大關帝廟前東壁齋藏板」牌記兩則。

(二) 《高王觀世音菩薩真經》

　　道光 4 年（1824）刊本。版框高 15.3 公分，寬 11 公分，內文每半葉 7 行，行 15 字，雙欄，版心白口，單魚尾，下刊葉次，共計 12 葉，用 6 片烏心石木板雕製。書前刊序文 2 葉，第 3 葉前半葉刻圖像 1 幅，摹繪紫竹林下趺坐的觀音及善財龍女，後半葉則刊齋期表。第 11 葉前半葉刊「臺郡大關帝廟前東壁齋敬刊藏板」牌記；後半葉及第 12 葉刻助印芳名 19 則，其中可辨識的年代上限為道光 4 年（1824），信眾分布在臺郡、淡屬、竹塹城北門內、嘉城內、嘉邑頂潭庄、嘉邑麻豆社、果義等地，刊刻原因則有祈求合家平安、落船海面平安、眼明病癒、心痛痊癒等。累計印刷 2,990 部。

(三) 《御製六祖法寶壇經》

　　道光 15 年（1835）重刊本。筆者收藏鹿港莊德堂贈與刊本 1 部，與德化堂典藏的書版比較，有三點相異處：一是〈壇經姓氏〉葉的牌記刊「臺郡大關帝廟前東壁齋藏板」。二是第 70 葉文末加鈐「藍翎遊府銜儘先都閫府本任嘉義營中軍府加三級何永忠印送」牌記。三是第 71 葉〈名字〉葉中也僅刻寫至「德化堂、德善堂、

化善堂諸弟子信女印送五拾部」，累計印刷 265 部。再仔細觀察
「德化堂」的書版，發現〈壇經姓氏〉的牌記有剗去重雕的痕跡，
「東璧齋」刊本的「大關帝廟前東璧齋」牌記是以匠體字刻出，
「德化堂」書板卻以顏體字重新替換成「城內馬公廟德化堂」；再
者，何永忠印送的牌記已經遺失未印。「德化堂」刊本〈名字〉的
留白處，又添鐫 3 位信徒的名字，以及加印 50 部的記錄。所以筆
者推論：這批書版原來應是收存在「東璧齋」，後來輾轉交付「德
化堂」，經堂方更新牌記之後，繼續印行。

四、「天壇」的出版品

　　「天壇」即指臺南民眾俗稱的「天公壇」，連橫《臺灣通
史》：「天公壇，在東門內。咸豐元年建，祀玉皇上帝。」[12]現址
在臺南市忠義路 90 巷 16 號。

㈠《天文真經》

　　光緒 19 年（1893）7 月刊本。版框高 21.7 公分，行 17 字，上
下雙邊。封面書標印黃色紙，刻「《天文真經》：光緒癸巳年孟秋
月敬刊，此乃聖經，奉祀神位。此板存在天公廟內，如有借印，隨
手送回本廟，此佈」。後半葉刊「悟士圖：傳經教道仙童夫子神
像」。經文計 7 葉，取橙色紙以朱墨印刷，第 8－22 葉刊序跋，附
錄〈刊刻印板並印送芳名姓氏〉1 葉半，則以黑墨印刷，總計 23

---

[12]　連橫，《臺灣通史》（臺北：臺灣銀行經濟研究室，1957），頁 594。

葉。第 8 葉〈原序〉敘述福建泉州府銅垵縣金門人李貴辰（自祖父移居澎湖過溝），他在光緒 10 年（1884）2 月 14 日會友夜歸，邂逅一青衣小郎開始，暢談造化因果，蒙口授希夷先生所著此經。他將經文抄錄，幸得家中老少無恙。光緒 11 年（1885）2 月「法番侵澎」之際，全家平安，親屬耕牛皆健在，李貴辰「本欲到郡刊板印送，佈告四方君子，祇因家清淡，日夜籌思，莫決進止」。光緒 15 年（1889）預知「澎有大劫」，他抄錄存稿，「以待皇天降臨慈悲，善憲為主，懇乞削正，修造成章，著板印送，曉諭示民，宣化天下人等」。書後刊刻印板捐銀 33 員，初刷 366 部；其後印送芳名姓氏則囊括臺南米街、竹仔街、帽仔街、元會境、內南河街、內宮後街、媽祖樓街信眾。臺灣傳統版印特藏室、林文龍及筆者各藏刊本 1 部。林文龍推測：「因是書刊印於光緒十九年，而兩年後，即遭乙未割臺之役，兵馬倥傯，傳世想必不多，故近年臺南人士所撰的天公壇沿革，也不知有此書的刊刻。」⓭

㈡ 《玉皇真經》

　　明治 29 年（1896）3 月刊本。版框高 23 公分，行 13.5 字，內文每半葉 8 行，行 20 字，小字雙行，字數同，雙欄。版心白口，單魚尾，下刊葉次，封面刊三龍標，中嵌「玉皇真經」，經前鐫序文 1 葉，序題下小注：「降於汕江慕道仙館」，文末署名：「光緒丙申三月之望，蓬萊李鐵拐恭撰。」。正文首葉首行刊「玉皇真經

⓭　林文龍，〈臺灣的天公信仰述略〉，《臺灣文獻》34：3（1983.9）：149－165。

誦本」，計 13 葉。昭和 9 年（1934）9 月宜蘭郡員山庄大湖信眾再聚資，交託宜蘭街王蔡樹經營的「王活版所」，依據木刻本改用鉛活字重排復刊。

㈢ 《桃園明聖經》

　　清末刊本。版框高 20.5 公分，寬 12.8 公分，內文每半葉 6 行，行 18 字，雙欄，版心單魚尾，下刊葉次，共計 29 葉。封面龍標刊「桃園明聖經」。第 29 葉下半葉加刻「板存天壇經文社，禁不出社」牌記，又附加〈捐緣芳名〉1 葉，包括花費在「請刻字」、「請撩夯敲工」、「買烏心石柴」、「請刻龍標壹塊」等明細，以及臺南范陽堂盧、臺南正心社、鳳邑旗後街、嘉義美街等處信徒。筆者藏刊本 4 部，封面刷朱墨分別印在黃紙、綠紙及白紙，也有刷黑墨印在綠紙，第 29 葉牌記中「板存天壇經文社」已剗去，缺〈捐緣芳名〉葉，僅添印大正 10 年（1921）10 月「昌仁堂」的版權頁，定價金是 12 錢。林文龍也藏刊本 1 部，封面刷黑墨印在紅紙上，版權葉雷同。

㈣ 《天界佛教元辰寶懺真經》

　　清末刊本。版框高 21.8 公分，行 12.5 字，內文每半葉 6 行，行 14 字，單欄。版心白口，單魚尾，下刊葉次，缺書皮及封面，首鐫序文 1 葉，由「鼓山湧泉禪寺優婆塞根祈敬刊」，續刻〈淨心神咒〉至〈開經偈〉5 葉；正文首葉首行鍥「天界佛教元辰寶懺真經」，計 18 葉，第 18 葉末鏤「板存臺南天公壇內」的牌記，筆者藏刊本 1 部。

五、「抽籤巷」的出版品

　　「抽籤巷」是指今日臺南市新美街 114 號「開基武廟」前面，即西門路 2 段 300 巷內。根據臺南市政府所樹立的古蹟說明牌描述：「開基武廟，主祀武聖關公，俗稱小關帝廟。昔日廟前為關帝港，乃臺江內海進出府城的水陸要衝，商旅負販雲集，崇信關帝者眾多，香火鼎盛，廟前橫街狹長曲折，古稱『抽籤巷』，即因求籤問卜者甚多，堪輿相士乃群集於此地，以解答籤詩，預言運途，熱鬧非凡。」

㈠ 經文齋《四聖真經》

　　明治 32 年（1899）7 月刊本。版框高 21.7 公分，寬 12 公分，內文每半葉 6 行，行 12 字，雙欄，版心白口，下刊葉次，共計 36 葉。籤頭刻「四聖真經」，封面書標刊「《四聖真經》：《太上感應篇》、《文帝陰騭文》、《北帝金科玉律》、《武帝覺世經》」。第 34 葉後半葉牌記鐫：「每本工料銀按七占之譜。此經若能虔誠持誦，實力奉行，凡求財、求子、求疾病平安，皆獲靈應，諸同人因鳩資精刻。倘善信有力者，隨願印送，功德無量。欲借印版者，版藏臺南西門內抽籤巷萬泉義記內善誘堂。歲次己亥年瓜月，下帆蒙街經文齋精刻。」❹ 第 35 葉加刊善士捐緣芳名，集

---

❹　經文齋所在的下帆蒙街，是從臺南市民生路 181 巷對面的巷口進入，北上至正義街 54 巷交會處之間的巷弄，目前屬於新美街的一部分。早在清嘉慶年間，這裡就形成漁人的聚落，後來逐漸演變成替漁民船戶製造船隻帆布的街道。

資 36 大員，開列花費如「買鳥心石柴板廿塊」，「僱刻印工（每字三文）、夯工、敲工、鋸工」，「請刻內標及簽頭各一塊」，「開寫工」，「買鳥煙末、粗印絲」，「貼印板、字邊挖深」，「買紙印送」等名目，累計印刷 625 部。筆者藏刊本 3 部，一是簽頭印紅色紙貼在書皮上，又加鈐「臺南郭南金印送」朱印 1 方；二是簽頭直接刷印於書皮；三是封底加刊大正 3 年（1914）8 月由「松雲軒」用舊版重刷的版權頁，定價金是 9 錢，當年的發行者是鄭利記，印刷者是盧乙，兩人和余清芳的關係匪淺，該書或許與「西來庵」事件有關連，仍俟日後考索印證。

〔二〕 善誘堂《三聖救劫寶訓》

　　明治 36 年（1903）7 月刊本。版框高 20.6 公分，寬 12.3 公分，內文每半葉 6 行，行 14 字，雙欄，版心白口，單魚尾，下刊葉次，共計 29 葉，用 15 片楠木板雕製，惟缺書皮的簽頭印版；不過，特別在鐫刻封面的書板背後楷筆墨書：「善誘堂藏板，臺南市抽簽巷，明治三十六年癸卯瓜月刊成，共拾伍片，另簽頭一個在外。」封面前半葉刊隸體書名，後半葉刻「臺南郡城內抽簽巷萬泉義記內善誘堂藏版」的牌記；卷首刊咸豐 3 年（1853）文宮考功使者彭定求撰〈救劫寶訓序〉2 葉、道光 27 年（1847）武彝信士盧振彊作〈文昌帝君命降鸞書〉1 葉、明治 34 年（1901）由泉晉吳青梯書序 2 葉，臺南善誘堂慎修氏記述：明治 30 年（1897）秋天友人誦此經文，病癒後還願刻經的一段因緣。以上諸篇文字特別換用朱墨刷印。

　　正文以下刷黑墨，內文依序為〈文昌帝君警世寶誥〉、〈關聖

帝君警世寶誥〉、〈圓明斗帝重示救劫度人寶訓〉。第 28 葉後半葉刊登善士捐緣芳名，總共 20 人，集資 27 元 7 角，開列花費如「買紙寫經」、「買楠柴板並敲工、鋸工」、「請吳先生寫經筆資」、「刻簽頭壹塊」、「請刻印工（每字四文）」等名目，核算結果超支 3 角；第 29 葉續刊助印名單 13 則，信眾來自臺郡、嘉義的美街、布街、竹椅街、南門內、北門口、仁武等地，助印原因包括祈求合家平安、親人病癒、贖罪懺悔等名義，累計刊印 1,430 部。筆者藏刊本 2 部。

　　日治時期油印重刊本，陳茂田及筆者各藏 1 部，內容完全仿傚木刻本版式，字體全部重寫，一律墨色，書皮簽頭刊「三聖救劫寶訓」，並加鈐「非賣品，開基武廟贈」1 行；封面前半葉書名的隸體字排列相同，惟後半葉牌記改刊「臺南縣城內抽簽巷開基武廟內悉明堂藏版」，書後不登載捐緣芳名，僅刻「元空士刊刻」1 行。❺

⊜ 金萬泉堂《四書讀本》

　　清末刊本。筆者藏刊本 1 冊，版框高 18 公分，寬 11 公分，內文每半葉 8 行，行 19 字，小注雙行，行 18 字，雙欄，版心花口，上刊「四書白文正體」，單魚尾，中刊「大學」、「中庸」，下刊葉次及「金萬泉堂」，區分〈大學〉10 葉、〈中庸〉18 葉。封面書標印於桃色紙，並刻「《四書讀本》：遵依監本點畫，臺抽籤巷金萬泉堂藏版。」〈大學〉首葉首行刊「梅峰書院校正監字四書真

---

❺　本書其他的版本亦見鄭喜夫著錄。〈清代臺灣善書初探〉，《臺灣文獻》
　　33.3（1982.9）：18－19。

本（內分句讀），金萬泉堂梓行」；〈中庸〉首葉首行刊「監字四書真本，金萬泉堂梓行」。筆者推測或許尚缺《論語》上、下及《孟子》上、下，計 4 冊。❶

今天在臺南市開基武廟的三川殿左壁間，鑲嵌著一方〈重興開基武廟內境郊舖紳士捐金碑記〉，在這一篇光緒 2 年（1876）撰寫的碑文當中，「吳萬泉」為重興首事，捐銀壹佰大元，而「陳成興」亦捐銀八大元，觀書撫石，猶可遙想當時這兩戶積善人家，致力於造福鄉梓的古道顏色。

六、其他民間出版品

㈠ 西華堂《銷釋金剛寶卷》

道光 2 年（1822）10 月刊本。經摺裝，版框高 23 公分，內文行16 字，上下單邊，共計 21 葉，用 5 片木板雕製，另附封面木板 1片（高 29.6 公分，寬 15 公分），陰刻楷字：「西華堂《銷釋金剛寶卷

---

❶ 筆者另藏光緒 7 年（1881）泉州「崇經堂」刊本全套 5 冊，版式、內文幾乎與前書相仿。不同處惟版框高 17.3 公分，寬 10.6 公分，版心下空白，封面書標印於黃色紙，換刻「崇經堂藏版」，書前加鍥〈識語〉半葉，文曰：「《四書》文字流傳，翻刻既久，況兼坊板眾多，故點畫句讀多於錯誤。今考求字樣，詳加句讀，以存本真，庶題目點畫，不致差偽，幼稚習誦，便於課讀。辛巳季夏識。」續刊〈凡例〉半葉、〈考異〉2 葉；每冊首葉首行皆梓「崇經堂藏板」。同樣類似的版式，筆者也收有泉州「大文堂」及「藏文堂」刊《論語下》，泉州「輔仁堂」、廈門「文德堂」刊《孟子下》諸本，由此可見清季臺南「金萬泉堂」與福建各書坊刻書的風格。

全部》」。第 21 葉刊「信女王門吳氏祈求父親合家平安敬刊印送
壹百本，版藏在臺郡□□□□□，道光二年十月□日。」牌記，
版片背面再續刊南仔坑弟子楊瑞麟、王必貴等 5 位信眾，合刷 420
部的記錄，全部書版目前由臺南市西華堂收藏。

㈡ 《佛夢祖師因果錄》

　　道光 18 年（1838）8 月重刊本。版框高 18 公分，寬 11.5 公
分，內文每半葉 9 行，行 20 字，注文雙行，字數同，單欄，版心
上黑口，單魚尾，下刊葉次，共計 30 葉，用 17 片烏心石木板雕
製。首葉首行刊「佛夢祖師傳說果報錄」，第 30 葉後半葉除了嘉
慶 5 年（1800）中秋由楓嶺、埔頭、梧塘等 6 名弟子捐金刊刻印施
的牌記以外，還有吳瑞燊、蔡雲峰、蔡雲錦合刷 300 部的記錄；惟
在本葉書版背面加雕「摩訶般若波羅蜜多心經註解」簽頭，並非此
書所用。此外，第 29 葉書版背面也加刻「道光拾捌年仲秋吉旦，
捐資刻經弟子臺陽城內例貢生李英才再刊並印送貳佰部」的牌記，
可見書版在此年又重新印刷。筆者藏刊本 1 部，簽頭直接印捺在書
皮紙上，並有「吳氏德籌奉」的楷字題署，然而缺少李英才重刊的
牌記葉，推測可能是嘉慶 5 年（1800）的初刊本。

㈢ 《保產神咒》

　　道光 18 年（1838）刊本。版框高 12.8 公分，寬 8.8 公分，內文
每半葉 5 行，行 10 字，四周雙邊，版心，單魚尾，下刊葉次及黑
口，封面刊「保產神咒：戊戌之年吉月刊，臺郡周廷漢珍藏」，次
鐫觀音靈驗圖 1 幅；內文計 9 葉，第 9 葉書後加刻：「余得友人授

此神咒、秘印等篇，諸親友請去誦之，俱獲奇驗，始知佛法無邊，至誠必應。因不敢私，敬刊傳佈，以廣大士慈悲普度之意云。」續鏤：「臺郡周廷漢原照存心堂重刊」牌記 2 行。筆者藏刊本 1 部。

㈣　《聖帝速改集》

道光 23 年（1843）5 月刊本。版框高 17.8 公分，寬 12 公分，內文每半葉 9 行，行 27 字，小字雙行，字數同，雙欄，版心花口，上刊「關聖速改集」，單魚尾，下刊葉次及黑口，共計 41 葉。書簽刊「聖帝速改集」直接刷在書皮上，卷首刻〈關帝救劫陳惡速改集序〉2 葉，落款：「道光二十三年六月十四日夜降筆」。正文始記：「道光二十三年五月初四日，眾民眾等因天太亢旱（自三月初一不雨至於五月），無水灌耕，水田龜裂，新秧枯槁，於太平古寺虔誠齋戒，供天祈雨，藉便請鸞，求示雨澤，誠勢處無奈，迫不得已之舉也。」觀讀內容，實為鸞書。第 41 葉下半葉加刻粵籍廩生曾應祥等 8 則助印芳名，包括「臺郡松雲軒印送壹佰部」，陳仁郎與筆者各藏刊本 1 部，印刷品質近似「臺郡松雲軒」出品，是否由其鐫版，仍待考。

㈤　《續信驗方》

咸豐 6 年（1856）刊本。版框高 15.3 公分，寬 11.8 公分，內文每半葉 9 行，行 20 字，小字雙行，字數同，四周雙邊，版心白口，單魚尾，中刊「卷二」2 字，下刊葉次，封面印黃紙，刊「續

信驗方：咸豐陸年歲次丙辰秋月開雕，臺灣府正堂孔敬刊」。**⑰**內
容分〈內科〉、〈外科〉、〈婦人〉、〈小兒〉4 類，以及〈續信驗
方〉3 則，計 59 葉。書前刊盧蔭長序 1 葉：「余前刻《信驗
方》，閱今十餘年，索者踵至，既咸信其有驗矣。前後積得百餘
方，仍兢兢焉。期信諸己，以驗於人間。有驗而未能盡信者，則質
之姜君春帆、汪君孟慈，再四參酌，補其未備。蓋以良方罕觀，不
致因偶有所短，遂并棄其長生易療之疾，亦在於無所應手也。矧稟
賦之強弱不齊，病證之淺深亦異，我施之此效，而施之彼不效，勢
難以一定之方應萬殊之病，惟願臨症者詳察寒熱虛實，辨明表裏陰
陽，信乎證與方符，然後擇而用之，不至以活人之術反致誤人，庶
不沒余續刻此方之意也夫。癸未臘月怡亭盧蔭長識。」可見該序寫
於道光 3 年（1823）12 月，是書再於咸豐 6 年（1856）重新出版。書
後又附《輯龍宮秘方記》，卷前有錢塘趙信城識語，說明他用 20
年光陰從群書中輯佚唐孫思邈《龍宮秘方》90 方「先為之抄
傳」，計 12 葉。陳光偉藏刊本 2 部。

㈥ 續慧堂《大聖五公海元救劫轉天圖經》

　　咸豐 11 年（1861）刊本。版框高 12.8 公分，寬 9 公分，內文每

---

⑰ 孔昭慈（1794－1862），字雲鶴，山東曲阜縣人，孔子第 71 代裔孫。道光
15 年（1835）進士。道光 25 年（1845）調福州府閩縣知縣，陞邵武同知；
後移臺灣鹿港海防理番同知。咸豐 3 年（1853）5 月小刀會首林恭起於鳳
山，鳳山知縣王廷幹殉職，臺灣府城岌岌可危。聞警後，航海赴援，協力守
備，殲擒甚眾。隔年擢臺灣知府。咸豐 8 年（1858）3 月調陞臺灣道，以助
餉加二品銜。許雪姬等，《臺灣歷史辭典》（臺北：行政院文化建設委員
會，2004），頁 178。

· 342 ·

半葉 7 行，行 16 字，四周雙邊，版心單魚尾，下刊葉次及黑口，封面刊「大聖五公海元救劫轉天圖經：咸豐辛酉長夏敬月刊，續慧堂梓行」；內文計 23 葉，第 24－30 葉刻五公菩薩符式 10 幅，另以朱墨刷印。筆者藏刊本 1 部。

㈦ 恒存心堂《引痘方書》

同治 11 年（1872）冬月重刊本。版框高 19.7 公分，寬 14 公分，內文每半葉 10 行，行 21 字，小字雙行，字數同，上下單欄，左右雙邊，版心白口，單魚尾，下刊葉次，共計 36 葉。封面刊「引痘方書，同治十一年重鐫，郭□□□，板藏臺郡恒存心堂」。卷首刻蔡傳心序文 2 葉，落款：「同治壬申（同治 11 年，1872）年冬月□日授廷蔡傳心識」；方鼎銳序文 4 葉，落款：「同治八年（1869）秋九月儀徵方鼎銳識於且園」；陳思燏序文 3 葉，落款：「同治八年己巳季秋豫章陳思燏識」；黃安敏序文 3 葉，落款：「同治歲在戊辰（同治 7 年，1868）暮春之月當塗黃安敏識於蘇臺公局」；黃鉞小引 2 葉，落款：「道光戊戌（道光 18 年，1838）陽月八十九翁□田氏黃鉞識」；包祥麟序文 2 葉，落款：「道光十六年歲次丙申（1836）秋九月京江厚村包祥麟識」；姚瑩序文 2 葉，落款：「道光十六年十月桐城姚瑩」；陳煦序文 1 葉，落款：「道光十七年丁酉（1837）仲夏西蜀涪州陳煦識」；包國琪序文 1 葉，落款：「咸豐八年（1858）歲次戊午暮春京江聞田包國琪謹識」；郭尚先序文 1 葉，落款：「道光八年（1828）六月朔日莆田郭尚先啟」；章浣序文 1 葉，落款：「道光十一年辛卯（1831）仲春秣陵章浣識」；曾望顏序文 1 葉，落款：「道光八年戊子夏仲香山曾望

顏識」；續刊〈繙譯洋醫種牛痘原說〉3 葉；溫汝适序文 1 葉，落
款：「嘉慶丁丑（嘉慶 22 年，1817）仲冬順德溫汝适題」；邱熺自序
2 葉，落款：「嘉慶二十二年丁丑冬南海邱熺浩川識」；黃安敏
〈增補引痘圖說〉1 葉，落款：「道光戊戌秋九月既望當塗黃安敏
子穎識」。

　　續印〈增補手少陽三焦經全圖〉、〈手少陽三焦經圖〉、〈種
牛痘穴分圖〉、〈考訂種牛痘穴分圖〉、〈端坐取穴圖〉、〈種痘
刀式〉、〈增補同身寸圖〉、〈執刀圖〉8 幅計 4 葉。正文首行刊
「引痘略」，次行刊「南海邱熺浩川手輯」，內文彙集〈引痘
說〉、〈首在留漿養苗〉、〈次在認識瘋疾〉、〈引泄法〉、〈度
苗法〉、〈出痘時宜辨〉、〈出痘後須知〉、〈方藥〉計 15 葉。
第 36 葉錄〈臺陽釀金鑴板刷書捐戶芳名列後〉，包括黃中理、蔡
國琳、蔡傳心等 19 人，末鍥「總共捐銀參拾壹員，鑴板壹付，刷
書壹佰部」牌記 1 行；又再附刷半葉，加刻舉人吳敦禮、職員翁林
記、廩生鄭如雲、淡廩黃中理印送 150 部記錄。筆者與郭双富各藏
刊本 1 部，前者封面局部破損，缺印書芳名葉，但在第 35 葉最末
行刊「東甌郭博古齋刻」牌記；後者封面缺半葉，第 35 葉牌記剟
去不印，印書芳名葉俱在。

　　從首篇蔡傳心序文言及：「曩自嘉慶年間有種牛痘之法，始自
外洋，行於粵東。我臺孤懸海外，客宦叢集，迄今日久，未有能得
其法者。」直到同治 10 年（1871）淡紳林維讓特僱輪船，延請一位
周姓醫生來臺引種，族人林春暉「睹其神妙，慕而學之，因得盡傳
其術」。他就從北臺經彰化、嘉義，來到臺南行醫。臺南人黃君穆
向其請益，「聞浙省溫州設局鍼種，且刻此書，廣為傳佈」，遂不

憚勞，多方尋覓，始穫《引痘方書》，再偕楊蓮舫、弟楊炯文與蔡氏一起倡捐校刻。因此可見本書原是嘉慶 22 年（1817）南海人邱熺著述，同治 10 年（1871）以後引進臺灣，經由臺郡紳民集體出資，委交浙江溫州書坊「郭博古齋」重新上梓，版藏臺郡「恒存心堂」。郭双富與筆者各藏刊本 1 部。**⓲**

㈧　《勸世詩集》

同治 13 年（1874）4 月刊本。缺封面，內文每半葉 8 行，行 16 字，單欄，版心上刊「勸世詩」，下刊葉次，共計 22 葉。卷首刻〈合刊勸世詩集序〉1 葉，落款：「同治十三年歲在閼逢閹茂清和之月臺陽儀庭陳鴻功開耀氏序」。內文收勸孝詩 31 首、勸世詩 24 首。第 22 葉下半葉加刻「臺邑崇德里詹鴻恩、臺灣府職員陳鴻功、貢生陳匡榮、**⓳**鳳邑大湖街林纘緒全刊板并印送壹百部」牌記，續刊助印姓名半葉，包括臺郡貢生鄧呈祥、臺郡藥郊黃合源、臺郡貢生陳匡榮、臺郡陳燦記各印 100 部，賞戴藍翎僅先補用守備陳鶚勳印送 400 部。

⓲　鄭喜夫亦撰文舉例：光緒 18 年（1892）四川成都人席時熙，應臺灣巡撫邵友濂之請，渡臺為其長子治病。以臺中俗醫不識溫症，誤人不淺，乃著刊《溫病摘要》分送臺人，作緩急之備也。〈閒話清代臺灣的善書〉，《聖理雜誌》4：7（1975.9）：33－36。又〈清代臺灣善書初探〉，《臺灣文獻》33：3（1982.9）：18。

⓳　有關陳匡榮的事蹟，尚見光緒 14 年（1888）6 月樹立在赤崁樓大士殿的〈怡敬堂碑記〉：「臺郡諸紳商捐建赤崁樓鎮殿佛祖，今將諸芳名立碑，永遠存炤。……吳恒記、吳倫言、陳匡榮、黃春益，以上四戶各捐銀八元。」《臺灣南部碑文集成》（臺北：臺灣銀行經濟研究室，1966），頁 739。

(九) 同善堂《六凡苦樂直說》

光緒 16 年（1890）2 月刊本。版框高 18.3 公分，寬 12.5 公分，內文每半葉 10 行，行 20 字，雙欄，版心黑口，單魚尾，上刊「六凡苦樂直說」，下刊葉次，共計 19 葉。封面刊「南無阿彌陀佛，光緒拾伍年冬月衲子能成遊在臺南府，苦行普化諸位善信人等同聲稱念，求佛慈悲攝受一切念佛之人同生，極樂法華經云一稱南無佛皆共成佛道」。❷卷首刻序 1 葉，落款：「光緒十六年春月吉旦奉佛弟子張福明、毛祿明仝募敬刊」；第 18 葉書後刊善信喜助刊板芳名，包括僧海月、全泰成、毛祿明、張福明等 10 條，總計洋番 21 元；又附錄「光緒十六年二月十□起至念一日，臺南府西門街同善堂奉佛弟子毛祿明等，同領眾信人等獻供七永日後，餘資刊板印送，喜助人名開列於左」2 葉，詳列僧侶、信徒或商舖名銜 174 筆，最末行刷「刊板餘資應送四百本」牌記 1 行。筆者藏刊本 1 部，缺書皮。

(十) 大士殿《佛說壽生經》

光緒 19 年（1893）刊本。經摺裝，版框高 21.7 公分，行 17 字，上下雙邊。書籤刊「佛說壽生經」，印紅色紙，黏貼在硬紙板的封面上，卷首刻「佛說壽生經」，經文末題：「願以此功德，普及於一切，誦經還庫藏，消災增福壽。」並且續刊〈六十甲子看壽

---

❷　《鼓山湧泉寺經板目錄》：「《六凡苦樂》：方冊，20 頁，板 10 塊，勸修淨土之書，不著撰人名氏。民國丁巳（按：民國 6 年，1917）刊板，板存鼓山。」據汪毅夫收藏民國 21（1932）年刊本，葉 57。

生經欠錢數目〉。書後牌記鍥刻：「光緒拾玖年春月佛誕日，釋子能成募化諸位善信喜助銀，刊《金剛》、《壽生》二經合卷，板藏臺南府紅毛樓大士殿流通」。隨後附刊助印芳名，至少有兩種不同的本子：其一為信士吳盤石、毛祿明等 14 名，總計捐大洋銀 54 元，還加鏤「臺南弟子鄭朝宗、吳磐石、張克純仝敬送壹佰部」木記 1 行，筆者藏刊本 1 部；其二剜去鄭朝宗等 3 人印送壹佰部的木記，其餘同前書，留白處再添蓋大正 10 年（1921）10 月臺南市高砂町「昌仁堂」舊版重刷的版權頁，定價金為 14 錢，陳兆南與筆者各藏刊本 1 部。

七、「德化堂」出版品的分析與歸納

光緒 21 年（1895）以後歸臺灣歸屬日本統治，德化堂仍然沿襲舊法出版經書，翻看用藍布作封皮的《蘇豆記代理開補闕略諸舉日清簿》1 冊，內葉版框高 14.8 公分，寬 13.6 公分，每半葉 10 行，版心上刊「金泉泰」，單魚尾。卷首題寫：「蘇豆記代理德善堂、德化堂收稅開費執事」，登錄時間自明治 34 年（1901）10 月 22 日開始，到明治 37 年（1904）9 月 18 日為止，統計在這 4 年之間的收支明細，可以整理出一份當時刻書工匠的名單，例如：「福司」（即「蔡添福」）負責整治烏心石經枋、並撩工（油漆工）；向「暉老」購買楠枋（即楠木板）；請「莊先生」（即「莊壽臣」）寫經字；由「石益記」刻字、刻環；託「覃司」刻經、刻對聯。❷

---

❷　也是大約同時期，臺南人編寫《安平縣雜記》，在〈工業〉項下登錄：「刻

　　帳冊當中也記載與書籍出版的相關名目，包括採買烏心石柴、棕稱（即棕櫚刷子）、印格紙、大茶線（縫書用），以及書籍的花費。例如：明治 34 年（1901）10 月 26 日「買《金剛經》一本，兩佰陸拾文。」明治 36 年（1903）2 月 14 日「買《六祖壇經》，去捌佰文。」同年 7 月 23 日「買印經紙九十張，去二佰柒拾文。」明治 37 年（1904）5 月 29 日「買《保身善法》並《長生訣》廿本，去陸佰文；又《皈依科》十本，去參百柒拾文。」甚至，在其他的帳冊中也看到：明治 31 年（1898）2 月「赴廈門買經。」明治 37 年（1904）11 月 10 日「往安平取印板。」明治 39 年（1906）1 月 9 日「開『松雲軒』印經參拾本，去台票壹元。」大正 2 年（1913）4 月 18 日「到『齋心社』買善書」的各筆開支，金泥玉屑，透露出彼時臺南坊刻肆間圖書流通的行情。

　　從德化堂典藏的書版研判，大多數是由挑選「烏心石」來雕治，它屬於木蘭科常綠喬木，分布在全島闊葉樹林中海拔 200 至 1800 公尺處，樹幹中央呈綠色，木材堅硬如石，所以又稱作「黑心石」。木材的邊、心材很容易判斷，邊材為淡黃色，心材在砍伐時呈紅褐色，然後逐健轉為黃褐色。「德化堂」擁有的《龍華科儀》、《略悟集錄》兩套書版便是具有心材的特徵。因為木質強韌，拋光打磨後會產生光澤，並且不易割裂毀損，經常成為貴重的建材或傢具用料。然而，生長速度極為緩慢，所以取材面積受到侷限，製作書版時常見以兩片木板榫合。

字匠：刻木板書籍及玉、晶、石、牙、角篆隸印章。」《安平縣雜記》（臺北：臺灣銀行經濟研究室，1959），頁 82。

　　檢視《御製六祖法寶壇經》的書版，在第 3 葉的木板接合面上，由於烏心石的板材已告用罄，為了處理序文之後的留白處，與其它書版統一相同尺度的規格，工匠乃雕刻樺木，整治槽溝，另外銜接相當面積的小型木片。再看德化號藏板、王興源運刀的《金剛經論》書版，精選烏心石木片，將正、反兩面板木分別鑿刻卷首的〈佛祖說法〉圖，以及經末的〈護法韋馱〉圖，不僅，畫稿線條簡潔洗練，而且，刀法精準，一絲不苟。然後，再樺接個自半葉的文字版片，把縱向與橫向的年輪質材，呈「丁」字形交錯契合，如此，不僅增加圖、文分開處理的便利，提高施工的效率，更能夠增強接樺的書版在印刷時遭遇磨擦的抗壓強度。

　　藉由竹子的材質堅韌、富彈性，製版工匠截取已經出土、並且靠近地面的竹莖部分，削製成為竹釘，用來接樺固定相接合的兩塊木片。可惜，年久時遠，終究也會脫開，筆者整理「德化堂」收藏的書版，偶爾仍可見到木板彼此銜接的側邊，留下打入補強的鐵質鉸釘，呈現銹化的痕跡。

　　此外，俗稱「楠仔」的大葉楠，也常被用作書版的材料，它屬於樟科，遍佈在臺灣低海拔的闊葉林當中，木材呈淡紅色，堅硬適中，耐磨耐撞，加工容易，保存期長，可以提供建築、傢具及樂器使用。抽籤巷內「善誘堂」藏板的《三聖救劫寶訓》就是選取這種木料來製作書版。

　　在本章第二、三節中，筆者概略將經眼所及臺南齋堂、書坊、店家、私人所刊刻的印書版片、典籍布告著錄之後，心中仍有許多疑竇，譬如臺南府城例貢生李英才，個人參與印書的書籍竟多達 6 種、嘉義武將何永忠助印書籍亦有 2 種，他們還參與多少與出版相

關的事蹟?而且,聞名當時的「臺郡松雲軒」、福州刻工名手「王興源」都一起投入,與本節涉及的單位個人,尚且存在著那些連繫?何種因緣?筆者但願日後有更多的史料實物接踵出現,藉以填補、建構清領時期臺南民間出版的信史。

第五章 結 語

　　毋論官方典藏，抑或私家珍祕，筆者與古籍文獻頗有夙緣，屢逢奇遇，幾乎都能獲覽奇書，得見舊槧，透過故紙墨痕的閱讀，向前行請益，與古人神交，感激莫名的悸動隨時交感，誠如俗語「文章千古事，得失寸心知」。好書不寂寞，惟有「讀」書人。然而，學海浩瀚、煙波無疆，筆者浮槎其間，目不暇給，神馳心眩之餘，仍有未能看盡群書之憾，更何況明清之際的臺南出版品，縱然在紀曉嵐、孫殿起眼中也不過四、五種收得進《四庫》，算作是「精刊」；可是，在筆者拙視下，俯拾皆金，不挑蟊蝕，無謂漫漶，殘版片楮盡是足以映顯斯土文化的「善本」。

　　本書除開第 4 章第 3 節以外，皆脫胎自筆者在民國 91 年（2002）6 月通過的東海大學中國文學系碩士論文，原題作《明清臺南刻書研究》。撰寫期間曾在民國 89 年（2000）12 月榮獲財團法人趙廷箴文教基金會第 11 屆中文系所研究生學生獎助學金。畢業之後，先後在東海大學、靜宜大學開授「清代臺灣出版史」、「近代臺灣出版史」與「臺灣文化面面觀」課程，教學相長，利用授書餘暇，亦持續針對相關論述加以增補修改：

　　第 2 章第 1 節的內容，改寫自民國 93 年（2004）7 月發表〈臺灣傳統版畫的演進歷程〉，收入臺中晨星出版社《版畫臺灣》第 1

章第 2 節。第 2 章第 2 節中有關盧若騰《島居隨錄》及《島噫詩》的內容，改寫自民國 92 年（2003）7 月發表〈金門林樹梅刻書考〉，收入《東海中文學報》第 15 期。第 3 章第 1 節中有關江日昇《臺灣外記》的內容，改寫自民國 95 年（2006）8 月發表〈拔浪騎鯨若有神——臺灣版畫「鯨」奇〉，收入財團法人臺灣省文化基金會《鑑古知今看版畫》第 7 篇。

第 3 章第 3 節中有關武隆阿《聖諭廣訓註》的內容，改寫自民國 95 年（2006）8 月發表〈風行草偃宣聖化——臺灣的聖諭宣講〉，收入《鑑古知今看版畫》第 9 篇；有關林瀛《一峰亭林朝英行略》的內容，改寫自民國 91 年（2002）6 月發表〈精通詩書畫的清代書畫家——林朝英〉，收入臺北遠流出版公司《美術臺灣人》首篇；有關徐宗幹相關出版品的內容，改寫自民國 91 年（2002）3 月發表〈徐宗幹臺灣關係刻書考述〉，收入臺北文津出版社《東方人文》第 1 卷第 1 期；以及民國 95 年（2006）8 月發表〈狀元及第拜文昌——科舉考試與出版〉，收入《鑑古知今看版畫》第 10 篇。

第 4 章第 1 節的內容，改寫自民國 93 年（2004）7 月發表〈清代臺灣藏書考略〉，收入東海大學中文系《東海中文學報》第 16 期；以及民國 95 年（2006）8 月發表〈琅嬛有奇誰得見——清代臺灣藏書鳥瞰〉，收入《鑑古知今看版畫》第 14 篇。

第 4 章第 2 節的內容，改寫自民國 92 年（2003）7 月發表〈金門林樹梅刻書考〉，收入《東海中文學報》第 15 期；以及民國 93 年（2004）7 月〈松雲軒的刻書版畫〉，收入《版畫臺灣》第 3 章第 1 節；以及民國 94 年（2005）7 月發表〈臺灣傳統漢詩中有關

「鹿」的意象析論〉，收入東海大學文學院《東海大學文學院學報》第 46 期；加上民國 95 年（2006）8 月發表〈紙馬幢幡送司命——傳統版畫看灶君〉、〈鹿鳴何獨遍東閩——畫說臺灣鹿〉、〈諸惡莫作勸行善——《玉歷》流傳臺灣考〉，收入《鑑古知今看版畫》第 2、8、12 篇。

　　第 4 章第 3 節的內容，改寫自民國 93 年（2004）7 月發表〈清代臺南坊刻本初探〉，收入《東海大學文學院學報》第 45 期；以及民國 94 年（2005）3 月發表《清代臺南古書紀——見證臺灣雕版印書史》，由臺北國家圖書館出版；以及民國 95 年（2006）8 月發表〈叩答恩光拜玉皇——圖說臺灣拜天公〉，收入《鑑古知今看版畫》第 4 篇。

　　第 5 章第 10 表的內容，改寫自民國 93 年（2004）7 月發表〈臺灣出版大事記（1651－1930）〉，收入《版畫臺灣》書後附錄。

　　筆者檢討本書撰述，對於明清臺南出版史的諸多面向，尚有許多疏漏未及的議題，譬如：㈠生產製作的刊刻明細：經營店主背景、開設店址所在、寫工刻匠名籍、工資發放額度、助印過程緣由、鐫版花用項目等量化分析。㈡藝術表現的手法規律：名家手書寫本、坊肆流通宋體、版式牌記布局、繡像興圖設計、收藏鑑賞印文、發兌經銷店章等歸納評比。㈢文學語言的教化功能：童蒙經籍訓解、科考硃卷齒錄、傳習道藏佛典、扶箕起課善書、唱酬和詩文字、俚曲俗對楹聯等釐清解讀。㈣島內社會的政經消長：滿漢文武齟齬、吏政訟獄黑暗、漳泉械鬥遺禍、民變教案層出、土豪劣紳橫行、軍事外交失利等條陳追究。㈤中原故鄉的交感互動：宦臺首長倡導、幕客經歷抒情、流寓遺民眷懷、縉紳富商交遊、學子赴考覲

辛、百工引進質變等研判推論。㈥外來文明的影響衝擊：荷蘭貿易
通商、日本侵略覬覦、英國傳教宣傳、歐美經貿交流、越南琉球互
市、南亞移民需求等關照透視。

　　雖然囿於井蛙之見，筆者也衷心期待拙著能夠提供同好參考，
臺南刻書並非僅是供應少數單位封存、藏家賞玩而已，筆者極願意
分享寓目經歷，不作提倡懷舊的古董家數，祇是述說明清時期臺南
先民們曾經利用傳統刻書技術，去傳播智識、揚礴風化的史實。後
生如我輩者，豈能數典忘祖，不孺慕追隨？透過瞭解、認識、贊
同，汲取箇中的優點與長處，活用轉化到現今的文化生命中。再
者，也拜現代科技文明之賜，當前書籍出版早已邁進電子存錄的世
代，紙本典籍也被苛求在版式裝潢、印刷紙墨上精益求精；縱然告
別手工雕版的刻書手段，面對主流電腦鍵入書寫的形制，筆者亦深
自期許：將敬惜字紙、過化神存的民族美德，刻鏤在每一位臺灣子
弟的遺傳基因上，繼續薪火相傳、生生不息。

　　筆者的老學長杜維明博士（東海大學中文系第 3 屆）撰文云：「西
方哲學之父曾有『了解你自己』（Know thyself）的格言傳世。要想
了解我們自己，我們不能只去追撲富強的影子。相反地，我們應當
從發掘自家無盡寶藏的創建工作中去拓展一條繼往開來的康莊大
道。」❶筆者常引為自勵，今再轉述與讀者諸君共勉。

　　君不見：當年從京滬到琉璃廠，多少古籍珍本就在羅振玉、鄭
振鐸、孫殿起、胡適之的交誼中，譜寫下一件件書壇佳話。明清臺

---

❶　杜維明，〈了解自己的發掘工作〉，《人文心靈的震盪》（臺北：時報出版
　　公司，1976），頁 75－80。

南刻書的標本，不管紙張或是刻版，雖然在昔日公私收藏中，或星散佚失、或化作齏粉，自然、人為的書厄施暴其上，能夠歷盡滄桑，化險為夷，倖存今日者幾希；及至今天，碩果僅存的標本除開已經進入公家管理以外，我們只能於愛書人的書房中、舊書坊的櫥架上驚鴻一瞥。更何況身處於「藏富於民」的年代，書籍的聚散流通，也僅能靠「藏書家」、「古書商」的執著，在苟延殘喘中得到難得的呵護與照拂。畢竟，紙張木片比不上骨頭青銅的強筋韌骨，能夠深埋黃土，以俟重現天日；它們早就在人世間流轉多年，易主無數，想要一睹廬山，就得與持有人打交道，而「藏書家」、「古書商」就是最佳的媒人。筆者的論述若無他們的締因牽緣，焉能完稿成說？在此文最後，筆者特別要向歷年典藏經手過臺南刻書，無數無名的「藏書家」、「古書商」，致上最深的謝意。

表 10　明清時期（1651－1894）臺南出版史大事記

時間 中/西紀元	大　事　記
明永曆 15/1651	●延平郡王鄭成功進駐臺南，將諭令條款著「戶官」刻板頒行。
明永曆 18/1664	●鄭經命吳鳳胎考法刊曆，出版《大明中興永曆大統曆》。 ●盧若騰遺著《留庵文集》、《島噫詩》、《與耕堂值筆》、《方輿互考》、《島居隨錄》，未及出版。
明永曆 19/1665	●徐孚遠遺著《釣璜堂存稿》，未及出版。
明永曆 20/1666	●陳永華擇地寧南坊，面魁斗山，旁建明倫堂。元月聖廟成，3 月陳永華以葉亨為國子助教，臺人自是始奮學。

	●王忠孝遺著《惠安王忠孝公全集》，未及出版。
明永曆 25/1671	●鄭經出版《永曆大統曆》，為現存臺南最早出版品。
明永曆 28/1674	●鄭經在臺南出版《東壁樓集》。
明永曆 29/1675	●東寧人金基在漳州府寧洋知縣任內重修《寧洋縣志》，進呈鄭經。
清康熙 23/1684	●首任臺灣縣令沈朝聘著《省軒郊行集》，與季麒光合著《東吟唱和詩》。
清康熙 24/1685	●首任諸羅縣令季麒光輯《臺灣郡志稿》、《臺灣雜記》、《東寧政事集》，未及出版。 ●沈光文、季麒光等人合輯《福臺新詠》（亦名《東吟社》）。 ●靖海將軍施琅《靖海紀事》由次子施世綸出版單行本。
清康熙 27/1688	●靖海侯施琅祈求回京平安出版《金剛經註講》，託友鄒松峰校刻，版藏德化堂。 ●沈光文遺著《臺灣輿圖考》、《草木雜記》、《流寓考》、《臺灣賦》、《文開文集》、《文開詩集》，未及出版。 ●鷺島道人阮旻錫《夕陽寮詩集》在金陵出版。 ●臺灣府貢生王喜自撰《臺灣府志稿》，成為高拱乾《臺灣府志》藍本。
清康熙 29/1690	●臺灣府儒學教授林謙光出版《臺灣紀略》。
清康熙 30/1691	●前臺灣知府蔣毓英出版《臺灣府志》，其子國祥、國祚校字。
清康熙 33/1694	●季麒光出版《蓉洲詩文稿》。 ●徐孚遠姪孫徐懷祖遊幕臺灣，著《臺灣隨筆》。
清康熙 35/1696	●臺廈兵備道高拱乾纂修《臺灣府志》，由諸羅縣典史嚴時泰督梓。
清康熙 36/1697	●浙江仁和人郁永河自閩來臺採硫，著《裨海紀遊》。
清康熙 41/1702	●臺灣知府衛臺揆增補高拱乾《臺灣府志》。

清康熙 45/1706	●阮旻錫《海上見聞錄》書成自序。
清康熙 48/1709	●漳州海澄珠浦人江日昇與陳祈永訂交，嗣出《臺灣外記》求序。
清康熙 49/1710	●臺廈道陳璸出版《御製訓飭士子文》。 ●臺灣府海防捕盜同知孫元衡出版《赤嵌集》。
清康熙 51/1712	●陳璸出版《臺廈試牘》。 ●臺灣知府周元文纂修《重修臺灣府志》。
清康熙 59/1720	●臺灣知縣王禮纂修《臺灣縣志》，李振宗、周起渭督梓。
清康熙 61/1722	●福建漳浦人藍鼎元出版《東征集》。
清雍正 1/1723	●藍鼎元出版《平臺紀略》。
清雍正 6/1728	●巡臺御史夏之芳出版《海天玉尺編》初集。
清雍正 7/1729	●夏之芳出版《海天玉尺編》二集，著《臺陽紀游百韻》。
清乾隆 1/1736	●分巡臺灣道張嗣昌出版《巡臺錄》。 ●首任巡臺御史黃叔璥出版《臺海使槎錄》、《南征紀程》。
清乾隆 3/1738	●臺灣道尹士俍出版《臺灣志略》。 ●海東書院主講俞荔著《復性篇》。
清乾隆 6/1741	●臺灣道劉良璧著《臺灣風土記》；纂修《重修福建臺灣府志》，由貢生施士安、生員翁昌齡監刻；分輯人恩貢生張從政著《剛齋詩文稿》，拔貢生黃佺著《草廬詩草》、《東寧游草》。 ●巡臺御史張湄出版《珊枝集》、《瀛壖百詠》。
清乾隆 12/1747	●巡臺御史六十七出版《使署閒情》、《臺海采風圖考》、《番社采風圖考》。 ●巡臺御史范咸著《婆娑洋集》，並與六十七纂修《重修臺灣府志》，由方邦基、梁須梗、張若霡監刻；校對人臺灣府儒學教授吳應造著《海錄碎事》。 ●臺灣道莊年協輯《重修臺灣府志》，著《澄臺集》。

清乾隆 14/1749	●巡臺御史楊開鼎出版《梯瀛集》。
清乾隆 17/1752	●臺灣知縣魯鼎梅纂修《重修臺灣縣志》，監生方達義分輯並繪圖，儒童王志選、陳正宗、吳初昇繕寫。
清乾隆 18/1753	●彰化縣學教諭董天工出版《臺海見聞錄》。
清乾隆 32/1767	●臺澎兵備道張珽出版《海東試牘》。
清乾隆 33/1768	●臺灣道蔣允焄在臺南為車萬育《聲律啟蒙撮要》撰序；並出版《東瀛祀典》。
清乾隆 39/1774	●前臺灣知府余文儀纂修《續修臺灣府志》，版藏府學典籍庫；明治 38 年移藏臺北後燬於火。 ●臺灣海防同知朱景英出版《海東札記》，由侯官門人謝曦書錄。
清乾隆 41/1776	●阮旻錫《夕陽寮詩集》書板由余文儀解送入京銷燬。
清乾隆 52/1787	●臺灣知府楊廷理、海東書院掌教曾中立出版《臺陽試牘初集》、《臺陽試牘二集》、《臺陽試牘三集》。
清乾隆 53/1788	●臺灣知府楊廷理重刻《柳河東先生集》。
清乾隆 56/1791	●閩浙總督覺羅伍拉納協助福康安勦捕林爽文，提報刊刻《藥引》。
清乾隆 58/1793	●前臺灣總兵陳倫炯《海國聞見錄》在廣州出版。
清嘉慶 12/1807	●臺灣縣教諭鄭兼才、嘉義縣教諭謝金鑾合纂《續修臺灣縣志稿》竣事，以刊費無出而止。 ●臺灣鎮總兵武隆阿以銅活字出版《聖諭廣訓註》。
清嘉慶 13/1808	●楊廷理出版嘉義縣教諭謝金鑾《蛤仔難紀略》。
清嘉慶 18/1813	●楊廷理出版《議開臺灣後山噶瑪蘭節略》。 ●陳思敬《鶴山遺集》由其子鳴佩、鳴鑾校刊出版。 ●臺灣府經歷翟灝出版《臺陽筆記》。
清嘉慶 21/1816	●林朝英三子林瀠出版《一峰亭林朝英行略》。 ●臺灣縣貢生章甫《半崧集》由門人出版。
清嘉慶 23/1818	●前臺灣知縣薛志亮在姑蘇出版《續修臺灣縣志》。 ●嵌城弟子施超出版《金剛經》，版藏臺郡諸羅崎頂慎齋

	書舍。
清嘉慶 25/1820	●臺灣道葉世倬出版《聖諭廣訓直解》,版藏臺灣府學。
清道光 1/1821	●鄭兼才、王聚奎捐俸出版《續修臺灣縣志》,改補逾200餘板、重鋟板逾50片。
清道光 2/1822	●西華堂出版《銷釋金剛寶卷》。
清道光 3/1823	●東璧齋出版〈玉歷神誕及行事表〉。
清道光 4/1824	●東璧齋出版《高王觀世音菩薩真經》。
清道光 5/1825	●前臺灣道胡承珙出版在臺著作《儀禮古今文義疏》。
清道光 10/1830	●臺灣道鄧傳安出版《蠡測彙鈔》;成立修志局,委派臺灣縣訓導劉烈兼司志局提調,終未成。 ●嘉邑王朝肅重刊《玉歷鈔傳警世》,由松雲軒出版。
清道光 12/1832	●金門文士林樹梅出版盧若騰遺著《島居隨錄》、《島噫詩》。 ●臺灣道姚瑩出版《東槎紀略》。
清道光 13/1833	●胡承珙《東瀛集》由其子胡翰先出版。 ●求無不獲齋出版江日昇《臺灣外記》大、小字本及木活字本。
清道光 14/1834	●謝金鑾《蛤仔難紀略》經林樹梅增補圖繪後再版。
清道光 15/1835	●劉振清出版李元春《臺灣志略》,收入《青照堂叢書》。 ●東璧齋出版《御製六祖法寶壇經》。
清道光 16/1836	●松雲軒出版《金剛般若波羅蜜多心經註解》。 ●陸朝燦出版《觀音咒》。
清道光 17/1837	●楊廷理《東瀛紀事》由其子楊立亮重刊。
清道光 18/1838	●福省王興源出版《三世因果真經》、《金剛經論》(兩書版藏德化號)、《佛說大藏正教血盆經》。 ●例貢生李英才再刊《佛夢祖師因果錄》。 ●周廷漢原照存心堂重刊《保產神咒》。
清道光 23/1843	●海東書院出版《臺人興論》。

	●松雲軒印送《聖帝速改集》。
清道光 24/1844	●福省王興源在臺灣出版鄭兼才《六亭文集》。
清道光 25/1845	●臺灣總兵武攀鳳嘗得銅鑄活字版 1 副。
清道光 27/1847	●松雲軒出版《三元賜福救罪解厄妙經》。
清道光 28/1848	●徐宗幹出版《測海錄》、《孝經正解》、《徽郡志略》、《恆山政績》、《味腴堂詩稿》；獲葉世倬《聖諭廣訓直解》，率僚屬校訂重刊。
清道光 29/1849	●徐宗幹出版《兵鑑》、《虹玉樓詩賦選》、《東瀛試牘》初集、《東瀛試牘》二集、《瀛洲校士錄》初集、《瀛洲校士錄》二集。 ●松雲軒出版《東廚司命灶君靈籤卦解》、《佛說救苦真經》、《太陽真經》。
清道光 30/1850	●徐宗幹出版《東瀛試牘》三集。 ●臺灣縣教諭薛錫熊重刊《續修臺灣縣志》。 ●松雲軒出版《金剛經註講》、《胎產必讀》。
清道光年間	●松雲軒出版劉體恕《文帝全書》。
清咸豐 1/1851	●松雲軒出版徐宗幹《瀛洲校士錄》三集，版藏海東書院。 ●徐宗幹為《正字略揭要》撰序並出版。 ●嘉邑王朝肅重刊《楊忠愍公年譜》，由松雲軒出版。
清咸豐 2/1852	●松雲軒出版《東廚司命灶神經》、《大藏血盆經》、《三世因果經》、《居家必用千金譜》。
清咸豐 3/1853	●松雲軒出版《三元三品三官大帝妙經》、《太陰經》。
清咸豐 4/1854	●松雲軒出版《覺世真經寶訓》、《文昌陰騭文》、《太上感應編》、《阿彌陀經》、《觀世音普門品經》、《萬氏婦科》。
清咸豐 5/1855	●臺灣府學訓導劉家謀出版《海音詩》。 ●松雲軒出版《金剛般若波羅蜜經》、《金剛寶卷》、《筍湄公年譜》、天公壇靈籤。

清咸豐 6/1856	●臺灣知府孔昭慈出版《續信驗方》。 ●松雲軒出版《王靈官真經》。 ●德化堂重刊施琅《金剛經註講》。
清咸豐 8/1858	●劉家謀《觀海集》由其子劉淳出版。 ●松雲軒出版《東廚司命灶君靈籤》、《末劫經》。
清咸豐 9/1859	●松雲軒出版《灶君寶懺》、《敬灶全書》、《丹桂籍》。
清咸豐 10/1860	●松雲軒出版《戒殺放生圖說》、《白衣神咒》、《大悲神咒》。
清咸豐 11/1861	●松雲軒出版《誦經靈驗圖說》。 ●續慧堂出版《大聖五公海元救劫轉天圖經》。
清咸豐年間	●松雲軒出版《第一善書》、《靈寶北斗經》、《羅漢籤解》、《戒淫文》、《高王真經》。
清同治 1/1862	●松雲軒出版《功過格》、《志公祖師救現劫真經》、《潘公免災寶卷》、《回生良訣》。
清同治 6/1867	●臺灣道吳大廷出版《東瀛訓士訓民錄》。 ●前臺灣備道丁曰健出版《治臺必告錄》。
清同治 7/1868	●米街進士施瓊芳遺著《春秋節要》、《石蘭山館遺稿》，未及出版。 ●吳大廷出版《臺灣進退志》。 ●德化堂出版《金剛經闡說》。 ●林文科出資鐫刻「開臺國姓公」神禡。
清同治 8/1869	●臺灣道黎兆棠出版《聖諭廣訓直解》，在郡城設學舍授熟番子弟。
清同治 11/1872	●臺灣府學教授楊承藩、訓導魏肇基重修《余志》，由大西外宮後街泉記出版。 ●東甌郭博古齋刻《引痘方書》，版藏恒存心堂。
清同治 12/1873	●福州吳玉田出版丁紹儀《東瀛識略》。
清同治 13/1874	●海東書院掌教楊希閔在臺南出版《戊辰酬唱草》。

	●臺灣府職員陳鴻功出版《勸世詩集》。
清光緒 1/1875	●福建巡撫王凱泰出版《訓番俚言》。
清光緒 2/1876	●蔡市重刊《普慈錄全集》,版藏化善堂。
清光緒 5/1879	●臺灣總兵吳光亮出版《化番俚言》,版藏福建臺灣鎮署。
清光緒 6/1880	●臺灣道夏獻綸出版《臺灣輿圖》,由余寵、王熊彪繪製,松雲軒代印,版存福建臺灣道庫。
清光緒 7/1881	●何澂出版《臺灣雜詠合刻》。
清光緒 10/1884	●巴克禮牧師啟用「聚珍堂」西式印刷機,出版《臺灣府城教會報》、《三字經》。
清光緒 11/1885	●松雲軒出版《百歲修行經》。
清光緒 15/1889	●臺灣道劉璈出版《巡臺退思錄》,遭劉銘傳奏毀其版。 ●臺灣道唐景崧出版《請纓日記》。 ●海東書院掌教施士洁出版《臺澎海東書院課選》。 ●松雲軒出版〈羅德錦哀啟〉。 ●德化堂出版《鳥窩禪師度白侍郎行腳》,版藏籤舖金泉發。
清光緒 16/1890	●臺灣道唐扎委府學訓導李鴻銘、教授邱錫熙監修《余志》。 ●西門街同善堂出版《六凡苦樂直說》。
清光緒 18/1892	●臺灣道唐贊袞出版《臺陽見聞錄》、《海東課藝》。
清光緒 19/1893	●福建臺灣布政使唐景崧出版《詩畸》、《謎拾》,重刊《請纓日記》、唐懋功《得一山房詩集》。 ●松雲軒出版《列聖要言》。 ●天壇出版《天文真經》。 ●紅毛樓大士殿出版《佛說壽生經》。
清光緒 20/1894	●唐贊袞出版《臺陽集》、《澄懷園唱和集》(松雲軒代印)。

參考書目

1. 臺南市役所，《臺灣史料集成》，臺南：臺灣文化三百年記念會，1931。

2. 鄭貞文，《閩賢事略初稿》，福州：福建省政府教育廳，1938。

3. 施學習，《白香山之研究》，臺北：臺灣新民報社，1940。

4. 郁永河原著、方豪校，《合校足本裨海紀遊》，臺北：臺灣省文獻委員會，1950。

5. 彭國棟，《廣臺灣詩乘》，臺北：臺灣省文獻委員會，1956。

6. 黃典權，〈臺灣外記考辨〉，《臺灣外記研究》，臺南：海東山房，1956。

7. 六十七輯、陳漢光校訂，《使署閒情》，臺北：臺灣風物雜誌社，1957。

8. 黃典權，《鄭成功史料合刊》，臺南：海東山房，1957。

9. 孫楷第，《中國通俗小說書目》，北京：作家出版社，1957。

10. 鄭振鐸，《劫中得書記》，上海：古典文學出版社，1957。

11. 許丙丁，《臺南市志稿卷五文教志》，臺南：臺南市文獻委員會，1959。

12. 《私立東海大學圖書館中文古籍簡明目錄》，臺中：東海大

學，1960。

13. 朱希祖，《明季史料題跋》，北京：中華書局，1961。

14. 李道顯等編，《臺灣文獻目錄》，臺北：中國文化學院出版部，1965。

15. 毛一波，《南明史談》，臺北：臺灣商務印書館，1967。

16. 彭國棟，《重修清史藝文志》，臺北：臺灣商務印書館，1968。

17. 《私立東海大學善本書目》，臺中：東海大學，1968。

18. 《中央研究院歷史語言研究所善本書目》，臺北：中央研究院歷史語言研究所，1968。

19. 《北京人文科學研究所藏書目錄》，臺北：進學書局，1970。

20. 《中央研究院歷史語言研究所普通本線裝書目》，臺北：中央研究院歷史語言研究所，1970。

21. 廖漢臣，《臺灣省通志卷六學藝志藝文篇》，臺北：臺灣省文獻委員會，1971。

22. 周憲文，《臺灣文獻叢刊序跋彙錄》，臺北：中華書局，1971。

23. 《私立東海大學普通本線裝書目》，臺中：東海大學，1971。

24. 《臺灣先賢集》，臺北：臺灣中華書局，1971。

25. 王國璠，《臺灣先賢著作提要》，新竹：臺灣省立新竹社會教育館，1974。

26. 程大學，《余清芳抗日革命案全檔》，臺中：臺灣省文獻委員會，1974。

27. 朱士嘉，《中國地方志綜錄》，臺北：新文豐出版股份有限公

司，1975。

28. 謝浩，《南明暨清領臺灣史考辨》，臺北：自印本，1976。

29. 沈德潛，《清詩別裁集》，香港：中華書局，1977。

30. 王國璠、邱勝安，《三百年來臺灣作家與作品》，鳳山：臺灣時報社，1977。

31. 吳新榮，《南臺灣風土志》，彰化：秀山閣，1978。

32. 朱希祖，《朱希祖先生文集》，臺北：九思出版有限公司，1979。

33. 邱秀堂，《鯤海粹編》，臺北：中華民國臺灣史蹟研究中心，1980。

34. 陳香，《臺灣十二家詩鈔》，臺北：臺灣商務印書館，1980。

35. 阮旻錫原著、廈門鄭成功紀念館校，《海上見聞錄定本》，福州：福建人民出版社，1982。

36. 蔡胡夢麟，《岳帝廟前》，臺北：自印本，1982。

37. 傅增湘，《藏園群書經眼錄》，北京：中華書局，1983。

38. 孫殿起，《販書偶記》，臺北：漢京文化事業有限公司，1984。

39. 孫殿起，《販書偶記續編》，臺北：漢京文化事業有限公司，1984。

40. 中國科學院北京天文臺編，《中國地方志聯合目錄》，北京：中華書局，1985。

41. 《臺灣府志三種》，北京：中華書局，1985。

42. 蔣毓英撰、陳碧笙校注，《臺灣府志校注》，廈門：廈門大學出版社，1985。

43. 《臺灣傳統版畫源流特展》，臺北：行政院文化建設委員會，1985。

44. 永瑢、紀昀等纂修，《景印文淵閣四庫全書》，臺北：臺灣商務印書館，1986。

45. 江日昇撰、吳德鋒標校，《臺灣外志》，上海：上海古籍出版社，1986。

46. 崔建英，《日本見藏稀見中國地方志書錄》，北京：書目文獻出版社，1986。

47. 連橫，《雅堂叢刊詩稿》，臺中：臺灣省文獻委員會，1987。

48. 高志彬，《臺灣文獻書目解題第一種方志類（一）》，臺北：國立中央圖書館臺灣分館，1987。

49. 《北京圖書館古籍善本書目》，北京：書目文獻出版社，1987。

50. 吳幅員，《在臺叢稿》，臺北：三民書局，1988。

51. 《四庫全書總目》，臺北：藝文印書館，1989。

52. 傅增湘，《藏園群書題記》，上海：上海古籍出版社，1989。

53. 呂名中，《南方民族古史書錄》，成都：四川民族出版社，1989。

54. 安平秋、章培恒主編，《中國禁書大觀》，上海：上海文化出版社，1990。

55. 徐世昌編、聞石點校，《晚晴簃詩匯》，北京：中華書局，1990。

56. 汪毅夫，《臺灣近代文學叢稿》，福州：海峽文藝出版社，1990。

57. 周學曾，《晉江縣志·典籍志》，福州：福建人民出版社，1990。

58. 宋晞，《方志學研究論叢》，臺北：臺灣商務印書館，1990。

59. 伊能嘉矩，《臺灣文化志》（中譯本），臺中：臺灣省文獻委員會，1991。

60. 鄧孔昭，《臺灣通史辨誤（增訂本）》，臺北：自立晚報社文化出版部，1991。

61. 鄭喜夫，《重修臺灣省通志卷八職官志文職表篇武職表篇》，南投：臺灣省文獻委員會，1993。

62. 黃淵泉，《重修臺灣省通志卷十藝文志著述篇》，南投：臺灣省文獻委員會，1993。

63. 方豪，《臺灣早期史綱》，臺北：臺灣學生書局，1994。

64. 袁行雲，《清人詩集敘錄》，北京：文化藝術出版社，1994。

65. 傅金星，《泉賢著作述評》，廈門：鷺江出版社，1994。

66. 潘元石、楊永智等，《臺灣傳統版畫特展》，高雄：高雄市立美術館，1995。

67. 劉德城、周羨穎，《福建名人詞典》，福州：福建人民出版社，1995。

68. 楊廷理著、劉漢忠點校，《知還書屋詩鈔》，南投：臺灣省文獻委員會，1996。

69. 黃典權，《鄭成功史事研究》，臺北：臺灣商務印書館，1996。

70. 李秉乾，《福建文獻書目》，廈門：知健電腦部，1996。

71. 陳慶元，《福建文學發展史》，福州：福建教育出版社，

1996。

72. 謝水順、李珽，《福建古代刻書》，福州：福建人民出版社，1997。

73. 繆荃孫、吳昌綬、董康，《嘉業堂藏書志》，上海：復旦大學出版社，1997。

74. 張書才，《纂修四庫全書檔案》，上海：上海古籍出版社，1997

75. 吳密察，《臺灣史檔案・文書目錄（三）：國立臺灣大學藏伊能文庫目錄》，臺北：臺灣大學，1997。

76. 趙爾巽等，《清史稿》，北京：中華書局，1998。

77. 張秀民、韓琦，《中國活字印刷史》，北京：中國書籍出版社，1998。

78. 劉聲木撰、劉篤齡點校，《萇楚齋隨筆》，北京：中華書局，1998。

79. 王國璠，《重修臺灣省通志卷六文教志文獻工作篇》，南投：臺灣省文獻委員會，1998。

80. 林文龍，《掃籜山房詩集》，彰化：自印本，1998。

81. 鄭志明，《臺灣新興宗教現象・扶乩鸞篇》，嘉義：南華管理學院，1998。

82. 東海大學中文系，《臺灣古典文學與文獻》，臺北：文津出版社，1999。

83. 吳福助，《臺灣漢語傳統文學書目》，臺北：文津出版社，1999。

84. 王彬，《清代禁書總述》，北京：中國書店，1999。

85. 張翔,《清代臺灣檔案史料全編》,北京:學苑出版社,1999。

86. 方豪,《方豪教授臺灣史論文選集》,臺北:捷幼出版社,1999。

87. 謝章鋌,《賭棋山莊雜著》,南京:江蘇古籍出版社,2000。

88. 辛廣偉,《臺灣出版史》,石家庄:河北教育出版社,2000。

89. 盧嘉興原著、呂興昌編校,《臺灣古典文學作家論集》,臺南:臺南市立藝術中心,2000。

90. 馬國翰,《玉函山房藏書簿錄》,北京:北京圖書館出版社,2001。

91. 胡巨川,《臺灣逸史附言》,高雄:春暉出版社,2001。

92. 李秉乾,《福建文獻書目(增訂本)》,廈門:匯攀印刷,2003。

93. 黃美娥,《日治時期臺北地區文學作品目錄》,臺北:臺北市文獻委員會,2003。

94. 施懿琳等,《全臺詩》,臺北:遠流出版公司,2004。

95. 汪毅夫,《閩臺區域社會研究》,廈門:鷺江出版社,2004。

96. 許雪姬等,《臺灣歷史辭典》,臺北:行政院文化建設委員會,2004。

97. 吳密察、翁佳音、李文良、林欣宜,《臺灣史料集成提要》,臺北:遠流出版公司,2004。

98. 楊永智,《版畫臺灣》,臺中:晨星出版公司,2004。

99. 林應麟,《福建書業史——建本發展軌跡考》,廈門:鷺江出版社,2004。

100. 陳支平主編，《臺灣文獻匯刊》，廈門：廈門大學出版社，2004。

101. 林淑慧，《臺灣文化采風──黃叔璥及其《臺海使槎錄》研究》，臺北：萬卷樓圖書公司，2004。

102. 李祖基點校，《巡臺錄·臺灣志略》，香港：香港人民出版社，2005。

103. 蔣寅，《清詩話考》，北京：中華書局，2005。

104. 楊永智，《清代臺南古書紀──見證臺灣雕版印書史》，臺北：國家圖書館，2005。

105. 汪毅夫，《閩臺緣與閩南風》，福州：福建教育出版社，2006。

106. 吳麗珠，《四庫全書收錄臺灣文史資料之研究》，臺北：秀威資訊科技股份有限公司，2006。

107. 楊永智，《鑑古知今看版畫──臺灣古版畫講座》，南投：財團法人臺灣省文化基金會，2006。

108. 季麟光撰、李祖基點校，《蓉洲詩文稿選輯·東寧政事集》，香港：香港人民出版社，2006。

109. 吳福助、黃哲永主編，《全臺文》，臺中：文听閣圖書有限公司，2007。

國家圖書館出版品預行編目資料

明清時期臺南出版史

楊永智著. - 初版. - 臺北市：臺灣學生，
2007[民 96]
面；公分
參考書目：面
ISBN 978-957-15-1374-4(精裝)
ISBN 978-957-15-1373-7(平裝)

1. 出版　2. 歷史　3. 臺南市　4. 臺南縣

733.47　　　　　　　　　　　　　　96018991

明清時期臺南出版史

著　作　者：楊　　　　　永　　　　　智
主　編　者：國　　立　　編　　譯　　館
　　　　　　10644 臺北市和平東路一段一七九號
　　　　　　電　話　：（0 2）3 3 2 2 5 5 5 8
　　　　　　傳　眞　：（0 2）3 3 2 2 5 5 9 8
　　　　　　網　址　：w w w . n i c t . g o v . t w
著作財產權人：國　　立　　編　　譯　　館
印　行　者：臺　灣　學　生　書　局　有　限　公　司
　　　　　　10610 臺北市和平東路一段一九八號
　　　　　　郵 政 劃 撥 帳 號 ： 0 0 0 2 4 6 6 8
　　　　　　電　話　：（0 2）2 3 6 3 4 1 5 6
　　　　　　傳　眞　：（0 2）2 3 6 3 6 3 3 4
　　　　　　E-mail：student.book@msa.hinet.net
　　　　　　http：//www.studentbooks.com.tw
本書局登
記證字號　：行政院新聞局局版北市業字第玖捌壹號

定價：精裝新臺幣六○○元
　　　平裝新臺幣五○○元

西　元　二　○　○　七　年　十　一　月　初　版

73301　　　　ISBN 978-957-15-1374-4(精裝)
　　　　　　ISBN 978-957-15-1373-7(平裝)
　　GPN：精裝 1009602902　平裝 1009602901